国家社会科学基金（教育学）重大项目（VDA200004）阶段性研究成果
北京外国语大学"双一流"建设标志性项目（BW202018）阶段性研究成果

"一带一路"国家文化教育大系　　　　　　总主编　王定华

马来西亚文化教育研究

Kebudayaan dan Pendidikan Malaysia

王丹　等著

外语教学与研究出版社
FOREIGN LANGUAGE TEACHING AND RESEARCH PRESS
北京 BEIJING

图书在版编目 (CIP) 数据

马来西亚文化教育研究 / 王丹等著. —— 北京 : 外语教学与研究出版社，2023.6
("一带一路"国家文化教育大系 / 王定华总主编)
ISBN 978-7-5213-4497-4

I. ①马… II. ①王… III. ①教育研究－马来西亚 IV. ①G533.8

中国国家版本馆 CIP 数据核字 (2023) 第 108213 号

出 版 人　王　芳
项目负责　孙凤兰　巢小倩
责任编辑　巢小倩
责任校对　白小羽　夏洁媛
封面设计　李　高　锋尚设计
版式设计　李　高
出版发行　外语教学与研究出版社
社　　址　北京市西三环北路 19 号（100089）
网　　址　https://www.fltrp.com
印　　刷　北京盛通印刷股份有限公司
开　　本　787×1092　1/16
印　　张　25　　彩插 1 印张
版　　次　2023 年 6 月第 1 版 2023 年 6 月第 1 次印刷
书　　号　ISBN 978-7-5213-4497-4
定　　价　208.00 元

如有图书采购需求，图书内容或印刷装订等问题，侵权、盗版书籍等线索，请拨打以下电话或关注官方服务号：
客服电话: 400 898 7008
官方服务号: 微信搜索并关注公众号"外研社官方服务号"
外研社购书网址: https://fltrp.tmall.com

物料号: 344970001

记载人类文明
沟通世界文化
外研社　www.fltrp.com

"一带一路"国家文化教育大系编写委员会

顾　问：顾明远　　马克垚　　胡文仲

总主编：王定华

委　员（按姓氏音序排列）：

常福良　　戴桂菊　　郭小凌　　金利民　　柯　静　　李洪峰
刘宝存　　刘　捷　　刘生全　　刘欣路　　钱乘旦　　秦惠民
苏莹莹　　陶家俊　　王　芳　　谢维和　　徐　辉　　徐建中
杨慧林　　张民选　　赵　刚

"一带一路"国家文化教育大系编审委员会

主　任：王　芳

副主任：徐建中　　刘　捷

秘书长：孙凤兰

委　员（按姓氏音序排列）：

蔡　喆　　柴方圆　　巢小倩　　杜晓沫　　华宝宁　　焦缨添
刘相东　　刘真福　　马庆洲　　彭立帆　　石筼弢　　孙　慧
万作芳　　王名扬　　杨鲁新　　姚希瑞　　苑大勇　　张小玉
赵　雪　　祝　军

马来西亚国家皇宫

马来西亚国家司法宫

吉隆坡火车总站

马六甲河

吉隆坡市区

吉隆坡独立广场

沙巴州亚庇海景

爱丽丝史密斯学校五年级教室

斯里伯乐国际学校小学部操场

国际学校趣味课程

国际学校体育课程

国王亨利八世学院小学部图书馆

马来西亚世纪大学

马来西亚国立大学课堂

马来西亚驻华使馆教育参赞2023年访问北京外国语大学

厦门大学马来西亚分校陈嘉庚（1874—1961）雕像

外语教学与研究出版社展团2023年参加第40届吉隆坡国际书展

马中友好协会会长一行2023年到访北京外国语大学亚洲学院

出版说明

2013 年 9 月 7 日，国家主席习近平提出共建"丝绸之路经济带"重大倡议。2013 年 10 月 3 日，习近平主席提出共建"21 世纪海上丝绸之路"重大倡议。两者合称"一带一路"倡议。以 2013 年金秋为起点，"一带一路"倡议作为构建人类命运共同体的伟大设想，在开拓和平、繁荣、开放、绿色、创新、文明之路的非凡征程中，孕育生机和活力，汇聚信心和期待，在世界范围内广受欢迎和响应。

文化交流、文明互鉴是构建人类命运共同体的人文基础。文化发展，教育先行。作为"共和国外交官的摇篮"、文化教育的主动践行者、"一带一路"倡议的踊跃响应者和构建人类命运共同体的积极参与者，北京外国语大学在党委书记王定华教授的带领下，放眼世界，找准坐标，勇于担当，主动作为，深耕文化教育相关领域，研究、策划并组织编写了"一带一路"国家文化教育大系（以下简称大系）。国内相关高校和研究机构的众多专家学者献计献策，踊跃参加，形成了一个范围广泛、交流互动、共同进步的"一带一路"国家文化教育学术研究共同体。大系旨在填补国内相关研究领域的学术空白，实现"一带一路"国家教育研究全覆盖，为中国教育"走出去"和相关国家先进教育理念"请进来"提供科学理论和实践指导，具有重要的学术价值。同时，大系服务国家重大战略，通过分期分批出版，形成规模和品牌，向中国共产党建党一百周年和"一带一路"倡议提出十周年献礼，具有深远的意义。

作为国家社会科学基金（教育学）重大项目"新时代提升中国参与全球教育治理的能力及策略研究"、北京外国语大学"双一流"建设标志性项目"'一带一路'国家文化教育研究"的课题研究成果和北京外国语大学党委的"奋进之举"，大系秉承学术性与可读性兼顾的原则，对"一带一路"国家文化教育理论与实践问题展开深入研究，从国情概览、文化传统、教育历史、学前教育、基础教育、高等教育、职业教育、成人教育、教师教育、教育政策、教育行政、教育交流等方面，全景擘画"一带一路"国家的教育风貌，帮助读者了解"一带一路"国家教育的历史与现状、经验与特点，为我国教育的发展和对外交流合作提供有益的借鉴、思考与启迪。

肆虐全球的新冠肺炎疫情严重影响了各国人民的生产生活，带来了二战以来人类面临的最严重的全球性危机，同时也再次阐述了人类命运共同体深刻内涵的世界性意义。在疫情防控常态化背景下，大系所有专家学者不畏困难，齐心协力，直面挑战，守望相助，化危为机，切实履行了响应和支持"一带一路"倡议的承诺。在此，特别感谢大系总策划、总主编王定华教授，以及所有顾问、编委和作者的心血倾注、智慧贡献和努力付出。

外语教学与研究出版社对大系的编写和出版工作给予了高度重视。自2019年项目启动以来，外研社抽调精锐力量成立大系工作组，多次组织相关部门和人员召开选题论证会，商建编委会，召开全体作者大会，制订周密、科学的出版计划，以保证项目的顺利开展和图书的优质出版。目前，大系的出版工作已取得阶段性成果，预计在2023年"一带一路"倡议提出十周年前后，将分期分批推出数量和规模可观的、具有相当科研价值和学术价值的系列专著。期望大系的编写和出版能为"一带一路"建设、中外教育交流及我国文化教育发展发挥基础性、服务性、广远性的作用。

外语教学与研究出版社
2021 年 4 月

总　序

王定华

　　改革开放以来，中国各项事业取得了巨大成就。中国经济和世界经济高度关联，中国一以贯之地坚持对外开放的基本国策，构建全方位开放新格局，深度融入世界经济体系。2013 年 9 月和 10 月，习近平主席在出访中亚和东南亚国家期间，先后提出共建"丝绸之路经济带"和"21 世纪海上丝绸之路"的重大倡议（以下简称"一带一路"倡议），得到国际社会的高度关注。其中，"丝绸之路经济带"东边牵着亚太经济圈，西边系着发达的欧洲经济圈，是世界上最长、最具发展潜力的经济大走廊；"21 世纪海上丝绸之路"串起连通东盟、南亚、西亚、北非、欧洲等各大经济板块的市场链，发展面向南海、太平洋和印度洋的战略合作经济带，以亚欧非经济贸易一体化为发展的长期目标。

一、精准把握"一带一路"倡议的时代意蕴

　　"经济带"概念是对地区经济合作模式的创新。其中经济走廊涵盖中蒙

俄经济走廊、新亚欧大陆桥、中国–中亚–西亚经济走廊、孟中印缅经济走廊、中国–中南半岛经济走廊等，以经济增长极辐射周边，超越了传统发展经济学理论。"丝绸之路经济带"概念不同于历史上所出现的各类"经济区"与"经济联盟"，同后两者相比，经济带具有灵活性高、适用性广以及可操作性强的特点，各国都是平等的参与者，本着自愿参与、协同推进的原则，发扬古丝绸之路兼容并包的精神。

"一带一路"倡议是我国在新时代推进全方位对外开放的重要举措，为当今世界提供了一个充满东方智慧、实现共同发展的中国方案，也是对历史文化传统的高度尊重，凝聚了世界各国利益的最大公约数。丝绸之路是起始于古代中国，连接亚洲、非洲和欧洲的古代陆上商业贸易路线，最初的作用是运输古代中国出产的丝绸、瓷器等商品，后来成为东方与西方之间在经济、政治、文化等方面进行交流的主要通道。1877 年，德国地质、地理学家李希霍芬（F. P. W. Richthofen）在其著作《中国》一书中，把公元前 114 年至公元 127 年，中国与中亚、中国与印度间以丝绸贸易为媒介的这条西域交通道路命名为"丝绸之路"，这一名词很快为学术界和大众所接受，并正式运用。其后，德国历史学家赫尔曼（A. Herrmann）在 20 世纪初出版的《中国与叙利亚之间的古代丝绸之路》一书中，根据新发现的文物考古资料，进一步把丝绸之路延伸到地中海西岸和小亚细亚，并确定了丝绸之路的基本内涵，即它是中国古代与中亚、南亚、西亚以及欧洲、北非的陆上贸易交往通道。进入 21 世纪，海上丝绸之路也被纳入丝绸之路的涵盖范围，即从中国沿海港口过南海到印度洋并延伸至欧洲，从中国沿海港口过南海到南太平洋。随着时代的发展，"丝绸之路"成为古代中国与西方所有政治经济文化往来通道的统称。

推进"一带一路"建设既是中国扩大和深化对外开放的需要，也是加强和世界各国互利合作的需要，中国愿意承担更多责任和义务，为人类和平发展做出更大的贡献。文明交流互鉴是构建人类命运共同体的重要途径，是推动人类文明共同进步、实现世界和平发展的重要动力。共建"一带一路"要顺应世界多极化、经济全球化、文化多样化、社会信息化的潮流，秉持开放的区域合作精神，致力于推动"一带一路"各国实现经济政策协调，开展更大范围、更高水平、更深层次的区域合作，共同打造开放、包容、均衡、普惠的区域经济合作架构，维护全球自由贸易体系和开放型世界经济格局。

"一带一路"贯穿亚欧非大陆，一头是活跃的东亚经济圈，一头是发达的欧洲经济圈，中间广大腹地国家经济发展潜力巨大。根据"一带一路"走向，陆上依托国际大通道，以中心城市为支撑，以重点经贸产业园区为合作平台，共同打造新亚欧大陆桥以及中蒙俄、中国–中亚–西亚、中国–中南半岛等国际经济合作走廊；海上以重点港口为基点，共同建设通畅安全高效的运输大通道。

"一带一路"建设是有关国家开放合作的宏大经济愿景，需要各国携手努力，朝着互利互惠、共同安全的目标相向而行：努力实现区域基础设施更加完善，安全高效的陆海空通道网络基本形成，互联互通达到新水平；投资贸易便利化水平进一步提升，高标准自由贸易区网络基本形成，经济联系更加紧密，政治互信更加深入；人文交流更加广泛深入，不同文明互鉴共荣，各国人民相知相交、和平友好。

"一带一路"倡议是具有开放性和包容性的友好建议。当今世界是一个开放的世界，开放带来进步，封闭导致落后。中国认为，只有开放才能发现机遇、抓住并用好机遇、主动创造机遇，才能实现国家的奋斗目标。"一带一路"倡议就是要把世界的机遇转变为中国的机遇，把中国的机遇转变为世界的机遇。正是基于这种认知与愿景，"一带一路"倡议以开放为导向，冀望通过加强交通、能源和网络等基础设施的互联互通建设，促进经济要素有序自由流动、资源高效配置和市场深度融合，开展更大范围、更高水平、更深层次的区域合作，打造开放、包容、均衡、普惠的区域经济合作架构,以此来解决经济增长和平衡问题。"一带一路"倡议的开放包容性是区别于其他区域性经济倡议的一个突出特点。

"一带一路"倡议是超越地缘政治的务实合作的广阔平台。"和平合作、开放包容、互学互鉴、互利共赢"的丝路精神是人类共有的历史财富,"一带一路"倡议就是秉承这一精神与原则提出的新时代重要倡议,通过加强相关国家间的全方位多层面交流合作,充分发掘与发挥各国的发展潜力与比较优势,形成互利共赢的区域利益共同体、命运共同体和责任共同体。在这一机制中,各国是平等的参与者、贡献者、受益者。因此,"一带一路"倡议从一开始就具有平等性、和平性特征。平等是中国坚持的重要国际准则,也是"一带一路"建设的关键基础。只有建立在平等基础上的合作才能是持久的合作,也才会是互利的合作。"一带一路"倡议平等包容的合作特征为其推进减轻了阻力,提升了共建效率,有助于国际合作真正"落地生根"。同时,"一带一路"建设离不开和平安宁的国际环境和地区环境,和平是"一带一路"建设的本质属性,也是保障其顺利推进所不可或缺的重要因素。这些就决定了"一带一路"倡议不应该也不可能沦为大国政治较量的工具,更不会重复地缘博弈的老路。

"一带一路"倡议是政府、企业、团体共同发力的项目载体。"一带一路"建设是在双边或多边联动基础上通过具体项目加以推进的,是在进行充分政策沟通、战略对接以及市场运作后形成的发展倡议与规划。2017 年 5 月发布的《"一带一路"国际合作高峰论坛圆桌峰会联合公报》强调了建设"一带一路"的合作原则,其中就包括市场运作原则,即充分认识市场作用和企业主体地位,确保政府发挥适当作用,政府采购程序应开放、透明、非歧视。可见,"一带一路"建设的核心主体与支撑力量并不是政府,而是企业,根本方法是遵循市场规律,并通过市场化运作模式来实现参与各方的利益诉求,政府在其中发挥构建平台、创立机制、政策引导等指向性、服务性功能。

"一带一路"倡议是与现有相关机制对接互补的有益渠道。参与"一带

一路"建设的国家要素禀赋各异，比较优势差异明显，互补性很强。有的
国家能源资源富集但开发力度不够，有的国家劳动力充裕但就业岗位不足，
有的国家市场空间广阔但产业基础薄弱，有的国家基础设施建设需求旺盛
但资金紧缺。我国目前经济总量居全球第二，外汇储备居全球第一，优势
产业越来越多，基础设施建设经验丰富，装备制造能力强、质量好、性价
比高，具备资金、技术、人才、管理等综合优势。这就为我国与其他"一
带一路"建设参与方实现产业对接与优势互补提供了现实可能与重大机遇。
因而，"一带一路"倡议的核心内容就是要加强基础设施建设和促进互联互
通，对接各国政策和发展战略，以便深化务实合作，促进协调联动发展，
实现共同繁荣。由此可见，"一带一路"倡议不是对现有地区合作机制的替
代，而是与现有机制互为助力、相互补充。实际上，"一带一路"建设已经
与俄罗斯主导的欧亚经济联盟、印尼全球海洋支点发展规划、哈萨克斯坦
光明之路经济发展战略、蒙古国草原之路倡议、欧盟欧洲投资计划、埃及
苏伊士运河走廊开发计划等实现了对接与合作，并形成了一批标志性项目，
如中哈（连云港）物流合作基地。作为新亚欧大陆桥经济走廊建设成果之
一，中哈（连云港）物流合作基地初步实现了深水大港、远洋干线、中欧
班列、物流场站的无缝对接。该项目与哈萨克斯坦光明之路经济发展战略
高度契合。

"一带一路"倡议是促进人文交流的沟通桥梁。"一带一路"倡议跨越
不同区域、不同文化、不同宗教信仰，但它带来的不是文明冲突，而是各
文明间的交流互鉴。"一带一路"倡议在推进基础设施建设、加强产能合作
与发展战略对接的同时，也将"民心相通"作为工作重心之一。民心相通
是"一带一路"建设的社会根基。民心相通就是要传承和弘扬丝绸之路友
好合作精神，广泛进行文化交流、学术交流、人才交流往来、媒体合作、
青年和妇女交往、志愿者服务等，为深化双边和多边合作奠定坚实的民意
基础。一是扩大相互间留学生规模，开展合作办学；国家间互办文化年、

艺术节、电影节、电视周和图书展等活动，深化国家间人才交流合作。二是加强旅游合作，扩大旅游规模，联合打造具有丝绸之路特色的国际精品旅游线路和旅游产品。三是强化与周边国家在传染病疫情信息沟通、防治技术交流、专业人才培养等方面的合作，提高合作处理突发公共卫生事件的能力。四是加强科技合作，共建联合实验室（研究中心）、国际技术转移中心、海上合作中心，促进科技人员交流，合作开展重大科技攻关，共同提升科技创新能力。五是整合现有资源，开拓和推进参与国家在青年就业、创业培训、职业技能开发、社会保障管理服务、公共行政管理等共同关心领域的务实合作。六是充分发挥政党、议会交往的桥梁作用，加强国家之间立法机构、主要党派和政治组织的友好往来，互结友好城市。七是加强各国民间组织的交流合作，重点面向基层民众，广泛开展教育、医疗、减贫开发、生物多样性和生态环保等主题的各类公益慈善活动，改善贫困地区生产生活条件；加强文化传媒领域的国际交流合作，积极利用网络平台，运用新媒体工具，塑造和谐友好的文化生态和舆论环境；通过强化民心相通，弘扬丝绸之路精神，开展智力丝绸之路、健康丝绸之路等建设，在科学、教育、文化、卫生、民间交往等领域广泛合作，使"一带一路"建设的民意基础更为坚实，社会根基更加牢固。"一带一路"建设就是要以文明交流超越文明隔阂，以文明互鉴超越文明冲突，以文明共存超越文明优越，为相关国家人民加强交流、增进理解搭起新的桥梁，为不同文化和文明加强对话、交流互鉴织就新的纽带，推动各国相互理解、相互尊重、相互信任。

"一带一路"是促进共同发展、实现共同繁荣的友谊之路。共建"一带一路"旨在促进各国发展战略的对接和耦合，有利于发掘区域市场的潜力，推动经济要素有序自由流动、资源高效配置和市场深度融合，促进投资和消费，创造需求和就业，增进各国人民的人文交流与文明互鉴，从而让各国人民相逢相知、互信互敬，共享和谐、安宁、富裕的生活。共建"一带一路"符合国际社会的根本利益，彰显了人类社会的共同理想和美好追求，是国际合作及全球治理新模式的积极探索，将为世界和平发展增添新的正能量。中国政府倡议秉持和平合作、开放包容、互学互鉴、互利共赢的理念，全方位推进务实合作，打造政治互信、经济融合、文化包容的利益共同体、命运共同体和责任共同体。

"一带一路"倡议已经得到世界上众多国家和地区的积极响应，成为维护全球自由贸易体系和开放型世界经济的重要支撑。截至 2021 年 1 月 30 日，中国已经同 171 个国家和国际组织签署 205 份共建"一带一路"合作文件。[1] 特别是 2017 年 5 月第一届"一带一路"国际合作高峰论坛、2019 年 4 月第二届"一带一路"国际合作高峰论坛和 2019 年 5 月亚洲文明对话大会的成功举办，充分彰显了我国开放、包容的大国外交风范。在此背景下，我们一方面应致力于向世界介绍中国，推动中国文化"走出去"，讲好中国故事；另一方面也应加强对"一带一路"国家的历史、文化、语言、教育、艺术等方面的介绍和研究，让中国人民更多地了解"一带一路"国家的具体国情，特别是文化传统和教育体系。

"一带一路"倡议合作范围不断扩大，合作领域愈加广阔。它不仅给参与各方带来了实实在在的合作红利，也为世界贡献了应对挑战、创造机遇、强化信心的智慧与力量。

当今世界，新冠肺炎疫情带来诸多挑战，局部战争风险依然存在，经济增长动能不足，"逆全球化"思潮涌动，地区动荡持续，恐怖主义蔓延。和平赤字、发展赤字、治理赤字带来的严峻问题，已摆在全人类面前。这充分说明现有的全球治理体系面临结构性问题，亟须找到新的破解之策与应对方略。作为一个新兴大国，中国有能力、有意愿同时也有责任为完善全球治理体系贡献智慧与力量。面对新挑战、新问题、新情况，中国给出

---

[1] 中国一带一路网. 我国已签署共建"一带一路"合作文件 205 份 [EB/OL].（2021-01-30）[2021-02-23]. https://www.yidaiyilu.gov.cn/xwzx/gnxw/163241.htm.

的全球治理方案是：构建人类命运共同体，实现共赢共享。"一带一路"倡议正是朝着这个目标努力的具体实践。"一带一路"倡议强调各国的平等参与、包容普惠，主张携手应对世界经济面临的挑战，开创发展新机遇，谋求发展新动力，拓展发展新空间，共同朝着人类命运共同体方向迈进。正是本着这样的原则与理念，"一带一路"倡议针对各国发展的现实问题和治理体系的短板，创立了亚洲基础设施投资银行、丝路基金等新型国际机制，构建了多形式、多渠道的交流合作平台。这既能缓解当今全球治理机制代表性、有效性、及时性难以适应现实需求的困境，在一定程度上扭转公共产品供应不足的局面，提振国际社会参与全球治理的士气与信心，又能满足发展中国家尤其是新兴市场国家变革全球治理机制的现实要求，大大增强了新兴国家和发展中国家的话语权，是推进全球治理体系朝着更加公正合理方向发展的重大突破。

"一带一路"倡议涵盖了发展中国家与发达国家，实现了"南南合作"与"南北合作"的统一，有助于推动全球均衡可持续发展。"一带一路"建设以基础设施建设为着眼点，促进经济要素有序自由流动，推动中国与相关国家的宏观政策的对接与协调。对于参与"一带一路"建设的发展中国家来说，这是一次搭中国经济发展"快车""便车"，实现自身工业化、现代化的历史性机遇，有利于推动"南南合作"的广泛展开，同时也有助于增进"南北对话"，促进"南北合作"的深度发展。不仅如此，"一带一路"倡议的理念和方向同联合国《2030 年可持续发展议程》也高度契合，完全能够加强对接，实现相互促进。联合国秘书长古特雷斯表示，"一带一路"倡议与《2030 年可持续发展议程》都以可持续发展为目标，都试图提供机会、全球公共产品和双赢合作，都致力于深化国家和区域间的联系。

二、深入推动"一带一路"国家的教育交流

2020年6月印发的《教育部等八部门关于加快和扩大新时代教育对外开放的意见》指出，教育对外开放是教育现代化的鲜明特征和重要推动力，要以习近平新时代中国特色社会主义思想为指导，坚持教育对外开放不动摇，主动加强同世界各国的互鉴、互容、互通，形成更全方位、更宽领域、更多层次、更加主动的教育对外开放局面。

教育为国家富强、民族繁荣、人民幸福之本，在共建"一带一路"中具有基础性和先导性作用。教育交流为各国民心相通架设桥梁，人才培养为各国政策沟通、设施联通、贸易畅通、资金融通提供支撑。各国间教育交流源远流长，教育合作前景广阔，大家携手发展教育，合力共建"一带一路"，是造福各国人民的伟大事业。推进"一带一路"国家教育共同繁荣，既是加强与各国教育互利合作的需要，也是推进中国教育改革发展的需要，中国愿意在力所能及的范围内承担更多责任和义务，为区域教育大发展做出更大的贡献。

（一）教育合作的原则

"一带一路"国家教育合作应遵循四个重要原则。

一是育人为本，人文先行。加强合作育人，提高区域人口素质，为共建"一带一路"提供人才支撑。坚持人文交流先行，建立区域人文交流机制，搭建民心相通桥梁。

二是政府引导，民间主体。政府加强沟通协调，整合多种资源，引导教育融合发展。发挥学校、企业及其他社会力量的主体作用，活跃教育合作局面，丰富教育交流内涵。

三是共商共建，开放合作。坚持共商、共建、共享，推进各国教育发

展规划相互衔接，实现各国教育融通发展、互动发展。

四是和谐包容，互利共赢。加强不同文明之间的对话，寻求教育发展最佳契合点和教育合作最大公约数，促进各国在教育领域互利互惠。

（二）教育合作的重点

"一带一路"各国教育特色鲜明、资源丰富、互补性强、合作空间巨大。中国将以基础性、支撑性、引领性三方面举措为建议框架，开展三方面重点合作，对接各国意愿，互鉴先进教育经验，共享优质教育资源，全面推动各国教育提速发展。

1．开展教育互联互通合作

一是加强教育政策沟通。开展"一带一路"国家教育法律、政策协同研究，构建各国教育政策信息交流通报机制，为各国政府推进教育政策互通提供决策建议，为各国学校和社会力量开展教育合作交流提供政策咨询。积极签署双边、多边和次区域教育合作框架协议，制定各国教育合作交流国际公约，逐步疏通教育合作交流政策性瓶颈，实现学分互认、学位互授联授，协力推进教育共同体建设。

二是助力教育合作渠道畅通。推进"一带一路"国家间签证便利化，扩大教育领域合作交流，形成往来频繁、合作众多、交流活跃、关系密切的携手发展局面。鼓励有合作基础、相同研究课题和发展目标的学校缔结姊妹关系，逐步深化和拓展教育合作交流。举办校长论坛，推进学校间开展多层次、多领域的务实合作。支持高等学校依托优势学科和专业，建立"产学研用"相结合的国际合作联合实验室（研究中心）、国际技术转移中心，共同应对各国在经济发展、资源利用、生态保护等方面面临的重大挑战与机遇。打造"一带一路"国家学术交流平台，吸引各国专家学者、青年学生开展研究和学术交流。推进"一带一路"国家优质教育资源共享。

三是促进语言互通。研究构建语言互通协调机制，共同开发语言互通开放课程，逐步将国家语言课程纳入各国的学校教育课程体系。拓展政府间语言学习交换项目，联合培养、相互培养高层次语言人才。发挥外国语院校人才培养优势，推进基础教育多语种师资队伍建设和外语教育教学工作。扩大语言学习国家公派留学人员规模，倡导各国与中国院校合作在华开办本国语言专业。支持更多社会力量助力孔子学院和孔子课堂建设，加强汉语教师和汉语教学志愿者队伍建设，全力满足不同国家的汉语学习需求。

四是推进民心相通。鼓励学者开展或合作开展中国课题研究，增进各国对中国发展模式、国家政策、教育文化等各方面的理解。建设国别和区域研究基地，与对象国合作开展经济、政治、教育、文化等领域研究。逐步将理解教育课程、丝路文化遗产保护纳入各国中小学教育课程体系，加强青少年对不同国家文化的理解。加强"丝绸之路"青少年交流，注重通过志愿服务、文化体验、体育竞赛、创新创业活动和新媒体社交等途径，增进不同国家青少年对其他国家文化的理解。

五是推动学历学位认证标准联通。推动落实联合国教科文组织《亚太地区承认高等教育资历公约》，支持联合国教科文组织建立世界范围学历互认机制，实现区域内双边、多边学历学位关联互认。呼吁各国完善教育质量保障体系和认证机制，加快推进本国教育资历框架开发，助力各国学习者在不同种类和不同阶段教育之间进行转换，促进终身学习社会的建设。共商、共建区域性职业教育资历框架，逐步实现就业市场的从业标准一体化。探索建立各国教师专业发展标准，促进教师流动。

2．开展人才培养培训合作

一是实施"丝绸之路"留学推进计划。设立"丝绸之路"中国政府奖学金，为各国专项培养行业领军人才和优秀技能人才。全面提升来华留学人才培养质量，把中国打造成为深受各国学子欢迎的留学目的地。以国家公派留学为引领，推动更多中国学生到"一带一路"其他国家留学。坚持"出国留学和来华留学并重、公费留学和自费留学并重、扩大规模和提高质量并重、依法管理和完善服务并重、人才培养和发挥作用并重"，完善全链条的留学人员管理服务体系，保障平安留学、健康留学、成功留学。

二是实施"丝绸之路"合作办学推进计划。有条件的中国高等学校开展境外办学要集中优势学科，选好合作契合点，做好前期论证工作，构建科学的人才培养模式、运行管理模式、服务当地模式、公共关系模式，使学校顺利落地生根、开花结果。发挥政府引领、行业主导作用，促进高等学校、职业院校与行业企业深度产教融合。鼓励中国优质职业教育配合高铁、电信运营等行业企业"走出去"，探索开展多种形式的境外合作办学，合作设立职业院校、培训中心，合作开发教学资源和项目，开展多层次职业教育和培训，培养当地急需的各类"一带一路"建设者。整合资源，积极推进与各国在青年就业培训等共同关心领域的务实合作。倡议国家之间开展高水平合作办学。

三是实施"丝绸之路"师资培训推进计划。开展"丝绸之路"教师培训，加强先进教育经验交流，提升区域教育质量。加强"丝绸之路"教师交流，推动各国校长交流访问、教师及管理人员交流研修，推进优质教育模式在各国的互学互鉴。大力推进各国优质教学仪器设备、教材课件和整体教学解决方案的输出，跟进教师培训工作，促进各国教育资源和教学水平均衡发展。

四是实施"丝绸之路"人才联合培养推进计划。推进国家间的研修访学活动。鼓励各国高等院校在语言、交通运输、建筑、医学、能源、环境工程、水利工程、生物科学、海洋科学、生态保护、文化遗产保护等国家发展急需的专业领域联合培养学生，推动联盟内或校际教育资源共享。

3．共建丝路合作机制

一是加强"丝绸之路"人文交流高层磋商。开展国家间的双边、多边人文交流高层磋商，商定"一带一路"教育合作交流总体布局，协调推动各国建立教育双边和多边合作机制、教育质量保障协作机制和跨境教育市场监管协作机制，统筹推进"一带一路"教育共同行动。

二是充分发挥国际合作平台作用。发挥上海合作组织、东亚峰会、亚太经合组织、亚欧会议、亚洲相互协作与信任措施会议、中阿合作论坛、东南亚教育部长组织、中非合作论坛、中巴经济走廊、孟中印缅经济走廊、中蒙俄经济走廊等现有双边、多边合作机制的作用，增加教育合作的新内涵。借助联合国教科文组织等国际组织力量，推动各国围绕实现世界教育发展目标形成协作机制。充分利用中国–东盟教育交流周、中日韩大学交流合作促进委员会、中阿大学校长论坛、中非高校20+20合作计划、中日大学校长论坛、中韩大学校长论坛、中俄综合性大学联盟等已有平台，开展务实的教育合作交流。支持在共同区域、有合作基础、具备相同专业背景的学校组建联盟，不断延展教育务实合作平台。

三是实施"丝绸之路"教育援助计划。发挥教育援助在"一带一路"教育共同行动中的重要作用，逐步加大教育援助力度，重点投资于人、援助于人、惠及于人。发挥教育援助在"南南合作"中的重要作用，加大对相关国家尤其是最不发达国家的支持力度。统筹利用国家、教育系统和民间资源，为相关国家培养培训教师、学者和各类技能人才。积极开展优质教学仪器设备、整体教学方案、配套师资培训一体化援助。加强中国教育培训中心和教育援外基地建设。倡议各国建立政府引导、社会参与的多元化经费筹措机制，通过国家资助、社会融资、民间捐赠等渠道，拓宽教育经费来源，做大教育援助格局，实现教育共同发展。

三、精心组织"一带一路"国家文化教育大系的编著出版

在编写"一带一路"国家文化教育大系过程中，应当全面了解国内外对"一带一路"倡议的响应情况，关注进展，总结做法；应当在新冠肺炎疫情得到控制后到对象国去走一走，看一看，实地感受其教育情况和发展变化；应当广泛收集对象国一手资料，认真阅读，消化分析，吐故纳新；应当多方检索专家学者已经开展的相关研究，虚心参阅已有的研究成果。肆虐全球的新冠肺炎疫情，给人类身体健康和生命安全带来了巨大威胁，对世界格局和世界治理体系产生了重大影响，给全球各行各业带来了巨大挑战。教育置身其间，影响十分明显。因而，对"一带一路"国家文化教育进行研究时，必须观察分析疫情对相关国家文化教育和全球教育治理的深刻影响。

"一带一路"倡议提出后，中外已形成多个"一带一路"多边大学联盟。2015 年 5 月 22 日，由西安交通大学发起的新丝绸之路大学联盟成立，迄今已吸引 38 个国家和地区的 150 余所大学加盟。该联盟是海内外大学结成的非政府、非营利性的开放性、国际化高等教育合作平台，以"共建教育合作平台，推进区域开放发展"为主题，推动"新丝绸之路经济带"国家和地区大学之间在校际交流、人才培养、科研合作、文化沟通、政策研究、医疗服务等方面的交流与合作，增进青少年之间的了解和友谊，培养具有国际视野的高素质、复合型人才，服务"新丝绸之路经济带"及欧亚地区的发展建设。

2015 年 10 月 17 日，丝绸之路（敦煌）国际文化博览会筹委会文化传承创新高端学术研讨会在敦煌举行。中国的复旦大学、北京师范大学、兰州大

学和俄罗斯乌拉尔国立经济大学、韩国釜庆大学等 46 所中外高校在甘肃敦煌成立了"一带一路"高校战略联盟，以探索跨国培养与跨境流动的人才培养新机制，培养具有国际视野的高素质人才。46 所高校当日达成《敦煌共识》，联合建设"一带一路"高校国际联盟智库。联盟将共同打造"一带一路"高等教育共同体，推动"一带一路"国家和地区大学之间在教育、科技、文化等领域的全面交流与合作，服务"一带一路"国家和地区的经济社会发展。

2016 年 9 月，中国、中亚及丝绸之路经济带沿线 7 个国家的 51 所高校共同发起成立了中国–中亚国家大学联盟，旨在打造开放性、国际化互动平台，深化"一带一路"科教合作。

此外，高等教育合作研讨会也日渐增多，既有官方推动形成的研讨会，也有民间自发举办的研讨会。比如，中外大学校长论坛、新加坡–中国–印度高等教育论坛、"一带一路"教育对话论坛，以及北京师范大学举办的"一带一路"国家教育交流与合作高端研讨会，北京外国语大学举办的"一带一路"与行业国际化人才培养高峰论坛，北京理工大学主办的"一带一路"高等教育研究国际会议，浙江大学举办的"一带一路"背景下的工程科技人才培养国际研讨会等。这些多边研讨会的召开，不仅吸引了大量"一带一路"沿线国家的教育研究者与实践者参会，推动了研究与实践合作，而且创新了教育合作模式，促进了国际化高端人才培养，为"一带一路"建设奠定了民意基础。

"一带一路"倡议提出之后，中国学术界迅速开展了关于"一带一路"的研究活动，有关"一带一路"主题的图书主要有以下五类。第一类是倡议解读类图书，一般是梳理"一带一路"倡议的提出、发展及其理论内涵与外延。第二类是经济贸易类图书，专业性较强，主要为理论研究型图书。第三类是国情文史类图书，多为介绍"一带一路"国家国情概览、历史情况、发展概况的工具书，语言平实，部分图书学术性较强。第四类是丝路历史类图书，一般回顾古代丝绸之路的形成与发展、丝绸之路上的人物和大事记等，追古溯源，以便更好地开启"一带一路"新篇章。第五类是法律税收类图书，多为法律指引、税务规范手册等。

可以看出，国内对"一带一路"国家的研究已有一定基础，但是囿于语言翻译的障碍，已经出版的"一带一路"图书，大多是政策解读、数据报告、概况介绍等，对对象国的研究广度和深度还很不够，尤其是针对"一带一路"国家文化教育的系统研究还比较少。

在"一带一路"国家中，遴选具有代表性的对象，对其文化、教育进行系统性的研究，并在此基础上编写"一带一路"国家文化教育大系，分期分批出版，对于帮助中国普通读者和研究人员了解"一带一路"国家的文化教育情况，以及对于拓展我国比较教育研究领域、丰富比较教育研究文献，乃至对于促进中外文明互通、更好地参与推进"一带一路"建设，都具有重要意义。基于对选题背景与意义、相关出版产品调研和北京外国语大学比较优势的分析，"一带一路"国家文化教育大系坚持学术性、可读性兼顾原则，分批次推出，不断积累，以形成规模和品牌。

大系在内容上，一方面呈现"一带一路"国家的文化概貌，展示"一带一路"国家教育发展的文化背景和社会依托。大系采用专题形式，力求用简洁平实的语言生动活泼地介绍"一带一路"国家的自然地理、人文景观、历史发展、风土人情、文化遗产等内容，重点呈现对象国独有的文化现象和独特风貌，集中揭示其民族文化内涵、民族精神、人文意蕴。另一方面，大系重点研究、评价、介绍"一带一路"国家教育的基本情况、发展历史、发展战略、政策法规、现存体系、治理模式与师资队伍等，这方面内容占较大篇幅，是全书的重点和主要内容。

"一带一路"倡议正在成为我国参与全球开放合作、改善全球治理体系、促进全球共同发展繁荣、推动构建人类命运共同体的中国方案。作为国家社会科学基金（教育学）重大项目"新时代提升中国参与全球教育治理的能力及策略研究"的部分研究成果和北京外国语大学"双一流"建设重大标志性成果，"一带一路"国家文化教育大系计划在 2021 年中国共产党建党 100 周年和北京外国语大学建校 80 周年之际，推出首批图书。2023 年"一带一路"倡议提出 10 周年时，推出该项目二期成果。同时积极参与党和国家相关主题纪念活动，以及国家重大图书项目的申报评选工作。

北京外国语大学以外语见长，国际交往活跃，被誉为"共和国外交官的摇篮"，先后培养了 400 多位大使、2 000 多位参赞，以及更多的外交外事外贸工作者。凡是有五星红旗飘扬的地方，都能看到北外人的身影。北外不仅承担着培养各类国际化人才的任务，更担负着向中国介绍世界、向世界介绍中国的历史使命。迄今为止，北外已获批开设 101 种外国语言，成立了 37 个区域与国别研究中心，丰富的涉外资源正在助力"一带一路"国家的研究。

大系由外研社具体组织实施。外研社隶属北外，多年来致力于"一带一路"国家的合作交流，服务讲好"中国故事"，在中华思想文化传播、打造中外出版联盟、推动中外学术互译等方面积累了丰富经验，对于协助研究、编著、出版"一带一路"国家文化教育大系具有良好的工作基础。这也是北外及外研社的使命和担当之所在。

大系编著者以北外教师为主。服务国家重大战略，北外人责无旁贷。同时，国内有研究专长和研究意愿的专家学者也踊跃参与，他们或独自撰著一书，或与北外同仁合作。大系还邀请了驻外使领馆的同志和对象国的学者参加撰写或审稿，他们运用一手资料，开展实地调研，力图提升大系的准确性。

四、结语

"一带一路"倡议植根历史，更面向未来；源于中国，更属于世界。"一带一路"作为文明互鉴的桥梁，从亚欧大陆延伸到非洲、美洲、大洋洲，与世界各国发展战略及众多国际和地区组织的发展实现对接联通，在通路、通航的基础上更好地通商，进而开展文化教育交流与沟通，加强商品、资金、技术、文化、教育流通，达成互学互鉴的文明愿景。"一带一路"倡议的目标是中国与"一带一路"国家在互联互通基础上分享优质产能，共商项目投资，共建基础设施，共享合作成果，内容包括政策沟通、设施联通、贸易畅通、资金融通、民心相通"五通"。"一带一路"倡议肩负重大使命，它要探寻经济增长之道，将中国自身的产能优势、技术与资金优势、经验与模式优势转化为市场与合作优势，实行全方位开放，共享中国改革发展红利；它要实现全球化再平衡，鼓励向西开放，带动西部开发以及中亚、蒙古等内陆国家和地区的开发，在国际社会推行全球化的包容性发展理念，主动向西推广中国优质产能和比较优势产业，惠及沿途、沿岸国家，避免西方国家所开创的全球化造成的贫富差距和地区发展不平衡情况，推动建立持久和平、普遍安全、共同繁荣的和谐世界；它要开创地区新型合作，强调共商、共建、共享原则，超越了马歇尔计划和传统的对外援助活动，给 21 世纪的国际合作带来了新的理念。所以，新时代中国的教育学者应当将"一带一路"国家文化教育研究作为比较教育新的增长点，全面深入开展研究，以自己的聪明才智丰富学术，为国出力，服务国家重大发展战略；在加强与"一带一路"国家的交流合作中，推动"一带一路"建设高质量发展，努力建设高质量的中国教育体系，并积极参与后疫情时代全球教育治理体系改革，加快构建以国内大循环为主体、国内国际双循环相互促进的新发展格局。

2023 年春
于北京外国语大学

（王定华，北京外国语大学党委书记、博士、教授、博士生导师，国家督学。历任河南大学教师、中国驻纽约总领事馆教育领事、教育部基础教育一司司长、教育部教师工作司司长等。）

本书前言

　　1957 年马来亚联合邦宣布独立，1963 年马来亚联合邦同新加坡、沙捞越、沙巴合并，组成马来西亚联邦。[1] 作为一个年轻的国家，马来西亚自 20世纪 70 年代起不断调整产业结构，大力推行出口导向型经济，电子业、制造业、建筑业和服务业发展迅速，在 20 世纪 90 年代一跃成为"亚洲四小虎"之一，创造出令世界瞩目的"经济奇迹"。在 60 多年的风风雨雨中，马来西亚人走出了一条多民族、多语言、东西方文明交融并存的独特发展道路，成为亚洲地区颇具代表性的多元化新兴工业国家和世界新兴市场经济体。根据 2022 年国际货币基金组织（IMF）发布的最新数据，马来西亚人均国内生产总值（GDP）达到 13 268 美元，已逐渐步入高收入国家行列（非正式），国民富裕程度在东南亚地区仅次于新加坡和文莱。

　　马来西亚能够取得今天的成就，与其对教育发展和人才培养的重视是分不开的。历届马来西亚政府都十分重视教育，将教育作为国家每个五年规划的优先发展项目，推行"全民教育政策"，努力探索符合马来西亚多民族需求的教育模式，确立了以促进社会经济、政治、文化发展为导向和以马来语为教学语言的统一教育制度，还拥有完整的华文教育体系。马来西亚一直致力于实现可持续发展教育目标，特别是 20 世纪 90 年代以后，提出要建立"世界水平的教育体系"，启动了一系列雄心勃勃的教育发展计划和

---

[1] 1965 年 8 月新加坡退出。

改革创新方案，以开发能够应对 21 世纪全球竞争和知识经济转型的人力资源。近年来，马来西亚政府进一步完善国民教育体系和教育制度，以现代化、国际化、信息化为导向，形成了强大的高等教育全球品牌，成功实现国家"2020 年宏愿"中成为东南亚"区域优质教育中心"的发展目标。

本书在已有研究的基础上，力图对马来西亚的国情概况、文化传统、教育历史、教育政策、教育行政、从学前机构到高等院校的各级各类教育发展以及中马文化教育交流等方面进行较为全面的梳理和分析，以期呈现马来西亚教育发展的真实样态，帮助读者了解马来西亚文化教育的历史背景、发展现状与特点。

本书正文共十二章。第一章概述马来西亚的国情，介绍其自然地理、国家制度及社会生活，形成对马来西亚的基本认识。第二章梳理马来西亚的文化历史发展脉络及各阶段特点，通过展示社会习俗和民族文化传统呈现马来西亚的多源流文化特征和价值取向。第三章梳理马来西亚教育发展历史不同阶段的特点，回顾国家教育思想及华文教育的发展历程。第四、五、六章分别论述马来西亚的学前教育、基础教育和高等教育的发展和现状，总结其特点，分析其内在问题及应对策略。第七、八、九章分别对马来西亚的职业教育、成人教育、教师教育的发展特点、问题、经验进行分析总结。第十章和第十一章介绍马来西亚的教育政策和教育行政，从国家视角介绍马来西亚的教育发展方针和教育管理体制。第十二章主要介绍中马两国在文化教育领域开展的多元化交流与合作以及中国高校海外办学所取得的成就。

本书由王丹负责整体规划与统稿。第六、七、八章由肖福军、李易、聂家玥、王磊合作撰写，其余各章及本书前言、结语、参考文献由王丹撰写。姜莹硕为本书做了大量工作，刘志英提供了部分资料。书中图片由刘志英、李垣、纪曼丽、沈平凡、陈柏屹、金佳琦、李静、刘捷、赖靖恩等提供。在本书写作过程中，北京外国语大学国际教育学院、亚洲学院和外语教学与研究出版社给予了大力支持；北京外国语大学党委书记王定华教授、国际教育学院秦惠民教授、中国马来研究中心苏莹莹教授、外语教学与研究出版社刘捷编审和孙凤兰编审给予了热切关心与专业指导。本书责任编辑巢小倩副编审细致、耐心、高效的工作，保障本书能够顺利出版。谨向上述单位、专家和同仁表示诚挚的感谢！

本书在撰写中参考和借鉴了国内外学者对马来西亚文化教育领域的研究成果和观点，对此也表示诚挚的感谢。由于作者水平有限，书中可能会出现不足和疏漏之处，恳请各位专家和读者批评指正。

王丹

2023 年 6 月于北京外国语大学国际教育学院

目　录

第一章 国情概览

马来西亚联邦，简称马来西亚或"大马"，是由 13 个州和 3 个联邦直辖区组成的联邦制国家，也是东南亚一个具有悠久历史的文明国度。马来西亚位于亚洲大陆和东南亚群岛的衔接部分，是两大洲（亚洲、大洋洲）与两大洋（太平洋、印度洋）相交的十字中心，西临马六甲海峡，自古就是东西方海上交通与国际贸易的要冲。得天独厚的地理位置决定了马来西亚在国际上具有极高的战略价值地位和经济发展优势。

第一节 自然地理

马来西亚位于东南亚地区的中心地带，是典型的热带海洋国家。马来西亚河流众多，全年高温多雨，热带雨林覆盖国土面积的四分之三，森林资源丰富，还拥有丰富的油气资源、矿产资源和橡胶等农产品资源。这些独特的地理状况与气候环境对马来西亚的经济、社会、文化发展产生了重大影响。

一、优越的地理位置

马来西亚位于北纬 1°—7°、东经 97°—120°，国土面积约为 33 万平方千米，领土面积排世界第六十六位。国土被南海分割为东西两部分，形状如同两叶扁舟，漂浮在太平洋与印度洋之间，分别是位于马来半岛南部的西马来西亚（简称"西马"）和位于加里曼丹岛北部的东马来西亚（简称"东马"）。两地间距最远处约 1 500 千米，最近处约 530 千米。西马由 11 个州和 2 个联邦直辖区组成，面积约 13.2 万平方千米，北与泰国接壤，南隔柔佛海峡与新加坡相望，东临南海，西部与西南部隔马六甲海峡与印尼苏门答腊岛相望。西马是马来西亚政治、经济、文化、交通中心，首都吉隆坡就位于西马的中部。东马由沙捞越、沙巴 2 个州和 1 个联邦直辖区组成，面积约 19.8 万平方千米，与印尼、菲律宾、文莱相邻，西部和北部濒临南海，沙巴州的东北部与苏禄海相邻，东南部与苏拉威西海相接。马来西亚海域面积约为 63.78 万平方千米，其中内水和领海面积 16.1 万平方千米，海洋与陆地比例约为 2∶1，[1] 全国海岸线总长 4 192 千米。[2]

作为东南亚地区一个群岛国家，马来西亚的地理位置十分优越。一则处于两大洲、两大洋的交通枢纽地带。二则连接着中南半岛等内陆地区与中国沿海、东亚其他国家的贸易往来。三则扼守着被誉为"东方直布罗陀"的马六甲海峡这一交通咽喉，其大面积领海被视为最重要的对外航运通道。"从马来西亚向北，可以穿越柬泰、柬老之间的众多山口，经由缅甸或老挝进入中国，进而深入亚洲大陆腹地。从马来西亚向东，可以进入南海，进而通达东北亚诸国乃至太平洋彼岸的美洲各国。从马来西亚向南，可以前往大洋洲澳大利亚。从马来西亚向西，则可以穿越泰国、缅甸，然后进

---

[1] 唐慧，龚晓辉. 马来西亚文化概论 [M]. 广州：世界图书出版公司，2015：11.

[2] 中华人民共和国外交部. 马来西亚国家概况 [EB/OL]. （2022-07）[2023-02-17]. https://www.mfa.gov.cn/web/gjhdq_676201/gj_676203/yz_676205/1206_676716/1206x0_676718/.

入孟加拉国和印度等南亚国家。"[1] 四通八达的世界交通和贸易网络,成为20世纪末马来西亚由农业为主到以制造业为主的经济转型获得成功的有利条件。但与此同时,地理位置的复杂性也表现出了明显的地缘劣势。一是马来西亚在地理上被分隔为东马和西马,这使马来西亚全境的地缘战略价值大打折扣。二是马来西亚与周边国家存在微妙关系与历史争端,使马来西亚自由进出大洋面临显著的约束性条件。三是马来西亚毗邻马六甲海峡,在获得便利的同时也面临海盗劫掠、海上恐怖主义等威胁以及美、日等国在此海域的竞争博弈和各方的约束监控。

二、宜人的气候环境

马来西亚靠近赤道地带,三面环水,境内多山,四季皆夏,环境宜人。大部分的沿海地区都是平原,中部则是布满茂密热带雨林的高原。境内全年高温多雨,属于典型的热带雨林气候,温差极小,湿度较大,平均湿度为60%—90%,白天平均最高气温在31—32℃。霹雳州的红毛丹是西马最热的地方,但中午气温最高也不会超过40℃。首都吉隆坡气温一般在30℃左右。内地山区年均气温在22—28℃,沿海平原在25—30℃。但是在山岭高峰处气温较低,甚至有的山区月平均气温在15℃左右,形成了不少凉爽宜人的避暑之地。马来西亚全年降雨充沛,年均降雨量达2 000—3 000毫米。受来自亚洲大陆东部寒冷的东北季风影响,形成雨季,降雨量大,每年的10月至次年3月是降雨的高峰期,月降雨量可达500—600毫米,这个时期的降雨量占全年降雨量的40%—60%。每年的5—9月,受印度洋及爪哇海吹来的暖湿的西南季风影响,降雨较少,有时一周下一次雨,气温较高。

---

[1] 钟继军,唐元平. 马来西亚经济社会地理 [M]. 广州:世界图书出版公司,2015:2.

其中 6—7 月是降雨最少的月份，但雨量最少也不会低于 100 毫米。在每年10 月至次年 3 月的雨季，几乎每天下午都会有一场暴雨，来得快，下得猛，结束也干脆利索，而且往往伴随着惊天动地的雷声，成为马来西亚特有的自然景象。雨后天气转凉，故有"四季皆夏，一雨成秋"的说法。马来西亚风力微弱，地面风速不大，一般在 3 级以下，不超过 5 级。马来西亚基本保持一年两次的季风，即 4 月、5 月的东北季风和 10 月的西南季风，这对船舶航行来说非常有利，曾被商人称颂不已。此外还有海陆风，白天风从海上吹向陆地，夜晚风从陆地吹向海洋，风力不大，有利于出海航行。但在西南季风盛行时，马六甲海峡南段东岸一带常在夜间或黎明时发生猝发性风暴，暴风夹杂雷电和骤雨，风力可达 10 级而引发灾害，所幸影响范围较小，少有台风、海啸、地震之类的大灾害。[1]

总体来讲，马来西亚境内有高山，有平原，背靠山川，面向海洋；内地既有湖泊，也有河流，水网密布，土地肥沃，具有发展种植业得天独厚的条件。但另一方面，马来西亚农业也经常遭受季节性洪涝灾害和部分地区干旱的影响，发展在一定程度上受到影响。

三、丰富的物产资源

受气候条件影响，马来西亚植被茂盛、物种繁多，是当今世界上森林覆盖率极高的国家之一，被列为世界上 12 个生物最多元化的国家之一。

---

[1] 骆永昆，马燕冰，张学刚. 马来西亚 [M]. 北京：社会科学文献出版社，2017：4.

（一）森林资源

马来西亚森林资源丰富，拥有大片珍贵的热带雨林，其中天然树林 1 954 万公顷，约占国土面积的 60%，这使马来西亚成为世界上最大的热带木材出口国之一。橡胶、棕油和胡椒的产量和出口量也都居于世界前列。马来西亚动植物种类繁多，可谓东南亚的动物王国和植物王国。野生动物种类超过 300 种，哺乳动物 286 种，鸟类 700 多种，爬虫类超过 350 种，两栖类 165 种，蛇类 140 多种，蝴蝶类 2 000 多种，其中以国蝶——红颈鸟翼蝶最为珍贵，此外还有几千种昆虫。各种花草树木多达 1.5 万余种，其中热带花卉是马来西亚的重要植物资源。莱佛士花，即王莲，是世界上最大的花，被称为"花王"，又因为气味十分难闻，亦称"尸花"，它是沙巴州的州花。另外马来西亚种植和出产兰花种类超过 800 多种，每年兰花出口额达 3 300 万美元，[1] 兰花与蝴蝶、巨猿被誉为马来西亚"三宝"。

（二）矿产资源

马来西亚已探明矿产 30 多种，其中石油储量丰富，马来西亚是亚洲最大的原油和天然气净出口国，东南亚第二大石油生产国。马来西亚共有约 17 亿吨的煤炭蕴藏量，但并未得到大规模开发，目前仍是煤炭纯进口国。[2] 锡是马来西亚除油气资源外最重要的矿产资源。马来西亚的锡矿品位世界最高。2005 年数据显示，其锡矿储量为 100 万吨，仅次于中国，居世界第二位。[3] 马来西亚曾是世界产锡大国，近年来产量逐年减少。此外马来西亚还有铁、金、钨、铝土、稀土、铜、锰等矿产。

[1] 骆永昆，马燕冰，张学刚. 马来西亚 [M]. 北京：社会科学文献出版社，2017：60.

[2] 葛红亮. 马来西亚 [M]. 大连：大连海事大学出版社，2019：10-11.

[3] 葛红亮. 马来西亚 [M]. 大连：大连海事大学出版社，2019：11.

（三）海洋资源

马来西亚海域辽阔，渔业资源丰富，年持续可捕量为 119 万吨，渔业品种繁多，有 80 余种。[1] 主要鱼类品种有鲭鱼、白鱼、鳓鱼、宝刀鱼、鲷鱼、墨鱼、金枪鱼等，还有众多巨型海洋鱼类。近年来，渔民们曾先后捕获 180 千克重的石斑、250 千克重的燕鱼、300 千克重的魔鬼鱼、1 500 千克重的鲨鱼等。

另外，马来西亚岛屿众多，其中许多风光绮丽、物产丰富。迷人的热带风光、奇异的白色沙滩、清澈见底的海水、色彩斑斓的珊瑚、形态各异的海洋生物，每年吸引了成千上万的国内外游客前来观光，成为马来西亚重要的旅游资源。

第二节 国家制度

马来西亚地处东南亚中心，历史悠久。早在纪元初，在今天的马来西亚领土上就已经出现狼牙修、丹丹、盘盘等古国，但直到 15 世纪初马六甲王朝建立，马来西亚才逐渐为世人知晓。马六甲王国是马来西亚历史上第一个统一的封建王国，也曾是东南亚的伊斯兰教中心，其较为完备的政治、经济、司法体系，深刻影响着今天马来西亚的政治、宗教和社会。1511 年，葡萄牙攻占马六甲之后，马六甲王朝衰落。1511—1945 年，葡萄牙、荷兰、英国、日本殖民者先后到达马来亚，二战后英国恢复其殖民统治，对马来西亚的经济、政治、社会产生了深远的影响。20 世纪初，马来亚本土民族主义觉醒，经过第二次世界大战的洗礼，马来半岛人民掀起了

---

[1] 钟继军，唐元平. 马来西亚经济社会地理 [M]. 广州：世界图书出版公司，2015：18.

民族运动的高潮，英国政府被迫让步。1957 年 8 月，"马来亚联合邦"取得政治独立。1963 年 9 月，马来亚联合邦吸纳沙巴、沙捞越和新加坡，组建马来西亚（1965 年 8 月新加坡由于政治摩擦退出），最终形成了现在的马来西亚民族国家版图。因此，马来西亚的国家体制与社会发展实际上是在历史与现实、内在传统与外来文化双重交融的影响下形成的。作为一个没有发生过革命的多民族联邦，马来西亚比许多邻国更好地经受住了 20 世纪的政治变革与经济动荡，为世界人民展示了一条成功的现代民族国家的形成之路。

一、国家体制

（一）国家标识

马来西亚国旗是国家主权象征之一。国旗呈横长方形，长宽比为 2∶1。国旗主体部分由蓝底黄色星月和 14 条等宽的红白条纹组成，14 条红白条纹代表联邦政府和 13 个联邦州的平等地位（14 道红白横条原代表马来西亚的 14 个联邦州，新加坡 1965 年独立后代表马来西亚 13 个联邦州和联邦政府），左上角的深蓝色块代表马来西亚民族团结，新月象征伊斯兰教，星星的 14 个尖角象征联邦政府和 13 个联邦州，星月的黄色代表皇室。1997 年 8 月 30 日，时任总理马哈蒂尔将马国旗正式命名为"光辉条纹"旗。[1]

马来西亚国徽中间为盾形徽。盾徽上面绘有一弯黄色新月和一颗 14 个尖角的黄色星，新月象征伊斯兰教，星的 14 芒象征马来西亚 13 个联邦州与

---

[1] 中华人民共和国驻马来西亚大使馆经济商务处. 马来西亚概况 国家一览 [EB/OL]. （2019-05-21）[2022-02-07]. http://my.mofcom.gov.cn/article/ddgk/201407/20140700648131.shtml.

联邦政府之间的平等关系。盾牌上的五把马来短剑代表前马来属邦，即玻璃市、吉打、吉兰丹、登嘉楼及柔佛。中间红、黑、白、黄4条色带分别代表雪兰莪、彭亨、霹雳和森美兰州。盾面左侧绘有蓝白波纹的海水、槟榔树及槟威大桥，这一图案代表槟榔屿州（又称槟城）。盾面右侧的马六甲树代表马六甲州。红色条纹下方是沙巴州州徽。黄色条纹下方的犀鸟代表沙捞越州。盾面下方中间的图案为马来西亚的国花——大红色木槿花，它也象征马来西亚联邦政府。国徽两侧的护盾兽——马来亚虎象征人民的勇敢与坚强。国徽下的绶带写着曾经的国家格言——团结就是力量。绶带的黄色代表皇室。

马来西亚的国歌是《我的祖国》，前身是霹雳州的州歌《月光曲》，采用马来西亚民歌曲调，集体作词，诞生于该国独立进程中，1968年被宪法确定为国歌。歌词大意为：

> 我的祖国，我生长的地方，
> 愿她的人民团结坚强，
> 愿上苍保佑她安康，
> 愿元首和平地统治四方。
> 愿上苍保佑她安康，
> 愿元首和平地统治四方。

（二）宪法

马来亚联合邦独立之前受英国殖民者统治，20世纪50年代通过了一些具有宪法性质的法令。1963年马来西亚成立后，沿用1957年《马来亚联合邦宪法》，并改名为《马来西亚联邦宪法》，其后多次修订。宪法规定：最高元首为国家首脑、伊斯兰教领袖兼武装部队统帅，由统治者会议 [1] 选举产生，任期 5 年。最高元首拥有立法、司法和行政的最高权力，以及任命总理、拒绝解散国会等权力。1993 年 3 月，议会通过宪法修正案，取消了各州苏丹的法律豁免权等特权。1994 年 5 月修改宪法，规定最高元首必须接受并根据政府建议执行公务。2005 年 1 月，议会通过修宪法案，决定将各州的供水事务管理权和文化遗产管理权移交中央政府。2019 年 7 月，议会通过宪法修正案，将投票及参选年龄从 21 岁降至 18 岁，同时实行自动选民登记制度。2021 年 12 月，议会通过修宪法案，恢复沙巴与沙捞越 1963 年加入马来西亚联邦时的"邦"地位。[2]

《马来西亚联邦宪法》由 14 章（共 181 条）和 13 个附表组成，全文约 10 万字，是马来西亚的根本法。它确认了马来西亚国家制度和社会制度的根本原则，规定了马来西亚的政体、国家结构形式、公民的基本权利和义务、国家机关的组织与活动基本原则、制定法律的基本原则和程序等，具有最高的法律效力，是一般立法的基础。由于历史原因，宪法不可避免地带有殖民时期英国宪政模式色彩，如内阁制、国会两院的权力分配等重要内容均效仿英国的政治制度。但宪法也吸收了其他国家法律的有益成分，如规定国会中的上院代表各州，类似于美国参议院代表各州的做法，并考虑了各州与苏丹的特殊地位。

---

[1] 统治者会议由柔佛、彭亨、雪兰莪、森美兰、霹雳、登嘉楼、吉兰丹、吉打、玻璃市 9 个州的世袭苏丹和马六甲、槟榔屿、沙捞越、沙巴 4 个州的州元首组成。其职能是在 9 个世袭苏丹中轮流选举产生最高元首和副最高元首；审议并颁布国家法律、法规；对全国性的伊斯兰教问题进行最终裁决；审议涉及马来族和沙巴、沙捞越土著民族的特权地位等重大问题。未经该会议同意，不得通过有关统治者特权地位的任何法律。内阁总理和各州州务大臣（有苏丹的州）、首席部长（无苏丹的州）协助会议召开。

[2] 中华人民共和国外交部. 马来西亚国家概况 [EB/OL].（2022-07）[2023-02-17]. https://www.mfa.gov.cn/web/gjhdq_676201/gj_676203/yz_676205/1206_676716/1206x0_676718/.

二、政治制度

（一）政体概述

马来西亚实行君主立宪联邦制。《马来西亚联邦宪法》规定，国家元首不仅是国家最高权力的象征，而且代表和维护着各州最高统治者的利益。最高元首由统治者会议选出。统治者会议由玻璃市、吉打、霹雳、雪兰莪、森美兰、柔佛、吉兰丹、登嘉楼、彭亨 9 个州的世袭苏丹和马六甲、槟榔屿、沙巴及沙捞越 4 个州的元首组成，任期 5 年，不得连任。最高元首委任下议院多数党领袖为总理，并根据总理提名任命内阁部长、联邦法院院长、总检察长、武装部队总参谋长、选举委员会主席和委员、国家审计长；召集、中止、解散国会；根据内阁意见批准国会通过的法令；宣布全国进入紧急状态及特赦；颁发勋章及封号等。[1]

马来西亚立法机构分为联邦立法机构与各州立法机构。国会是最高立法机构，由最高元首、上议院、下议院组成。上议院共 70 席，由全国 13 个州议会选举产生，每州 2 名，其余 44 名由最高元首根据内阁推荐委任（其中吉隆坡联邦直辖区 2 名，纳闽、布城[2] 联邦直辖区各 1 名），任期 3 年，连任不得超过 2 届，且不受议会解散与否的影响。上议院议长和副议长各 1 名，必须从上议院议员中选举产生。下议院共设议席 222 个，任期 5 年，可连任，经每 5 年一届的大选后产生。下议院议长从下议院议员或有资格被选为议员的人中选举产生，但 2 名副议长必须是下议院议员。在下议院拥有多数席位的政党获得组阁权。

---

[1] 中华人民共和国商务部驻马来西亚经济商务处. 马来西亚概况 政治结构 [EB/OL]. （2019-05-21）[2023-02-17]. http://my.mofcom.gov.cn/article/ddgk/201407/20140700648325.shtml.

[2] 布城是马来西亚的联邦行政中心，旧称布特拉再也、太子城。2001 年 2 月 1 日，布城从雪兰莪分离出来成为马来西亚的第三个联邦直辖区。

（二）联邦政府

马来西亚中央政府的行政权力来自内阁制的国会（类似英国），但中央与地方的关系又实行联邦政府体制（类似美国），所以中央政府就是所谓联邦政府。联邦政府的领导者就是内阁总理（但马来西亚华人大多使用"首相"的称呼）。马来西亚的联邦政府通常由在下议院中占半数以上议席的多数党（或政党联盟）组成，是制定和执行国家政策的最高行政机构，集体向议会负责。政府首脑为内阁总理，由最高元首任命，原则上应是下议院多数议员所信任的议员。历届总理均为马来民族统一机构（简称巫统党）主席或国民阵线主席，各部部长由总理向最高元首推荐。

马来西亚政府采用责任内阁制形式，内阁是最高行政机关，由总理领导，直接向议会负责。内阁的组成由议会中占多数席位的政党决定，即在每次议会大选后，最高元首都授权多数党的领袖组阁，并根据总理提名任命政府各部的正、副部长等成员。内阁须定期向议会报告工作，内阁成员通常应是议会议员，他们一方面在内阁担任行政工作，一方面在议会参加立法工作。

马来西亚的行政体系共分三个等级，即联邦政府、州政府和地方政府。联邦政府机构由总理署及各部门组成。总理署的职责从总体上说是监督政策的贯彻执行和协调各部门的关系。其主要部门和单位包括行政和财务部门、联邦领土发展部门、伊斯兰事务部门，以及经济计划部门等。在总理署之外，联邦政府共设 27 个部门。

州政府由州苏丹或州元首[1]与各相关部门组成。各州都有自己的宪法，拥有较大的地方自治权，州苏丹和州元首是各州最高权力的象征，名义上享有立法、行政和司法大权，实际权力由州务大臣（有苏丹的州）或首席部长（无苏丹的州）掌握。

---

[1] 马来西亚 13 个州中的 9 个马来州属各有一名世袭的马来统治者为元首，称苏丹，而槟榔屿、马六甲、沙巴和沙捞越州元首由最高元首任命。

（三）司法机构

马来西亚受英国殖民统治时间较长，法律制度属于英美法系。1957年独立后逐渐建立了完善的司法体系。马来西亚政府借鉴英国的做法，实行三权分立。马来西亚的司法机构独立于行政与立法机构。最高司法机构为联邦法院。联邦法院的前身为最高法院，于1985年1月1日正式成立（在这之前马来西亚案件可上诉到英国的枢密院），1994年6月改为现名。同时，联邦法院之下设立了上诉庭，紧接着为高庭（高等法院）。高庭可分为马来亚高级法院（负责西马）和婆罗洲高级法院（负责东马）。各州设有地庭（地方法院），州内的区又设有推事庭。另外还有特别军事法庭和伊斯兰教法庭（受伊斯兰教法令管制）。

马来西亚中央检察机关也是司法机构不可分割的组成部分。总检察长由最高元首根据总理的建议，从联邦法院的法官中任命一名合适的人选担任。马来西亚行使检察权的是政府律师，其主要职责是决定在哪些法院起诉犯罪嫌疑人，并有权提出量刑意见。

（四）政治党派

马来西亚根据宪法实行多党制，由几个政党联合组成政党联盟执政，各个政党保持自身的独立性。马来西亚的几个主要政党基本以民族为基础，民族的观念超越了阶级和其他一切政治观念。政党还具有明显的伊斯兰宗教色彩，强调马来人的特权与执政理念的伊斯兰宗教化。马来西亚注册的合法政党有40多个，其中巫统党、马来西亚华人公会（简称马华公会）和马来西亚印度国民大会等政党组成国民阵线曾长期执政，成为马来西亚最强大的执政党联盟。2018年大选后，由人民公正党、民主行动党、国家诚信党和土著团结党组成的希望联盟取代国民阵线上台执政。2020年3月，土著团结党、伊斯兰教党等组成的国民联盟联合巫统党，取代希望联盟上台执政。2022 年 11 月，希望联盟同国民阵线、东马各政党组成联合政府上台执政。

（五）行政区划

马来西亚分为 13 个州和 3 个联邦直辖区，即西马的玻璃市州、吉打州、槟榔屿州、霹雳州、雪兰莪州、森美兰州、马六甲州、柔佛州、吉兰丹州、登嘉楼州、彭亨州，东马的沙巴州、沙捞越州，以及吉隆坡、纳闽和布城 3 个联邦直辖区。13 个州中面积最大的是沙捞越（12.4 万平方千米），最小的是玻璃市（795 平方千米）。各州的行政首长称为苏丹或州元首，其中玻璃市、吉打、霹雳、雪兰莪、森美兰、柔佛、吉兰丹、登嘉楼、彭亨 9 个州由世袭苏丹担任州行政首长，槟榔屿、马六甲、沙巴和沙捞越 4 个州由国家元首任命的州元首担任州行政首长。13 个州下设县。[1]

（六）国防外交

作为二战后新兴独立国家，马来西亚面临着东南亚地区复杂多样的环境，除了发展自身海陆空多种军事力量以外，还需着眼于加强对外安全交流与合作关系。马来西亚的三军最高统帅是国家最高元首，同时设立国防决策机构——国家安全委员会，由总理亲自出任委员会主席。主要国防力量包括陆军、皇家海军和皇家空军。马来西亚实行志愿兵役制，服役期为 10 年。近年来马来西亚的国防建设主要包括三个方面：一是突出加强海军建设，提升海上力量的现代化水平；二是大规模精简陆军，提高军队综合素质；三是加强装备电子化，安装改进通信系统，希望借此提高武装部队

---

[1] 葛红亮. 马来西亚 [M]. 大连：大连海事大学出版社，2019：12.

的战斗力，有效地维护国家与地区安全。

马来西亚对外奉行独立自主、中立、不结盟的外交政策。作为东盟创始成员国之一，马来西亚以东盟为外交政策基石，主张建立东南亚和平、自由和中立区，优先发展同东盟国家的关系。马来西亚大力开展经济外交，积极推动南南合作，反对西方国家贸易保护主义。作为伊斯兰国家，马来西亚积极发展同伊斯兰国家和不结盟国家的关系，支持国际反恐合作，推动宗教和文明间对话，反对西方大国的强权政治。目前，马来西亚已同 132 个国家建交，在 84 个国家设有 110 个使领馆。[1]

三、发展方针

马来西亚自 1957 年从英国获得独立并建立联邦体制以来，一直在努力建设一个统一、稳定、和平和繁荣发展的国家，将经济建设和民族团结作为国家发展的第一要务。

马来西亚独立后，国内局势较为平稳，各民族基本能够和平共处，殖民统治所建立的经济体系与基础建设也仍旧可用，这些优势使马来西亚的经济开始持续高速发展。1956—1990 年，马来西亚先后执行了 7 个国家五年计划，将经济结构转型，开发土地、自然与人力资源，提高人民物质生活水平等作为首要任务。其中 1971 年开始推行的"新经济政策"（New Economic Policy），通过重组社会、职业和股权结构，降低贫困率，转移劳动密集型产业，缩小马来人与其他族群的经济差距，有效地提升了马来西亚的整体发展水平。"新经济政策"在很大程度上也反映出马来西亚的国家发展理念。独立后的马来西亚一直都处于一个马来人优先的社会环境，"新

---

[1] 中华人民共和国外交部. 马来西亚国家概况 [EB/OL].（2023-01）[2023-02-17]. https://www.mfa.gov.cn/web/gjhdq_676201/gj_676203/yz_676205/1206_676716/1206x0_676718/.

经济政策"所倡导的发展与公平原则其本质也是伊斯兰化的。1972 年，时任总理拉扎克就曾指出，"新经济政策"是在《古兰经》的指导下进行的。这一时期整个国家的发展方针都是围绕着以马来文化和伊斯兰教构建国家认同的中心思想。

然而，马来西亚独立初期的经济主要依赖农业和矿业，随着时间的推移，这种单一而畸形的经济结构逐渐成为国家发展的阻碍。1975 年，马来西亚全部劳动力中尚有近一半（49.3%）的人从事农业、林业和渔业，从事制造业的只占 10.1%，产业结构亟待优化调整。[1] 1981 年马哈蒂尔出任总理后宣布了"向东学习政策"（Look East），具有现代化工业的日本和韩国成了马来西亚学习的榜样，马来西亚希望借此对国家的经济、科技、行政、管理、组织结构等做出全方位改革。这也是马哈蒂尔为了不照抄西方现代化模式而另觅的新路。此后，马来西亚通过经济转型和产业结构调整获得了前所未有的迅速发展，由原先以农业为基础的经济转变为以制造业为主的经济，逐步实现了工业化。在 1997 年亚洲金融危机爆发前的 10 年里，马来西亚经济年均增长率达 8% 以上，在全球经济竞争力排名表上跃居第二十一位，被称为"亚洲四小虎"之一，国民富裕程度在整个东南亚地区仅次于新加坡和文莱。[2]

1991 年，马哈蒂尔宣布"2020 年宏愿"国家发展计划，目标是在 30 年内将马来西亚建设成为发达的工业化国家，使人均国民收入达到 1.5 万美元。为此，马哈蒂尔将倾斜于马来土著的"新经济政策"调整为强调各族群平等的"国家发展政策"，力图推进各族群之间的理解与合作，打造一个有统一国家意识和归属感的马来西亚，形成一个开放与包容的社会，使全体人民都能从国家发展中受益。

---

[1] POSTLETHWAITE T N, THOMAS R M. Schooling in the ASEAN region[M]. Oxford: Pergamon Press, 1980: 104.

[2] 财经时报马来西亚. 98 岁大马前总理马哈蒂尔：新能源车将是中国领军全球切入点 [EB/OL].（2023-01-13）[2023-02-17]. https://new.qq.com/rain/a/20230113A022Q200.

1997 年，亚洲金融危机使马来西亚遭受沉重打击。直到 2000 年后，马来西亚的经济才随着全球经济的好转重新步上发展轨道，但其经济复苏步伐是当时受金融危机打击的国家中最快的。马来西亚政府已意识到过度依赖国外需求的发展模式难以为继，决心进一步进行经济转型，将制造业经济尽快转型为知识型经济。2010 年，马来西亚推出经济转型计划（即"新经济模式"），涉及能源、金融、旅游、商业服务、电子机械、教育、通信等 12 大国家关键经济领域。这一计划见效很快，2017 年，马来西亚就已实现服务业占 GDP 比例超过 50%，内需取代外需拉动经济增长，经济对石油和天然气收入的依赖从 2009 年的 41% 降至 14%。[1] 此后，马来西亚政府频繁出台中长期国家发展计划，不断优化和完善国家发展目标。2016 年提出的"2050 国家转型计划"，为马来西亚 2020—2050 年发展规划前景。2018 年，马来西亚政府对第十一个马来西亚计划（2016—2020 年）进行中期审议，制定新的经济发展蓝图，提出包括"包容发展、惠及全民""平衡区域发展""改革行政提高效率""发展高价值产业链""强化人力资本""环保永续发展"等发展规划。2019 年，政府提出《2030 共享繁荣新愿景》（即"2030 年宏愿"），把缩小贫富差距、创建新型发展模式、推动马来西亚成为亚洲经济轴心作为三大主要目标。

同时，政府还积极推进信息技术革命，并通过《2013—2025 年马来西亚教育蓝图》推动教育改革，着力解决国家高素质技术人才短缺的问题。其实早在 1995 年马来西亚政府就提出"多媒体超级走廊"计划和"生物谷"服务计划，大力发展信息产业和生物科技，近年来更是将工业 4.0 纳入国家经济转型的蓝图中，升级智能制造设施，大力发展包括大数据、云计算、电子商务、物联网和人工智能在内的数字经济。

马来西亚在 2010 年启动经济转型计划后，开始逐步走向高收入国家。

---

[1] 21 世纪经济报道. "一带一路"写入马来西亚年度经济报告 助力"2020 宏愿"[EB/OL].（2017-11-04）[2022-09-01]. https://m.21jingji.com/article/20171104/15179f05173281944342f7db951efb30.html.

2021 年，马来西亚 GDP 为 15 454 亿林吉特 [1]，增长率为 3.1%，人均 GDP 47 260 林吉特。[2] 根据 2019 年马来西亚统计局公布的数据，人均月收入最高的城市吉隆坡已经破万，达到 10 549 林吉特，月平均开支为 5 692 林吉特，占月收入的 54%。[3]

马来西亚虽然在各个领域都取得了令人瞩目的发展成就，但没有如期实现"2020 年宏愿"中成为发达国家的目标。鉴于此，2019 年 5 月，马来西亚政府提出"2030 年宏愿"，提出"缩小贫富差距""创建新型发展模式""推动马来西亚成为亚洲经济轴心"的三大目标。政府不再单独强调经济增长和国民收入，而是强调让财富得到更公平公正的分配，通过重组和加强国家商业及工业生态系统、拓展新领域、改善就业市场及劳工薪资、巩固社会和谐、创造兼容国家、提升社会思维、改革人力资源等方面的努力使各族人民和各个地区都能从国家的发展中受益，旨在加强政治稳定、促进国家繁荣和人民团结一致，同时保留民族和文化多样性，以此作为民族国家的基础。总的来说，从 1991 年的"2020 年宏愿"到 2019 年的"2030 年宏愿"，30 年来马来西亚的族群政策更为宽松，族群关系也更为缓和，无论是政治权利、教育权利还是社会地位都向着更加民主化和平等的方向发展，但这仍不能改变以马来人特权为基础的立国之本。

第三节　社会生活

马来西亚有悠久的文化历史，但作为一个独立的现代主权国家却很年

---

[1] 马来西亚货币，1 林吉特约合人民币 1.571 5 元。

[2] 中华人民共和国外交部. 马来西亚国家概况 [EB/OL].（2023-01）[2023-02-17]. https://www.mfa.gov.cn/web/gjhdq_676201/gj_676203/yz_676205/1206_676716/1206x0_676718/.

[3] 华人号：马来西亚《东方日报》. 大马吉隆坡收入最高 但人民并非最快乐 [EB/OL].（2022-09-16）[2022-12-10]. http://www.52hrtt.com/fj/n/w/info/A1663036850392.

轻。马来西亚自独立以来，致力于摆脱西方殖民统治的负面影响，在铸造统一民族国家、推进社会现代化发展的道路上日益前进。

一、多样化的社会构成

马来西亚是一个多元民族、多元宗教、多元文化共存的国家，通过实现传统与现代的结合形成了自己的发展特色。

（一）人口情况及其特点

2022 年马来西亚人口为 3 270 万，在东南亚国家排名属于中间水平，相比 2021 年的 3 260 万人和 2020 年的 3 240 万人，增幅约 0.2%。[1] 尽管马来西亚人口还在增加，但增长率却呈现下滑，近两年受疫情影响，非公民人数急剧减少，进而使马来西亚国内人口增幅下滑。马来西亚东西部人口分布极不平衡，人口多集中在西马，西马 70% 的人口又居住在城市。首都吉隆坡人口约 173 万，是马来西亚人口最多的城市。

马来西亚人的预期寿命为 75.1 岁，女性比男性略高。2020 年马来西亚 65 岁及以上人口占比为 7%，尚未步入老龄化社会；[2] 从性别上看，男性人口（51.4%）相对多于女性（48.6%）。[3] 马来西亚国土只开发了大约 1/4，人口较少，政府鼓励国民多生。相对而言，马来人生育率较高，华人较低。马来

---

[1] 中国评论新闻网. 马来西亚华裔占总人口比例预计下降 [EB/OL].（2022-08-01）[2023-02-17]. http://gb.crntt.com/doc/1064/3/0/4/106430491.html.

[2] 世界老龄化标准为一个国家或地区 65 岁及以上人口占比达到 7% 以上。

[3] 华经产业研究院. 2010—2020 年马来西亚人口数量、劳动力人数及人口年龄、性别结构统计分析 [EB/OL].（2021-08-25）[2022-08-10]. http://www.huaon.com/channel/distdata/742771.html.

西亚由于人口少，失业率常年维持在 3%—4%，需要大量引进外来劳动力。截至 2015 年，在马合法外籍劳工为 213.5 万人，其中印尼、尼泊尔、孟加拉国三国位居外国劳工来源国前三位。[1]

（二）民族成分及其特点

马来西亚是一个"复数社会"，在民族构成方面十分多元，这是马来西亚最显著的国家特色。马来西亚以马来人、华人、印度人为主，还包括原住民（伊班人、卡达山杜顺人、比达友人、塞迈人、其他西马半岛原住民、东马沙捞越和沙巴原住民）和少数欧亚群体（克里斯坦人）等 30 多个民族。据 2023 年统计数据，马来人占 69.4%，华人 23.2%，印度人 6.7%，其他民族 0.7%。[2] 马来人、华人和印度人三个主要族群大多数生活在西马，土著少数民族 [3] 主要居住在沙巴、沙捞越。这些少数民族的发展水平各有不同，但都保持了相对固定的聚居区域、民族特性及文化特征。民族成分的复杂性成为影响马来西亚发展的关键因素，历届政府正是在协调民族矛盾中推动马来西亚政治经济的巩固发展，先后制定并实行了一系列旨在发展民族经济、缓和民族矛盾、协调民族关系的民族政策，以提高全体公民对国家的认同感和自豪感。"2020 年宏愿"提出以来，马来西亚政府的民族政策呈现出更多的包容、开放特征，标志着马来西亚开始踏上多元民族、多元宗教共存的和谐发展之路。

---

[1] "一带一路"工业和信息化数据库. 马来西亚 - 外籍劳务需求 [EB/OL].（2017-09-07）[2023-02-17]. http://www.ydyliit.com/index.php?m=content&c=index&a=show&catid=122&id=1176.

[2] 中华人民共和国外交部. 马来西亚国家概况 [EB/OL].（2023-01）[2023-02-17]. https://www.mfa.gov.cn/web/gjhdq_676201/gj_676203/yz_676205/1206_676716/1206x0_676718/.

[3] 现在一般称马来人为土著，以区别后来的华人、印度人等。实际上，按照马来人的理解，土著包含三个群体，即原住民、马来人和沙巴、沙捞越的土著。

（三）宗教信仰及其特点

马来西亚为君主立宪制国家，宪法规定伊斯兰教为国教，但国民受《马来西亚联邦宪法》保护，享有宗教自由的权利，体现了政府在宗教事务上的开明态度。伊斯兰教在马来西亚是最主要和信徒最多的宗教，其他宗教有佛教、基督教、印度教等。马来西亚人民的宗教信仰有明显的民族特征。马来人都信仰伊斯兰教，华人大多信仰佛教和道教，印度人主要信仰印度教，原住民既有信仰原始宗教的，也有皈依伊斯兰教、基督教和天主教的。马来西亚虽历经葡萄牙、荷兰与英国等西方殖民者长达 400 多年的统治，但并没有形成统一的宗教，各个民族仍顽强地保留了本民族的宗教、文化与习俗。马来西亚政府在宗教事务上表现出的态度，既为本国文化的和谐与稳定提供了政策保障与支持，也为马来西亚赢得了"宗教万花筒"的美誉。

二、现代化的社会发展

（一）语言文字

马来西亚是个多元民族共存的国家，语言和文字也同样呈现出多元化的特征。宪法规定，马来语是马来西亚的国语和官方语言，是马来西亚语言文化的核心和主干。马来语是马来人的母语，历史悠久，属于南岛语系中的马来-波利尼西亚语族，是其中最为古老的语支之一，通过不断地从其他语言和文化中汲取养分逐渐形成，对马来西亚的社会、政治、经济发展作用显著。此外，由于历史上的英国殖民统治，英语作为通用语被广泛地使用在行政、工商、教育、科技、服务业和大众传媒等领域。除了未受过正规教育的老年人和生活在偏远乡村的人外，大部分人都能说英语。

除此之外，华语也是马来西亚的重要语言文字之一。华人作为马来西亚的第二大族群，除马来语外也使用自己的语言和文字，华文媒体及大量的华文学校也使用华语。在通用的华语（普通话）之外，华人原始祖籍的地方方言（如粤语、闽南语、客家话与潮汕话）也是交流的重要工具。作为马来西亚第三大族群，马来西亚的印度人使用泰米尔语作为交流工具，但印度人相对前两个族群人口较少，因此泰米尔语的使用范围远不及马来语和华语。

（二）交通建设

众所周知，一个国家的基础设施特别是交通运输系统是否先进和完善，常常制约着整个国家的经济社会发展水平。马来西亚是亚洲基础建设较发达的国家之一，其总体质量接近发达国家的平均水平。经过多年的努力，马来西亚的交通设施日趋完备，已形成了以吉隆坡为核心的由铁路、公路、海运及航空组成的完善的交通网络，呈现出四通八达的格局。马来西亚交通运输业排名依次为公路、铁路、空运、海运。

公路运输在马来西亚全国交通运输行业中占据重要位置，客货运量均保持第一。马来西亚的公路网里程为 144 403 千米，其中铺装公路 116 169 千米，高速公路 1 821 千米，是东南亚国家中最先进和完善的，设计科学，四通八达。公路和铁路主要干线贯穿马来半岛南北，其中首都吉隆坡是马来西亚目前唯一设有城市轨道交通的城市。

马来西亚航空业发达，民航主要由马来西亚航空公司和亚洲航空公司经营。全国共有机场 25 个，其中国际机场 7 个：吉隆坡、槟城、兰卡威、哥打巴鲁、新山、哥打基纳巴卢和古晋。

马来西亚内河运输不发达，主要集中在东马地区的沙巴和沙捞越两州。而濒临马六甲海峡的地理位置给马来西亚的海运带来了得天独厚的优势。马来西亚 95% 的贸易通过海运完成，海运 80% 以上依赖外航。马来西亚拥有各类船只 1 008 艘，其中 100 吨以上的注册商船 508 艘，远洋船只 50 艘，主要航运公司为马来西亚国际船务公司。[1] 近年来，马来西亚大力发展远洋运输和港口建设，拥有 7 座国际港口，其中最大的港口为位于雪兰莪巴生市的巴生港。

（三）经贸产业

马来西亚是以国家利益为导向的新兴工业化经济体。由于地处枢纽地带、物产丰富且具有良好的经济基础，马来西亚自古就是闻名遐迩的海上贸易中转站，在东南亚地区有着独特的地位。20 世纪 70 年代前，马来西亚经济以农业为主，依赖初级产品出口，之后不断调整产业结构，大力推行出口导向型经济，电子业、制造业、建筑业和服务业发展迅速。近 20 年，马来西亚经济保持平稳增长。2020 年，马来西亚出口总额为 9 810 亿林吉特。农业、采矿业、制造业、建筑业和服务业在 GDP 中所占比例分别是 7.4%、6.8%、23.0%、4.0% 和 57.7%。其中服务业是马来西亚经济中最大的产业部门，吸收就业人数占马来西亚雇用员工总数超过 6 成。2020 年，马来西亚外贸总额为 1.78 万亿林吉特，中国、新加坡和美国位列马来西亚前三大出口目的地和进口来源地。中国连续 12 年成为马来西亚最大的贸易伙伴。其他主要贸易伙伴还有日本、欧盟、韩国、澳大利亚和印度等。[2] 目前马来西亚的橡胶、棕榈油和液化天然气等资源的出口、服务业、旅游业、制造业都是国民经济发展的支柱性产业。2020 年，马来西亚前五大类出口产品分别是电子电器产品、石油产品、棕榈油及其制品、化工及化学产品、橡胶制品；前五大类进口产品分别是电子电

---

[1] 骆永昆，马燕冰，张学刚. 马来西亚 [M]. 北京：社会科学文献出版社，2017：201.

[2] 中华人民共和国商务部. 对外投资合作国别（地区）指南（2021 年版）：马来西亚 [R]. 北京：中华人民共和国商务部，2021.

器产品、化工及化学产品、石油产品、机械设备及零件、金属制品。[1]

（四）新闻出版

马来西亚约有 50 份报纸，用 8 种文字出版，发行量从几万到几十万不等，主要使用马来文、英文、中文和泰米尔文。主要报纸有：马来文报《每日新闻》《马来西亚前锋报》，英文报《星报》《新海峡时报》《马来邮报》，华文报《星洲日报》《南洋商报》《中国报》《东方日报》等。华文报纸在马来西亚由私人所有，目前发行量最大的是《星洲日报》，日平均发行量 40 万份（包括晚报）。马来西亚国家新闻社，简称马新社，为半官方通讯社，成立于 1968 年，在亚太地区设有 33 家分社。

（五）医疗卫生

马来西亚拥有一系列由税收资助的高质量公共医疗服务，为所有公民和永久居民服务。马来西亚政府十分重视公共卫生保健的发展，投入了 1% 的政府预算用于医疗卫生部门的发展。国民前往公立医院或诊所看门诊只需要缴付 1 林吉特的象征性费用，且药物也不另外收费。2016 年，该国共有 50 087 名医生、7 186 名牙医、153 所政府医院及 216 所私人医院。[2] 马来西亚的医保福利因为相对低廉的费用、拥有西方国家认证、无须漫长等待等因素在全球享有盛名。而最受欢迎的医疗服务包括整容、牙科及皮肤。目前马来西亚卫生系统存在的主要问题一是许多乡村地区仍欠缺医疗中心，二是医师过度开立处方药物。为了解决这些问题，政府设计了"远程初级

---

[1] 中华人民共和国商务部. 对外投资合作国别（地区）指南（2021 年版）：马来西亚 [R]. 北京：中华人民共和国商务部，2021.

[2] 数据来源于马来西亚统计局 2016 年社会统计公报。

保健"系统，允许偏远地区的医生通过电话咨询大城市公立医院的专家和医生。同时，马来西亚还有较为普及的高质量私人医疗保健体系，主要服务外籍人士和富有的马来西亚人。

（六）旅游特色

旅游业是马来西亚第三大经济支柱，第二大外汇收入来源。旅游业的发展受到高度重视，不仅政府成立了旅游发展局，各州还成立了旅游协会和各种旅行机构。20世纪80年代以来，马来西亚采取了多种措施发展旅游业，包括加强组织管理、增加财政拨款、扩大税务优惠、展开强大的促销攻势、改善客运交通系统、培训导游和酒店服务人员、增加旅游景点和活动项目等。旅游业同时也拉动了酒店、商店和餐饮业的发展，截至2022年，马来西亚境内拥有酒店4 072家。[1] 优美的自然风景、独特的民族地域风情以及政府出台的各项旅游优惠政策，为马来西亚的旅游业赢得了国际声誉。据马来西亚旅游部统计，2018年，马来西亚吸引游客2 583万人次，主要来自新加坡、印尼、中国、泰国、文莱和韩国。[2] 马来西亚主要旅游胜地有吉隆坡、云顶、槟城、马六甲、兰卡威、刁曼岛、热浪岛、邦咯岛等。其中马六甲拥有丰富的人文历史和社会资源，极具观光价值，2008年7月被联合国教科文组织列入世界文化遗产名录。[3] 首都吉隆坡的地标性建筑是88层双子星塔，建成于1988年。两栋大厦高达452米，当年打破了由美国西尔斯大厦保持的世界最高建筑纪录，代表了马来西亚现代化发展成就，是游客到马来西亚必去的观光景点之一。

---

[1] 中华人民共和国外交部. 马来西亚国家概况 [EB/OL]. （2023-01）[2023-02-17]. https://www.mfa.gov.cn/web/gjhdq_676201/gj_676203/yz_676205/1206_676716/1206x0_676718/.

[2] 中华人民共和国商务部驻马来西亚大使馆经济商务处. 马来西亚概况 宏观经济 [EB/OL]. （2019-05-21）[2022-02-17]. http://my.mofcom.gov.cn/article/ddgk/201407/20140700648581.shtml.

[3] 骆永昆，马燕冰，张学刚. 马来西亚 [M]. 北京：社会科学文献出版社，2017：50.

第二章 文化传统

马来半岛历经史前文明、印度化时代、马六甲辉煌、外来殖民统治，最终迎来马来西亚的独立。马来西亚的文化传统也是在这一历史进程中不断演化、不断整合，在东西方文明交融碰撞的基础上，形成了今天多元并存、和谐包容的文化环境以及"马来西亚化"的民族国家价值体系。

第一节 历史沿革

"马来"（Melayu）一词源自梵文 Malaiur 或 Malayadvipa，可译为"群山之地"。这个词由古代印度商人所采用，指称马来半岛。所谓马来文化是一个很难明确界定的概念，这个区域人口众多，语言混杂，文化和宗教具有多样性和复杂性，而且区域的界限也在不断变化。今天我们所说的马来文化，主要是指 15 世纪以后相对固定下来的东南亚海岛区域，包括马来半岛及周边离岛、连接这些陆地的马六甲海峡及周边海域范围内的区域性文化。

一、古代王朝时期：马来文化的开端

马来西亚历史悠久，但记载其古代历史和文化发展的史料却一直较为零散。史学家对 14 世纪以前的马来半岛和婆罗洲何时出现国家、有哪些国家以及各国兴衰如何并不十分清楚，仅能凭借不多的史料进行大体的描摹和推断。按照中国史书记载，第一个马来王国是公元前后出现的克拉地峡一带的都元国。马来半岛先后出现过羯荼、狼牙修、丹丹、赤土等国，7 世纪以后被苏门答腊的室利佛逝[1] 和满者伯夷等古国统治，将其发展为与印度、中国、西亚进行商品交换的繁荣的海运贸易中心。这一时期，马来半岛深受印度文化和宗教的影响，人们信仰佛教和印度教，并采用梵语作为书写文字，佛教僧侣和印度教僧侣在国家政治中发挥一定的作用。由于印度文化占主导地位，这一时期也被称为印度化时代。许多考古发现也佐证了这一论点。印度教与佛教文化一直是该区域主导文化，其影响力于 7—14 世纪还扩大至苏门答腊、爪哇以及婆罗洲诸多地方。但马来半岛对印度文化的吸收是有选择的，主要是以有利于维持统治集团政权稳定为前提，如吸纳了印度教和佛教宣扬的"君权神授"观念，但并没有吸纳印度教的种姓制度，而且被引入后的印度文化也融入了马来半岛的本土风格。

15 世纪初，马六甲王朝（中国明代称为满剌加国）强势崛起，被认为是马来西亚本土建立的第一个统一王朝，也是马来西亚历史书写清晰化的开端。马六甲的建立是在公元 1400 年左右。史学界公认马六甲王国的创建者为逃亡到马六甲的淡马锡[2] 国王拜里迷苏剌（1344—1424，也称拜里米苏拉）。马六甲王国由苏丹（信仰伊斯兰教后国王改称为苏丹）统治，有一套相对完备的统治体制，自建国至 1511 年被葡萄牙侵占，一共存在了百余年，但其制定的政策法规、经济社会及宗教文化的发展对马来西亚的影响非常

---

[1] 室利佛逝音译自梵文 Sri Vijaya，简称佛逝。宋代后，中国史籍改称三佛齐王国（Samboja Kingdom）。

[2] 13 世纪时期，室利佛逝王朝被灭后，其人民逃到一个岛建立淡马锡，就是今天的新加坡。

深远。马六甲共经历了 9 任苏丹，苏丹之下有一个最高理事会（相当于今天的内阁），负责管理王国事务，最高理事会下有大小官员 56 名。

伊斯兰教也随之传播到王国统治地区。马六甲建立后，为进一步巩固王权，从第二任国王开始"自上而下"地改信伊斯兰教，[1] 第五任国王正式将伊斯兰教立为国教，国王称号也改为苏丹。由于马六甲王朝是马来半岛最繁盛的王国，伊斯兰教随着其势力范围的扩张传遍马来群岛。16 世纪初，伊斯兰教成为马来人的主要宗教，其势力到达现在的菲律宾，只有巴厘岛依然是一个孤立的印度教岛屿。在苏丹马哈茂德·沙执政期间（1488—1511 年），王国编撰了《马六甲法典》以规范穆斯林的行为，此法典对东南亚的伊斯兰世界产生了巨大影响。[2]

马六甲王国的地理位置优势，决定了它能够成为当时海上丝绸之路的重要贸易中心。全盛时，其势力延伸到马来半岛北部以及苏门答腊西部，很快就占据了过去室利佛逝所统治的地区，与中国建立了独立的外交关系，并控制了中国通向印度的海上贸易道路。由于蒙古帝国的扩张，以及金、辽、西夏等分裂割据的孤立政权，陆上丝绸之路被阻断，这条海上贸易通道就变得越来越重要。用托姆·皮雷斯的话来说，"地位如此重要，获利如此丰厚，以至于在我看来，世界上没有一个国家能够与马六甲媲美"[3]。这些优势使马六甲很快成为该区域最重要的贸易和交通枢纽，也为其接受华夏文明影响奠定了有利的基础。马六甲统治者在建国之初就积极争取明王朝的支持，与之建立了正式的藩属关系。双方来往密切，郑和 7 次下西洋有 5 次在马六甲停留，马六甲向明朝朝贡也多达数十次，国王 4 次率王后和群臣

---

[1] 最早是哪一位国王接受伊斯兰教目前仍有争议，本书采用范若兰等人所著《马来西亚史纲》的观点，依据《明史》推测始于第二任国王。

[2] 骆永昆，马燕冰，张学刚. 马来西亚 [M]. 北京：社会科学文献出版社，2017：69.

[3] 芭芭拉·沃森·安达娅，伦纳德·安达娅. 马来西亚史 [M]. 黄秋迪，译. 北京：中国大百科全书出版社，2010：40.

到访中国。[1] 这种亲密关系也保障了海上丝绸之路的稳定性和持续性，使中国和南洋地区的贸易、人员往来也一直延续下来。

马六甲王国对于马来西亚历史文化传统的形成做出了突出贡献。首先，它逐渐使马来半岛马来化，使马来语成为当地通用的交流和贸易语言。其次，它帮助伊斯兰教传播到更广泛的区域，使之融入马来文化达到密不可分，成为马来人就意味着皈依伊斯兰教。再次，它促成了马来王权观念和政治体制的形成。最后，它促进了马来半岛的人们与周边国家和地区的交往，确立了马六甲王国在马来世界的文化、政治、经济地位。这些特点都已成为今天马来西亚的文化核心要素，为现代马来民族的形成奠定了基础。马六甲王国也因此被视为马来西亚历史发展的里程碑。

二、殖民地时期：外来文化的浸染

马六甲王国的兴盛，不仅吸引了东方各国商人，也引来了欧洲人贪婪的目光。1511 年，葡萄牙人为扩展亚洲香料贸易派远征军攻占了马六甲，随后统治马六甲达 130 年，掀开了马来西亚近代史的序幕，马来半岛进入纷争和殖民地时代。16 世纪末以后，欧洲商人在马来西亚发现了不同的资源，如锡矿、胡椒和金矿等，使得欧洲殖民势力加强了在这个区域的竞争和扩张。1641 年，荷兰人入侵，抢夺葡萄牙控制权，占领马六甲直到 1795 年。18 世纪末，荷兰东印度公司逐渐衰落，在争夺马来半岛的斗争中不敌英国。1824 年，英国与荷兰签署《英荷条约》，最终确立英国对马来西亚半岛（当时称为马来亚[2]）的霸权，同时也确立了当代马来西亚的雏形。

英国与马来西亚半岛的联系始于 1786 年在槟榔屿建立的贸易定居点。

---

[1] 分别是永乐九年（1411 年）、永乐十七年（1419 年）、永乐二十二年（1424 年）和宣德八年（1433 年）。

[2] 二战前，"马来亚"更多的是一个包含马来半岛诸多土邦在内的地理概念而非统一的国家行为体。

1826 年，英国把槟城（即槟榔屿）、马六甲、新加坡与纳闽联合组成海峡殖民地，由英国东印度公司管理。随后，通过与马来半岛各邦的苏丹签订一系列条约，英国成功地将它们陆续纳入自己的统治范围。1896 年，英国殖民者以吉隆坡为首都，把霹雳州、雪兰莪、森美兰、彭亨四个邦合并为马来联邦（华侨习惯称其为"四州府"）。马来联邦设立总督察官，向海峡殖民总督负责。到 1914 年，马来半岛最后一个独立的邦——柔佛也被迫与英国殖民者签订条约。此后，殖民政府将吉打、玻璃市、吉兰丹、柔佛、登嘉楼五个邦合并为马来属邦。至此，英国已占领全部马来州属，并建立起海峡殖民地、马来联邦和马来属邦三种管辖模式。

英国殖民者的入侵加速了马来西亚封建经济的解体。殖民当局强迫当地人种植橡胶，将良田变为种植园，并从中国和印度拐骗大批劳工到当地当苦力，大规模开采锡矿。大批劳工和外来移民使马来西亚逐步发展成为以马来人、华人和印度人为主的多民族地区。1938 年，马来亚总人口为 523 万多，其中马来人近 220 万，华人近 220 万，印度人 74 万多。[1] 英国政府对各民族采取"分而治之"的统治手段。对于马来人，承认和维护其在政治经济和文化方面的特权，允许其担任政府公务员，并拨款建立了许多马来学校。对于华人，早期采用甲必丹（统领）制度，由华人领袖担任甲必丹管理华人事务，但随着华人增多带来的各种社会问题造成社会秩序紊乱，殖民当局于是设立了华民护卫司属来直接管理华人。对于印度人，早期也是间接统治，1884 年成立了移民管理署以加强对印度移民的管理。英国殖民者的这种统治方式造成了三大民族之间极少来往，他们各自保留本民族的经济、文化和社会生活方式，居住地、职业类型、语言、宗教信仰和生活方式都是割裂和固化的。此外，英国殖民者还有意宣传马来人优先的观念，削弱马来人在合作中的抵触与反抗情绪，使他们将自身落后归结于其

---

[1] 骆永昆，马燕冰，张学刚. 马来西亚 [M]. 北京：社会科学文献出版社，2017：78.

他民族特别是华人族群的强势和富有。这一思想一直延续到马来西亚独立后，对国家政治、民族关系和文化教育发展都产生了极大的影响。

二战期间，日本偷袭珍珠港后便对英属马来亚发起进攻。1942 年，日军占领了马来亚全境，马来西亚进入历史上最黑暗的时期。日军推行安居证和连坐制度，残酷镇压人民的反抗，同时灌输"大东亚共荣圈"思想，重开各种小学，推广日语。这些行为引起了马来亚人民的激烈反抗，尤其华人爱国热情被激发，开展了轰轰烈烈的抗日救亡运动。他们通过各种捐款、建立抗日组织、发起宣传游行甚至直接回国参战等方式积极参与抗日活动，激发了马来亚华人的民族主义和国家认同意识。

二战后，英国再次取得马来亚的统治权。但此时各地民族主义兴起，要求独立的呼声相当强烈。1957 年 8 月 31 日，经过充满曲折的政治斗争和多轮谈判协商，马来亚联合邦宣告独立，结束了英国 100 多年的殖民统治。1963 年，沙巴（当时称为北婆罗洲）、沙捞越、新加坡与马来亚的 11 个州合并组成新的国家，马来西亚联邦正式成立。

三、独立之后：多元文化的缔造

虽然历经葡萄牙、荷兰、英国与日本的长达 400 年的殖民统治和西方文化的影响，马来西亚未形成全国统一的民族文化与宗教信仰，但马来人、华人和印度人等各民族仍顽强地保留了各自的文化传统和民族意识。因此，马来西亚独立后面临的最大问题是：到底要建设"马来人的马来西亚"还是"马来西亚人的马来西亚"？即新国家是否要形成一种新的、统一的国家文化。直到今天，这一问题仍然是马来西亚政治、经济、文化发展必须要优先考虑的核心要素。

（一）"马来人优先"的文化导向（1969—1990 年）

1969 年爆发的"五一三"事件，暴露了马来人与华人长期以来因为政治利益与经济状况差异而导致的不合，成为马来西亚历史的一个转折点。马来西亚政府开始重新审视、反思现有的民族政策，认识到必须铸造一种统一的国家意识形态以弥补各民族之间的裂痕，同时还要进行经济改革缩小各民族之间的差距，防止造成国家分裂。于是，20 世纪 70 年代以后政府将发展的重点集中于建立一种国家文化以改善各族群的经济不平衡状况，提出了马来西亚的"国家理想"（也称"国家原则"）并开始实行长达 20 年的"新经济政策"。

马来西亚国家理想的主要内容是："我们的国家——马来西亚决心致力于：促进全体人民更紧密的团结；维护民主的生活方式；创造一个公平社会，使国家的财富能够以公平和公正的方式共同享有；对丰富多样的文化传统采取自由民主的态度；建立一个基于现代科学、技术和工艺的进步社会。因此，我们——马来西亚的人民，将在这些原则的指导下，同心协力实现以下目标：信奉真主、忠于君国、维护宪法、尊崇法治、培养德行。"[1]

为实现这一国家理想，1971 年马来西亚政府还制定了"国家文化政策"，目的是通过平衡社会经济发展、促进民族文化团结来提高人们的生活质量，培养国家认同观念，塑造和强化马来西亚公民身份。政府还制定了三条原则作为政策的指导方针：国家文化必须以马来土著文化为基础；来自其他文化的元素可以以适当的方式成为国家文化的一部分，但必须符合第一条和第三条原则；将伊斯兰文化作为塑造国家文化的一个重要元素。

可以看出，一方面，独立后的马来西亚政府通过政策制定和文化导向在不遗余力地将马来文化塑造成为国家的主流文化，将非马来民族融入

---

[1] 资料来源于马来西亚经济策划局。

马来族的文化体系中。为此，在文化教育及语言政策上也树立了马来语的优势地位。教育部规定马来语取代英语成为小学、中学和大学的教学语言。

另一方面，"新经济政策"被当作实现马来西亚国家理想的重要手段，但"新经济政策"本身也具有较大争议。它的核心思想是扶持马来人，因为政府认为他们处于经济弱势地位，所以需要进行保护性扶持。为此，政府实行了一系列措施，主要包括：规定只有马来人能经营军工、交通、水电等重要行业；在贷款、投资等金融领域优先向马来人提供优惠服务，重点扶持马来企业家；推行固打制[1]，对马来人与土著以外的族群实行差别待遇，在大学入学机会、奖学金、就业层面给予马来人固定配额。这一政策使马来人的经济状况、人力资源、社会地位都得到了大幅提升，但也导致了社会不公和贪腐等不良现象，压制了华人的经济活力。

（二）多元包容、团结发展的文化导向（1991 年至今）

进入 20 世纪 90 年代，马来西亚"新经济政策"实施满 20 年，大部分预期目标已经实现，社会发展水平与时代背景已与独立初期完全不同。伴随全球化进程加速，各国都在努力提高国际竞争力，时任马来西亚总理马哈蒂尔开始调整国家发展战略重心，提出以发展马来西亚民族的策略取代"新经济政策"，在 1991 年制定了"新发展政策"和"2020 年宏愿"。

"新发展政策"的目标是实现民族国家团结与经济的均衡发展，以前的"马来人优先"政策已经不再适用，转而强调各族群的合作与共建。"新发展政策"对所有马来西亚人一视同仁，力图使全体人民都能从经济发展中

---

[1] 固打制是马来西亚按民族比例在特定领域中实施配额的制度。最高元首有权确保并且执行在特定机构或者特定资源中保留名额给马来人与东马土著的权力。保留名额涉及四个方面：保留地、公共服务机构的固打名额、准证与商业执照的固打名额、奖学金与教育领域的固打名额。

受益。马哈蒂尔将这一政策方针总结为"2020年宏愿",提出要在一代人的时间内,即到2020年使马来西亚成为发达国家,其中将民族文化发展导向也调整为:共建一个拥有共同价值观与目标的、团结的马来西亚,形成一个开放与包容的社会,使各民族能够自由遵从各自风俗习惯、文化与宗教信仰,并且对国家产生归属感。

尽管"2020年宏愿"的目标因为政局动荡、政策调整等多种因素没能如期实现,但它对马来西亚的影响是巨大的,已经渗透到经济、贸易、外交、文化建构与教育政策的制定方针中,成为一种国家指导思想。马来西亚的三大族群虽未成为统一的马来西亚民族,但是却在国家认同与民族认同、马来人优先和多民族平等、伊斯兰文化与其他民族文化之间形成了一种一元化和多元化的独特平衡。这一时期,马来西亚政府开始以更加开明的态度对待族群、文化和教育发展问题,民众也意识到国家稳定与经济发展的重要性并从中尝到了甜头,马来西亚开始进入到全民经济建设的高速发展时期。

第二节 风土人情

一、饮食习俗与服饰风格

马来西亚的饮食受到马来人、华人、印度人、阿拉伯人、原住民等多元文化因素的影响,由各自族群的独立料理融合演变而来,形成了独具特色的马来西亚料理。马来西亚的服饰风格受到东南亚地理气候、民族传统、宗教信仰等因素的影响,偏爱绚丽多彩、简单大方的衣着。

（一）饮食文化

马来西亚人以米饭、米粉、面条为主食，以不同风味烹调的肉或鱼作为主菜，再配上蒸熟的蔬菜伴碟，主菜食物多会蘸上酱料食用。马来人食用的米饭多为椰浆饭。椰浆饭是用椰浆蒸煮而成的米饭，放入芭蕉叶中，佐以咖喱鸡、牛肉、鱿鱼、黄瓜、小鱼干、烤花生、酱料等，当作早餐和正餐来吃，极受马来人及外国游客的喜爱。印度人则偏向食用印度香饭。华人则偏向糙米或鸡饭（以鸡油和浸鸡水烹煮的米饭）。面食则有米粉、粗面、河粉等。荤食通常以鸡、牛、羊、鱼、虾及其他海鲜类为主。马来人多是穆斯林，他们的饮食文化深受伊斯兰教的影响，不食用猪肉制品和水生贝类，禁止饮酒。多数印度人及部分华人也因为宗教原因而无法进食牛肉制品，但奶制品不受限制。传统马来人吃饭一般是席地而坐，将食物放在地上、草席上或地毯上，团团围坐用手抓食。

马来人、华人和印度人在饮食口味和习惯上也各有特色。马来人十分喜欢在菜中加入咖喱，常吃的菜肴包括咖喱鱼、鸡肉、牛肉、沙嗲、卷心菜等。沙嗲是一种甜中带辣的风味烤肉串，分牛肉、羊肉、鸡肉三种，做法是将肉块用香料腌制后，放在炭火上烤熟，再蘸上各种调好的酱料一起吃。华人的饮食习惯与中国汉族相似，习惯用筷子和勺子用餐。当地比较有名的华人美食有肉骨茶、海南鸡饭、云吞面、炒米粉等。华人占马来西亚人口的近三成，所以中国菜和马来人的菜色相融合，形成了吸取二者精髓的峇峇娘惹菜，以酸辣为主，菜品有咸菜鸭汤、炒鱿鱼、猪肚汤、甲必丹鸡等，木薯糕、发糕、萝卜糕等各种糕点也非常有名。印度人的食物口味则以辣为主，最常吃的食物是拉茶和各种煎饼、炒面等。

按照地域特色划分，马来西亚北部菜系和泰国菜味道比较接近，酸辣为主，多添加香料制成。南部菜系类似新加坡口味，偏甜偏重。东马的沙巴菜则是清淡浓郁兼有的马来华人菜式，同时融合椰香口味的娘惹菜特色。

由于马来西亚位于热带地区，因此盛产香甜的水果，水果价格会因为季节和时令有所变动。主要品种包括香蕉、榴莲、番木瓜、西瓜、红毛丹、山竹、荔枝、芒果、龙眼、杨桃、蛇皮果、哈密瓜、火龙果、莲雾等。此外，马来西亚最著名的咖啡是怡保旧街场白咖啡，深受各界人士的喜爱。

（二）服饰特色

马来西亚是热带国家，四季皆夏，衣物宽大、质地轻薄，多以棉麻为主。在此基础上，各个族群都有自己的服饰特色。

马来人的传统服饰非常具有民族和宗教特色。男子上身着无里、长且宽松的长袖衫，俗称"巴汝"（baju），下身穿着长至脚踝的"纱笼"（sarung）或长裤，腰间围一条短纱笼，脚穿皮鞋，头戴一顶无檐的"宋谷帽"（songkok）。这种帽子呈桶状，高约10厘米，颜色有黑、白、深蓝等。女子的传统服饰也是长度过臀的长袖衫，称为"巴汝古隆"（baju kurung），下身穿纱笼，头上戴纱巾裹住头发，纱巾垂至肩膀或胸前。无论什么场合，女子都可以穿拖鞋，但男子不行，在正式场合必须穿皮鞋。马来人一般会在节日庆典，比如开斋节、国家庆典以及婚礼上穿着巴汝。很多年轻人在日常生活中也会身穿T恤、牛仔裤或西装，但到正式场合和节庆仪式，就会换上传统服饰。

另外一种更为普遍适用的服饰叫作"巴迪"（batik），中文意思是蜡染。正宗的巴迪衫是用一种马来西亚传统的蜡染花布——巴迪布来缝制的，工艺精美、图案繁多、色彩丰富，巴迪衫也因此而得名。巴迪衫没有衣领，袖子十分肥大，质地薄而凉爽，十分适合在热带地区穿着；适合多种场合，可以随意搭配任何颜色、任何质地的长裤；既是生活装，也可以作为礼服。过去巴迪衫制作工序复杂，价格昂贵，只有富人才能穿。现在巴迪衫已经进入普通人家，是马来西亚最具代表性和仪式感的服饰。因其广泛的适用性，巴迪衫获得了马来西亚各族各阶层人士的喜爱，也被亲切地称为"国服"。马来西亚官方也把巴迪衫当成正式服装，在举行一些外事活动时，经常会在给外宾的请柬上注明穿着巴迪衫出席。

马来西亚华人的传统服装与中国汉族相似。女性的传统服饰是旗袍，男性则为中山装或唐装。但由于天气炎热，人们一般会选择在农历新年或其他节日庆典场合穿，平时则喜欢穿颜色艳丽、款式多样的巴迪衫、汗衫、套装和裙子。娘惹服装融合了华人服饰与马来人服饰的特点，款式上类似马来传统服装，但又有中国传统的花边和刺绣装饰，深受人们喜爱。印度人的服饰基本上还保留着本民族特色。"纱丽"是马来西亚印度妇女最传统的服装，男士则穿一种名为"托蒂"的服装。

二、社会习俗与文化特色

马来西亚为多元民族国家，其中马来人大多信奉伊斯兰教，其风俗、生活习惯与伊斯兰国家相似，华人和印度人则继承了各自的文化传统。

（一）礼仪与禁忌

马来人是热情、谦恭、大方、讲究礼节的民族，由于宗教信仰的原因，形成了独具特色的礼仪和禁忌。马来人把尊敬长辈视为美德。在任何场合，晚辈面对长辈，谈吐举止须符合规范，子女的言行要表示出对父母的顺从和尊重。马来人和印度人都认为人的左手是不干净的象征，在交往中忌使用左手；对女士不可先伸手要求握手，更不可随便以食指指人。马来人认为头和背是神圣不可侵犯的部位，忌讳摸头；除了教师和在宗教仪式上，马来人的背部不可随意触摸。马来人的清真寺严禁随意闯入，如果想参观必须要有人带领，女士还需穿上寺里提供的长袍。进马来人房间或参加礼拜式时须脱鞋。另外,穆斯林不吃猪肉,所以不可随意在他们面前吃猪肉或者开有关猪的玩笑。穆斯林视狗为不净的动物,所以很少(基本上没有)有马来人会养狗当宠物,公众用具(如手推车)不可随意让狗接触。作为伊斯兰国家,马来西亚严禁偶像崇拜,外形类似人的物品,包括雕像、画像、玩偶等,均禁止放在家中做装饰品,否则就是对真主的不恭。此外,黄色是皇室专用的颜色,因此在参观皇宫或者参加重大仪式时,不宜穿黄色服饰。马来人普遍偏爱绿色,将其视为吉祥色。马来人对数字也有禁忌,他们不喜欢双数,重要的事物常常刻意以单数出现。

马来人热情好客,时间观念较强。如果应邀到其家中做客,一定要按时赴约,且不能在下午六点到七点去,因为这是穆斯林祷告的时间。客人需要衣着整齐,带些小礼物表示情意。对马来人不能送刀叉、酒或带有狗的图案的物品,对华人不能送钟、刀、剪、筷等物品,对印度人不能送烟酒。收到别人的礼物,要回赠一件价值相当的礼物。

(二)姓名与称呼

1. 马来人的姓名

马来人基本按照伊斯兰教的习惯取名,没有世袭的固定姓氏。孩子出生以后,家里长辈会为他挑选一个寓意美好或吉利的词作为名字,然后以其父亲的名字作为姓放于姓名末尾,中间用"宾/宾蒂"(bin/binti)隔开,意思是"……之子"或"……之女",形成一种固定的命名格式"本名+宾/宾蒂+父名",所以一个马来人家庭里每代人姓氏都不同。但是现在很多人已经不再严格遵守这一规定,经常使用缩写或调换顺序将父名放在本名前。

许多马来人,尤其是王室成员都会有尊称。姓名前加有 Tengku(东姑,马来贵族尊称)或 Raja(拉加,王族尊称)表示此人是王室贵族的后裔。男子加"赛义德"（Syed）意为贵人，女子加"赛丽法"（Sharifah）意为贵妇。马来女性通常在结婚后不改变本人姓名、只在姓名前加上"布安"（Puan），意味女士，少数采用西方模式，在自己的姓名后加上丈夫的名字，同时去掉"宾/宾蒂"和父名。此外，马来人信奉伊斯兰教，去麦加朝圣完成朝觐仪式的马来人也会在自己的名字中加入相关称呼。男子在本人名字前加上"哈吉"（Haji），女子加上"哈嘉"（Hajjah）。

2．华人与印度人的姓名

马来西亚华人在姓名与称呼方面虽然大体与中国相同，但也结合了很多马来西亚的地方特色，还受到祖籍地方言的影响。华人中文姓名普遍使用三个字，第一个字是由父辈代代相传的家庭姓氏，另两个字是华语名字，有些名字中会有代表辈分的字。即使是同一个姓氏，往往也会有多种不同的拼写和读法。例如，马来西亚华人中的陈姓，就有5种不同的拼写：chen、chan、chin、tan、ting，分别是普通话、广东话、客家话、闽南话、福建话的拼读。[1]根据这些拼写就可以判断出名字主人的祖籍是哪里。华人一般除了有中文名字外，还有一个英文名字。

马来西亚印度人使用父姓命名系统，并在他们传统的印度名字中加入马来文。男子人名会在名字后加上马来文 anak lelaki（意为"之子"），最后是父亲的名字。女子人名在名字后加上马来文 anak perempuan（意为"之女"），最后是父亲的名字。

3．封号头衔

据不完全统计，马来西亚的头衔级别多达20种，授予量也较大。根据

---

[1] 李家禄，严琪玉．马来西亚 [M]．重庆：重庆出版社，2004：40.

性质可以分为两种，一种是世袭封衔，一种是荣誉封号。大部分世袭封衔的拥有者源自王室或贵族，传统上世袭封衔经常作为双名的第一部分。所有的世袭封衔由马来西亚国民注册局管辖，个人在任何情况下都不得被剥夺或拒绝其世袭封衔，没有血统证明的人也不可随意使用。荣誉封号是国家元首及州元首对做出过贡献的人授予的一种荣誉和认可，在内阁和议会成员中较为普遍，像 Datuk（拿督）、Tan Sri（丹斯里）、Tun（敦）都是荣誉封号而非世袭封衔。"拿督"是授予所有马来西亚人的荣誉封衔。例如拿督李宗伟，他是著名的羽毛球选手，因为在 2008 年北京奥运会中获得亚军而创造了运动员册封拿督的先例。如果受封者是男性，其妻子自动拥有 Datin（拿汀）的封号，但如果女性受封拿督，丈夫则没有类似封号。"丹斯里"是得到"国家将士勋章"或"忠诚王冠勋章"的人被赐予的封号。"敦"是最尊贵的封号，是给已故的或已经卸任的国家级的重要人物，如第四任总理敦马哈蒂尔，他在 2003 年 10 月 31 日卸任后获得此勋衔。这些封衔和称号经常与姓名作为固定搭配出现。

（三）文化遗产

马来西亚政府一向重视对世界文化和自然遗产的申报和保护。马来西亚于 1988 年 12 月 7 日成为《保护世界文化和自然遗产公约》的缔约国，至今共有 4 项文化和自然遗产被核准列入联合国教科文组织的世界遗产名录，包括 2 项自然遗产和 2 项文化遗产，分别是沙捞越姆鲁山国家公园（自然遗产，2000 年），沙巴京那巴鲁国家公园（自然遗产，2000 年），马六甲海峡历史城市——马六甲和乔治市（文化遗产，2008 年），玲珑谷地考古遗址（文化遗产，2012 年）。2005 年，马来西亚颁布了《国家遗产法》，并成立了专门的职能部门——国家遗产局；2014 年还成立了国家遗产基金会，协助政府开展遗产保护和恢复工作。为保护和弘扬国家传统文化艺术，马来西亚也加快了申请非物质文化遗产的脚步。目前入选联合国教科文组织世界非物质文化遗产名录的项目有：马来传统戏剧"玛咏剧"（2005 年）、马六甲传统音乐舞蹈"冬当沙央"（2018 年）、马来传统自卫格斗术"席拉"（2019 年）。2020 年，马来西亚与中国联合申报的仪式项目"送王船"，与印尼联合申报的短诗文体"班顿"被纳入世界非物质文化遗产名录。这是马来西亚首次与其他国家联合申报的项目被列入名单，体现了马来西亚与中国和印尼历史上密切的文化关系。

三、传统节日

作为文化习俗的重要组成部分，传统节日是一个国家文化最直接的展示。马来西亚节日众多，据不完全统计，全国大大小小的节日有上百个。政府在制定节假日时将各民族历史文化传统、宗教信仰以及联邦 13 个州的风俗习惯都考虑在内，从而使马来西亚的节假日丰富而多元。

（一）民族节日

1. 开斋节

开斋节是马来民族最隆重的节日，也是马来人的新年。每年伊历九月，马来人都要实行长达一个月的守斋（白天禁食），斋月结束后的第一天确定为开斋节。马来西亚开斋节的具体日期要由穆斯林的权威人士掌玺大臣经过观察星月后确定，再通过电视台向全国公布。[1] 节日前夕，远离家乡的

---

[1] 李家禄，严琪玉. 马来西亚 [M]. 重庆：重庆出版社，2004：111.

马来人会不辞辛苦地赶回家中与亲人团聚，共度佳节，还要进行捐赠活动，帮助生活有困难的穆斯林兄弟姐妹。开斋节当天，人们会穿着传统服饰，于清晨聚集于清真寺进行隆重的祷告仪式。这一天，家家户户都会准备丰盛的马来风味餐食，招待登门拜访的亲朋好友。很多马来人也会依照风俗去扫墓和祭拜家中已故的亲人。

2．春节

春节是中国的农历新年，也是马来西亚华人最隆重的节日，被确定为全国性法定节日。马来西亚华人的春节习俗与中国大致相同，每到过年也会张灯结彩，敲锣打鼓，还会舞狮舞龙，挂红灯笼、贴春联、走亲访友、吃团圆饭等年俗也都被完整地传承下来。各华人社会也会组织大量文娱活动如书画展、写春联，或举办庙会等庆祝新年的到来。马来西亚华人从农历十二月二十三日开始过小年，举行祭灶仪式，准备各种特色糕点和水果供奉灶神。到大年三十，家家户户要吃团圆饭，鸡鸭鱼肉虾蟹样样齐全，象征着来年日子富裕，吃喝不愁。大年初一，家家户户要吃斋一天，意味着把"灾"吃掉，晚辈会给长辈拜年，长辈会给晚辈发红包。春节期间，人们还会挤进庙宇上香祈福，保佑来年风调雨顺、亲人健康平安。农历新年第一天已被马来西亚政府规定为公共假期，华人会在这一天举行团拜，内阁总理及其夫人、政府官员会亲自祝贺，并给舞狮者和儿童发放红包。

3．哈吉节

哈吉节又名古尔邦节、宰牲节，是穆斯林的另一个盛大节日，日期是伊历的十二月十日，被定为全国法定假日。每到哈吉节，穆斯林会在家中准备各种糕点庆祝节日，或选择到本地清真寺参加会礼、赞颂真主，或远赴重洋到麦加朝觐（哈吉的意思就是赴麦加朝觐）。会礼后，有条件的家庭会宰羊（或用牛、骆驼代替）献祭，宰牲时要面向麦加，虔诚祷告。宰杀好的肉除了自己食用还会分给亲友或施舍给穷人。

4. 卫塞节

马来西亚华人众多，多信奉佛教，每年农历四月十五日（佛历六月十五日）的卫塞节是佛教徒最隆重的节日，也被定为全国公共假日。佛教徒会在这一天举行庆祝活动，聚集在各地庙宇为佛祖敬献香火，举行浴佛仪式，放飞鸽子祈福。佛教组织还会在节日之际举办佛学讲座，弘扬佛法。各地都要举办迎佛花车游行，每10年还有一次全国性大型迎佛花车游行。

5. 屠妖节

屠妖节是印度教教徒一年当中最重要、最神圣的传统节日，也被马来西亚列为全国性法定节日（沙捞越州和纳闽除外）。屠妖节也叫"灯节"，在印度历八月的第一个新月日（公历十月末到十一月初的某一天），是印度教以光明驱走黑暗、以善良战胜邪恶的节日。屠妖节的来历一说是人们为了庆祝魔王被天神克里希那王杀死，将整个城市点亮以迎接光明重生时刻的到来。另一说是罗摩王打败十首妖魔"罗婆"后结束14年的流亡生活重新统治国家，人们在城市里点灯欢迎其凯旋。每逢节日，家家户户进行清扫，点起油灯，用鲜花祭神。从清晨开始，印度教教徒需要全身涂上姜油，沐浴更衣，去寺庙祭拜祈祷，然后走亲访友。印度教教徒还会在这一天清算账目，消解过去的误会和恩怨。节日期间，家家户户香烟缭绕，灯火通明，故又叫"光明节"。

（二）国家节日

1. 最高元首诞辰日

最高元首诞辰日是为庆祝最高元首的生日而设置的节日。这一天，首都吉隆坡会举行各种各样的庆祝活动，包括军旗检阅礼[1]和三军仪仗队举行的专门仪式，以及免费看电影和欣赏文艺节目等；国家皇宫（王宫）会向公众开放，最高元首向对国家和社会做出贡献的人士颁发勋衔和奖章。当天，全国的清真寺还会举行特别的祈祷仪式。由于马来西亚的最高元首是各州苏丹轮流担任，任期5年，所以最高元首诞辰日的具体日期会随着换届每5年更换一次。

2. 国庆日与马来西亚日

马来西亚的国庆日即独立日，是为庆祝1957年8月31日马来亚联合邦宣布独立而设立的节日。当时的马来亚联合邦的领土并不包括东马的沙巴州和沙捞越州，所以独立日实质上是属于西马人民的国庆。1963年9月16日，沙捞越、沙巴脱离英国统治，与新加坡一道同马来亚联合邦合并组成马来西亚，这一天被定为"马来西亚日"，是东马人民真正独立、值得纪念的重大节日。

此外，马来西亚全国性的重要节日还包括元旦新年、端午节、中秋节、五一节、圣诞节、大宝森节、圣纪节、伊斯兰新年、巴兰节、丰收节、花卉节、风筝节、国际龙舟节、马六甲嘉年华会等。各州也会将现任苏丹或州元首的生日定为本州的节日。除少数节日日期固定外，其余节日的具体日期由政府在前一年统一公布。

---

[1] 最高元首所检阅的五面旗帜分别是皇家马来军团旗、皇家游骑军团旗、皇家装甲军团旗、大马皇家海军旗和大马皇家空军旗。

第三章 教育历史

教育是支撑国家发展的最重要因素之一，是经济建设和社会福祉的基础，没有对人力资本的大量投资，任何国家都无法实现持续的经济发展。马来西亚作为一个新兴的工业化国家，能够在 20 世纪 90 年代一跃成为"亚洲四小虎"之一、创造举世瞩目的亚洲奇迹，并在进入 21 世纪后逐渐成为"区域优质教育中心"，与马来西亚政府对教育发展和人才培养的重视是分不开的。马来西亚独立后，历任政府都十分重视教育发展，将其作为国家五年规划的优先发展项目，实施了许多行之有效的改革和发展计划，建立起具有马来西亚特色的国民教育体制。

第一节 历史沿革

马来半岛正式建立现代学校制度可以追溯到 19 世纪的英国殖民统治时期，此时初步形成了从幼儿园到大学的现代教育体系。从 1957 年马来亚联邦独立到 20 世纪 60 年代末，政府大力普及基础教育，努力探索符合马来西亚多民族需求的教育模式，确立了以促进社会经济、政治、文化发展为导向和以马来语为教学语言的统一教育制度。20 世纪 70—80 年代，政府在"新经济政策"的指导下实行马来人优先的多民族教育原则，并进行了全面的教育一体化改革，基本实现了教育普及。20 世纪 90 年代以后，马来西亚的教育发展重心转向应对全球化时代和知识经济社会的转型需求，启动了一系列雄心勃勃的教育发展计划，开始走上一条现代化和国际化的发展道路。

一、"分而治之"的教育策略（英国殖民统治时期）

英国殖民统治时期，英国当局根据大量移民所形成的多民族文化特征在马来半岛实行"分而治之"的统治模式，在教育制度和管理上也保持了一致原则，实行马、华、印、英四种模式并行的教育体系。

（一）旧式教育

在英国实行殖民统治之前，马来亚并没有正规的教育体系，也没有真正意义上的学校，基本以宗教教育特别是伊斯兰教育为主。从历史上看，以村落为单位进行《古兰经》诵读学习的"茅屋学校"是殖民前马来亚最早的教育形式。教学场所是村中的茅草屋，教师大多是马来村庄的伊玛目或有文化的男性长辈，教授对象仅限于马来男童。19 世纪初，伊玛目在吉兰丹、登嘉楼和吉打三地建立起宗教学校，标志着马来传统教育发展至一个新的时期。马来人的"茅屋学校"没有精确的统计，据史料记载，1872年海峡殖民地一共有 16 所马来语学校，学生约 600 人；到 1896 年增加到130 所学校，学生超过 4 000 人。此前女性没有接受正式教育的机会，直到 1883 年，柔佛才建立了第一所马来女子学校。这一时期，华人创办的私塾也陆续出现。1815 年，马六甲共有 9 间私塾，供约 160 多名学童读书。学生按照中国传统教育模式进行学习，使用《三字经》《千字文》《百家姓》《论语》等课本，同时学习识字、书法和珠算。泰米尔文教育则始于 1816 年，为吸引劳工，政府在一些橡胶园开设了泰米尔文学校，只教授简单的读写。到 1905 年马来联邦共有 13 所官办和教会办的泰米尔文学校。[1]

（二）新式教育（现代世俗学校）

根据"分而治之"的政策，英国殖民者鼓励各族群建立自己的学校，使用自己的课程、课本和教师，并以本民族语言作为教学语言。只有在本民族创办的英语教育学校里，来自不同族群的儿童才有机会相互接触。

1. 马来文教育

19 世纪中叶，英国殖民者首先在海峡殖民地建立了以马来文教育为主导的世俗学校，以解决英国殖民政府中下级官员不足的问题，"茅屋教育"逐渐被正规的学校教育所取代。马来世俗学校开设 4—5 年的基础课程，全部用拉丁化的马来文授课，设有阅读、算术、地理、历史、卫生、美术、劳动、园艺、体育等课程。为吸引更多笃信伊斯兰教的马来学生，英国殖民者还调整教育方案，将马来语、伊斯兰教育以及《古兰经》阅读纳入马来世俗学校的课程。与此同时，当局还建立师范学院，以弥补师资力量的不足。[2] 1922 年，苏丹伊德里斯师范学院在霹雳建立，这也是马来人当时的最高学府。1935 年，马来女子师范学院在马六甲创立，以解决各地女校教师不足的问题。到 1937 年，海峡殖民地有 228 所官办马来语学校，学生超过 2 万人；马来联邦有 564 所官办马来语学校，学生接近 5 万人；马来属邦教

---

[1] 范若兰，李婉珺，廖朝骥. 马来西亚史纲 [M]. 广州：世界图书出版公司，2018：119-120.

[2] 骆永昆，马燕冰，张学刚. 马来西亚 [M]. 北京：社会科学文献出版社，2017：276-277.

育相对落后，共有 343 所官办马来语学校，学生超过 4 万多人；每年还有数千名女生就读于马来女校。[1] 殖民当局虽然对帮助马来人建立自己的学校比较积极，但只为马来人特别是农村马来人提供小学程度的教育，原因是他们对当地人接受"过度教育"有一定的担忧。其出发点只是为了消除文盲而非培养高级人才，从而更好地巩固自己的统治。

2．华文教育

英国当局早期对华文教育采取放任自流、自主建设的态度，由华人社区自己组织小学和中学教育。马来亚的华校由来自中国的教师授课，采用中国的教科书和课程，还开始引入西方近代课程，开设诸如地理学、物理学、英语等课程。到 1884 年，据估计，在槟城、马六甲和新加坡约有 115 所华人学校，通常由区域或宗教团体、富有的商人资助建立。[2] 20 世纪初，一些中国革命人士来到马来亚帮助华侨兴办新式学校，在他们的推动下，马来亚第一所华文新式学校——槟城中华学校于 1904 年正式开学，共有学生 240 人，教师皆来自中国。[3]

辛亥革命胜利之后，华人民族主义和反对外国殖民者的思潮开始渗透进课堂。因此，殖民政府于 1920 年通过了《学校注册条例》，开始将这些华文学校置于自己的严密监管之下，规定在华文课本中删除一切排外内容，限制从中国引进教师等。然而华人家长对殖民政府强加于课程中的"马来亚"内容并不关心，仍然坚持通过学习中国的文化传统塑造子女的正确价值观。1938 年，海峡殖民地和马来联邦的 1 000 多所华人学校总共招收了

---

[1] 范若兰，李婉珺，廖朝骥. 马来西亚史纲 [M]. 广州：世界图书出版公司，2018：141.

[2] 芭芭拉·沃森·安达娅，伦纳德·安达娅. 马来西亚史 [M]. 黄秋迪，译. 北京：中国大百科全书出版社，2010：270.

[3] 范若兰，李婉珺，廖朝骥. 马来西亚史纲 [M]. 广州：世界图书出版公司，2018：143.

91 534 名学生，并雇用了将近 4 000 名教师。[1] 鉴于华人群体对子女接受优质教育的重视以及他们有能力和经济实力支撑教育开销，华文教育成为独立前马来半岛最大的教育体系。

3．泰米尔文教育

马来西亚的印度人教育与橡胶种植园密切相关。1923 年马来亚《劳工法》规定，种植园如果有超过 10 名适龄工人子女（6—12 岁），种植园的所有者就必须为其提供泰米尔文教育；政府每年根据考试成绩和出勤率发放少量的人均补助金。因此许多种植园小学开始兴办起来。马来半岛的泰米尔文学校采用的是印度本土的教育模式，教师常常是种植园雇佣的识字的印度劳工，而且只有小学阶段教育，甚至多数课程内容只达到小学四年级程度。马来西亚第一所泰米尔文学校设立于 1880 年。到 1938 年，马来亚共有 13 所政府资助的泰米尔文学校、511 所种植园学校和 23 所教会办的泰米尔文小学，学生共计 22 820 人，其中女生只有 7 236 名。[2] 总体来看，这些泰米尔文学校的办学条件、管理模式、经费投入和师资配备都很差，很少有种植园愿意或者有能力雇佣合格的经过培训的教师并提供教材等必要的资源。其课程设置也毫无章法，取决于能够从印度获得的教科书和教师的意愿。这些状况进一步强化了本已存在的社会分层和族群隔离。

4．英语教育

马来亚的英文学校主要分为官办和教会办两种。1816 年英国传教士创办

---

[1] 芭芭拉·沃森·安达娅，伦纳德·安达娅. 马来西亚史 [M]. 黄秋迪，译. 北京：中国大百科全书出版社，2010：274.

[2] 范若兰，李婉珺，廖朝骥. 马来西亚史纲 [M]. 广州：世界图书出版公司，2018：144-145.

的槟城义学是马来西亚最早的一所近代学校，也是东南亚最早的英文学校。此后，一些由教会开办的近代学校相继出现。19 世纪 70 年代，英国殖民当局因急需培养一批当地人作为殖民政府的文官、翻译和公司职员，陆续开始创办正规的英语学校。英语学校以英语作为教学语言，采用英国教育制度，以英国社会文化作为授课内容并传播基督教，通过学费和捐赠获得办学经费。学校最鲜明的特征是民族混合性。与只接收单一民族群体的地方性民族学校不同，马来人、印度人、华人、欧洲人的子女可以就读于同一所英语学校。但这些人的入学是有出身条件的，因为学费高昂又有条件限制，一般只有来自城市的华人富商家庭、马来贵族阶层或上流社会人士的子女才有机会入学，是名副其实的精英式教育。英语学校的毕业生比其他族裔学校的学生拥有更高的地位，能够在政府部门任职，也更容易得到社会的尊重和认可。英文教育体系也是 4 种类型中最为完整的，不仅有小学和中学教育，还有大学教育，包括爱德华七世医学院（1905 年）和莱佛士学院（1928 年）。1938 年，海峡殖民地的英语学校学生已达到 25 351 人，其中华人学生占 70% 左右，欧洲学生占 11% 左右，印度学生占 12% 左右，马来学生最少，只有 5.8%。[1] 造成马来学生人数少的原因是大多数马来人生活在农村地区，其职业发展与家庭条件不需要也不允许他们进入此类学校，而且大多数马来人是穆斯林，因为担心会与基督教产生信仰冲突，所以他们更倾向于选择本民族语言学校。

从国家发展的角度来看，二战前的马来教育初步形成了幼儿园、小学、中学、大学的现代教育体系，但缺乏总体性的规划，英国当局也没有统一教育体制、提升本地人教育水平的想法，倾向于维持民族割裂的现状。在他们看来，大多数儿童只要接受用本民族语言进行的基础教育就足够了，这能使他们为接受统治者分配给他们的任务做好准备。而高质量的公众教育所带来的现代意识，民族之间的沟通与交流，必然会危及殖民统治的基

---

[1] 范若兰，李婉珺，廖朝骥. 马来西亚史纲 [M]. 广州：世界图书出版公司，2018：145-146.

础。在他们的殖民计划中，欧洲人负责统治和管理，中国人和印度人负责种植和开矿，马来人负责耕种田地（原有的马来统治阶层也享有部分管制权）。所以，殖民政府建立教育体系的主要目的，是为殖民地经济政治发展提供最低限度的人力资源，并且还要避免统一的马来民族主义的产生。因此，这一时期教育在社会发展中发挥的作用有限，教育质量参差不齐，地区和族群教育发展不均衡，教育性别差异严重，学校和教育机构也呈现出隔离和多源流并存的特征。

二、重建和改革国家教育系统（独立前后至 20 世纪 90 年代）

1957 年马来亚联合邦独立后，百废待兴，新政府面临的最大问题就是如何振兴民族国家的经济以及改造殖民时代的教育体系。长期的英国殖民统治使马来亚各族在居住地、就业、教育等领域形成了彼此不相往来的隔离状态，政府急需通过教育来培养各民族对于国家的认同和忠诚。

（一）确立"最终目标"

如何将一个整合度很低的教育系统转变为具有统一的教育年限、课程设置、评价标准、能够为全体人民接受的教育系统，是马来亚教育部门面临的最大挑战。在马来亚独立的前几年，几个教育委员会发布了一系列重要报告，包括《巴恩斯报告》（1951 年）、《芬-吴报告》（1951 年）、《1952年教育条例》和《拉扎克报告》（1956 年），围绕着应当开设何种类型的学校以及使用何种语言作为教学语言展开争论。例如，《巴恩斯报告》主张废除不同民族、不同语言的学校教育，取缔华文和泰米尔文学校，代之以统一的国家教育体系，初级教育使用英语和马来语双语教学，中级教育只用英语教学，从而实现民族同化。这一方案设想在极短时间内通过教育达成文化融合，显然是天真而且不切实际的。因此，1951 年的《芬-吴报告》对此进行了纠正，建议保留以华语为教学语言的小学，但同时加授英语和马来语，显示了当时各族群之间的文化矛盾和利益冲突。1955 年，马来亚联合邦取得部分自治，成立了由时任教育部部长拉扎克领导的教育委员会，承担起建立国民教育制度的任务。1956 年联合邦政府通过了《拉扎克报告》，提出建立"一种语文、一个源流"的最终教育目标，统一教学媒介语、统一学校制度的意识更加明确。报告阐述了这一基本立场：

> 我们认为，联邦内所有学校采用共同教学大纲是马来亚国家教育政策的关键要求，这一点怎么强调都不为过。它是影响马来亚国家统一与民族发展的重要因素，用它作为钥匙可以打开迄今为止锁着的大门，有助于建立一个马来亚全体人民都能接受的教育体系。一旦所有学校采用统一的教学大纲，无论使用何种教学语言，我们相信，国家将朝着建立符合发展中国家需求的国家教育体系迈出最重要的一步。一个国家应致力于促进其文化、社会、经济和政治发展。

这一报告成为制定《1957 年教育条例》的基础。其主要内容包括：[1]

（1）以马来语作为主要教学语言；

（2）所有 6—11 岁儿童接受 6 年小学教育，小学毕业经过选拔性考试可升入初中（学制三年）；

（3）所有小学转变为国民学校（马来语）和国民型学校（英语、华语、泰米尔语），所有学校的教师必须接受同样的培训；

（4）马来语和英语为所有小学和初中的必修课，根据需要可以设其他民

---

[1] 庄兆声. 马来西亚基础教育 [M]. 广州：广东教育出版社，2004：26.

族语言的教学；

（5）设立统一形式的中学，所有学生均可以通过竞争性考试入学。中学实行统一的教学大纲和灵活的课程设置，允许学习体现本民族特色的语言和文化，教学语言也可以具有多样性。

1960年，以时任教育部部长拉曼达立为首的教育政策检讨委员会对《拉扎克报告》的建议进行了审查，对其内容进行了补充，形成《达立报告书》，规定在全国范围内实行9年免费教育以及小学评估考试，并在此基础上形成了《1961年教育法》。

《1957年教育条例》及其后的《1961年教育法》适应了马来亚各族文化教育共存的国情，为独立后的马来西亚基础教育发展确立了基本框架，也为马来西亚构建自己的教育系统和制定国家课程标准起到了奠基作用。

（二）实行全面改革

20世纪60年代末，马来西亚已基本普及了小学和初中阶段的国民教育，但由于政府过分关注政治利益使教育与经济建设脱节，导致社会人力资源严重紧缺。特别是1969年"五一三"事件发生后，维护民族团结、促进经济发展成为此后马来西亚政府所有政策的首要原则。这一时期政府的全面改革包括以下内容。

第一，1970年"新经济政策"的提出为教育发展指明了方向，包括从目前的九年义务教育逐步向十一年义务教育过渡；在发展各级普通教育的同时，扩大职业技术教育和管理训练；加强各类师资培训；缩小马来人和其他民族之间社会、经济和受教育机会方面的鸿沟。马来西亚政府实行了一系列有利于马来人的教育优惠政策，使其能够进入先前由其他民族占据主导的行业领域。其中最为典型的是实施大学入学教育的"固打制"，即大学55%的入学名额保留给土著，45%保留给非土著，而实际上的执行却更为严格——

保留给土著的高于 70%，保留给非土著的少于 30%。[1] 这一政策在短时间内直接增加了大学生中马来人的比例，大大提升了马来族群参与经济和公共事务的能力，使高收入专业人士中马来人的比例迅速上升，造成许多优秀的非马来族学生无法进入高等院校进行深造。

第二，政府进一步完善教育行政管理机制。1969 年，马来西亚教育部加强充实了教育计划与科研处，强化了教育部的管理与指导职能。在教育计划与科研处的指导下，马来西亚各类学校的课程设置和教材编写逐渐适应了社会经济发展的需要，在教育职能分工方面的配置也日趋合理。[2] 20 世纪 70 年代初，马来西亚教育发展中心成立，1972 年教育部教育宣传司和教材司成立，1973 年马来西亚课程设计中心成立，1979 年联邦考试辛迪加成立，这些机构的成立使马来西亚的教育管理与指导职能逐步完善。20 世纪 80 年代以后，政府在三级教育管理体制中增设了地区一级的教育办公室，用于监督学校一级的管理，使其更符合本地发展需求。为进一步提升入学率，政府还加强了农村地区基础设施建设以及实行各种教育资助方案。

第三，为适应国家工业化转型、培养更多专业人才，马来西亚对基础教育和高等教育实施了有针对性的课程改革和办学机制改革。《国家教育哲学》（1988 年）也是在这一时期制定的，旨在加强国家教育的方向和目标，全面、综合地开发个人的潜能，培养在体质、精神、智力、情感方面均衡发展的人。针对基础教育，马来西亚政府于 1982 年和 1988 年先后推出全国性的新小学课程和中学一体化课程改革。此轮课程改革的一个引人瞩目的方面是在所有科目中强调道德价值观，将道德教育列为必修课程，以期按照新制定的《国家教育哲学》的要求培养均衡发展的个人。高等教育方面，接受高等教育成为马来西亚人民的强烈需求。20 世纪 60—70 年代，马来亚大学、国民大学以及理工大学等著名大学相继成立，改善了高等教育相对

---

[1] 龚晓辉，蒋丽勇，刘勇，等. 马来西亚概论 [M]. 广州：世界图书出版公司，2012：189.

[2] 骆永昆，马燕冰，张学刚. 马来西亚 [M]. 北京：社会科学文献出版社，2017：279.

滞后的发展状况。1971 年《大学与大学学院法》规定政府对公立大学享有高度的管理和监督权，大学的全部资产归国家所有，还规定了较为严苛的创办条件，通过中央集权管理使大学服务国家经济建设和社会发展。

这一阶段，马来西亚将教育作为国家发展的支柱，将国家预算中最大的一部分用于教育，20 世纪 70 年代中期教育预算占比就已经高达 21%，相当于平均每个公民可以获得 32 美元的教育公共资金。[1] 整体教育方针旨在为实现民族认同和团结、发展各族文化以及提高社会流动性提供教育基础，并通过面向所有学生的九年制基础教育方案和额外两年的人文、科学、技术和职业方向的高中教育，满足国家的人力资源需求。在这一时期的教育发展中，马来西亚特别注重保证基础教育的优先地位。截至 1990 年，马来西亚全国适龄儿童入学率已达到 99%，全国 15 岁以上人口的文盲率已降至 21.6%。[2]

三、迈向教育现代化（20 世纪 90 年代至今）

20 世纪 90 年代开始，马来西亚开始主动从工业经济社会向知识经济社会过渡，但随着经济的腾飞和国家产业结构的变化，人力资源不足的矛盾仍然很突出。为确保马来西亚能够应对 1990 年启动的"2020 年宏愿"中的所有九项挑战，马来西亚教育部承诺进一步扩大受教育机会、提高国民的教育素质，开始在教育系统中开展促进学校现代化转型的诸多行动，与全球化和信息技术时代的人才需求相呼应。

虽然马来西亚的教育目标和政策制定更多的是围绕马来西亚本土每个时期的经济发展与社会需求，但它也与全球化进程及世界教育现代化的总体趋

[1] POSTLETHWAITE T N, THOMAS R M. Schooling in the ASEAN region[M]. Oxford: Pergamon Press, 1980: 36-37.

[2] 吴德刚，许琳. 马来西亚教育的特点及其启示 [J]. 外国教育资料，1995（4）：70-74.

势并行不悖。提升教育的质量和效率，培养更多具有高阶思维的国际化高质量人才，"建立世界水平的教育体系"是这一阶段教育发展的目标和重点。

（一）基础教育方面

为确保马来西亚所有儿童都能完成高质量的基础教育，政府首先承诺确保基础教育免费。《1996年教育法》及其修正案规定，马来西亚的小学和中学教育实行免费制度，进一步加强了政府促进全面参与的能力。自2003年起，小学义务教育强制实行。同时，基于马来西亚文化多样性，免费义务教育也延伸到以马来语为教学语言的国民学校，以及以华语或泰米尔语为教学语言的国民型学校。20世纪90年代末，为应对信息与通信技术（ICT）的时代变革，马来西亚政府还提出了一项宏伟的教育改革工程——"智能学校"计划。该计划旨在将以死记硬背和考试为导向的传统学习模式转向以学生为中心、注重创造力和问题解决能力的智能教育模式和灵活的学业评价模式，并增加IT技术在学校中的应用。

进入21世纪以后，马来西亚在基础教育的各个方面都取得了巨大进展，包括增加了初等教育与中等教育的入学机会与覆盖率，扩大了接受中学后教育和高等教育的机会，为解决基础教育不公平现象而采取了系列措施，诸如针对土著人口的特别方案、针对贫困学生的资助方案、针对特殊学生的倾斜政策，以及通过改善和扩大教育设施和配备更多合格教师来缩小农村和城市之间的差距。然而，尽管马来西亚基础教育入学率的提高引人注目，但在教学质量上仍有很大的改进空间。例如，在学生完成小学和中学学业的情况下，缺乏科学的评估和确定学业进展的机制，造成具有一定学业水平的学生无法获得进一步的能力提升。2009年国际学生评估项目（PISA）和2007年的国际数学和科学研究趋势（TIMSS）的结果也显示了这一点——马来西亚在全球排名中位于倒数行列。教育回报与马来西亚较高的教育支出并不相称，这表明学校教育模式、教学质量、资源利用效率亟待进一步完善和提升。因此，2012 年，马来西亚教育部对国家教育系统进行了全面审查，制定了《2013—2025 年马来西亚教育蓝图》，对教育系统进行全面转型，以应对 21 世纪的国际竞争。[1]

（二）高等教育方面

马来西亚教育部在 20 世纪 90 年代以后开始逐渐步入教育民主化进程，探索有限的权力下放。一方面，实行公立大学企业化改革，允许大学以更有活力和更积极的方式管理和运营机构。1995 年，政府对《大学与大学学院法》进行了修订，赋予公立大学独立的企业法人地位，公立大学不再是政府的附属物，可以拥有自己的资产，由大学董事会取代大学委员会进行决策，在行政和财政方面拥有更多自主权和灵活性。马来西亚的几所知名公立大学，如马来亚大学、博特拉大学、国民大学、理科大学等相继完成了企业化改革。另一方面，因中等教育的大幅扩张、"固打制"给非马来学生带来无法入学的教育困境以及高等教育质量问题，到 1997 年，留学海外的马来西亚学生超过 6 万人，造成了每年平均约 8 亿美元的外汇损失。[2] 马来西亚因此不得不放松对高等教育的集权式管理。1997 年通过的《私立高等教育机构法》允许建立私立大学，鼓励私人投资高等教育，允许私立高等教育机构同外国大学建立特许经营和学位课程，从法律层面承认了私立高等教育的合法性。随后，《国家高等教育委员会法》（1996 年）、《国家认证委员会法》（1996 年）、《国家高等教育基金委员会法》（1997 年）相继出台，从政策制定、学术标准、财政支持等多个层面保障了马来西亚公立和私立高等教育的发展质量。

---

[1] 具体措施可参考本书第十章内容。

[2] 朱桦. 马来西亚革新教育迈向先进国 [J]. 世界教育信息，1997（11）：29-30.

此外，马来西亚政府于 2004 年单独设置了高等教育部，通过教育立法、战略规划、经费拨款等加强政府对高等教育的指导。2007 年，马来西亚资格认证机构（MQA）成立，开始实施马来西亚资格框架（Malaysian Qualifications Framework，MQF），成为高等教育质量保证的基础。在这些教育政策和法令的推动下，马来西亚的高等教育发展迅猛，并且呈现出多样化、国际化、私立占主导地位的发展特征。

截至 2018 年年底，马来西亚共有小学 7 892 所，中学 2 594 所。全国有马来亚大学、国民大学等 20 所公立高等院校，私立院校 500 多所，实现了"量"和"质"的均衡发展，并且成功达成"2020 年宏愿"中成为"区域优质教育中心"的目标。马来西亚政府投入了大量资源，以确保国家教育系统的质量和竞争力。2022 年，马来西亚教育部获得 526 亿拨款[1]，占联邦发展开支总额的 16%，再次成为获得拨款最多的部门[2]，显示了政府支持教育发展的力度和决心。

马来西亚教育发展历程是曲折的，从脱离英国殖民统治获得教育的自主权，到全面改革教育系统以缩小各民族教育差距，再到国民教育体系的现代化转型，逐渐摸索出了一条适合本国国情的教育发展之路。虽然其中不乏因政治斗争而引起的政策反复，以及为平衡各族群利益而产生的无奈妥协，但总体来看，马来西亚的教育发展成就仍然是令人瞩目的，受到了本国国民和国际社会的普遍认可。近年来，马来西亚已成为全球第八大最受外国学生欢迎的高等教育目的地。2019 年，联合国教科文组织把马来西亚列为全球最佳教育排名第十一位，在东南亚国家中排第二位，仅落后于排名第一的新加坡。[3]

---

[1] 重视教育的马来西亚，拨款 526 亿令吉发展教育！[EB/OL]．（2021-11-10）[2022-12-10]．https://zhuanlan.zhihu.com/p/431611383．

[2] 1992—2016 年的 20 多年间，马来西亚教育部一直是财政拨款最多的部门，占比一直在 14% 以上，最高时达到 25.9%。

[3] 金吉列留学官网．全球最佳教育排名 11 名——马来西亚 [EB/OL]．（2020-01-29）[2023-02-28]．https://www.jjl.cn/article/485537.html．

第二节 教育思想

教育在促进国家建设和民族认同中的作用是至关重要的。建立一个统一的教育制度，只是迈出了第一步，能否使其真正满足各个族群的发展需求、与国家经济建设产生良性互动并跟上世界教育变革趋势，还需要一种符合国情的教育指导思想。

一、马来西亚的教育指导思想

（一）国家核心价值导向

要了解马来西亚的教育状况和发展特点，除了数量和质量要素以外，还需要对国家教育理念和教育指导方针有所了解。马来西亚的教育与国家的多民族构成有着密不可分的关系。马来西亚主要由三大民族组成，没有一个民族在人口上占有压倒性优势，甚至马来人也是一个包含若干当地土著族群的概念，其民族特性并不明确。[1] 英国殖民政府长期的"分而治之"的统治策略还加剧了三个族群在社会、政治、经济层面的巨大鸿沟，所以从 1957 年马来亚独立至今的 60 多年里，其教育指导思想一直围绕着铸就统一的"马来西亚民族"这一国家发展目标。

马来西亚的国家意识形态——"国家原则"为马来西亚的所有政治、经济、社会、文化、教育政策指明了方向。"国家原则"的理想是民族团结、民主、正义、公平、自由、多样性和进步。指导原则是信奉真主，忠于君国，维护宪法，尊崇法治，培养德行。

---

[1] 庄兆声. 马来西亚基础教育 [M]. 广州：广东教育出版社，2004：45.

在马来西亚制定的各项教育政策和规划中，1988 年制定的《国家教育哲学》是此后所有教育活动的基本原则和指导思想：

马来西亚的教育是一项持续的努力，旨在全面、综合地发掘个人的潜能，使他们在坚定地信奉真主的基础上，成为智力、精神、情感、体格平衡协调发展的人。这种努力的目的是培养有知识、有能力、有崇高道德标准、有责任感、有能力获得个人幸福的马来西亚公民，使他们能为家庭、社会乃至国家的进步做出贡献。

《国家教育哲学》可分为四个重要维度：第一个层面侧重于增强个人的能力，培养他们成为全面发展的个体；第二个层面涉及智力、精神、情感和体格的平衡，以及对真主的虔诚信仰；第三个层面强调培养品德高尚的马来西亚公民；第四个层面概述了个人对其家庭、地区和国家做出贡献的能力。[1] 其核心在于个体发展目标与国家社会发展目标的统一。

1991 年，马哈蒂尔在制定第六个马来西亚计划（1990—1995 年）期间提出"2020 年宏愿"，要求马来西亚在 2020 年之前实现现代化，并发展成为一个经济上强大、有弹性、有竞争力、科学创新和进步的国家。根据这一国家战略，马来西亚在《国家教育哲学》的基础上，开始强调质量、效能以及面向 21 世纪的高质量人才培养。2012 年出台的《2013—2025 年马来西亚教育蓝图》将这一宏愿落实为具体的教育改革路径，制定了国家独立以来第一个涵盖从学前教育到中学后教育的全面计划。蓝图中提出了对教育系统转型的五个愿望——机会、质量、公平、团结、效率，对学生的六个愿望——知识、双语能力、思维技能、道德精神、领导技能、国家认同，以及 11 个教育转型计划。[2]

---

[1] WAN C D, SIRAT M, RAZAK D A. Education in Malaysia towards a developed nation[R]. Singapore: ISEAS, Yusof Ishak Institute, 2018.

[2] 具体可参考本书第十章。

总的来说，马来西亚的教育思想及目标规划非常明确，就是要建立以马来语为教学语言的统一教育制度，为重组马来西亚社会、维护国家统一、促进经济发展服务，通过培养高素质、全面发展的马来西亚公民提供充足的人力资源，实现成为高收入发达国家的整体目标。

（二）语言教育

语言教育是马来西亚独立后面临的一个棘手问题。长期的英国殖民统治使英语成为通用语言，三大民族又有各自不同的语言和文化背景，其经济状况与社会地位也不尽相同，语言问题一度成为马来西亚教育政策面临的最大挑战。选择何种语言作为教学媒介语实质上成了各民族和政党维护自身利益和政治权利的博弈。几十年来，为了在建立国家意识形态与保持各民族团结统一间达成平衡，马来西亚政府努力塑造以马来文化为基础的国家文化，推行"国民教育政策"，重视马来语的普及教育和主体地位，满足华语和泰米尔语的民族语言教育发展诉求，强化英语作为国际交流和现代科技语言的地位，维护马来西亚多语言文化的和谐共生。

从英国殖民统治开始到马来亚联邦独立后的 10 年，英语一直是马来西亚的官方语言。[1] 独立后，在多语并存的情况下，为了确立和突出马来语作为官方语言的地位，马来西亚政府采取了一系列强制性的规定和措施。例如，规定各民族语文的牌匾用字尺寸上不得大于马来文；规定国家电台、电视台华语广播中涉及非华族人名、当地地名，要采用马来语的读法等。[2]

在教育领域，这种以马来文化为主导的强制性体现得更为显著。因为语言和教育都是传承民族文化的重要载体，是马来西亚形成民族国家认同的重要工具，因而被视为统一教育制度的关键，也成为各方争斗的焦点。

---

[1] 按照宪法的规定，官方语言由英语转变为马来语有 10 年的过渡期，即从 1957 年马来亚联邦独立到 1967 年。

[2] 柯永红. 论马来西亚语言特点 [J]. 广西民族大学学报（哲学社会科学版），2009（S1）：114-116.

在独立前的筹备阶段，各方之间的矛盾和冲突就已显现出来。1951 年殖民政府编写的《巴恩斯报告》主张使用马来语和英语作为国家统一课程的教学媒介语，这一建议受到了华人的质疑。1951 年 8 月成立的马来亚联邦华校教师会总会（简称教总）[1] 就是这一时期争取华文教育权利的代表群体。同年的《芬-吴报告》建议保留以华语为教学语言的小学，但同时加授英语和马来语。鉴于语言教育问题所引起的争论，1956 年的《拉扎克报告》建议形成两个平行的教育体系：一个是使用马来语（国家语言）作为教学媒介语的国民学校体系；另一个是使用华语或泰米尔语作为教学媒介语的国民型学校体系。从某种意义上说，这一折中方案兼顾了国家统一的需要，同时也满足了各民族对保护语言文化传统的意愿。

马来亚独立以后，提出"一个国家、一个民族、一种文化、一种语文"的最终目标，力图建立一个以马来人为中心的社会，通过语言政策来支持国家的政治目标（见图 3.1）。因此，教育部门在吸取《拉扎克报告》和《达立报告书》建议的基础上，制定了《1961 年教育法》，规定马来语为主要教学媒介语，马来语小学改为国民小学，英语、华语和泰米尔语小学改为国民型小学，可以以母语为教学语言，但同时要学习马来语。公立中学则只能使用马来语作为唯一的教学媒介语。1983 年后，马来语成为马来西亚所有公立大学的教学语言。

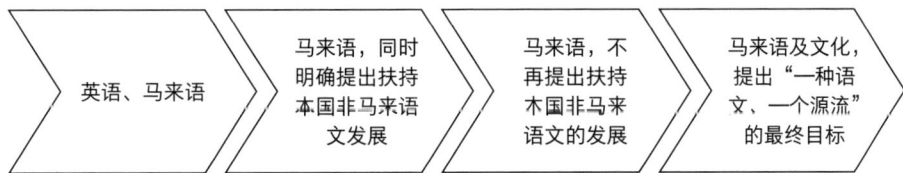

英语、马来语	马来语，同时明确提出扶持本国非马来语文发展	马来语，不再提出扶持本国非马来语文的发展	马来语及文化，提出"一种语文、一个源流"的最终目标

图 3.1 马来西亚语言教育政策演变趋势 [2]

---

[1] 马来西亚的华文教育有全国统一的管理机构——"董总""教总"，是负责学校管理、师资、考试等各方面的领导组织机构。二者合称"董教总"。

[2] 莫海文，李晓峰，赵金钟. 东盟国家教育政策发展研究 [M]. 广州：华南理工大学出版社，2020：57.

马来语与英语的冲突同样激烈。随着国家发展重心的变化和人才培养需求的变化，马来西亚也在不断调整对英语的态度，甚至出现了政策的反复。殖民时期，英语是统治阶层的官方语言和强势语言，殖民政府采取了一系列措施推动英语教育。独立后，为巩固马来人的自治权和受教育权，马来西亚采取了强化马来语、弱化英语的策略。1967年颁布的《国语法令》规定马来语是马来西亚唯一的官方用语，提出取消马来西亚初级文凭会考、教育文凭会考、高级学校文凭会考中对英语作为媒介语的考核。1969年的种族骚乱之后，马来西亚颁布了"国家原则"作为国家意识形态，1970年开始陆续关闭以英语授课的学校，并在1983年完全关闭，有效地使马来语成为国家所有教育阶段的教学语言。1971—1990年"新经济政策"时期，英语的发展越来越受到压制，教学媒介语的地位被取消，成为一门学科。[1]

然而，20世纪90年代以后，马来西亚的学生英语水平普遍下降，人才缺乏国际竞争力，无法满足其作为"亚洲四小虎"之一的经济发展速度。政府认识到，过分追求民族化的语言教育可能会对国家发展造成负面影响，严重影响马来西亚的全球竞争力，开始再次鼓励学校强化英语教育作为补救措施。为确保马来西亚学生能够跟上全球科学发展与技术进步，马来西亚从2003年开始使用英语作为科学和数学的教学语言。为此，政府投入了大量教育资金并开展培训活动，以提高教师的英语水平，并通过大量提供教学材料与设备，如课件、教科书、活动手册和ICT技术设备（包括计算机实验室、笔记本电脑和液晶投影仪）来支持这一政策。但由于各界反对，内阁政府于2008年决定，从2012年开始公立中小学重新改用马来语教授数学和科学课程。华文小学和泰米尔文小学则重新采用母语教授数学和科学。2012年，《2013—2025年马来西亚教育蓝图》出台。蓝图反思了马来西亚学生在国际评估项目中的失利原因，英语学习被重新提上日程，作为实现教

[1] 段寻，吴坚. 马来西亚"双语课程计划"探析 [J]. 世界教育信息，2018（19）：67-71.

育国际化的重要手段。蓝图要求中小学生应精通马来语和英语，并且再学习一门外语，以提升面对 21 世纪的全球竞争力。

纵观马来西亚语言教育的发展历程，可以发现，马来西亚的语言教育与民族、政治、文化、经济等因素密切相关，但无论其政策和态度如何变化，国家在语言教育问题上的核心思想不变，马来语在所有教学语言当中的主导地位不变，呈现出教学语言种类随学生受教育阶段上升而减少、最后都使用马来语的总体特点。[1] 归根到底，马来西亚的语言教育是为民族国家建设服务的，具有极强的政治色彩和民族意识。

（三）伊斯兰教育与道德教育

从马来西亚的教育历史和社会背景可以得知，马来西亚的教育发展与民族国家的发展是不可分割的有机整体。马来西亚作为一个新兴的多民族、多语言、多文化国家，保证民族国家的团结和发展是压倒一切的目标。一方面，马来西亚从英国的长期殖民统治中独立出来，其价值体系需要一个重建的过程，其中必然夹杂着传统与现代、东方文化与西方文化的冲突。[2] 另一方面，马来西亚本身的文化多样性又与政治、语言、宗教问题掺杂在一起，因文化习俗和政治利益而引起的种族冲突时有发生，马来西亚各族群之间并不存在一种具有高度统一性的国家文化。这种分离主义的价值体系成为马来西亚教育发展的一大挑战。

因此，建构共同的价值基础和国家公民意识，对于马来西亚的发展尤为重要。教育也必须高度围绕这一目标，成为铸造共同文化和促进民族团结的重要手段，它所具有的社会重组和为社会提供人力资源的功能都要为实现民族国家的整体利益服务。为此，马来西亚政府在中小学课程体系中

[1] 莫海文，冯春波，郑志军. 东盟国家语言教育政策研究 [M]. 长沙：中南大学出版社，2019：50.

[2] 庄兆声. 马来西亚基础教育 [M]. 广州：广东教育出版社，2004：50-51.

设立了伊斯兰教育和道德教育两门科目作为价值教育的重要媒介。

　　早在马来西亚独立初期,《1957 年教育条例》已经规定伊斯兰教育是所有穆斯林学生的必修科目,并将其作为考试科目。针对非穆斯林学生的道德教育则到 1979 年才被纳入国家课程体系中。1979 年的内阁报告指出:

　　　　为了建立一个有纪律、有文化和团结的社会,建议在穆斯林学生(包括其他选择学习这一科目的学生)学习伊斯兰宗教知识的同时,非穆斯林学生也应接受道德和伦理教育。所有学习道德和伦理教育这一科目的学生都必须接受考试。在这两种价值教育课程中,必须培养对个人的尊重和在多宗教社会中的信仰自由。

　　由于马来西亚存在民族多样性、宗教多样性和文化多样性,道德教育课程应该达成什么样的目标、形成什么样的框架(见表 3.1 和图 3.2),哪些价值可以不分民族、宗教、文化而被所有学生接受是政府和教育部门面对的巨大挑战和研究重点。为此,马来西亚成立了专门的道德教育委员会广泛征求意见,讨论确立教育大纲,最后从各种价值观念中筛选出 16 项对各民族普遍适用的“共同价值”,分别是:身心健康、同情与宽容、合作、勇敢、中庸、勤勉、自由、感恩、诚实、谦虚与虚心、正义、理性、自立、爱、尊重、公共精神。这 16 项核心价值,不仅是道德教育课程的指导思想,也是培养社会公民的价值导向,能够将穆斯林与非穆斯林统一在“马来西亚精神”的价值体系内。

表 3.1 马来西亚的伊斯兰教育和道德教育课程目标

科目	教育目标
伊斯兰教育	——在研读《古兰经》的基础上，培养知识渊博、精神高尚、虔诚、有道德和充满活力的继承者，为促进民族和国家的文明进步做出贡献
	——正确、流利地朗读《古兰经》选段，发音正确，语气雄辩 ——终身练习阅读《古兰经》 ——正确、流利地背诵《古兰经》选段，发音正确、语气雄辩 ——在祈祷和生活实践中练习背诵需要记忆的经文 ——理解所选《古兰经》经文并加以实践 ——正确阅读选定的圣训 ——理解所选圣训并加以实践 ——理解伊斯兰信仰，将其作为力量来源和主要生活支柱
道德教育	——培养正直、高尚的个人，坚持基于道德原则的共同价值观，为国家和全球社会的团结和福祉做出贡献
	——认识并理解道德观念以及日常生活中的道德问题 ——在决策和解决道德问题时，根据道德原则发展道德推理能力 ——培养道德情感中的同理心和公正态度 ——以负责和诚信的态度实践道德行为 ——加强自身团结，创建和谐社会 ——欣赏并践行共同价值观，成为高尚的人

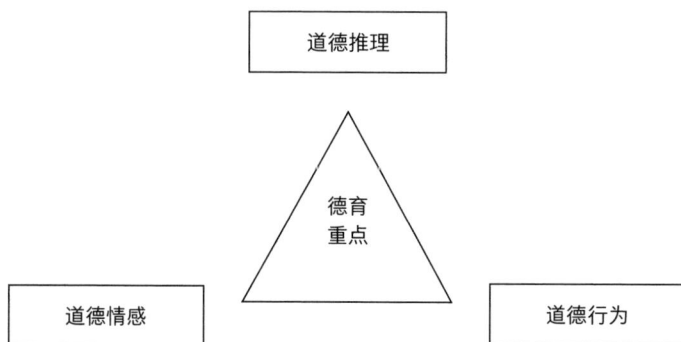

图 3.2 马来西亚道德教育的框架

马来西亚的这种价值教育与其政治体制是联系在一起的：注重纪律、服从，强调社会利益、群体利益高于个人利益。马哈蒂尔认为，这些价值观是马来西亚所推崇的"亚洲价值"的主要内涵，是马来西亚取得辉煌成就的精神根源，使马来西亚能够走上一条有别于西方国家的独特的现代化道路，实现西方工业文明与东方道德传统之间的完美融合。[1]

进入 21 世纪以后，随着全球化进程的加速和社会观念的变化，马来西亚的价值教育更注重人的全面发展、提高个体的责任感和全球意识。道德教育大纲也做出修订，将价值教育内容划分为七大学习领域（见表 3.2），强调激发学生自身的积极性去发现和解决道德问题，直面 21 世纪的全球化挑战。

表 3.2 马来西亚道德教育的学习领域 [2]

学习领域	价值观
自我发展	信仰真主、可信赖、自尊、有责任感、谦逊、容忍、自力更生、勤奋、创造力、爱、公平、理性、温和节制
家庭	关爱父母、家庭责任、家庭伦理、责任与义务
环境	关爱自然、人与自然和谐、环境可持续、环境问题敏感性
爱国主义	热爱祖国、忠诚、勇于奉献、国家利益的重要性
人权	保护孩子、妇女、劳工、顾客等弱势群体的权利
民主	遵守法纪法规、言论自由、宗教自由、参与、公开
和平与和谐	用和谐、非暴力的方式解决冲突，相互帮助合作，国家相互尊重，学会共存

---

[1] 庄兆声. 马来西亚基础教育 [M]. 广州：广东教育出版社，2004：51+146-150.

[2] 陈燕华. "学会共存"理念在马来西亚的实践与启示 [J]. 甘肃教育，2015（24）：126-128.

马来西亚的伊斯兰教育在 2018 年也发生了巨大变化，政府鼓励学生将他们从《古兰经》中学到的东西转化为日常行为和态度，而不仅仅是埋头背诵经文。学生要亲力亲为地去实践他们的理论知识，然后通过日常行为活动强化先前的认知。[1]

马来西亚的价值教育通过两门科目的实施以及对所有课程的全面渗透，在增强民族凝聚力、增加包容理解、达成共识、减少冲突方面取得了良好的效果，但是这种双轨制教育模式也产生了一些问题，如两种课程体系在学生之间产生分裂与隔阂、教师的教学内容和深度缺乏统一的操作标准、多元价值观的理想与民族文化敏感性的现实之间的矛盾，等等。对此，马来西亚政府也在尝试不断进行调整和改革。例如，开展实践项目，让两个科目的学生一起合作完成任务以及组织社团和联合活动等；加强教师培训提高专业技能，每个学校设置一名以上的专职辅导员负责学生纪律和心理辅导等。

二、华文教育

马来西亚的华文教育是随着 19 世纪华人移民数量的不断增加和民族意识的崛起而逐步发展并自成体系的。华人是马来西亚的第二大族群，占人口总数的 23% 左右（2021 年），这一比例在全球仅次于新加坡。然而相较于华人占比最高的新加坡，马来西亚的华人更重视母语教育，将其视为民族发展的基本权利和中华民族文化传承的重要载体，这使马来西亚成为除中国外唯一具有从小学到大专院校的完整华文教育体系的国家，教育水平和发展状况也最为优异。

马来西亚的华文教育是在与占优势地位的马来文教育的对抗和妥协中

---

[1] ADAMS D. Education in Malaysia: developments, reforms and prospects[M]. New York: Routledge, 2023: 158.

逐渐发展起来的。在族群数量和政治权利都处于劣势的情况下，华文教育能够取得如今的成就，其道路之曲折和处境之艰难可想而知。这种成功一方面源于华人社会对民族文化的执着和对生存环境的奋勇抗争，另一方面也是马来西亚独特的社会政治、经济结构下族群互动的历史性结果[1]，从而形成了独具特色的马来西亚华文教育。

（一）华文教育的发展脉络

马来西亚的华文教育至今已走过 200 多年的发展历程。马来西亚称汉语为"华文或华语"，华文教育即用汉语作为母语教学。通常认为马来西亚的华文教育始于 1819 年槟城第一所华文私塾五福书院的建立。1904 年，华人首富、槟城首任领事张弼士会同其他华人侨领创办槟城中华学校，标志着华文教育完成从私塾到新式学堂的近代化转型。

英国殖民统治时期，马来西亚三大族群在政治、经济、文化、就业、教育等领域的发展就已经基本定型。华人和印度人的经济收入要高于马来人，而且他们大多居住在城市。尤其是华人，因为多数从事制造业和商业，经济实力和教育水平也是三大族群中最高的。1957 年马来人月平均收入为 139 林吉特，华人为 300 林吉特，印度人为 237 林吉特。[2] 作为支持马来族群的措施之一，殖民政府在教育上采取英文与马来文并重的模式，而将华语教育排除在正式教育体制外。于是华人社会开始自办学校，为子女提供中小学教育，实现了从以四书五经为主的旧式私塾教育到近代正规学校教育的转变，教学媒介语也从五花八门的华人原籍方言转变为统一的华语（普通话），华人社会的凝聚力因此大大增强。1904 年，第一所以汉语官话为教学语言的华文学校在槟榔屿设立。这一时期的学校教师和教材皆从中

---

[1] 庄兆声. 马来西亚基础教育 [M]. 广州：广东教育出版社，2004: 208.

[2] 范若兰，李婉珺，廖朝骥. 马来西亚史纲 [M]. 广州：世界图书出版公司，2018: 193.

国引进，可视为中国原乡教育的海外延伸。

马来西亚进入独立进程以后，华文教育主要围绕两个方面的问题展开生存斗争：一是争取华文学校在国家教育体系中占有一席之地，二是争取民族语文教育的合法权利。这两大问题的背后，实际上反映着华人社会在国家政治、经济和社会生活中的地位和作用，因此后来一直是马来西亚华文教育的核心议题。[1] 1951 年，英殖民政府通过《巴恩斯报告》欲消除华文教育，培养非马来族群认同更广泛的国家意识。这一倾向迫使华校教师们团结起来寻求对策，教总应运而生，成为马来西亚第一个全国性的华文教育团体。不久后，为反对 1952 年英国殖民政府实施华校教师新薪金制度、削弱华校董事会的权利，"马来亚华校董事联合会总会"（简称董总）于 1954 年 8 月成立。此后，董教总成为维护马来西亚华人教育事业最有力的组织，掀起了有计划、有组织、有领导的捍卫华教运动，奠定了华文学校存续至今的基础。1956 年的《拉扎克报告》及其后的《1957 年教育条例》对华文教育表现出了较为开明的态度：允许三种语文源流的学校并存，以其母语作为主要教学媒介语。但这一政策只是将"一种语文，一个源流"的教育改革最终目标进行了推迟，使华文教育获得一线生存空间。

1957 年马来亚联合邦取得独立，使铸造以马来文化为基础的统一民族国家的意识更为强烈，也为教育这一塑造民族精神的重要思想工具树立了更为激进的一元化教育指导方针。从 20 世纪 60 年代到 80 年代，政府一直对华文教育采取打压、同化、改制等手段。例如，《1961 年教育法》规定，马来西亚只有以国语为教学媒介语的国民中学和以英语为教学媒介语的国民型中学可以享受政府津贴。法令颁布后，马来亚联合邦境内的 70 多所华文中学有 50 多所进行了改制，1961 年仅余 16 所未接受改制成为独立中学。[2] 20 世纪 70

---

[1] 庄兆声. 马来西亚基础教育 [M]. 广州：广东教育出版社，2004：222.

[2] 曹淑瑶. 国家建构与民族认同：马来西亚华文大专院校之探讨（1965—2005）[M]. 厦门：厦门大学出版社，2010：31.

年代"新经济政策"的推行和教育"固打制"的实施，显示出政府进一步强化马来文教育的主导地位、加速建立"一种源流"教育体系的迫切愿望。这一时期的华文教育只能在夹缝中求生存，通过募集资金、抗议罢课、申请创办大专院校等措施于逆境中维护华人子女接受母语教育的权利，结果反而激起了华人社会的民族意识和捍卫华教的决心，如华社团体通过 1983 年的《国家文化备忘录》、1985 年的《华团宣言》、1997 年的《全国华团文化工作总纲领》等文件系统、全面地提出了自己的主张和诉求，争取语言教育和民族文化发展的基本人权。华文教育也出现了逐渐复兴的迹象，华校的学生人数和学校数量都实现了大幅增长。

20 世纪 90 年代以后，马来西亚经济发展势头良好，随着国家经济政策和教育指导方针的转变，政府对华人文化的压制和对待非马来语教育的态度也有所松动，这个时期被华人称为"小开放"时期。为了提升马来西亚人才的国际竞争力、提升全民教育水平，政府允许建立私立大学及华文大学。借助这一契机，马来西亚的华文教育得到了飞速发展，实现了长期以来建立华人高等教育的夙愿，弥补了南洋大学 [1] 和华文独立大学 [2] 的遗憾，建立起南方学院（1990 年）、新纪元学院（1997 年）、韩江学院（1998 年）三所华人民办大专学院。这三所学院在 2010 年之后升格为大学学院。其中新纪元学院和南方学院还开办了教育系，为华文独中提供教师专业课程，以提高华文独中的师资专业水平。

---

[1] 1956 年，新加坡和马来西亚华人创办了一所华人在东南亚地区的最高学府——位于新加坡裕廊的南洋大学，但其随着 1965 年新加坡脱离马来西亚联合邦而不再属于马来西亚，成为以英文为教学语言的外国大学。

[2]《1961 年教育法》的规定使得华文独立中学的统考文凭不被认可。华教人士欲建立完整的华人教育体系、为华文中学毕业生谋求出路，筹备设立"独立大学"，遭到政府的再三拒绝并进行了长达 8 年的诉讼。最高法院判决败诉后，独立大学的筹设运动宣告失败。

（二）华文教育的实施与现状

华文教育按照学段可分为华文小学、华文独中和华文大学学院。

华文小学属于国民型小学，接受政府资助，以华语为主要教学媒介语，即除了马来语和英语科目外，其他各个科目都是以华语作为教学和考试语言。学校使用马来西亚政府统一制定的国家课程框架，接受马来西亚教育部的监管，也被纳入国民教育体系中。

根据教总的报告，截至 2021 年，马来西亚共有华小 1 301 所，较 2010 年增加了 10 所。华小学生总人数为 507 177 人（不包含学前班）。在华裔人口生育率大幅下跌的情况下，华小的学生人数较 2010 年下降了 15.92%，但仍有超过 90% 的华裔家长把孩子送到华小接受基础教育。华小的办学水平还受到了非华裔家长的肯定与青睐，2020 年非华裔学生已经占学生总人数的 19.75%。各个族群的儿童学习生活在一起，进一步增强了华小的族群多元性。近年来，华文学校面对的挑战包括马来西亚华裔的生育率降低、人口老龄化、新生代往城市迁移、师资严重短缺，以及国际学校蓬勃发展等，使其不得不面临学生流失的问题。为此，教总做出应对，要求华小必须在各个方面做出调整和改善，与时俱进，提升教学质量，继续努力成为华人社会的首选学校。[1]

华文独中是由华人自己出资举办的独立中学，性质上属于自筹经费的私立学校。华文独中实行 6 年中等教育（三年初中、三年高中），由董教总独中工作委员会编写教材、举办统一考试、进行师资培训等。独中的统考文凭已获得世界 500 多所大学和马来西亚多所私立大学的承认，但仍未获得政府和马来西亚公立大学的认可。截至 2021 年 6 月 30 日，马来西亚有华文独中 60 所，学生总人数 75 934 人。[2]

---

[1] 马来西亚华校教师会总会（教总）. 2021 年工作报告书 [R]. 2022.

[2] 马来西亚华校教师会总会（教总）. 2021 年工作报告书 [R]. 2022.

　　马来西亚的华文教育能取得今天的成就，有以下几个主要原因。第一，马来西亚的族群关系总体上和睦，政府、团体组织和社会各界民众都在努力维护来之不易的统一和稳定局面。虽然摩擦和冲突时有发生，但总体上未形成大规模排华运动和仇视华人的意识。华人作为马来西亚独立的功臣之一，其权益得到了国家的基本保障，才能有精力发展教育。第二，华人在马来西亚社会中具有一定的政治、经济地位。马来西亚是君主立宪制国家，但同时也实行议会选举制度，华人手中拥有众多选票，也组建了政党，如马华公会，一定程度上能够影响政党选举和政策制定。特别是华人在经济上占有优势地位，为其赢得了一定的话语权。第三，马来西亚的华人社会坚守民族传统，团结一致，全力支持子女接受华文教育，出现了一批杰出的华人领袖，也成立了全国性的统一领导机构——董教总，坚定地维护华文教育应有的权利，在华校的师资、投入、管理、考试等方面予以统筹规划，是华校存续至今的最大功臣。第四，随着中马建交以及中国成为全球第二大经济体，华语和中国文化的影响力也越来越大。中国的国力强盛在一定程度上提高了马来华人的地位。特别是马来西亚作为最早参与"一带一路"的支点国家，与中国的经贸往来需要更多熟悉华语和中国国情的人才，马来西亚的各大专院校也加强了与中国的合作办学，这些都为华人子女提供了更多的求学和就业选择，促进了马来西亚华文教育的蓬勃发展。

（三）华文教育思想

　　文化是根，教育是魂。马来西亚华文教育的生存与发展，直接影响和关系到马来西亚全体华人和华人社会的前途与命运。[1] 也正是华文教育的不断发展，推动着马来西亚华人文化从一种移民文化逐渐转变为马来西亚国

---

[1] 王瑞萍，郭怡. 马来西亚华文教育简况及其发展趋势 [J]. 世界民族，2020（4）：105-114.

家文化体系中不可或缺的组成部分。因此，马来西亚的华文教育十分重视文化传承与教育质量，通过世代相传让子孙保持对中华文化的热忱，培养他们成为熟练掌握华语、具有族裔认同和民族传统美德、拥有现代技术和创新能力、促进中西文化交流互通的高质量专业人才。

1. 弘扬中华文化的教育理念

马来西亚的华文教育是建立在传统中式书院和私塾的教育体制上的，教学模式、教师和以儒家经典为主要内容的教材等与中国本土教育一脉相承，具有坚实的思想文化基础，致力于在马来西亚传承和发扬中华文化。华文教育将中华文化视为民族文化之根，维护华语作为三大教学媒介语之一的地位和权利，增强族裔认同以及推动中华文化在世界的传播。主要教育方式包括培养学生熟练掌握标准华语的发音、书写、理解和运用能力，将中国历史、人物、节庆、民俗活动融入教学内容，举办全国性的中华文化学艺比赛以及组织中马教育交流活动等。例如，举办全国性的中华才艺大赛、华语演讲比赛，由中国海外交流协会选派优秀教师前来指导"中华文化大乐园"活动，组织华小学生到中国参加"寻根之旅"主题冬夏令营活动等，从小培养学生对中华文化的热爱，并学习中华文化的精髓，以促进中华文化的弘扬与传承。

2. 维护民族文化多样性的教育追求

马来西亚独立后，华文教育面临诸多限制和不利政策。特别是在"一种语文、一个源流"的国家终极教育目标的禁锢之下，争取母语教育平等成为马华社会维护民族文化多样性的教育追求。基于维护自身民族性的意愿和语言文化传承反向动力，即越受打击越要发展的抗争意识，马来西亚的华文学校在董教总的领导下自救自强，形成了明确的教育价值追求：坚持认为母语是最自然、直接、有效的教学媒介语；接受母语教育是基本人权，华文教育必须纳入国家教育主流。为此，华人社会和董教总采取多种措施以应对族群关系变动、教育政策和机构变动等因素给华文教育带来的影响。例如，在"董教总华文独中工作委员会"的基础上成立"董教总全国发展华文小学工作委员会"（简称"董教总华小工委会"，1994 年成立），以确保华语的使用权利，保障华小的地位、待遇和教学水准；在提案中要求在中小学历史课本中全面如实反映多元族群、文化和宗教的国情，培养各族群新生代互相了解、尊重及合作友爱的精神，以促进国民的融合与国家的团结等。

3．提升教育素质、促进成人成才的教育目标

华文教育是马来西亚教育的重要组成部分，对于马来西亚的国家建设、经济发展以及成为东南亚文化教育中心的目标实现都发挥着巨大作用。在坚持族群特质的同时，马来西亚的华文教育也非常重视教育创新与教育改革，倡导以多元智能与均衡发展的素质教育取代应试教育，为国家培养高素质和高竞争力的人力资本，以适应不断变化的社会需求。例如，在教学层面，强调因材施教以及成人成才的教育目标，调动"教"与"学"的积极性，以及关注华文学校在课程设置、教材、教学法、评估制度等方面的实际需求。在教师教育层面，提升教师素质，强化业务能力，积极开展师资培训，推广尊师重道的风气，通过提升教师的专业形象与社会地位稳定教师队伍。在教育管理方面，改革的新路向包括实行现代化行政管理，改传统的家长式管理为科学民主的现代管理；建立新型的董教关系，淡化劳资关系，强化同盟关系；办好校营企业，开辟经营资源。[1] 此外，有鉴于家

---

[1] 林去病. 马来西亚华文教育三个突破的意义及其发展的前景 [J]. 华侨华人历史研究，1998（2）：8-15.

庭教育和小学教育息息相关，教总还致力于推广健康和正确的家庭教育理念，希望能够借此辅助华文教育的发展，促进学生均衡发展、成人成才。

第三节 教育代表人物

马来西亚独立以来，涌现了众多教育领域的杰出人物。他们秉承艰巨的历史使命和坚定的教育信仰，在马来西亚独特的历史、文化和国情的基础上，历经艰难曲折，开创了多民族、多源流、中西交融的国民教育体系。

一、阿米努丁·峇基

拿督阿米努丁·峇基（1926—1965）是马来西亚著名的教育家，也被称为"现代马来教育之父"。他曾是马来西亚教育部最年轻的首席教育顾问，参与拟定著名的《拉扎克报告》和《达立报告书》，设立公共考试和考试局等，为马来西亚的教育事业做出了巨大贡献。许多学校和机构也以他的名字命名。马来西亚教育部以他的名字命名了一所学院——阿米努丁·峇基学院，专门为教育管理者和学校领导者提供合适的培训课程。

阿米努丁出生于霹雳州，接受过全面系统的教育，成绩优异。他积极参与学生社团活动，1946年在霹雳州参与建立"马来学生觉醒会"，展现出领导才能。阿米努丁在1947年10月被莱佛士学院（今新加坡国立大学的一部分）录取，在巫统的支持下，组织成立"半岛马来学生联盟"并于1950年担任联盟主席。1953年取得伦敦大学的硕士学位后在苏丹伊德理斯师范学院担任讲师。1962年，36岁的阿米努丁被任命为雪兰莪州首席教育官，同年成为马来西亚首席教育顾问（现称教育总干事）。阿米努丁曾在其著作

《马来亚国民学校：其问题以及对课外活动的建议》中提出"熔炉理论"，建议马来亚只建立一种国民学校，并以英语和马来语（国语）作为教学媒介语。在这项教育政策下，各民族儿童可在同一校园学习、互相融合，以促进各民族的团结。这一理论成为日后马来西亚推行单元民族教育政策的依据。在 1956 年的《拉扎克报告》中，他进一步建议把所有孩童置于同一个校园里，实现以马来语为教学媒介语的"一种语文，一个源流"的"最终目标"。阿米努丁还设立了马来西亚初级教育文凭（SRP）、马来西亚教育文凭（SPM）和马来西亚高等教育文凭（STPM）等公共考试。1963 年，阿米努丁成立了负责国内公共考试的马来西亚考试司。他也因此受到联合国教科文组织的赞誉：亚洲一位明智和极富远见的教育家。阿米努丁于 1965 年 12 月 25 日因病去世，时年 39 岁。

二、林连玉

林连玉（1901—1985），原名林采居，出生于中国福建永春，是马来西亚杰出的华文教育家。林连玉自幼在中国长大，1924 年以破纪录的成绩毕业于集美学校师范部文史地系，毕业后在母校任职。1927 年，因时局动乱、学校关闭而南下，先后在霹雳州爱大华及印尼爪哇任抹任教。1931 年应聘到马来亚巴生共和学校任教，改名"连玉"，沿用至去世。1934 年 11 月起到吉隆坡尊孔中学任职，直至 1961 年被政府吊销公民权及教师注册证、被驱逐离校为止。1949 年，林连玉推动吉隆坡华校教师公会成立并出任公会主席，此后致力维护华文母语教育并积极争取将华语列为马来西亚官方语言之一。

1951 年，英殖民政府出台《巴恩斯报告》，建议以英语、马来语学校取代华文和泰米尔文学校。林连玉挺身而出，召开全马华校教师会代表大会，掀起强大的反对浪潮，顺势成立教总。他出任教总主席，以教总名义提出列华语为官方语言之一；并向联合国申诉，请求关注马来亚华人地位问题。他还提出教育工作者有两大使命：教导学生效忠马来亚，培养孩子共存共荣的观念。1956 年，《拉扎克报告》提出"一种语文，一个源流"的教育最终目标，华文教育几乎陷入绝境。林连玉挺身而出，将华文中学视为华人文化的堡垒，反对改制并申请举办华文独中，维护民族教育的平等权，结果被马来西亚政府和教育部褫夺公民权和教师注册证，并被严厉监视。被迫离开教育岗位后，林连玉的生活陷入困境，双眼患眼疾，从此足不出户，靠友人接济度日，但仍坚持"贫贱不能移，威武不能屈"的斗志。

1985 年 12 月 18 日，林连玉病逝，马来西亚出现声势浩大的送葬场面。因为对华文教育做出了巨大贡献，他被尊为马来西亚的"华教族魂"。从 1987 年起，每年 12 月 18 日林连玉的忌辰被定名为"华教节"。林连玉曾留下诗句"横挥铁腕批龙甲，怒奋空拳搏虎头"，成为其一生的真实写照。

三、沈慕羽

拿督沈慕羽（1913—2009），是马来西亚著名的华裔教育家，祖籍中国福建晋江，1913 年出生于马六甲。他 13 岁进入父亲沈鸿柏创办的培风中学初中部就读，1928 年毕业。1947 年起担任马六甲平民学校校长长达 27 年，1973 年荣休。1955 年成立马六甲马华公会青年团（简称马青），被称为"马青之父"。1965 年起担任教总主席长达 29 年，直到 1994 年卸任。沈慕羽一生为马来西亚的华人教育不断抗争、为争取族群平等而不懈奋斗，做出了巨大的贡献，三次被送进牢房，遭受迫害和打压，但为了民族权益和国家利益从未退缩，留下"华教存，我人存；华教亡，我人亦亡"的名言，是继林连玉之后最具影响力的华教领导人之一。

　　1949 年，沈慕羽加入马华公会成为马华的创党元老，也是最早加入马华的华教人士。1950 年 12 月，沈慕羽以马六甲华校教师会主席的身份会见吉隆坡华校教师会主席林连玉，力陈团结全国华校教师的重要性，并倡议组织全国华校教师总会。1965 年 10 月，时任教总主席沈慕羽领导华人社团发起全国华团联署，要求将华语和泰米尔语列为官方语言，1966 年被马华公会开除党籍。沈慕羽还参与了 1970 年代的 3M 计划、1985 年董教总与泛马回教党的历史性对话、争取创办独立大学运动等，致力于为马来西亚华人争取母语教育权利。[1] 1999 年接受马六甲元首封赐拿督勋衔。2009 年 2 月 5 日于马六甲家中辞世。

---

　　[1] 曹淑瑶. 国家建构与民族认同：马来西亚华文大专院校之探讨（1965—2005）[M]. 厦门：厦门大学出版社，2010：240.

第四章 学前教育

学前教育是终身学习的开端，也是学校教育的第一个阶段，对儿童语言、认知、社交、情感、个性、技能的发展有重要的奠基作用，对促进个体儿童全面健康发展，提升国民整体素质具有重要的基础性、先导性作用。加快推进学前教育事业的发展，成为世界各国政策制定者和民众的共识。随着社会经济的不断发展，马来西亚政府开拓国际视野，立足本土特色，在早期儿童保育与教育的政策决策、管理体制等方面不断探索，取得了较为显著的成效。

第一节 学前教育的发展和现状

为了加快实现全民教育目标，马来西亚政府认识到为每个儿童提供优质、公平的学前教育服务，为其接受初等教育奠定基础，是培养具有 21 世纪技能的全面发展人才，促进马来西亚"建设世界水平的教育体系"不可或缺的重要环节。20 世纪 90 年代，马来西亚开始将学前教育纳入全民教育体系，加强对学前教育的国家财政投入、各项标准制定与评估监管机制，学前教育机构的办学形式也日益多样化和灵活化。

一、学前教育政策的制定背景

（一）发展历程

在英国殖民时期，随着对橡胶园和锡矿的探索，儿童保育中心开始在马来西亚运营。这些中心最初是为了照顾在种植园或矿山工作的工人的子女建立的，工作重点主要是儿童的福利和健康，对其教育需求的关注非常有限。

马来西亚正式的学前教育机构最早是在 20 世纪 50 年代由一些私人或社会团体在城区创办。当时的幼儿园属于私立的贵族学校，以英语和华语为主要教学媒介语言，主要为高收入阶层的子女提供学前教育，普通家庭很难承担昂贵的费用。这一时期的学前教育只提供给上层社会的儿童，尽管当时的幼儿教师没有接受过专业培训，学前教育课程也非常传统，但因为它能使儿童具备基本的读、写、算技能，使他们能够被认为比其他孩子更"优越"，因此被认为是一种精英特权。这一时期，马来西亚还出现了一些由宗教组织赞助和管理的学前教育学校，但数量和规模难以面向整个社会提供服务。

虽然马来西亚早在 20 世纪 50 年代就有幼儿园了，但大规模的政府儿童保育服务直到 20 世纪 70 年代末才开始提供。这一时期马来西亚公立托儿中心（托儿所）和幼儿园的大量出现与社会发展需求密切相关。具体有三个方面的原因。

第一是由于经济需要，女性不断加入劳动力市场，使得家庭育儿方式出现商品化态势。[1] 因为当时超过 31% 的女性加入了劳动力大军，双职工家庭的数量迅速增加，这部分群体无法再承担起家庭育儿的责任。城镇的进

---

[1] 尹雅丽，赵昱迪，马早明. 多源流视域下东南亚国家早期儿童教育治理政策探析 [J]. 教育与教学研究，2022（11）：65-81.

一步发展和经济活动的多样化，造成了儿童保育中心的商业化。为了满足双职工父母的需要，许多私营托儿中心（托儿所）建立。这些中心接收几个月大到5岁的儿童。此外，居家经营者也会在家中提供托儿服务，以满足照顾幼童的需求。[1]

第二是由于现代化发展带来的社会价值观的变化。马来西亚与东南亚大部分国家一样受到儒家文化传统的影响，特别在道德伦理及家庭价值观方面，无论是在繁华的城市还是在农村地区，均有很强的家庭观念，大多数家庭仍遵循传统的、本土的育儿方式。对于0—6岁儿童群体，家庭仍是照顾与教育服务的主要提供者，只有无法得到父母、（外）祖父母等亲属支持时，其他社会力量才会干预。但伴随着城市发展与社会进步，家庭结构不断窄化，从过去拥有大家庭的网络关系转向成员较少的核心家庭，而且大家庭倚靠的社区和村庄也出现人口迁移、分离变迁等现象，传统家庭的育儿功能已经逐渐衰退。

第三是由于马来西亚政府对学前教育重要性的认识在不断深化以及对平衡多民族文化发展的考量。20世纪60年代，随着雪兰莪州、柔佛州和霹雳州等较富裕地区新城镇的建立，更多的幼儿园相继建立。这造成了地区和民族之间学前教育发展的极大不平衡。因此在20世纪70年代，政府为了改善学前教育发展的不平衡、拓宽儿童的受教育面、提高本土马来人的教育水平，准备在各地区增加以马来语为教学媒介语言的幼儿教育机构数量。

因此，家庭育儿功能的衰退在不断激发家长对育儿的外部需求，同时女性积极参与社会化分工也导致了生育和养育决策的多元化选择等社会变革，这一系列问题成为马来西亚政府面临的社会挑战。在社会经济快速发展、人口结构不断丰富的社会背景下，结合对早期儿童教育价值的认知，马来西亚开始加快学前教育的改革进程。

---

[1] SAMUEL M, TEE M Y, SYMACO L P. Education in Malaysia: developments and challenges[M]. Singapore: Springer Nature Singapore PTE Ltd, 2017: 71-72.

20 世纪 70 年代开始，马来西亚国家政府部门积极发展幼儿教育事业，增加了幼儿教育机构的数量，拓宽了学前儿童受教育面。例如，1976 年，国家团结部为不同民族的儿童创办了幼教机构；橡胶工业小农发展局为工人子女设置了幼儿园，等等。幼儿教育机构的迅速增加则是 20 世纪 80 年代的事。1979 年，全国有幼儿园 2 227 所，在园幼儿 120 618 人。[1] 到 1981 年，只有 168 768 名儿童（4—6 岁）有机会参与学前教育，而该年龄段的儿童总数为 972 000 人，比例为 17.4%。全国有资格接受学前教育的儿童中，只有 4% 是在学前机构学习。[2] 而到了 1989 年，幼儿园已增加到 6 959 所，有 331 592 名幼儿进入幼儿园。10 年间幼儿园数量和入园幼儿数量均增长到 3 倍左右。[3]

进入 20 世纪 90 年代，幼教机构的规模继续扩大。因为希望在 2020 年之前跨入发达国家的行列，马来西亚开始进行大刀阔斧的教育改革。马来西亚教育部在 1992 年开始设立幼儿园，1995 年进行改组，把学前教育归入中小学教育局。1991 年的统计数据显示，5 岁以下的儿童中只有 47% 的人有机会接受学前教育。[4] 这一入学率对于马来西亚构建全民教育体系是一个巨大的阻碍因素，因此在 1992 年 1 月，马来西亚教育部以试点项目的形式发展了幼儿园学前班，作为现有小学的"附属"机构。1993 年，政府将试点项目扩展到全国。

这一试点项目显然是成功的，因为 1996 年出台的《1996 年教育法》将国家教育系统大致分为五级：学前教育、初等教育、中等教育、中学后教育和高等教育，开始把学前教育作为国民教育体系的一个重要组成部分，规定 4—6 岁的儿童须接受学前教育。马来西亚政府承认学前教育是小学

---

[1] 李圣南，张珊玲. 发展中的马来西亚幼儿教育 [J]. 幼儿教育，1996（3）：11-12.

[2] SAMUEL M, TEE M Y, SYMACO L P. Education in Malaysia: developments and challenges[M]. Singapore: Springer Nature Singapore PTE Ltd, 2017: 71.

[3] 李圣南，张珊玲. 发展中的马来西亚幼儿教育 [J]. 幼儿教育，1996（3）：11-12.

[4] UNESCO. World data on education: Malaysia[R]. Geneva: UNESCO-IBE, 2010.

教育的基础，学前教育制度和基础教育制度相匹配，为学龄前儿童提供入学准备。到 2007 年，教育部下设约 5 905 所幼儿园，共有 147 625 名儿童入学。[1]

（二）教育方案

马来西亚学前教育政策制定的背景更多是因为本国学生在国际学生评估项目中的表现与其他国家相去甚远，这种差距使得马来西亚政府不得不思考本国的教育问题，开始以学前教育为抓手，以政策为保障，不断地探索新的教育改革和计划，以提高国民教育质量。[2] 进入 21 世纪以来，马来西亚基于本国学前教育的发展现状，面向 21 世纪人才培养的需要，制定了适合本国国情的学前教育方案。

早期儿童身心发展因具有特殊性、动态性，加之服务内容的多样化和开放性，决定了早期儿童教育管理活动是一项具有复杂性与综合性的工作，需要多机构、跨部门、多主体开展合作。根据这一认识，马来西亚政府动员多方参与，结合各主体优势，提供多种类型、灵活自主的学前教育服务。

参与实施学前教育方案的机构主要包括社区发展司、民族团结与融合司 [3]、伊斯兰宗教事务部、联邦土地发展局、橡胶工业小农发展局、联邦土地巩固和恢复委员会、沙巴基金会和马来西亚教育部。此外，马来西亚学前教育的提供者还包括许多其他政府部门、政党和宗教组织，如国家宗教

---

[1] UNESCO. World data on education: Malaysia[R]. Geneva: UNESCO-IBE, 2010.

[2] 邓敏，邵小佩. 菲律宾和马来西亚学前教育政策的比较及对我国的启示 [J]. 早期教育，2021（21）：12-17.

[3] 1969 年马来西亚民族团结司成立，以处理和改善当时民族之间的关系。1972 年民族团结司与国家亲善办公室合并，随后成立国家团结部。1974 年大选后，民族团结司更名为总理府下属的民族团结委员会，1983 年再次更名为总理府下属的民族团结司。1990 年该司划归民族团结和社会发展部。2004 年民族团结司更名为民族团结与融合司，再次划归总理府。2020 年穆希丁内阁增设国家团结部，下设民族团结与融合司。为避免误解，本书统一使用"民族团结与融合司"代表上述机构。

部和马来西亚穆斯林青年运动组织。[1] 非政府组织则专注于为在马来西亚工作的移民的子女提供服务。

种类繁多的幼儿教育和保育机构在运营主体上可以大致分为以下六类：教育部，乡村及区域发展部，国家团结部，各州宗教局，伊斯兰青年组织等伊斯兰团体，私立／民间机构和非政府组织。

马来西亚的第一个公立幼儿园就是在 20 世纪 70 年代初，由乡村及区域发展部下面的社区发展司（KEMAS）建立的。随后在 70 年代末，民族团结与融合司在有"友好邻里计划"的城市和地区建立了众多幼儿园，以鼓励马来西亚不同民族的儿童入学。

到 2007 年，根据地方当局的要求设立，KEMAS 共设立了 8 307 所幼儿园，多位于农村或郊区，总入学人数为 198 275 人；课程主要在社区会堂（租用或免费提供）、私人房产、商店房屋（租用）或教育部建造的场所进行。国家团结部设立的 PERPADUAN 幼儿园有 1 496 所，一般建立在城市地区，总共招收了 38 952 名儿童。[2] 每个幼儿园都有一个由当地社区成员组成的学前协调委员会，就幼儿园的运作提供咨询意见，并为家长组织各种活动。课程主要在社区会堂（租用或免费）、屋苑、私人物业、商铺（租用）或由教育部兴建的场所进行，每班最少 20 名学生，最多 35 名学生。

在普及马来西亚学前教育的过程中，私立机构也发挥着重要的作用。在 1992 年教育部设立公立幼儿园以前，马来西亚私立学前教育机构入学人数几乎占全国学前儿童人数的 100%；进入 2000 年后，私立学前机构入学人数仍占到 60% 以上，2003 年后降至 40% 左右，出现这种断崖式下降的原因

[1] RAHMATULLAH B, et al. Overview of early childhood care and education in Malaysia[J]. Hungarian educational research journal, 2021(4): 396–412.

[2] MUSTAFA L M, AZMAN M. Preschool education in Malaysia: emerging trends and implications for the future[J]. Scientific & academic publishing, 2013(6): 347-351.

是教育部开始在全国范围内大规模推广公立学前班。[1]

在六类主体举办的学前教育机构（不包括托儿所）中，由政府机构和各州宗教局等国家公立运营主体举办的机构数量较多，但是私立／民间主体所设立的机构入园者比例更高。以 2005 年为例，近 630 000 名 4—6 岁的儿童参加了学前教育项目（含公立和私立），其中 5 岁以上的 553 600 人中，进入教育部管辖机构的入园者数量为 92 303 人，占比只有全体适龄儿童的 16.7%。[2]

（三）教育理念与目标

马来西亚的一个特征是马来人、华人、印度人、少数民族等多民族聚居。马来西亚的教育制度也反映了这个特征，配合多样化的民族聚居情况，学前教育也以培养能够适应国际化社会的高端人才为目标。另外，伊斯兰价值观以及其他价值观的实践也是一个重要特征。为此，在统合国民、推进经济发展这两大目标之下，马来西亚政府设置了学前教育课程，从早期阶段开始培养有用人才。[3]

学前教育的目的是加强基本技能的习得，如社会化过程和个性发展。这一阶段教育教授的基本技能是为小学教育做准备的沟通、社交和 3R（reading，writing，arithmetic，阅读、写作、算术）等技能。马来西亚教育部希望通过培养儿童形成独立意识、优良品德与价值观，正确使用马来语，养成文明卫生习惯，使其具备创造力与审美能力，在进入小学之前掌握一些基础技能，并形成积极向上的性格。

马来西亚学前教育的总体目标是：培养儿童对国家的热爱，有良好的

[1] MUSTAFA L M, AZMAN M. Preschool education in Malaysia: emerging trends and implications for the future[J]. Scientific & academic publishing, 2013(6): 347-351.

[2] 资料来源于 childresearch 网站。

[3] 资料来源于 childresearch 网站。

举止和实践道德观念，掌握基本的沟通技巧，尊重民族语言，掌握英语的基础知识，认识到体育活动是健康的基础，锻炼身体并采取良好的健康和安全措施，通过探究和运用各种感官来培养批判性思维能力。

上述目标通过各自的学习领域实现，包括语言和沟通、认知发展、社会情感发展、精神和道德发展、身体发育、审美和创造力的发展。

对儿童表现的评估也是学前教育方案的一部分。它是非正式的，但具有连贯性。教师通过各种方式对孩子进行持续的评估，个人的进步和发展会被保存在学生的个人记录中。

二、托儿所与幼儿园

马来西亚政府规定，0—4 岁儿童须在儿童保育中心接受儿童保育教育，4—6 岁儿童须在学前教育机构接受学前教育。政府为教育部、乡村及区域发展部、国家团结部和社会福利司下属的"早期儿童照顾与教育"（Early Childhood Care and Education，简称 ECCE）项目提供所有资金。

（一）政府主导下的"早期儿童照顾与教育"

1. 发展方针

2001 年，经合组织在其出版的《强势开端》（2001 年）中首次提出"保教一体"的理念，即"保育"和"教育"在为儿童提供的高质量服务中不可分割。从国际比较视角来看，目前全球早期儿童教育政策出现"保教一体化"的趋势，即 0—6 岁早期儿童教育全覆盖。

受社会经济发展、历史文化背景及教育发展水平等因素的影响，东南亚各国用以描述早期儿童服务的概念术语并不完全相同，有"早期儿童照顾与教育""早期儿童照顾与发展"（Early Childhood Care and Development，简称ECCD）等，反映出各国政府为学前儿童提供服务的侧重点不同。0—6岁是儿童身心快速成长和发育的时期，与没有早期教育经历的儿童相比，接受过良好的早期教育服务的幼儿在认知能力、学习态度、学习习惯及学业成绩等方面表现更佳，并且完成学校教育的可能性更高，辍学比例更低。

马来西亚政府使用的是"早期儿童照顾与教育"（ECCE），指政府及相关部门为0—6岁儿童群体及其父母提供的包括照看、健康、营养及教育等各项基本服务在内的综合性服务，旨在促进儿童身心发展。[1]大量研究证据表明，参加过ECCE的儿童在后来的成就、健康和能力方面表现更好，高质量的ECCE为儿童在未来人生道路上取得成功奠定了基础。ECCE的这些优点对政府和民众参与项目的积极性产生了巨大的影响，接受ECCE的儿童人数逐年增长（见图4.1）。马来西亚政府遵循1989年第四十四届联合国大会《儿童权利公约》中提出的普及和提升早期儿童教育服务质量的宗旨，积极出台相关政策，试图通过对幼儿照顾和教育活动进行系统性治理以达成这一目标。

联合国教科文组织认为，"学前儿童保育和教育"一词是指为从出生至进入小学前的儿童提供的各项综合性服务，提供此项服务的既有正规机构，如小学和幼儿园，也有非正规机构，如家庭幼儿园、社区中心等。有的机构提供的服务所涉及的内容远远超出保育和教育的范围，还包括认知和社会性发展、身心发展、社会保护等内容。因此，学前儿童保育和教育是集"儿童照顾""幼儿教育""学前教育"等服务为一体的综合性概念。

---

[1] 贾丙新. 国家、家庭与儿童发展——东南亚地区早期儿童照顾与教育政策供给体系研究 [D]. 无锡：江南大学，2017：5.

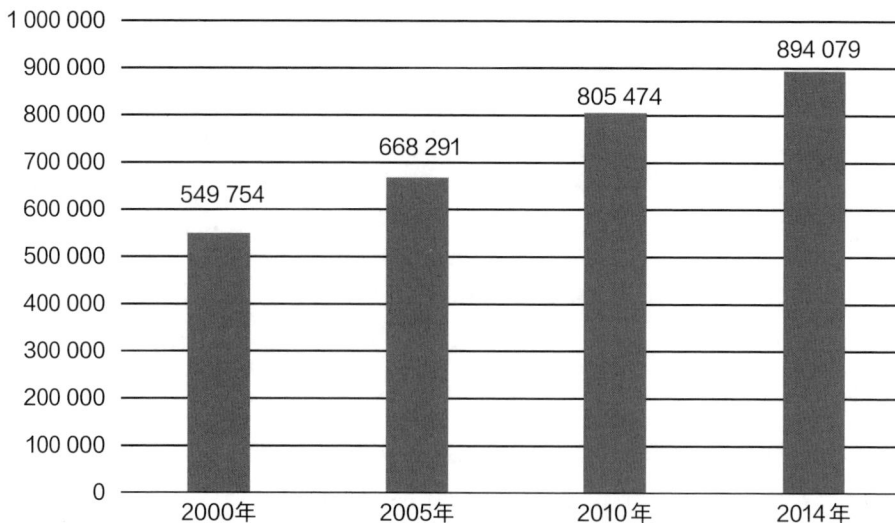

图 4.1 2000—2014 年马来西亚接受 ECCE 的儿童人数（单位：人）[1]

马来西亚的早期儿童照顾与教育主要是指在学前教育机构（马来西亚称为幼儿园）或儿童保育中心（马来西亚也称为托儿所）等前提下发展幼儿认知和非认知技能的努力。在马来西亚，建立托儿所的主要目的是提供一个有利的空间和环境，通过提供适合发展的学习经验，支持儿童 0—4 岁的成长。与此同时，幼儿园为 4—6 岁的儿童提供非正式教育项目，以培养儿童积极的入学准备态度，为进入小学水平的正式学校做好准备。

2．机构类型

马来西亚的早期儿童服务机构以儿童保育中心（0—4 岁）和学前教育机构（5—6 岁）为主。

儿童保育中心，也被称为托儿所。在马来西亚，经立法批准的儿童保

---

[1] 根据联合国教科文组织统计研究所（UIS）的数据整理。

育中心的定义是，接收来自一个以上家庭的 4 名及以上 4 岁以下儿童、提供托儿服务的场所，并以此作为收取报酬的前提。所有儿童保育中心都必须在妇女、家庭及社会部的下属机构社会福利司登记。该机构负责批准和建立全国儿童保育中心，是儿童保育项目的主要监管者和协调者，负责儿童保育中心的登记、检查和运行，并优先考虑与之相关的事项，以确保儿童的福祉、安全和整体发展。

马来西亚开展了包括常规家访和针对儿童的健康检查、免疫接种、营养状况、生长发育监测和评估，以及针对家长的健康教育在内的诸多项目，同时还通过儿童健康门诊的方式为有需要的家庭随时提供免疫接种、营养评估和健康教育方面的服务。2007 年修订的《儿童保育中心法》制定了幼儿保育中心的最低服务质量标准，由马来西亚社会保障部负责监督实施。[1]

马来西亚的儿童保育中心被社会福利司分为以下四类。

一是社区托儿中心。这类托儿中心是在社区倡议的基础上建立的，目的是为城乡低收入家庭提供优质、更容易获得和负担得起的服务。该中心接收 10 名或更多的儿童，并接受联邦或州政府的援助。

二是职场托儿中心。这类托儿中心是基于雇主对员工福利的倡议而建立，为 10 个或更多的儿童提供照顾。政府为职场托儿中心提供资金，用于场地翻新和装修。同时，为了激励私营部门在工作场所为员工提供托儿设施，政府实行 10 年 10% 的税收减免政策。

三是机构托儿中心。这类托儿中心是由私营部门和非政府组织发起的，为 10 个或 10 个以上的儿童提供照料。

四是家庭托儿中心。这类托儿中心在业主的住所运营，允许照顾 4—9 个孩子。只负责 4 个以下孩子的家庭托儿中心无须在社会福利司注册。

妇女、家庭及社会部一直在城市和农村地区设立社区儿童保育中心，

---

[1] 北京师范大学中国教育与社会发展研究院"一带一路"国家教育发展研究课题组."一带一路"国家教育发展研究 [M]. 北京：北京师范大学出版社，2017：44.

目的是为当地社区提供更容易获得和负担得起的优质儿童保育服务。这些中心采用妇女、家庭及社会部制定的课程，并以当地社区、家长、儿童、政府机构以及私人组织的积极参与为基础。

2006 年，马来西亚开始实施幼儿教育和护理项目，目标是根据当地社区的需要，向 5 岁以下儿童提供综合优质护理和早期教育服务。该方案采取以社区为基础的综合办法，提供儿童保育服务、外展方案、育儿课程、咨询和保健服务，以帮助当地社区发展健康的生活方式。设施包括社区资源中心和图书馆，其中一些还可以提供语言治疗师和营养师的服务。[1] 在马来西亚第六任总理夫人的支持下，幼儿教育和护理项目方案得到了迅速发展和扩大。

学前教育机构，也被称为幼儿园。马来西亚的幼儿园为 4—6 岁的儿童提供服务。《1996 年教育法》已经将学前教育作为国家学校系统的一部分。所有幼儿园的注册和课程设置都受该法的限制，必须遵循教育部颁布的课程指南。

在前述六类幼儿教育和保育机构的运营主体中，有三个部门主要参与提供公立学前教育服务，分别是教育部、乡村及区域发展部以及国家团结部，这些部委提供三种主要的学前教育机构，分别为 MOE 幼儿园、KEMAS 幼儿园和 PERPADUAN 幼儿园，由政府全额资助。

MOE 幼儿园设立的目的是增加郊区、农村和偏远地区低收入家庭接受学前教育的机会，每班人数 10—25 人，聘请在学前教育领域受过培训并合格的教师，设在由教育部出资修建的公立小学学校的附属建筑内。KEMAS 幼儿园主要为低收入家庭的儿童服务，每班人数 10—30 人。PERPADUAN 幼儿园是国家团结部下的民族团结与融合司专门在开展"友好邻里计划"的城市和地区建立的幼儿园，每班人数 20—35 人。后两者的课程在社区

---

[1] UNESCO. World data on education: Malaysia[R]. Geneva: UNESCO-IBE, 2010.

会堂（租用或免费使用）、私人房产、出租或由政府部门建造的商铺里进行。

（二）私营部门和非政府组织经营的学前教育机构

私营部门和非政府组织参与早期儿童的教育供给，成为近年来全球教育发展的一个明显趋势。为了实现马来西亚政府为所有人提供教育机会的愿景，马来西亚的许多私营部门也参与到学前教育服务的供给当中。

由私营部门建立的幼儿园一直被政府视为为孩子提供优质教育的替代选择。20 世纪 80 年代开始，马来西亚学前教育的环境发生了变化，私营部门和机构也开始为没有资格将子女送入政府公立幼儿园的父母提供学前教育机会。这些私立幼儿园接受 4—6 岁的儿童，并且也被要求使用《1996 年教育法》规定的学前教育课程。教学语言可以是马来语、华语、泰米尔语或英语。课程强调沟通技能、社交技能及其他技能，为儿童接受小学（正规）教育做好准备。经教育部批准，私立幼儿园可以提供额外的课程。收取的费用从每月 10 林吉特到 1 000 林吉特或更高不等。其中一些幼儿园还提供"进口模式"和商业化的儿童学习项目，这些项目价格昂贵，但能够给那些因为工作繁忙没有太多精力照顾幼儿的父母提供方便。马来西亚公立幼儿园与私立幼儿园的情况对比见表 4.1。

表 4.1 马来西亚公立幼儿园与私立幼儿园情况对比 [1]

项目	公立幼儿园	私立幼儿园
经营方式	政府运营，以福利为目的	非政府机构或个人运营，以营利为目的
教学和学习	以教师为中心	以儿童为中心
	深钻型的教学课堂	有利于学习的课堂
	有限的学习材料和设施	恰当的学习材料和设施
教师能力	本地培训	在本地和海外接受培训
	缺乏专业发展能力	善于与家长和儿童打交道
	缺乏幼儿教师资格	大多数都是高素质人才
师生比例	1：25	1：15
课程	强调社会和情感的发展	强调认知发展
	跟随政府的教育目标和目的调整课程目标和宗旨	根据儿童的潜力调整课程目标和宗旨
	教学语言为马来语	教学语言为马来语、英语、华语、泰米尔语等
	由政府组织和开设的标准课程	课程丰富，如《古兰经》朗诵、武术、芭蕾、戏剧、现代舞蹈和艺术等
运营时间	只有一种选择： 上午 8 点—中午 12 点	提供多种选择： 上午 7 点—中午 12 点 上午 7 点—下午 3 点 上午 7 点—下午 6 点
规章制度制定者	马来西亚政府	私立教育机构

[1] MUSTAFA L M, AZMAN M. Preschool education in Malaysia: emerging trends and implications for the future[J]. Scientific & academic publishing, 2013(6): 347-351.

尽管近年来学前教育的入学人数大大增加，但家长们仍然对公立幼儿园提供的服务质量持谨慎态度。原因在于，公立幼儿园的管理具有非专业化、非专门化的特点，其管理者不是专业人员，而是政府各部门的官员，他们在上任之前虽接受过各种训练，但只有小部分涉及幼儿教育；官员上任后，由于身兼数职，只能把有限的时间和精力放在幼教上。管理机构也不是专门机构，发展幼教事业只是政府各部众多任务中的一项。而私立幼儿园则一般由创办者本人直接管理，或由创办者组织成立教育委员会，指派专人管理。

与此同时，不断增长的经济压力也导致越来越多的双职工家庭或单一收入家庭的成员需要外出工作或者在正常的工作时间之外加班、购物或参加周末课程，从而促使一些家长寻找营业时间更长的学前教育机构，如私立幼儿园。

相对于公立幼儿园，私立幼儿园的物质条件更优越，设施更齐全，通常有专用的房屋、丰富的教学材料，但是其收费也比较高昂。因为这是私立幼儿园完善设施、改善办园条件的重要经济来源。而公立幼儿园的设施比较缺乏，缺少固定的场地房舍，一般设在社区娱乐室、清真寺或学校餐厅，教学材料严重不足。当然，公立幼儿园收费比较低廉。

总体而言，影响马来西亚家长选择公立还是私立学前教育机构的因素比较复杂，包括品牌、教学语言、口碑、课程、宗教信仰、费用、地点、交通、服务、教育管理质量、教师质量、安全保障、卫生、营养食品和基础建设等。

三、国家课程标准

课程标准是规定课程内容、目标、课程实施与评估的纲领性文件，不仅是支持儿童可持续发展的重要抓手，也是落实"保教一体化"的战略之举。经合组织《强势开端 V：幼小衔接》（2017 年）中也强调：制定规范的课程标准有利于实现儿童可持续发展与教师专业化成长，能够确保各地区在教育目标和具体实施层面的相对公平。[1]

2003 年，马来西亚教育部发布了国家学前教育课程，要求所有的学前教育机构，包括公立幼儿园和私立幼儿园都必须遵守。国家学前教育课程基于《国家教育哲学》的总体原则，旨在发展儿童的社会、智力、身体和精神技能，以及审美能力（创造力和欣赏力）。马来西亚对所有已经注册的幼儿园使用何种教学语言没有限制，但是要求马来语必须作为一门学科来教授。公立幼儿园至少需要 10 名 4—6 岁的儿童才能开课。私立幼儿园实施任何额外的课程都需要教育部的许可。[2] 此外，马来西亚《1996 年教育法》还规定，所有幼儿园每天至少开放 3 小时。

面向 ECCE 机构下的两类教育服务类型，马来西亚政府专门制定了不同的国家级课程标准。

（一）针对 0—4 岁儿童的国家课程（PERMATA）

PERMATA 国家课程旨在为 0—4 岁儿童的全面发展提供 ECCE 经验，根据"玩中学"的原则开发儿童的各种潜力。该课程也符合马来西亚的国家教育理念，强调五个关键方面，以确保为幼儿提供全面的计划，包括：主动互动沟通，思维和素养的刺激，让儿童自主学习，监控儿童的能力和潜力，在游戏中学习。

课程内容的制定是为了解决学习和发展的六个关键领域，包括：早期数学与逻辑思维的发展，感官的发展和对环境的理解，语言、交流和早期

---

[1] 资料来源于经合组织网站。

[2] UNESCO. World data on education: Malaysia[R]. Geneva: UNESCO-IBE, 2010.

读写能力的发展，创造力和美学的发展，身体发育，人格、社会情感和精神发展。

为了保证 PERMATA 课程执行的质量，教育工作者必须受过 ECCE 培训并合格。这些教育者需要具备一定的 ECCE 知识、培训和理解，并能使用适当的资源和基础设施，以满足儿童的发展需求，进行有意义的学习。

（二）针对 4—6 岁儿童的国家学前标准课程（NPSC）

早期马来西亚幼儿园设置的课程主要有四类。（1）生活课程。这种课程以幼儿的社会生活为基础，相当灵活，教师可以自由地选择教育内容和施教方法。（2）学习准备课程。这类课程强调为幼儿的未来学习作准备，重视向幼儿传授拼读、写作、数学、绘画手工、演讲等方面的知识和技能。（3）发展课程。这种课程以幼儿的发展为基础，注重寓教于乐，让幼儿在轻松愉快的气氛中生动活泼地学习，全面和谐地发展。它对教师的要求比较高，所以，只被一小部分具有丰富教学经验的教师采用。（4）学习课程。这类课程强调要在正规的形式、严肃的气氛下，让幼儿学习读、写、算，每天给幼儿布置家庭作业，每周、每月对幼儿进行考试、测查。

以上课程类型在教学内容、教学方法和教学语言上都存在一些弊端。为此，马来西亚教育部开始在全国建立统一的学前教育课程体系，确定统一的教育目标、内容和方法。

通过《1996 年教育法》，学前教育被纳入国家教育体系。法定的国家学前标准课程（NPSC）成为所有学前教育机构必须遵守的课程规范。制定NPSC 是为了规范公立和私立学前教育机构的课程、设施和教师培训，以满足《1996 年教育法》的要求。2002 年，该课程在全国 100 所学校进行了试点，以确定课程方案的充分性和可行性；2003 年推广到全国各地；2016 年又根据《2013—2025 年马来西亚教育蓝图》和当时的教育需求进行了修订。

在内容方面，NPSC 建立在六个支柱上，即沟通，科学和技术，精神、态度和价值观，人性，自我展示，身体和审美发展。这六个支柱是相互支持的领域，并与批判性、创造性和创新性思维相结合。其目标是培养知识渊博，具有良好道德价值观、实践批判性思维、创造性和创新性思维的人力资本；通过有趣、有创意和有意义的活动，在安全有益的学习环境中，全面培养儿童在身体、精神、社交和智力等领域的潜力；通过贯彻落实马来西亚的国家教育理念、培养完善的个体来推进社会和国家发展。

NPSC 以适合 4—6 岁儿童的课程为基础，符合这个阶段儿童的成长发展、兴趣和独特需要。课程是动态的，以儿童为中心，并适应每个班级的人口多样性构成。NPSC 的原则是：理解儿童的特点（活跃，好奇心强，需要被关爱、关注和安全感）；让儿童接触丰富而多变的环境；提供各种支持材料，例如实体的、印刷的、多感官的、可进行互动的和方便使用的材料。

马来西亚学前教育框架强调，幼儿园是为小学做准备的。因此，幼儿园课程内容编排须根据马来西亚教育局的规定，涵盖小学课程基本分科教学内容并融入马来语和英语的学习内容。课程内容还根据小学课程的模式编排，加入了认识字词、认读词语、朗读句子、理解阅读材料、手写硬笔字等内容。在学习过程中需要儿童能专注、能聆听、能理解、能口语表达、有礼貌等，从而使学前教育和义务教育顺利衔接起来。

根据授课语言，马来西亚幼儿园可分为四种，分别是英语、马来语、华文以及泰米尔文幼儿园。通常华人家庭会选择用英语或者华语授课的幼儿园。

NPSC 虽然被规定为国家学前标准课程，但在实施方面通常很灵活，在活动中各项内容可以发生互动。实际上，并非所有的马来西亚私立幼儿园都完全采用 NPSC，有些幼儿园通常是马来西亚本地和国际项目的特许经营商如英国、澳大利亚或加拿大以及当地机构发展的宗教项目。但是，任何教学模式，包含主题教学、方案教学、蒙台梭利、华德福，甚至世界流行的

STEAM 课程模式等，都需要在以政府规定课程内容为主的前提下，方能实施该园所特有的课程模式。此外，国际幼儿园经常鼓励孩子在同一机构接受小学教育。

此外，NPSC 提出了三种主要的学前教育方法：游戏学习法、主题学习法和综合学习法。推荐的教学时间为每天 3.5 个小时，每周 5 天。建议课程表如下：课堂活动 90 分钟（课内课外），小组活动 60 分钟，自由活动 30 分钟，休息和零食时间 30 分钟。

同时，马来西亚政府规定，所有以本民族语言为教学语言的幼儿园，如果班上有 5 名或 5 名以上穆斯林学生，每周必须至少有 2 小时的英语和 2 小时的伊斯兰教学；如果班上有 5 名或 5 名以上非穆斯林学生，则必须有 2 小时的道德教育。而非马来语的学前班则每周需要至少 2 小时的国语教学，非英语的学前班每周至少 2 小时的英语教学。幼儿园课程表可以参考 2017 年马来西亚丹绒士拔卫理幼儿园大班（6 岁）的上课时间表，见表 4.2。

表 4.2 2017 年马来西亚丹绒士拔卫理幼儿园大班课程表 [1]

时间	8:30 | 8:40	8:40 | 8:50	8:50 | 9:40	9:40 | 10:10	10:10 | 10:40	10:40 | 11:10	11:00 | 11:40	11:40 | 12:20	12:20 | 12:30
星期一			华语	圣经故事		马来语	马来语	音乐	
星期二			数学	英语 / 道德教育		英语	英语	剪纸 / 贴纸活动	
星期三	入园	早操	华语	涂鸦 / 上色	点心与上洗手间	马来语	马来语	科学	反思 / 放学准备
星期四			数学	故事		英语	英语	视频教学	
星期五			华语	游戏		马来语	马来语	户外活动	

---

[1] 张鸿昌. 马来西亚 4—6 岁华裔儿童汉语发展研究 [D]. 上海：华东师范大学，2020：158.

四、幼教师资

（一）教师队伍

马来西亚学前教育的教师数量由 1984 年的 15 571 人，增长到 1999 年的 21 000 人，2004 年的 28 000 人，再到 2021 年的 67 748 人，人数急速增长，30 多年间翻了约 4 倍。[1] 幼儿园教师的经济收入也在不断增加，私立幼儿园教师的收入比公立幼儿园教师更丰厚。

1. 生师比

高的生师比要求教师负责更多学生，必然导致学生平均获得的关注减少，低的生师比意味着小班化教学，教师更有可能对每个孩子给予更多关注和帮助，每个孩子都有更好的发展。世界生师比均值从 2000 年到 2013 年一直保持在 20—21。学前教师人数的增加使马来西亚平均每位教师所要教的幼儿数量也由 1999 年的 27 人，下降到 2004 年的 21 人，再到 2019 年的 14 人，师资水平取得了显著发展，学前教育的质量得到了切实的提高。[2]

2019 年，根据马来西亚教育部公布的各级学生及教师数据计算得知，马来西亚学前教育生师比为 13.98。其中私立教育机构的生师比为 12.46，教育部所属学前机构的生师比为 22.04，二者之间还存在较大差距（详见表 4.3）。

---

[1] 根据联合国教科文组织统计研究所（UIS）的数据整理。

[2] 根据联合国教科文组织统计研究所（UIS）的数据整理。

表 4.3 2019 年马来西亚学前教育机构生师比 [1]

学段	机构属性	学生人数	教师人数	生师比
学前教育	教育部	205 200	9 311	22.04
	私立	613 247	49 234	12.46

2．性别比

女教师在学前教育中的比例过高，是"一带一路"国家较为普遍的现象，马来西亚也不例外。马来西亚的学前教育师资以女性为主，男性为辅。据马来西亚教育部统计，1984 年，在政府创办的幼教机构中，有女教师 15 524 人，男教师 47 人，学前教育阶段女性教师的占比几乎是 100%。这一性别问题直到今天仍然没有得到妥善解决。2021 年，马来西亚学前教师总人数已大幅增长到 67 748 人，但其中女教师 64 789 人，占比 95.6%；男教师 2 959 人，占比只有 4.4%（见图 4.2）。

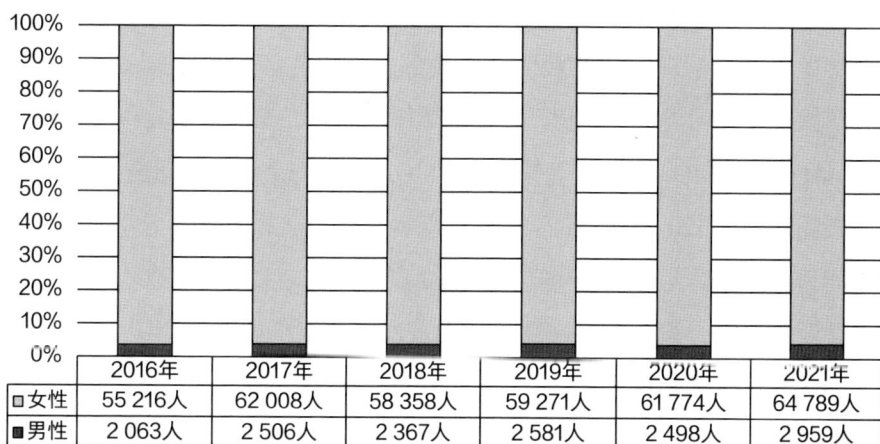

	2016年	2017年	2018年	2019年	2020年	2021年
□女性	55 216人	62 008人	58 358人	59 271人	61 774人	64 789人
■男性	2 063人	2 506人	2 367人	2 581人	2 498人	2 959人

图 4.2 2016—2021 年马来西亚学前教育教师性别统计 [2]

---

[1] 苏莹莹，翟崑. 马来西亚发展报告（2020）[M]. 北京：社会科学文献出版社，2020：201.

[2] 数据来源于联合国教科文组织统计研究所（UIS）。

（二）师资培训

在马来西亚，早期政府对幼儿园教师的资格并没有明确的规定。因此，幼儿园教师的学历多种多样，从初等教育到中等教育不等，教师中取得学士学位的人很少，总体师资水平和质量较低。

为了提高马来西亚学生的竞争力，马来西亚政府在 1992 年开始推行正式的学前教育课程，也规定负责学前教育的教职人员必须接受专业训练和拥有合格的专业证书才能教授学生。这些训练包括儿童心理学、教学方法及其他与照顾和发展儿童有关的课程。正式注册的幼儿园必须遵守政府的规定。

马来西亚的教师培训学院和大学都提供职前培训课程，以满足儿童保育中心和幼儿园日益增长的需求。大学提供两类职前教师培训课程：一年的教育学研究生文凭，以及四年的综合学士学位课程。同样，教师培训学院提供六个学期（三年）的教学课程文凭，以及为希望进入教育领域的大学毕业生提供一年（两个学期）的教学研究生文凭。

文凭课程包括理论和实践两个组成部分，学员必须亲身实践和在校实习，掌握符合实际需求的知识，才能成为学前教师。课程质量是由马来西亚资格认证机构（MQA）来监管保障的。MQA 要求一个课程包括至少 90 个学分的文凭课程和 120 个学分的学士学位课程。完成文凭课程的毕业生应具备以下能力：促进幼儿的发展和学习；建立家庭和社区关系；观察、记录和评估幼儿及其家庭；设计、实施和评估促进所有儿童积极发展和学习的方案；作为幼儿教育的从业者，在行为方式上保证自己的专业性。学前教育课程的制定由学前教育专家完成。课程内容包括一般的早期儿童教育理论和实践。课程先提交给董事会认证，然后在培训机构推广使用。

幼儿园教师的在职培训主要是由资助幼儿教育的一系列机构来进行的。培训的内容、时间尽管不同，但都以在职培训为主。公立幼儿园教师的在职培训由教育部提供，而保育人员的培训则由乡村及区域发展部和社会福利司提供。例如，土地发展局会为本局的幼儿园教师举办为期 6 个月的训练班；社区发展处会为本处的幼儿园教师举办为期 3 个月的短训班；全国幼教协会为各类幼儿园教师举办为期 3 年的长训班，等等。多种形式的培训机构并存使马来西亚 80% 以上的幼儿园教师都受到了一定程度的专业教育，学前师资队伍的水平得到了提高。

近年来，在教育部管理的 MOE 幼儿园中，所有教师都经过培训，并且至少拥有教学文凭（通常为三年制），他们中的许多人还有早期儿童教育的学士学位和硕士学位。KEMAS 幼儿园的教师需要接受为期 6 个月的培训，而 PERPADUAN 幼儿园教师则接受他们各自所属部门的为期三周的培训。自 2007 年以来，KEMAS 和 PERPADUAN 协调一致，与教育部教师培训司合作，为其教师提供课程，使其至少取得教学文凭。

第二节 学前教育的特点

马来西亚的学前教育发展除了呈现出民族国家文化多元、语言多样的包容性特征，也带有强烈的国际视野和本土化特色，以及在促进国家振兴和提高国民素质大背景下的功利价值取向。

马来西亚政府对学前教育的干预力度较大。政府扶持和重点支持落后地区的学前教育建设，尽力缩小城乡及地域差异，着力保障学前教育公平，为有特殊需要的儿童提供更多的教育资源，同时还给予学前教育经费在分配上的灵活性，提高了拨款的使用效率。马来西亚学前教育的具体特点如下。

一、重视学前教育立法，从法律层面为学前教育提供保障

通过政策的实施促进学前教育发展是政府及相关部门的重要职责，也是保障学前教育事业健康发展的关键所在。[1] 马来西亚政府采取立法的形式来保障学前教育的地位，通过颁布一系列的法律政策将学前教育纳入国家教育体系，以提高学前教育在国民教育中的地位。

20 世纪 80 年代以来，马来西亚政府通过各种政策和立法来帮助发展创设与监督管理学前教育。例如，意识到有必要制定儿童保育服务的最低标准和法规，马来西亚政府在 1984 年颁布了《儿童保育中心法》，要求所有以机构为基础的托儿所都必须进行注册，但少于 4 名儿童的家庭托儿中心可以除外。这一法令及其 2007 年修正案，为 4 岁以下托儿中心的运作规定了一套最低质量标准。

20 世纪 90 年代以来，马来西亚的学前教育发展经历过两次里程碑式的改革。两次改革都是建立在反思当时本国学前教育发展状况的基础之上，应对时代发展带来的人才需求变化而出台的国家层面的指导意见。

首先，马来西亚通过《1996 年教育法》加强了学前教育计划，它取代了《1961 年教育法》，使学前教育的结构和地位得到了进一步改善。《1996 年教育法》允许在公立学校正式设立幼儿园，学前教育正式成为国家教育体系的一部分。同时推出国家学前标准课程来确保学前教育课程的质量能够符合国际标准。

其次，2012 年 9 月教育部颁布了《2013—2025 年马来西亚教育蓝图》，规划了未来基础教育的整体发展，学前教育作为教育的启蒙阶段也在规划范围内。蓝图要求提高所有学前教育机构的质量，无论是公立还是私立，

---

[1] 洪秀敏，庞丽娟. 学前教育事业发展的制度保障与政府责任 [J]. 学前教育研究，2009（1）：3.

规定每个幼儿园教师必须有最低文凭资格。原本无法入学的低收入家庭将根据需要获得教育部提供的财政支持；所有幼儿园都将遵循一套国家质量标准，教育部或马来西亚幼儿保育和教育委员会也将定期检查，以确保它们能达到最低标准。蓝图还规定了义务教育的起始年限是 6 岁，但对 6 岁以下儿童不予强制入园。

马来西亚的教育蓝图从可获得性、质量、公平、团结、效率这五个方面设计和规划了学前教育至中学后教育的未来发展，使学前教育与基础教育在发展目标、评价标准、政策保障等方面保持一致。从学前教育可获得性来看，马来西亚教育部计划在教育蓝图实施的第二个阶段（2016—2020年）末，即 2020 年实现全面招生，使每个 5 岁以上的孩子都进入幼儿园，使学前适龄儿童的入学率达到 100%。

马来西亚早期儿童教育政策立法情况见表 4.4。

表 4.4 马来西亚早期儿童教育政策立法情况 [1]

年份	政策立法
1984	《儿童保育中心法》，对所有儿童保育中心制定了标准（2007 年修订）
1996	《1996 年教育法》（第 550 号法），将学前教育正式纳入国家教育体系
2003	教育部制定国家学前标准课程
2007	《儿童照顾中心（修正案）》正式启动
2013	《幼儿法》，提出大力发展早期儿童保育和教育服务

[1] 尹雅丽，赵昱迪，马早明. 多源流视域下东南亚国家早期儿童教育治理政策探析 [J]. 教育与教学研究，2022（11）：65-81.

二、从"有园上"到"上好园"，注重学前教育规模和质量的提高

全面普及学前教育已成为发展中国家的共同理念和实践目标。近年来，马来西亚学前教育发展迅速，特别是《1996 年教育法》和《2013—2025 年马来西亚教育蓝图》公布以后，学前教育"入园难"问题得到初步缓解，但与很多发展中国家相比，还存在着较为明显的差距，普惠性资源依然不足。因此，马来西亚政府将普及学前教育、提高学前儿童的入园率作为学前教育改革的基本方向。

入学率是衡量学前教育发展水平的重要指标，标志着教育相对规模和教育机会。为了提高学前教育的入学率。马来西亚教育部做出了各种努力。从 1995 年开始，马来西亚就朝着凡是登记进入小学一年级的新生都至少要接受一年的学前教育的目标迈进。马来西亚政府在 20 世纪 90 年代共拨出 1.4 亿林吉特发展学前教育，计划在 2000 年时，使 65% 的儿童接受学前教育。[1] 据马来西亚教育部统计，2000 年只有 64% 的适龄儿童（6 岁）有机会接受学前教育，其中 5.2% 就读于教育部开办的小学附属幼儿园，36.3% 就读于其他官方或半官方机构开办的幼儿园，其余 22.5% 则在私立幼儿园上学。2003—2007 年，教育部在全国各地新建了 7 700 所小学附属幼儿园，旨在到 2010 年超过 95% 的儿童可以接受学前教育，到 2020 年使学前适龄儿童的入学率达到 100%。[2]

2005—2015 年，马来西亚的学前教育毛入学率 10 年间增长了 35.2%。马来西亚教育部《2015 年全民教育国家审查报告：马来西亚（终期审查）》显示，2013 年马来西亚共有 54 295 所注册的学前教育机构。同一份报告还显示，在幼儿园（含公立和私立）就读的 5 岁和 6 岁儿童的百分比有所

---

[1] 李家禄，严琪玉. 马来西亚 [M]. 重庆：重庆出版社，2004：185.

[2] 蔡昌卓. 东盟基础教育 [M]. 桂林：广西师范大学出版社，2014：97.

增加（83%）。2016 年，有 200 684 名学生参与了学前课程。截至 2022 年
4 月，马来西亚有学前教育机构 25 042 所，其中教育部所属幼儿园 6 244
所，占 24.9%，其余 18 798 所属于其他官方、半官方或私立性质，占总数的
75.1%。[1] 除了各种政策和立法之外，这一增长也可归因于教育部大规模建
立幼儿园和延长免费政策的举措。

为了提高学前教育的入园率，马来西亚政府还不断加强政策引导力度，
鼓励家庭、社区机构和团体参与到早期儿童教育当中，注重拓展家庭外部
的儿童教育资源。私营部门也为政府的努力提供了有益补充，从而加强了
早期儿童教育的专业性和整体性。

同时，学前教育发展不仅体现在规模扩大和入园率提高上，更体现在
坚持科学发展、不断提高学前教育质量上。普及优质、公平的学前教育是
世界各国共同追求的目标，随着学前教育事业的不断发展，马来西亚学前
教育目标的关注点也开始发生变化，从保障所有适龄儿童平等接受学前教
育的机会到注重学前教育质量的提高。进入 21 世纪以来，马来西亚发挥政
府对学前教育的引导作用，在课程标准、教师准入、教育机会公平、生师
比等方面做了比较细致完善的规定。

三、强调学前教育机会公平，关注特殊幼儿的教育需要

学前教育有利于儿童的发展，特别是对那些家庭处境不利、学习资源
短缺的儿童来说价值更大。1990 年世界全民教育大会倡导"扩大幼儿的保
育和发展活动，尤其是贫困儿童、处境不利儿童和残疾儿童"。2000 年，联
合国教科文组织在《达喀尔行动纲领（2001—2015 年）》（2000 年）中也提

---

[1] 资料来源于马来西亚教育部官网。

出了 2015 年要实现全面扩大与加强幼儿保育和教育工作，尤其是对易受到伤害及处境最不利儿童的保育和教育工作的目标。

马来西亚不仅提出了普及学前教育的目标，国内学校还分别设有小学／学前特殊班，相比较而言，在东南亚 11 国范围内，马来西亚政府能更好地满足特殊儿童的教育需求，全面关注特殊儿童生理、心理以及教育上的特殊需求。

马来西亚政府针对弱势或处境不利儿童做出的努力包括以下方面。

针对经济困难家庭：为了使家庭经济状况较差的父母也能支付起孩子进入托幼机构的费用，马来西亚政府制定了一系列的支持方案。比如在马来西亚教育部管辖运营的学前班，为 6 岁甚至更大一点的儿童免费提供饭菜，使父母收入不太高（每月 1 000 林吉特以下）的孩子也可以接受学前教育。想让孩子去这样的学前班的父母虽然少，但给大多数低收入阶层的家庭提供了更多的选择。因为如果不能进入教育部的学前班，就要去 KEMAS 幼儿园或私立幼儿园。

针对特殊儿童家庭：从教育公平上来看，马来西亚 2008 年《残疾人法》规定残疾人不得因残疾而被排除在普通教育系统之外，马来西亚政府在教育蓝图中也提出倡议：为培训特殊教育教师和专家分配资源，更新主流学校的设施以及提高公众对有特殊教育需要学生教育的认识和参与；在所有地区（更多的郊区和农村地区）增加学前班的数量；将特殊儿童扩展到 100 个班级。

有特殊需要的儿童的学前教育由教育部以及妇女、家庭及社会部负责。前者负责实施特殊学校和特殊综合小学的方案；后者负责实施其他特殊方案。2000 年，现有的特殊学校开始了一项针对 4—6 岁儿童的早期干预计划。2003 年，教育部批准将 28 所特殊学校的早期干预项目转化为针对有特殊需要儿童的学前教育项目。在这 28 个学校的学前教育项目中，22 个面向有听觉障碍的儿童，5 个面向有视觉障碍的儿童，1 个面向有学习障碍的儿童。

妇女、家庭及社会部社会福利司还开发了为严重残疾儿童设计的方案，目的是根据国家福利政策和国家社会政策提高他们的生活质量。非政府组织也可以得到特殊补助，帮助运行针对 4 岁以下儿童的特殊项目。[1]

截至 2019 年 6 月，马来西亚共有 87 545 名特殊需求学生注册入学，其中幼儿园学生 1 324 人。[2]

四、学前教育强调民族包容性，语言教育偏重母语文化

马来西亚儿童的语言教育除了受家庭影响外，主要还是受益于幼儿园的多语言启蒙和教育。从幼儿园开始，孩子们已经开始多种语言的学习，各族儿童同处一个幼儿园中，在讲故事做游戏中，不知不觉地开启了他们对于多种语言的学习。

马来西亚教育部在 1998 年制定了一份学前教育指南，并于 1999 年 1 月 1 日开始执行。该指南规定，在以非马来语为教学媒介语的幼儿园，马来语的授课时间每周不得少于 2 小时，在以非英语为教学媒介语的幼儿园，英语的授课时间每周不得少于 2 小时。

马来西亚对学前教育的定位是初等教育阶段的准备阶段，学前教育阶段的课程既需要充分考虑到和初等教育的衔接，又需要起到统合国民、促进民族理解的作用。因此，在学前语言教育中，既强调早期英语教育的重要性，也把培养重点放在提高国家语言——马来语的交流能力上。马来西亚国家课程标准规定，国家教育体系内的所有课程需要以马来语为主。马来西亚学前教育目标中也明确要求，正确使用马来语进行日常的沟通和交流，在日常生活中把英语放在第二语言的地位，以及正确使用汉语和泰米

---

[1] UNESCO. World data on education: Malaysia[R]. Geneva: UNESCO-IBE, 2010.

[2] 苏莹莹，翟崑. 马来西亚发展报告（2020）[M]. 北京：社会科学文献出版社，2020：204.

尔语在学校中进行交流。

另外，非马来人对马来语以外的语言教育也很重视，比如华人大多会选择让自己的子女接受华语作为媒介语的学前课程与教育机构。马来西亚的学前教育标准课程框架在 2017 年的修订版中明确指出，华语是华人的母语，在马来西亚多民族的社会中有着重要的地位，儿童需在学前掌握一定程度的汉语，为在小学学习华语打好基础，因为华文小学的教学媒介语是华语。框架指定的课程内容旨在让儿童掌握语言的基本技能，即听、说、读、写，协助儿童积累新知识和新经验，同时使儿童能正确地使用华语来表达感受、分享生活经验，并有礼貌地与人沟通。针对华语学习，标准框架中列出了 9 项教学重点。[1]

（1）学前教育不教华语拼音、轻声、变调等语音知识，唯教师读音须标准。教师在进行听说教学时，需提醒学生沟通时注意说话的态度、措辞和内容，以及聆听者的身份。教师也应注意提高学生的倾听技巧，训练学生的口头表达能力。

（2）阅读教学重视培养学生的阅读兴趣和习惯。教师应提供充足的读物及营造良好的阅读环境。教室内所置放的读物须适合学生程度且有趣味。

（3）识字是阅读的基础，也是学前教育语文教学的一个重点，必须力求到位。教师应不厌其烦地指导学生辨识字形相似、读音相近或其他容易混淆的字，介绍实物或图形和文字的关系，如山、水、月。

（4）无须向学生介绍"独体字""合体字""象形字"等名词术语。

（5）识字容易写字难，识字教学应该多识字，少写字，不要求识写同步，以免影响识字的速度。识字教学须通过活动进行，避免枯燥单调。不能把写字当作识字教学的活动。学前班的教师可根据班级学生程度与主题选择或增减需认识的生字。

---

[1] 张鸿昌. 马来西亚 4—6 岁华裔儿童汉语发展研究 [D]. 上海：华东师范大学，2020：12.

（6）书写教学重视发展学生眼和手的机能及协调能力，在执笔和坐姿等方面养成良好的习惯，打好写字基础，并对写字产生兴趣。

（7）写字教学中要求学生会使用田字格练习写字，掌握基本笔画和偏旁部首的写法，笔顺正确，并初步具有间架结构的意识。

（8）写字贵精不贵多，不是每个教过的字都要写。每个字写3—5遍，每一次的书写时间不宜超过5分钟。书写时间过长学生精神不能集中，在执笔、坐姿、笔顺等方面都容易出错。出错了继续写下去就会养成不良的书写习惯。不要让学生写"笔画递增"的不完整的汉字。

（9）书写教学初步培养学生书面表达的能力，重视兴趣的培养。教学时应多鼓励、多称赞，让孩子喜欢表达、大胆表达，不必强调种种书写规矩，甚至允许学生用符号来代替文字。

第三节 学前教育的改革对策

马来西亚近年来在促进综合性的学前儿童保育与教育发展方面取得了巨大的进步，儿童的福利与受教育状况得到了明显改善，但仍然面临着诸如财政投入不足、整体质量偏低、缺乏师资队伍建设、民族地区发展不均衡等问题和挑战。

针对学前教育发展中出现的这些问题，同时为了普及优质的学前教育，尽量和国际学前教育接轨，马来西亚出台了相应的国家政策，在完善学前教育法律保障、增加社会福利保障、加强政府干预、增加财政投入和建设师资队伍这些方面展开了行动。以上措施的制定都希望学前教育能在政府的有效管理下朝着规范化、科学化的方向发展。

一、通过社会福利保障推动大众育儿观念的转变

在东南亚地区，尽管家庭结构及规模随着社会发展发生了改变，但家族主义及家庭取向仍是文化传统中十分重要的价值观，人们普遍看重家庭关系的维系，认为家庭尤其是母亲依旧承担着抚养及教育子女的重要责任，甚至持有幼儿保育与教育是家庭责任而不是政府责任的观点。虽然父母被认为是教育孩子的第一任教师和合作伙伴，但事实上许多家长并不具备基本的育儿知识。一些父母太忙于工作，几乎没有时间顾及孩子的教育。而且值得注意的是，并不是所有的托儿中心都能够为家长提供课程和项目的教育。研究发现，这类教育仅限于其课程中包含父母教育计划的城市幼儿园。此外，许多父母仍然认为儿童保育相当于监护。

然而随着劳动力市场变化，家庭单位逐渐难以满足不断增长和升级的幼儿保育需求。基于重视儿童发展的世界文化趋势以及对儿童教育重要性认识的提升，马来西亚近年来不断完善儿童福利事业，在全国范围内实施"早期儿童照顾与教育"项目，不仅加大了对儿童照顾的财政投入，而且加强了健康与教育的双重干预机制，重视儿童的健康、营养、保健以及生育假、陪产假等问题，有效地推动了大众育儿观念的转变。马来西亚目前已经初步建立起一套以早期儿童教育税收优惠为中心的福利系统，出台了儿童抚养福利制度和家庭教育税收优惠等制度。[1]

二、通过发展公立幼儿园逐步增加公共学前教育资源总量

根据联合国开发计划署出具的《1997年人类发展报告》，马来西亚贫困

---

[1] 尹雅丽，赵昱迪，马早明. 多源流视域下东南亚国家早期儿童教育治理政策探析 [J]. 教育与教学研究，2022（11）：65-81.

改善和扩充了公共幼儿教育的设施，在教育部兴办的幼儿园中已经实现免费的幼儿教育，并提供免费饭菜，有效地提高了儿童入园率。

三、完善政府职能责任，增加财政投入

幼儿教育的特性包括教育性和福利性，但不具有生产的性质。因此，外部支持尤其是政府持续稳定的投入是促进幼儿教育健康、稳定发展的重要保证。[1] 进入 21 世纪以来，马来西亚在学前教育公共财政投入方面实现了一定的增长，但学前教育投入占教育总投入的比例以及财政性学前教育经费占 GDP 的比例在发展中国家中一直偏低。2011 年，马来西亚财政性学前教育经费占 GDP 比例为 0.1%，学前教育投入占教育总投入的比例为 1.67%。[2]

联合国教科文组织指出，一个好的政府在提供学前教育服务方面应做到以下几条：有质量保证、家长能够负担得起、能满足当地群众需要、资金使用效益高、能促进社会公平。政府在制定学前教育政策、分配学前教育资源等方面应该发挥核心作用。

因此，马来西亚政府要切实解决"入园难""入园贵"的问题，最重要的是加大政府财政投入，将提供学前教育服务纳入政府的职能范围，缩小地域、城乡之间学前教育资源的差距，满足特殊儿童和弱势群体平等地接受学前教育的需要，从而解决学前教育发展不平衡的矛盾，实现学前教育全面普惠。

从马来西亚颁布的一系列政策可以看出，国家越来越重视加强学前教育投入的规范化管理。马来西亚政府在《2013—2025 年马来西亚教育蓝图》中提到要赋予各州和地区教育部门制定教育财政预算制度的权力，各州和

---

[1] 虞永平. 试论政府在幼儿教育发展中的作用 [J]. 学前教育研究，2007（1）：3.

[2] 数据来源于联合国教科文组织统计研究所（UIS）。

地区教育部门可以根据当地情况进行合理的财政分配。与东南亚其他国家相比，马来西亚的学前教育经费管理灵活性较大。

首先，在预算分配上，确保幼儿园基础设施能够达到标准要求，并为有特殊需要的幼儿增加教育资源方面的投入，重点扶持农村和弱势地区学前教育的基础设施建设和师资建设，尽量缩小城乡教育差距，并为贫困家庭的儿童给予特殊的帮助，从而提高学前教育的入学率，逐步实现全面普及目标和教育机会公平。

其次，政府不仅为教师在职培训提供了经费支持，为教师提供更多的学习机会，还优先给予表现最好和进步最大的学校在教育经费预算上的灵活性，实施校本管理，从而帮助提高学前教育质量，促进教育系统高效运行，最终实现效率的最大化。

最后，马来西亚各民族和地区在政治、经济、文化、教育等方面的发展水平差异较大，因此，政府在制定学前教育政策时，要充分考虑本国国情，使政府资金投入的重点向保育和弱势家庭倾斜，大力发展低成本的早期教育服务，使政策更加可行。在资金有限的情况下，将贫困家庭儿童和处境不利儿童作为首要考虑的目标群体，为他们提供各种优惠的学前保育和教育服务，确保他们的家庭能够负担得起学前教育的费用。例如，改善为贫困儿童提供保育和教育服务的幼儿园的办园条件，为处境不利儿童提供保育和教育津贴或相关优惠政策等。

四、加强学前教育师资队伍建设

合格、稳定的师资是学前教育发展的保障条件，但发展中国家的师资培养有很多问题，马来西亚也概莫能外，保证学前教育阶段的教师的数量和质量并非易事。虽然马来西亚在 20 世纪 90 年代以后大幅度提高了 3 岁以上儿童的入园率，使儿童的受教育状况和入学准备得到了明显改善，但由于在扩大学前教育规模的同时没有充分注意教育理念的培养、师资准入门槛和规范师资培训机制，导致学前教育的质量无法得到保证。缺少师资队伍建设成为制约马来西亚学前教育发展的一大阻碍。具体原因有以下几点。

第一，很长一段时间内，幼儿园被看作是简单照看儿童的场所，幼儿园工作被看作是"家务活"，因此很多学前教师没有经过专业的学习和培训。

第二，多数教师仍然使用传统的以教师为中心的方法。他们经常使用强制性的技巧、练习和记忆使儿童获得技能和知识，偏离了学前教育的价值立场。

第三，因为缺乏培训，学前教师缺乏对 ECCE 概念、原则和课程要求的深入理解，缺乏教学热情以及获取并应用知识的内驱力。

第四，同样是官方教育机构，机构运营方出台了各自的教师培养项目和在职教师进修活动，教师培养的内容、方法、时长各不相同，想要将它们统一标准并非一日之功。

在发展教育的过程中，马来西亚政府逐渐开始重视教师的培养和教师素质的提高，规范幼儿教师的准入资格，提高幼儿教师的入职门槛，不仅建立了教师资格证书制度，规定了各级学校教师的必备学历条件，还建立了免费的教师进修培训制度，为他们提供继续学习的机会，要求师资培训遵从国家人才培养的导向。

《2013—2025 年马来西亚教育蓝图》对幼儿教师队伍也做出了以下规划。首先，提高幼儿教师的准入资格，积极开展岗前培训和在职进修，注重幼儿教师专业发展。其次，提高幼儿教师的英语水平，对幼儿教师进行 STEM教育的相关培训，重视培养幼儿教师的专业素养。最后，拓展幼儿教师晋升途径，教师和学校管理者要分工合作，确保教师可以专注教学，不断提高业务能力。

总之，马来西亚是通过完善晋升制度、给幼儿教师提供更多的时间和空间专注教学来实现提高幼儿教师职业幸福感和加强幼儿教师的专业化发展的。

第五章 基础教育

作为一个新兴的工业化国家，马来西亚的基础教育体系是在 20 世纪中叶摆脱西方殖民统治以后，以促进民族国家的振兴和经济发展为目标逐步建立起来的。[1] 因此，改造殖民时代的教育体系、发展与国际接轨的基础教育成为马来西亚教育事业发展的重要主题。近几十年，马来西亚政府启动了一系列雄心勃勃的教育计划与改革措施，将基础教育作为国家发展的基石，通过借鉴与创新不断探索自己的道路，形成了鲜明的特色，值得深入研究与分析。

第一节 基础教育的发展和现状

本节将追溯马来西亚基础教育的发展历程，帮助读者了解马来西亚基础教育的历史背景、发展现状和政策走向，呈现马来西亚基础教育的真实样态。

---

[1] 庄兆生. 马来西亚基础教育 [M]. 广州：广东教育出版社，2004: 2.

一、基础教育的发展历程

（一）早期历史时期

历史上，在西方殖民者到来之前，马来半岛就已经存在初级教育，但是并没有正式的教育体系。当时的教育处于非常落后的状态，旨在培养儿童掌握生存所需的基本技能，例如男孩要会捕鱼和耕作，女孩要会烹饪和编织。19 世纪初，一些宗教学校开始出现，标志着马来传统教育发展至一个新的时期。此时的教育目标以向学生灌输宗教价值观为主，在宗教教师家庭、伊斯兰学校或清真寺进行《古兰经》课程的传授。马来儿童 6 岁就开始接受这种伊斯兰教育，背诵用阿拉伯文写成的《古兰经》，一直持续到长大成人。这一时期还出现了华人的私塾教育，教授中国古代传统文化知识。

（二）英国殖民时期

现代意义上的正规学校教育在英国殖民统治时期才开始出现。19 世纪初，英国殖民者根据马来亚多民族的文化特征实行"分而治之"的政策，形成了马来语、华语、泰米尔语和英语四类教育体系。1816 年，英国传教士创办槟城义学，标志着近代学校被引入马来半岛。[1] 19 世纪中期到 19 世纪末，英国殖民者在海峡殖民地和马来联邦（霹雳、雪兰莪、彭亨和森美兰）为马来人建立了一批非宗教性质的正规小学。这些学校使用马来语作为教学语言，开设 4—5 年的基础课程。起初学校教授阅读、拼写、写字、写作、算术、体育和自然科学等课程，后又增加了园艺、编织、缝纫、烹调等实用性课程。与此同时，殖民者还建立了师范学院，以弥补师资力量的不足。19 世

---

[1] 庄兆生. 马来西亚基础教育 [M]. 广州：广东教育出版社，2004：20-21.

纪 70 年代，英国殖民当局需要一批当地人担任殖民政府的文官和洋行的职员，于是马来各邦陆续开办了一批英语学校，使英语教育逐步在半岛推广开来。英方严格控制学生在英语学校就读的条件，只有华人富商家庭和马来贵族才承受得起昂贵的学费，英语教育实际上成为一种"贵族式"教育。

这一时期，其他以族裔为基础的学校也开始出现。英国殖民者对于移民族群在马来西亚建立自己的教育体系给予了一定的自由。华人学校分为六年制初等教育、三年制初级中等教育、三年制中等教育三个级别，主要开设中国古典文学、华语、历史、算术、绘画和军训等课程，教科书和教师也从中国引进。1957 年马来亚联合邦独立前，华校招收学生近 50 万人 [1]，成为独立前马来半岛最大的教育体系。与此同时，印度泰米尔教育体制也开始在马来半岛发展生根。大多数泰米尔文学校只有初等教育，照搬印度本土的教育模式，采用泰米尔语教学，教授阅读、写字、算术、自然科学、手工、常识和体育等课程。小学毕业后的印度学生大都回到自己的驻地，和父母一样继续做庄园工人。

二战前后，英国大学管理部门开始考虑在马来西亚的所有学校实施统一性课程，为此在 1952 年进行了两次立法改革，同时规定将英语和马来语作为教学语言，保留华语和泰米尔语作为第三教学语言。到 1955 年，马来亚联合邦取得部分自治，国家统一在即，自治政府更加认识到教育对实现国家统一和培育独立意识的重要作用，开始着手清理殖民地时期留下的教育问题。1956 年，一个由时任教育部部长拉扎克领导的多民族教育委员会成立，以研究统一马来西亚教育系统的方法。《拉扎克报告》（1956 年）提出建立以马来语为教学语言的国家教育体系。报告还建议，国民小学（马来小学）应使用国语作为教学语言，国民型小学（民族小学）应使用华语、泰米尔语或英语作为主要教学语言，所有学校应使用相同的国家

---

[1] 骆永昆，马冰燕，张学刚. 马来西亚 [M]. 北京：社会科学文献出版社，2017：277.

课程，在小学一级实行单一化的公开考试。小学的正常年龄范围设定为 6—13 岁，每年自动升级。这些建议大多被马来亚联合邦立法议会采纳，成为《1957 年教育条例》的部分条款。

（三）马来西亚独立后至 20 世纪 90 年代末

自 1957 年独立以来，为适应国家、社会、经济发展的需求，历届政府都十分重视基础教育的普及和发展。政府设立了教育部，负责推进教育事业的发展。马来西亚开始真正从国家而不是民族的视角来看待教育问题，逐步确立了马来语作为主要教学语言的地位，并基本普及小学 6 年、初中 3 年的基础教育。委员会还于 1960 年对《拉扎克报告》中的建议进行了审查，建议在小学阶段实行免费教育，加速天才学生的课程进度，废除马来亚中学入学考试，并引入标准五级评估考试。1960 年的《达立报告书》进一步对教育目标进行了补充和修正，规定在全国范围内实行 9 年免费教育，一至三年级自动升学，实行小学评估考试，扩大职业和技术教育，改变教学媒介语，将道德教育列为必修课程。报告还建议在所有中学的公共考试中使用马来语作为考试语言（英语和其他语言科目除外），最终于 1976 年所有中学完成了以马来语作为教学语言的过渡。

尽管马来西亚政府通过制定小学 6 年免费义务教育的政策提高了小学教育的普及程度，但中学的入学率仍然较低。针对这一状况，1973 年的《穆拉德报告》提出了一些解决措施，如在中学提供住宿设施，为学童提供交通补助，为贫困学生设立奖学金，在农村和偏远地区建立更多中学等。

从 20 世纪 80 年代开始，马来西亚基础教育改革开始进入内涵式发展阶段，大量借鉴发达国家先进的教育思想，将其融入本国教育实践当中，首先是中小学课程改革。1979 年内阁委员会提交教育报告，建议改革小学课程。报告认为小学课程内容过重，现行课程体系难以发挥教育的有效作用，会导致儿童个体发展不均衡。因此，委员会建议，政府应更加重视学生识字、技能以及道德和价值观的发展。委员会的这项建议促成了 1983 年新小学课程（后来被称为综合小学课程或一体化小学课程）的制定和实施。随着这一新课程的实施，标准五级评估考试于 1987 年被废除，取而代之的是小学六年级的小学评估考试（UPSR）。1988 年，一体化初中课程开始实施。这次课程改革对中小学课程结构和教学内容做了较大幅度的修改，建立了具有马来西亚特色的基础教育课程体系。

20 世纪 90 年代，马来西亚进入经济飞速发展时期，开始从基础教育着手进行知识经济与人才培养目标的转型。根据 1991 年在泰国举行的世界全民教育会议的决议，马来西亚于 1992 年开始将基础教育的时间延长至 9 年，增加了 3 年的初中教育。1999 年，随着初中评估考试（PMR/PT3）的引入，学生只要通过任意科目就可以升入中四，从而使几乎所有学生都可以完成中五教育，并参加马来西亚教育证书考试。这项政策的实施实际上将基础教育的时间进一步延长至 11 年。90 年代末，教育部还实行了开放证书政策，让中四学生自主选择适合他们的智力、能力、天赋和兴趣的课程。这一政策使中学教育更加灵活，减少了僵化，让学生有更多的机会报考更多的科目。

（四）2000 年至今

随着千禧年的到来，马来西亚政府认识到，人才培养需要跟上信息化时代技术进步的脚步，需要培养一支有先进知识和技术能力的劳动者队伍以应对全球化发展带来的变化，因此对基础教育的规划也开始强调要对国家经济、社会发展产生作用。在这个探索的过程当中，马来西亚的基础教育政策制定也经历了不少波折。

2001 年，马来西亚政府首先在中等教育层面进行了改革，修订了中学综合课程以应对新千年挑战。改革强调发展高阶思维，包括批判性思维和创造性思维，目的不仅要培养具有理性、知识和能力的个体，而且还要提升他们的批判性思维和创造性思维。为此，中学的所有科目都进行了相应的修订和调整，以适应新的人才培养目标。

2003年，政府做出了一项大胆的决定，将所有国立小学和国立中学的科学和数学教学语言改为英语，即实现数学与科学的英语教学。因为政府认为，在全球化的大背景下，中小学学生学好数学和科学知识的前提是学好英语，如此才能够运用互联网搜索信息、阅读英文文献并获取更多的国际化资源。这项课程改革从2003年的小学一年级开始逐步实施，2008年完成了6年的小学教育全周期执行。然而效果并不理想，除了遭到来自社会各方的质疑，学生和教师也颇有怨言，认为该方案的仓促执行不仅增加了额外负担，还导致了地区与阶层之间的教育不公平现象。于是2008年，教育部将科学和数学的教学语言从英语改回马来语，并在2010年出台维护马来语优势地位的新课程方案以应对这一政策逆转。

2010年，基于马来西亚在PISA和TIMSS等国际评估考试中的糟糕表现，马来西亚教育部痛定思痛，推出了统一的小学标准课程（KSSR）。这一新课程的目标是为学生提供相关知识、技能和价值观，以应对21世纪的挑战。从2011年开始逐步实施，到2016年所有小学都采用了新课程。

根据小学学业评估的实施情况，从2011年开始，教育部在中学一级也引入了以学校为基础的评估。改革后的考试被称为中三评估（PT3），取代了先前的初中评估考试。中三评估于2014年开始进行，学校根据教育部考试委员会提供的标准化评分指南进行打分，每个学生都会收到包括学业报告、心理测试报告、体育成绩报告和联合课程报告在内的综合性校本评估结果。

近年来，马来西亚基础教育最引人关注的改革，就是《2013—2025年马来西亚教育蓝图》的颁布和实施。该蓝图于2012年9月由马来西亚教育部正式颁布，2013年1月起在全国范围内正式实施。蓝图从各个方面对马来西亚未来的教育发展方向、教育理念、教育目标、教育措施、教育成就提出了设想和规划。按照"三步走"的计划时间表，基础教育的发展规划如下。[1]

第一阶段（2013—2015 年）：所有学生在完成小学 3 年学习时马来语和数学成绩达到标准，英语能力达到基本的读写目标；小学入学率达到 98%，中学第一阶段入学率达到 90%，中学第二阶段入学率达到 85%；城市和乡村教育差距减少 25%。

第二阶段（2016—2020 年）：在国际评估（TIMSS 和 PISA）中达到平均水平；学龄前至初中入学率实现 100%，高中入学率达到 90%；城市和乡村教育差距减少 50%，不同社会经济地位与性别间教育水平差距减少 25%。

第三阶段（2021—2025 年）：在国际评估（TIMSS 和 PISA）中排名进入前三分之一；继续保持高入学率；继续缩小城乡教育差距，不同社会经济地位与性别间教育水平差距减少 50%。

《2013—2025 年马来西亚教育蓝图》从国家战略层面对马来西亚的教育发展委以重任，其规划的教育系统转型突出体现了人才培养的国际视野和全球竞争的时代特征。蓝图作为培养未来人才的指导性文件，必将引发马来西亚基础教育课程、教材、教法等教育诸元素的深刻变革。[2]

二、基础教育的发展现状

（一）教育理念与教育目标

马来西亚的教育体系为国民的终身学习提供支持，覆盖从早期儿童保

---

[1] 杨正刚，洪明. 马来西亚基础教育改革新政——《2013—2025 年教育蓝图》实施背景、内容与特点 [J]. 比较教育研究，2018（1）：37-44.

[2] 杨正刚，洪明. 马来西亚基础教育改革新政——《2013—2025 年教育蓝图》实施背景、内容与特点 [J]. 比较教育研究，2018（1）：37-44.

育和教育一直到高等教育在内的所有学段。自独立以来，马来西亚在提供
优质基础教育方面取得了巨大进展，小学和中学的入学总人数从 1985 年的
约 350 万人发展到 2005 年的 530 多万人再到 2021 年的超过 561 万人，显示
出各届政府对教育覆盖率的政治承诺具有一致性和持久性。[1]

马来西亚基础教育的发展方针是"马来西亚的每个儿童都应享有平等
的受教育机会"，政府以包括《国民教育计划》《2001—2010 年教育发展总
体规划》《2013—2025 年马来西亚教育蓝图》在内的一系列政策作为指导，
确保所有儿童不论性别、民族、社会经济背景、地理位置和能力，都能获
得并完成基础教育。

小学教育的内容包括智力、精神、情感和身体方面，旨在确保儿童的
潜能得到全面、均衡、综合的发展，以培养具有崇高道德标准和平衡协调
发展的人。小学教育通过一体化课程的实施使学生具备以下能力：[2]

（1）掌握马来语；掌握基本的语言技能（听、说、读、写）。（2）掌握
算术技能并能够在日常生活中运用。（3）掌握学习技能。（4）将英语作为第
二语言，能进行说、读、写和理解。（5）能够寻求和获取知识。（6）培养
领导才能和自信心。（7）对人和环境形成敏感意识。（8）掌握科学和技术
技能。（9）对慈善事业感兴趣，欣赏并参与符合民族文化的文化和娱乐活动。
（10）关心个人身体和健康状况。（11）掌握阅读、背诵和理解《古兰经》所
选经文的技能（穆斯林学生）；加强对真主的信仰基础，虔诚地履行对真主
的敬拜仪式。（12）具备爱国精神。（13）培养才能和创造力。（14）举止得
体，践行高尚的价值观。

中学教育的目标是围绕智力、精神、情感和身体各方面，进一步全面、
均衡、综合地发展个人潜能，以培养具有高道德标准和平衡协调发展的人。

---

[1] 数据来源于联合国教科文组织统计研究所（UIS）。

[2] UNESCO. World data on education: Malaysia[R]. Geneva: UNESCO-IBE, 2010.

为此，中学教育应使学生具备以下能力：[1]

（1）提高语言的熟练程度以便于有效地交流。（2）提高使用马来语作为官方语言和国家语言的能力，以获取知识和实现民族团结。（3）获取知识、掌握技能，并在日常生活中加以应用；培养能够应对新知识领域和技术发展的技能。（4）发展能够改善自我和改善社会的能力和才干。（5）培养能够面对生活挑战的信心和韧性；培养良好的举止和道德价值观；加强基本的信仰意识。（6）了解、认识并欣赏国家的历史和社会文化。（7）意识到健康的重要性并保持健康。（8）对环境有敏感意识，能够关心和欣赏其美学价值。（9）能够获得、赞同及实践被普遍认可的道德价值观。（10）热爱知识并努力提高知识水平。

从以上教育目标可以看出，马来西亚的小学教育和中学教育遵循同样的教育指导思想，具有相当程度的一致性和连贯性，小学生的基本知识、技能和道德价值观会在中学得到进一步发展和加强，以确保个人的全面有效发展。

（二）教育体制

1. 学制与考试制度

马来西亚曾是英国殖民地，其学校教育体系的形成在很大程度上受英国影响。根据《1996年教育法》，马来西亚学校教育体系由学前教育、小学教育、中学教育、中学延修班（或大学先修班）及高等教育组成，见图5.1。

其中基础教育体系包括：（1）6—11岁，小学教育，一至六年级；（2）12—14岁，初中教育，中一至中三（相当于七至九年级）；（3）15—16

---

[1] UNESCO. World data on education: Malaysia[R]. Geneva: UNESCO-IBE, 2010.

岁，高中教育，中四至中五（相当于十年级和十一年级），包括普通中学教育、技术／职业中学教育和宗教中学教育；（4）17—18岁，中学后教育或大学预科（中六）；

年龄	年级	学校教育体系		
26				
25				
24	6			
23	5		（硕士）	
22	4			
21	3	大学（学士） 预科课程		
20	2			
19	1			工艺学院／ 专门学校等
18	U6	大学预科（中六）	预科课程	
17	L6			
16	5	普通高中	技术学校	职业学校
15	4			
14	3	初中		
13	2			
12	1			
11	6	国民学校	国民型华文学校	国民型泰米尔文学校
10	5			
9	4			
8	3			
7	2			
6	1			
5		幼儿园		
4				
3		保育中心（托儿所）等		
2				
1				
0				

图5.1 马来西亚学校教育体系

马来西亚实行11年制义务教育，其中小学6年为强制义务教育，正式入学年龄为6岁。2003年生效的《2002年教育（义务教育）条例》对《1996

年教育法》（第 550 号法）进行了修订，使小学教育成为义务教育，并于 2012 采取了免费教育政策。马来西亚义务教育的强制性非常严格，如果家长不遵守该规定，将处以不超过 5 000 林吉特的罚款或不超过 6 个月的监禁，或者两者并罚。由于这一政策，小学毕业率现已接近 100%。

由于小学教育实行自动升级，所以几乎没有留级生，也很少有超龄儿童。在完成小学教育后，学生继续接受三年的初中教育（相当于七、八、九年级），然后是两年的高中教育（相当于十年级和十一年级）即可得到学历证书。一部分毕业生升入各类专业技术学校，另一部分学生则可以升入普通高中获得高中文凭，也可以通过一年到两年的预科课程（大学先修班）为进入大学做准备。

马来西亚重视考试制度，小学、初中、高中、大学先修班均设有全国统考，以统考制度来评定学生的能力及进行深造的资格。各级教育结束时会举行公开考试，对学生进行评估：

（1）六年级结束时：小学评估考试。（2）中三结束时：初中评估考试。（3）中五结束时，马来西亚教育证书考试（SPM），相当于 GCE O-level。（4）中六结束时：马来西亚高等学校文凭考试（STPM），相当于 GCE A-Level，或马来西亚宗教教育高级证书（STAM）考试。

在小学结束时，学生将参加小学成绩测试。这是一种评估性测试，不论考试表现如何，所有学生都会升入初中。教育部于 2021 年 4 月废除了原先的小学评估考试，以校本评估（PBS）取而代之。

马来西亚过去的初中评估考试是一种总结性的全国性考试，后来被新的中三评估所取代。统一性考试涉及四个关键科目：马来语、英语、数学和科学，除此之外的其他科目评估则以学校为基准。中三考试形式和内容的转变，是为了减少对统一性国家考试的依赖，而更多地基于学校的自主性考试的一种尝试。学生在考试中的表现将决定他们升入高中的学业分流，即是理科、文科、技术还是职业。高中阶段的入学选拔和学术分流最终由教育部统一决定。2022 年 6 月，因疫情原因已被暂停两年的 PT3 考试也被教育部正式废除。此后，中三学生将通过校本评估、课外活动评估和心理评估等方式升学。

高中教育结束时，学生将通过强制性的马来西亚教育证书考试进行评估，选择职业课程的学生则可以参加马来西亚职业教育证书考试（SPMV）。

中学后教育结束时，有多种考试方案可供学生选择。接受学校中六课程的学生可以参加马来西亚考试委员会举办的马来西亚高等学校文凭考试。

除了马来西亚高等学校证书考试课程外，还有由当地大学组织的大学预科课程，通过为期一年的学术基础教育为学生进入公立大学做好准备。此外还有一些私营部门为国外大学入学提供的预科课程，包括澳大利亚大学预科课程、加拿大大学预科课程、国际文凭课程和美国学位课程等。

2．学校类型及规模

《1996 年教育法》规定，马来西亚教育机构主要分为三种类型：政府学校、政府资助学校和私立学校。其中政府学校是指由教育部设立并负责其所有经费的学校，政府资助学校是指得到全部资助拨款（行政拨款）及固定资本拨款（发展拨款）的学校或教育机构。政府学校和政府资助学校同属官方教育，采用共同的教学大纲和教材。[1]

与马来西亚学前教育以私立为主的情况不同，基础教育则以教育部所属的公立教育为主，私立中小学仅占极小部分。截至 2021 年，全国共有公立小学 7 781 所，入学总人数为 2 751 508 人；公立中学 2 442 所，入学总人数为 2 037 028 人（见表 5.1）；此外还有私立小学 137 所，私立中学 184 所，私立小学招收了 22 658 名男生和 19 033 名女生，私立中学共有 49 463 名男

---

[1] 苏莹莹，翟崑. 马来西亚发展报告（2020）[M]. 北京：社会科学文献出版社，2020：198-200.

生和 45 520 名女生。[1]

表 5.1　2021 年马来西亚公立学校学生入学情况

学校		学生入学情况		
类型	数量（所）	男性（人）	女性（人）	总数（人）
小学	7 781	1 411 928	1 339 580	2 751 508
中学	2 442	1 020 598	1 016 430	2 037 028

随着私立学校和国际学校数量的迅速增长，马来西亚学校教育系统也面临着结构转型的难题。截至 2020 年，小升初的比例约为 98%，但只有 88% 的学生注册了公立中学，说明不少学生选择了私立学校和国际学校，这反映了马来西亚教育环境的多样性和灵活性以及基础教育的国际化趋势。[2]

马来西亚是一个多宗教并存的国家，同时也是一个多元民族国家，国内大小民族众多，主要由马来族、华族和印度族三大主体民族组成，因此多种学校并存是马来西亚教育体制的一大特色。以小学为例，教育部下属小学包括以马来语为教学媒介语的国民小学，以华语为教学媒介语、马来语和英语为必修科目的国民型华文小学，以泰米尔语为教学媒介语、马来语和英语为必修科目的国民型泰米尔文小学。此外，特殊教育学校、政府资助的宗教学校以及为解决原住民的教育问题而建立的小学和初中寄宿学校（Special Model K-9）也为教育部所属学校。除这些学校外还存在部分私立学校，包括民办宗教学校及州立宗教学校，这些学校不纳入教育部拨款范围。[3] 2022 年教育部下属小学类型及构成比例见图 5.2。

---

[1] 资料来源于马来西亚教育部官网。

[2] ADAMS D. Education in Malaysia: developments, reforms and prospects[M]. New York: Routledge, 2023: 7.

[3] 苏莹莹，翟崑. 马来西亚发展报告（2020）[M]. 北京：社会科学文献出版社，2020：198-200.

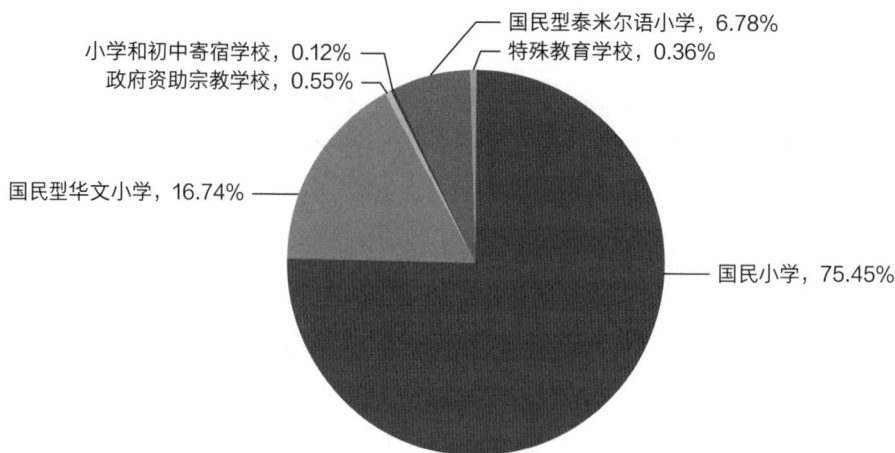

图 5.2 2022 年马来西亚教育部下属小学类型及其比例 [1]

　　在这种特殊的多民族文化背景下，马来西亚的学校类型构成较为复杂。以中学为例，2022 年，马来西亚共有中学 4 441 所，其中教育部所属中学 2 449 所，占总数的 55%；普通中学 1 986 所，占比最大，为 81.09%，剩余 463 所中学包括政府资助宗教学校 186 所，普通宗教学校 61 所，职业中学 88 所，全寄宿制中学 70 所，大学先修班 23 个，寄宿学校 10 所，工艺学校 9 所，特殊教育学校 6 所，体育学校 5 所，艺术学校 4 所，爱心辅导学校 [2] 1 所；非教育部所属中学共 1 992 所，占 45%，其中私立中学 184 所，其他政府机构下属机构的中学数量 519 所，私立中小学并存类型学校 210 所，其他政府机构下属中小学并存类型学校 1 079 所，但统计时归为中学。[3] 其中私立中学类型较多，包括华文独中、普通中学、商业学校、技术学校和国际学校，均由私人创办和经营，财政上需要依靠学生的学杂费和社会团体及个人的捐助。政府规定私立中学必须在教育部注册。

---

[1] 资料来源于马来西亚教育部官网。

[2] 爱心辅导学校由马来西亚教育部于 2013 年在吉隆坡设立，其招收对象主要为居无定所的街头流浪儿童、无身份证明文件的儿童以及孤儿院的孤儿。

[3] 资料来源于马来西亚教育部官网。

华文独中学制三年，以华语和英语为媒介语，不享受政府津贴，由马来西亚董教总按照教育部的法令全权管理。在上述 184 所私立中学中，华文独中共计 60 所。独中的课程有马来语、英语、物理、文史、数学、商科、计算机、化学、音乐、美术、体育等。一些独中也开设技能课，如机械、电子、汽修等。华文独中的文凭并没有得到政府的承认，因此大部分独中都开设初中评估考试和马来西亚教育文凭考试的补习班，辅导学生参加这两项政府规定的考试。私立中学的学生只有在拿到政府承认的高中文凭后，才可以参加高中后的课程。自 1975 年开始，每年都会举办全国独中统一考试，该项统考虽还未获得马来西亚政府承认，却已得到中国、美国、英国、澳大利亚、新西兰、加拿大和日本等国家和地区的 400 多所大学的承认。独中学生可以凭统考成绩进入以上国家和地区的一些大学学习深造，开辟了一条独中学生海外升学之路。[1]

3．入学率

马来西亚基础教育的高参与率是政府引以为豪的一项成就。马来西亚实行小学 6 年强制义务教育，所以小学入学率较高，2018 年达到 97.88%，而中学入学率则随着年级的上升呈递减趋势，2018 年初中入学率为 95.25%，高中入学率为 86.46%，中学延修班入学率为 17.78%（见表 5.2）。这也正是马来西亚教育部修改《1996 年教育法》所规定的 6 年强制义务教育而延长至 11 年的重要原因。[2]

---

[1] 李家禄，严琪玉．马来西亚 [M]．重庆：重庆出版社，2004：190.

[2] 苏莹莹，翟崑．马来西亚发展报告（2020）[M]．北京：社会科学文献出版社，2020：198-200.

表 5.2 2018 年马来西亚各级学校入学率 [1]

学校类型	学生数（人）	适龄人数（人）	入学率（%）
小学	2 835 088	2 896 400	97.88
初中	1 354 572	1 422 071	95.25
高中	853 804	987 562	86.46
中学延修班	186 948	1 051 267	17.78

马来西亚统计局发布的数据显示，近五年马来西亚高中阶段的入学率仍在持续增长，2021 年的入学率较 2020 年又增加了 1.11%，达到 88.68%。高中教育的入学率（不包括中六）已从 1980 年的 45% 上升到 2021 年的超过 88%，[2] 为越来越多的学生接受中学后教育和高等教育奠定了坚实的基础。这一教育成效是马来西亚教育部、其他政府机构、社区、私营部门、非政府组织等各方通力合作的结果。

（三）课程框架

马来西亚基础教育致力于培养学生运用所学知识、技能的能力，以应对 21 世纪的挑战。因此，国家课程的制定也遵循这一基本原则，在课程规划中采用综合的方法以培养学生的知识技能、创新性思维、民族团结意识以及健全的道德价值观，促进学生的全面发展。

---

[1] 资料来源于马来西亚教育部官网。

[2] 资料来源于马来西亚教育部官网。

1. 小学标准课程

20 世纪 80 年代以来，马来西亚小学课程不断演变（见表 5.3）。从 2008 年开始，马来西亚教育部就开始着手进行全国范围内的基础教育课程改革，在全国 50 所小学试行新的模块化专题课程和校本评估。这次课程改革的社会背景是执政者提出的"2020 年宏愿"，教育部希望能够加强学生的学习，使他们掌握思考、沟通、创新技能，具备一定的企业家精神和创造力等新素养，确保学校教育与当时及未来的社会需求相符合。为此，2010 年 10 月，教育部就 2011 年起在第一阶段（一至三年级）推行新的小学标准课程发出通告，要求到 2016 年这一新课程在全国范围内的所有小学实施。

表 5.3 20 世纪 80 年代至今马来西亚小学课程的演变 [1]

年份	马来西亚小学课程的演变
1983	小学新课程
1995	小学综合课程
2003	小学综合课程修订
2010	小学标准课程
2017	小学标准课程修订

新的小学标准课程以 20 世纪 90 年代末推行的小学综合课程为基础，围绕课程内容和形式设计了六个核心要点：沟通，学生的幸福，身体与审美，人文，科技素养，精神、价值观和态度。新课程框架规定了学生在特定时期、特定层次的学校所需要达到的内容标准和学习标准。其中内容标准涵盖知识、技能和价值观，阐明了学生在特定学年内需要了解和做到的事情。

---

[1] 资料来源于马来西亚华校教师会总会网站。

学习标准是为每一项内容标准所能衡量的教育成果制定的指标。该课程框架旨在培养有知识、有能力、品质优秀的学生，使其具备马来西亚公民所需要的技能和价值观，以便在 21 世纪的国家发展和经济建设中发挥有效作用。

新的小学标准课程自 2011 年起开始分阶段实施，将小学教育划分为两个层级：一级（一至三年级）和二级（四至六年级）。在第一级，重点是掌握基本的 3R 技能、基本的 ICT 技术、推理技能、社会情感，以及精神、身体和认知能力的发展。

课程部分分为三个主要模块：核心模块、主题模块和选修模块。

核心模块重点包括识字、算术和精神发展，包括马来语、英语、华语或泰米尔语（仅适用于国民型学校）、数学、伊斯兰教育（针对穆斯林学生）或道德教育（针对非穆斯林学生）、体育和卫生。

主题模块由三个主题组成，即"艺术与我""科技世界""马来西亚，我的国家"。

选修模块包含华语、泰米尔语、阿拉伯语、伊班语、卡达山杜顺语或塞迈语等语言科目，学校可根据学生的需求提供这些语言课程。

马来西亚小学一至三年级根据 2010 年新的小学标准课程制定的周课程时间表参见表 5.4.

表 5.4 马来西亚小学一至三年级根据 2010 年新的小学标准课程制定的
周课程时间表 [1]

模块	每周各科课程时间分配（单位：分钟）		
	国民小学	华文小学	泰米尔文小学
核心模块			

---

[1] 资料来源于马来西亚教育部官网。

续表

模块	每周各科课程时间分配（单位：分钟）		
	国民小学	华文小学	泰米尔文小学
马来语	360	300	300
英语	300	150	150
华语	—	360	—
泰米尔语	—	—	360
数学	180	180	180
伊斯兰教育或道德教育	60	60	60
体育	60	60	60
卫生	30	30	30
主题模块			
视觉艺术	60	60	60
音乐	30	30	30
科学与技术	60	60	60
选修模块			
其他语言	90	—	—
集会	30	30	30

在小学阶段的第二级，课程强调加强和应用 4R 技能，包括推理、基本的 ICT 技能、社会情感以及精神、身体和认知的发展，保留了马来语、英语、华语、泰米尔语、数学、科学、伊斯兰教育、道德教育、体育和健康教育等核心科目。

课程教学的这一变化也带来了考试评价方法的变化。除了传统的总结性评价外，学生还会定期接受校本评价与反馈，因为校本评价能促使教育系统培养出更加全面和更高质量的人才。作为国家教育转型计划的一部分，校本评价是针对学生认知、情感和精神领域的一项整体性评价，评价依据是学生的整体表现和课堂参与程度，包括测验、作业、论坛和问答环节在内。评价体系包括学业评估、心理测试评估、体育活动评估和课外活动评估。学生和学校无须等待最后的小学毕业考试结果就可以掌握自身的学业水平和教学质量。2021 年 4 月，教育部废除了标准化的全国性小学评估考试，只保留了校本评估。

2．中学课程标准

马来西亚的中学教育是小学教育的延伸。这一阶段的教育分为初中（中一至中三）和高中（中四至中五）两个部分。马来西亚的国民中学是单一形式的学校，只用马来语作为教学语言。国民小学的学生可以直接进入初中一年级，而国民型小学（华文小学和泰米尔文小学）的学生需要在过渡班学习一年，能够熟练使用马来语之后才能进入初中一年级。当然，在小学评估考试中表现优异的学生也可以直接升入初中一年级。[1]

过渡年级的课程专为国民型小学毕业生设置，这个为期一年的特别方案有四个主要目标：使学生熟练地掌握马来语技能，有充分的能力接受中学教育；使学生能够用马来语进行有效的交流；培养学生的公民精神；灌输马来西亚社会的价值观。为了实现以上目标，过渡班一般会开设标准马来语、英语、华语、马来语应用、体育、健康教育和艺术教育等课程。[2]

初中课程由核心科目和附加科目组成，核心科目为标准马来语、英语、数学、伊斯兰教育或道德教育、科学、地理、历史、生活技能、艺术教育、

---

[1] UNESCO. World data on education: Malaysia[R]. Geneva: UNESCO-IBE, 2010.

[2] UNESCO. World data on education: Malaysia[R]. Geneva: UNESCO-IBE, 2010.

体育与健康教育。附加科目中的华语和泰米尔语是专为华人和泰米尔学生设置的（见表5.5）。[1]

表5.5 马来西亚初中周课程时间表

核心科目	每周各科课程时间分配（单位：分钟）		
	一年级	二年级	三年级
标准马来语	240	240	240
英语	200	200	200
数学	200	200	200
伊斯兰教育或道德教育	160/120	160/120	160/120
科学	200	200	200
生活技能	160	160	160
地理	120	120	120
历史	120	120	120
体育	40	40	40
健康教育	40	40	40
美术 / 音乐	80	80	80
附加科目			
华语 / 泰米尔语	120	120	120
阿拉伯语	240	240	240

马来西亚高中教育为期两年，主要分为学术型和技术型学校两种，根据学生在初中考试中的表现实行分流。虽然这一学段的教育包括学术、技术和职业课程，但由于所有这些学校教授同样的核心课程，因此被视为普通教育。完成为期两年的高中教育，学术类和技术类学生将参加马来西亚

---

[1] 蔡昌卓. 东盟基础教育 [M]. 桂林：广西师范大学出版社，2014：106-107.

教育证书考试，而职业类学生将参加马来西亚职业教育证书考试。

绝大部分高中都是学术型。学术高中的学科设置包括核心科目、选修科目和附加科目三个部分。其中核心科目是强制性科目，包括马来语、英语、科学、数学、伊斯兰教育/道德教育以及历史。选修科目包括科学技术、应用艺术、伊斯兰研究、人文、职业研究、语言以及 ICT 技术等。中等教育阶段提供的科目总计有 100 多门，选修科目的选择要服从一些条件，以确保选修科目组合的平衡。此外，学生必须选择职业和技术组中的一个科目。[1] 在此阶段，除了继续进行普通教育教学计划，学生必须在人文、科学、职业技术、伊斯兰宗教几个门类中选择一个作为自己的方向，为下一阶段的教育做好充分准备。

对于选择非学术课程的学生来说，职业学校将是他们的理想选择。技术学校提供技术、职业和技能教育。为完成职业教育，学生前 3 年需要在初级职业教育阶段学习，并获得马来西亚技能证书（1—3 级）。为了获得高级资格（4 级和 5 级），学生需要过渡到高中。在中学一级，教育部有 90 所技术中学。这些学校提供三种类型的课程。一是技术课程，将中学课程与具体技术领域的培训结合起来，为学生接受中学后技术教育做准备，使学生能够进入理工学院、社区学院继续深造。二是职业课程，将中学教育与职业培训结合起来，为学生提供就业所需的基本技能，以便学生进入职场后能够适应工作环境和日后的培训。三是职业证书课程，为继续学习技能的马来西亚教育证书持有者提供特殊的非全日制课程。为促进与就业市场需求相关的优质职业教育和培训，政府鼓励私营机构参与职业教育项目。目前已有若干家公司协助教育部组织培训项目，以使职业知识和技能培训更接近就业市场的实际需求。

其他类型的中学教育还包括特殊教育和私立教育。特殊教育中学通常

[1] UNESCO. World .data on education: Malaysia[R]. Geneva: UNESCO-IBE, 2010.

以生活技能作为课程的主要内容。私立中学和国际学校则采用英语作为教学语言，提供更多类型的课程供学生选择，如英国高中课程、澳大利亚高中毕业文凭课程、国际普通中等教育证书课程、国际学士学位课程[1] 等。

3．中学后教育课程

马来西亚的中学后教育也属于中等教育范畴。高中毕业后，学生可以接受 1—2 年的中学后教育。他们有以下几种选择：一是继续深造，在本国上大学；二是到国外求学；三是通过本地学院读双联课程，考取国外大学文凭；四是走上就业的道路。

那些要在本国考大学的学生还需要再读一年的中学后课程，即大学预备班 / 预科课程。大学预备班分为文科、理科和工科三类。毕业后可参加高等学校文凭考试（STPM），也就是本国大学录取考试。大学预备班的必修课程有马来语、英语、数学、物理、化学、美术、科学、历史、地理、伊斯兰教育或道德教育。选修课程有华语、泰米尔语、生活技能、家庭生活教育等。[2]

（四）师资建设

由于马来西亚实行中央集权式的教育管理体制，使得基础教育的师资队伍建设带有明显的计划性。与许多发展中国家一样，马来西亚基础教育对师资的需求随着社会的迅猛发展而急剧增加。为适应这些快速多变的需求，马来西亚政府要求师资队伍建设与基础教育的发展保持高度的一致。

---

[1] 国际文凭组织（International Baccalaureate Organization）开设的课程项目可以分为三类：大学预科项目、中学项目、小学项目。马来西亚私立中学与国际学校一般提供的是 11—16 岁五年制的中学项目。

[2] 李家禄，严琪玉. 马来西亚 [M]. 重庆：重庆出版社，2004：191-192.

马来西亚的小学、初中教师由教育部设立的师范学校培养，学制为两年，或者由教师培训学院或机构为其培养的小学教师颁发学士学位。高中和中学后的学校教师通常由马来西亚公立大学设立的教育学院培养，提供教育学士学位或教育综合学士学位。马来西亚教育部一直在努力通过各项措施提高中小学教师的整体水平，向教师提供财政支持以帮助他们完成学历提升，包括提供学费和津贴，同时雇佣合同制教师以代替休学习假的教师。

另外，马来西亚还有三所教师培训学院负责对非大学毕业教师进行培训和传授文凭课程，以满足国家对中小学教师的要求。此外，师资培训局也和本地大学以及国外大学合作开设双联课程，以增加大学毕业教师的比例。在双联课程计划下，来自各中小学的受训教师可获得学士学位和硕士学位。这类培养计划不仅与教育部提升中小学教师学历水平的目标相一致，也为师资培训增加了国际化元素，是马来西亚顺应全球化发展趋势和教育对外开放而做出的选择。

从 2004 年开始，马来西亚教育部启动了一个项目，旨在通过在小学安排具有研究生学历的教师来提升小学教育的质量，同时鼓励小学教师通过本地或国外大学的远程教育和在职课程提升教学资质。除公立学校的师资培养与培训外，私营机构与民办教育也参与到师资建设当中。尽管马来西亚政府不允许民间机构培养中学师资，但马来西亚的民办教育体系也努力建立起校本课程的教师培训体系，以确保改善民办师资量与质的问题。[1]

此外，马来西亚政府通过招聘更多的教师，使中小学的生师比有了很大的改善。根据图 5.3 显示，公立小学的生师比从 2000 年的 19 降至 2019 年的 12，这比经合组织国家 2003 年记录的 16.5 的平均比例要好。同一时期，公立中学的生师比也有所改善，从 18 降至 11，也优于经合组织建议的中学教育生师比（13.6）。然而，马来西亚生师比的地区差异性很大，许多入学率高

---

[1] 蔡昌卓. 东盟基础教育 [M]. 桂林：广西师范大学出版社，2014：110.

的城市学校的生师比相较于全国平均水平高很多。为改善这一情况，马来西亚政府不断努力建设新学校并向师资不足的地区派遣更多的合格教师。

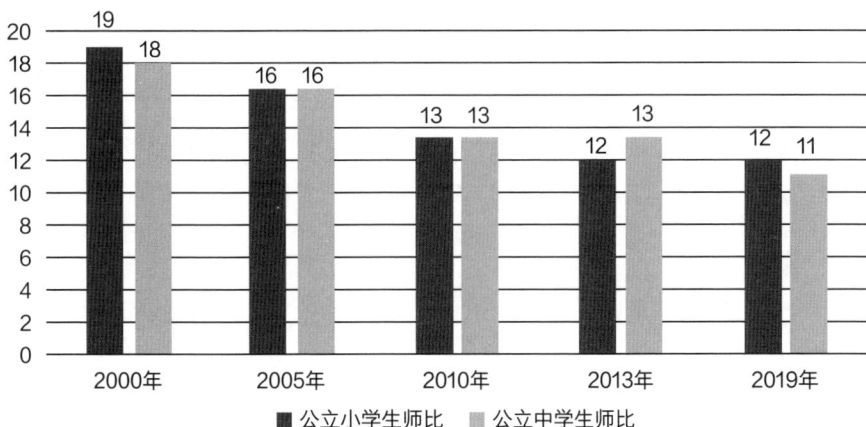

图 5.3 2000—2019 年马来西亚公立小学与公立中学的生师比变化

目前马来西亚基础教育的教师队伍基本能够满足教学需求。2020 年，马来西亚中小学教师人数为 41.58 万人，小学生师比为 12.03，中学（不包含大学预科班）生师比为 11.04，超过了亚洲很多国家。[1] 生师比是衡量办学水平的指标之一，是办学规模和效率的重要体现，生师比越小，则说明教育资源越丰富。单从生师比这一指标来看，马来西亚基础教育资源较为丰富，办学水平也相对较高。

第二节 基础教育的特点

马来西亚的基础教育立足本国国情特色。殖民传统的历史遗留以及多民族、多语言、多文化的独特背景，既使马来西亚面临与一般民族国家迥

---

[1] 资料来源于马来西亚教育部官网。

异的问题情境，也造就了马来西亚基础教育与众不同的实践模式。

一、多措并举促进基础教育提质增效

教育改革是马来西亚基础教育在基本达到普及目标之后，在质量上提出的必然要求。

> 质量已成为一个动态概念，必须不断适应正在经历深刻的社会和经济变革的世界。鼓励面向未来的思考和预测越来越重要。追求优质教育方面有许多共同的要素，优质教育应使所有人，无论男女，都能成为充分参与自己社区的成员和世界公民。
>
> ——关于优质教育的部长级圆桌会议，联合国教科文组织，2003 年 [1]

为顺应这一世界教育变革趋势，马来西亚的教育质量概念强调发展识字和算术技能与更全面的人力资本发展观点相结合。马来西亚在全民教育目标中也指出，优质教育是马来西亚迈向发达国家的首要工作，要从各方面提高教育质量，确保人人优秀，使所有人都能取得公认和可测量的学习成果。为尽快实现马来西亚"建立世界水平的教育体系"、"成为区域优质教育中心"的教育发展目标，政府从 2000 年起采取多种措施，促进基础教育提质增效。

（一）改善基础设施和硬件

为保证教学质量，马来西亚教育部积极修缮破旧学校，为师生提供良

---

[1] UNESCO. Ministerial round table on the quality of education, 32nd session of the General Conference[R]. Paris: UNESCO, 2003.

好的学习环境和基础设施，促进教学质量的提高。具体包括大量扩建教室以改善学校的学生教室比例，以容纳更多从小学过渡到中学的学生；在小学教学中引入计算机扫盲方案和计算机辅助学习方法，建立计算机教室，为学校配备适量的计算机；建造宿舍，为学校教师提供住宿条件等。

（二）研发创新性课程框架

小学新标准课程于 2011 年取代了原有的课程体系，致力于培养马来西亚学生面向 21 世纪的高阶思维技能。高阶思维技能培养旨在加强学生应用知识、解决问题、决策、创新和创造事物的能力，因此课程改革也强调在课程内容、组织、教学法和课堂方法等领域的创新，以提高学生的潜力。此外还侧重于实行模块化专题课程，可以根据当前和未来的相关需求而量身定制。改革后的课程以学生为中心，根据成绩和能力而不是学术和认知成就对学生进行评估。

（三）改进质量评价与监测体系

2003 年，《马来西亚学校优质教育标准》（SKPM）出台，后被修订和更名为 SKPM 2010。每所学校可以根据此项标准评估自身的表现并实施改进。2013 年，马来西亚成立了教育绩效和交付部门（PADU），专门负责实施《2013—2025 年马来西亚教育蓝图》中的所有倡议，监测其进展情况，并向参与实施过程的所有组织机构和官员提供支持。

（四）促进教师专业发展与学历提升

为了提升教师素质，马来西亚教育部一直鼓励教师通过特定的研究生课程在本地大学攻读研究生学位。教师可以参加非全日制研究生学位课程，在参加讲座或在线学习的同时继续在学校教学。教育部还鼓励教师进行专业发展，培养实践能力，并在教师中任命一批学科专家，与学区内其他学校的同事分享经验和专业知识。

（五）培养高绩效的学校管理者

为建设一个高绩效的学校系统，马来西亚教育部采取措施，通过培养高绩效的学校领导者来改善学校管理水平和质量。除了为学校领导者提供培训外，教育部还开发了一项评估工具（SKPM Standard 1），用于对校长进行管理效能和影响力的评估。2013 年，在 257 名学校领导中，110 人被评定为"优秀"，108 人为"有希望"，32 人为"满意"，7 人为"不满意"。[1]

马来西亚还在学校类型和管理模式上进行大胆创新探索，例如建立信托学校框架。该框架建立的目的是在政府资助型学校的管理体制下实现公私合营。教育部从 2011 年开始选定 10 所学校进行试点，囊括了表现优异的学校到表现不佳的学校，以探索政策的可行性和有效性。信托学校的优势有以下几点。第一，政府将给予这些学校更大的决策自主权，并在改善学生成绩方面承担更大的责任。第二，私营合作方可以向学校委派顾问，以确定和协商需要解决的问题，参与管理和发展规划。第三，为适应学校绩效改革所产生的变化，教育部还允许学校发挥一定的自主性。因此，这种公私合营关系能够加速学校系统的质量改进，进一步提升学校推进教育改革的积极性。

---

[1] UNESCO. Education for all 2015 national review: Malaysia[R]. [S.l.: s.n.], 2015.

二、为特殊学生提供差异化培养方案

教育公平是改善教育系统、实现教育目标以及促进学生全面发展的重要指标。保障基础教育的公平性至关重要，特别是对少数群体或有特殊需要的群体而言，马来西亚在为学龄人口提供受教育机会方面已经取得相当大的进步和成绩。近年来，教育部工作的重点和优先事项转变为帮助少数群体、贫困家庭、偏远地区、学业落后以及有特殊教育需要的儿童接受基础教育，力图将实现所有儿童完成基础教育的国家承诺转化为具体的教育改革措施。

（一）针对高智商儿童的智能教育计划

在马来西亚，尽管天才教育尚未在主流教育体系中实施，但已被视为国家教育发展计划中的一种新的范式。高智商儿童的才能和天赋应该得到充分开发，使他们能够为全球层面的知识生产和民族国家发展做出积极贡献。20 世纪 60—90 年代，马来西亚教育部就已经开始陆续出台一些针对天才儿童的初步教育方案，如快班制度或跳级制度，但由于制度不够完善以及人力资源财务等其他方面的问题，总是在实施不久后就被暂停。进入 21 世纪后，政府加大了对高水平人才的培养力度。为实现马来西亚从中等收入国家提升到高收入国家的目标，必须要让社会各阶层发挥作用，特别是让那些有才能或有天赋的人才留在国内创造社会经济价值、发挥领导作用，不会因为没有适合的教育机制而移民到其他国家而造成人才流失。为此，从 2007 年开始，教育部分阶段创建和开展更为全面的天才学生教育计划，以满足这一重要人群的学习和个人发展需求。

智能教育计划（PPPC）是马来西亚近年来出台的一项教育方案，为高智商和有天赋的学生的教育途径提供了新的视角。天才学生是指在一个或多个特定学科中的才能、智力、创造力、技能、灵性或这些方面任意的组合，表现出超越同龄人的潜力和成就的学生。在此计划下，马来西亚吉打州的彭当科学学院（Pendang Science Academy）成为第一所专门为天才学生开设的先锋学校，教授智商 130 及以上的学生。该计划还通过拓展、加速和压缩现有课程，使学生接受根据他们的智力水平规划的教育教学，目的是为天才学生开辟一条通往最高水平——达到诺贝尔奖获得者水平的教育道路。为了向这些学生提供恰当的、高质量的教育，学校教师的专业水平也需要提高。为此，2021 年马来西亚教师教育学院共培训了 19 名相关教师，培训课程围绕八个模块进行，分别是高智力教育，搜索和智能管理技能，课程建设方案，针对天才学生的教育学，智力智能的测量与评估，天才学生的组织管理，心理辅导与支持，以及教育实践。

2021 年教育部还在现有方案的基础上推出了《天才和天才教育方案操作指南》，作为现有智能教育和未来智能教育发展的指导方针。该指南涵盖了天才教育的核心要素，包括其理念、课程、学生的社会情感支持等，指导方案管理人员、教育工作者和教师为有天赋的学生提供服务。教育部将吉打州的一所全寄宿学校作为第一所实施该指南的试点学校，这标志着天才教育模式开始融入马来西亚主流教育系统。

（二）针对学习困难学生的教育干预计划

1. 早期干预读写方案（KIA2M）

早期读写方面的困难可能会造成孩子学业失败并过早放弃教育。为此，马来西亚政府创建了早期干预读写方案，为那些在小学一年级确定有读写困难或读写障碍的儿童提供帮助，受过特殊培训的教师会为他们提供额外的强化辅导。该方案于 2006 年推出并扩展到马来西亚所有公立小学。

2．小学识字和算术计划（PLAN）

小学识字和算术计划是一项专门针对未能达到马来语、英语和数学科目最低水平的二年级和三年级小学生的干预计划。各学校可以根据学生的需要和自身的能力实施适当的干预措施，在内容制定和实施方式上具有自主权。同时，基于马来西亚现行教育标准，改进教师在马来语、英语和数学方面的教学专注度和水平。马来西亚最初有 800 所小学执行此项干预计划，2021 年扩大至全国 2 536 所选定的小学。根据马来西亚教育部的规划，2022 年该计划将通过以下措施得到进一步加强。[1]

（1）将计划扩展到全国所有小学。获取仍未达到马来语、英语和数学最低水平的学生的数据，使干预措施更有针对性。（2）根据学习水平为学生准备学习辅助材料，专供二年级和三年级学生使用。（3）增强教师面对此类学生需要的知识和能力，包括为尚未达到最低水平的学生开发专用教具；线上和线下教学都要突出重点，可采用差异化干预方式；教师可以作为导师或同事，加强专业学习社区的建设。（4）加强学校的领导和管理，以确保计划的实施质量。（5）增加家长、社区和私营部门作为战略合作伙伴的参与度，以提高学生的识字和算术水平。

（三）针对原住民与土著子女的补偿教育计划

马来西亚政府十分关注原住民与土著子女的教育问题。马来西亚半岛的土著居民被称为奥朗阿斯利人，截至 2018 年总人口约为 178 197 人。[2] 他们中的大多数人生活在城市边缘地带或偏远乡村，生活非常贫穷。受文化

---

[1] Kementerian Pendidikan Malaysia. Laporan Tahunan 2021[R]. Putrajaya: Kementerian Pendidikan Malaysia, 2022.

[2] ADAMS D. Education in Malaysia: developments, reforms and prospects[M]. New York: Routledge, 2023: 34.

传统、教育观念、地理区位和家庭背景的影响，马来西亚土著儿童的教育水平低下，课堂缺勤率相当高，学习成绩较差，辍学率也很高。2008 年，他们中只有 30% 的人完成了中学学业，许多学生在六年级结束时就已辍学。[1] 因此，土著居民的教育已成为政府主要关注的问题之一。基于这一状况，马来西亚教育部希望通过教育转型计划改善和提高其教育质量，并提供了以下两种主要的补偿性教育方案。

一是土著学生特别方案（PKMOA），为需要额外辅导的二、三年级的奥朗阿斯利人和本南人学生提供一年的补习，以增加他们完成小学教育的机会。尚未获得基本 3R 技能的土著学生，数学和马来语成绩属于后 30% 的学生将被选入该方案。PKMOA 方案学制为 7 年，在小学二年级和三年级有困难的儿童可以选择额外一年的小学教育，以及在小学和初中之间选择一年的"过渡"。调查显示，该方案在提高学生出勤率、学习成绩，特别是马来语和数学成绩方面取得了成功。

二是综合示范学校（K9），从 2007 年开始试行，在土著人社区附近提供一贯制的基础教育，土著儿童可以在同一学校接受 6 年的小学教育和 3 年的初中教育，这样就不必离开自己的社区，到其他地方接受中学教育。为了解决交通问题，学校还为一至三年级学生提供免费住宿，对现有学校的基础设施进行改建和升级。这些措施有效地增加了土著学生的出勤率、降低了辍学率。

此外，教育部还为这些土著社区的儿童制定了更加灵活的课程，将教学大纲降至最低要求，同时培训土著教师，因为他们更了解土著儿童的需要和面临的挑战。2005 年，奥朗阿斯利人事务部向奥朗阿斯利学生提供了 300 多万美元，用于校服、交通、学校活动、食品、津贴和奖学金支出。[2]

---

[1] ADAMS D. Education in Malaysia: developments, reforms and prospects[M]. New York: Routledge, 2023: 37.

[2] Ministry of Education. Education for all mid-decade assessment report 2000—2007. Reaching the unreached[R]. Kuala Lumpur: Ministry of Education Malaysia, 2008.

（四）针对家庭困难学生的教育援助计划

马来西亚政府"让所有学龄儿童入学"的政治承诺和财政补贴减轻了不少家庭的经济压力，也减少了因经济状况和家庭所在地而造成的入学障碍。马来西亚政府将大量财政投入于学生资助方案，如教科书贷款计划、"补充食品方案"、学费资助计划和贫困学生信托基金等。这些措施减少了贫困家庭儿童获得和参与基础教育的障碍，使得马来西亚本来就已经很高的教育普及程度仍在持续、稳步提升。

马来西亚在 2004 年启动学费资助计划，以确保入学有困难的贫困学生能获得他们所需要的额外支持。该计划为成绩较差和来自贫困线以下家庭的四至六年级学生提供资金，用于支付数学、科学、马来语和英语的额外课程学费。2006 年，约 48 万名小学生获得了总额近 5 200 万美元的援助。[1]

马来西亚政府还依据居民家庭收入将全民分为三组：低收入群体、中等收入群体和高收入群体。为保证来自低收入群体家庭的优秀学子也能接受教育，教育部专门为这类学生开辟特殊通道，预留入学名额，给予财政支持，取得了显著成效。马来西亚政府还提供一系列不同类型的财政资助，如 2013 年贫困学生信托基金向 80 万名中小学生提供了 2 亿林吉特的援助；"补充食品方案"为近 55 万名儿童提供了餐食；"马来西亚牛奶计划"为超过 140 万名学生提供了牛奶等。[2]

（五）针对残障学生的特殊教育计划

长期以来，特殊教育一直是马来西亚教育部关注的重点之一。教育部

---

[1] Ministry of Education. Education for all mid-decade assessment report 2000—2007. Reaching the unreached[R]. Kuala Lumpur: Ministry of Education Malaysia, 2008.

[2] UNESCO. Education for all 2015 national review: Malaysia[R]. [S.l.: s.n.], 2015.

根据《2013年教育（特殊教育）条例》扩大了残疾人的受教育机会。该条例将残疾学生定义为有特殊教育需求的学生。在马来西亚，有视力、听力、语言、学习障碍（如孤独症、注意缺陷多动症和阅读障碍）和身体残疾的学生都属于接受特殊教育的对象。

这些学生可以选择三种类型的教育方式：一是特殊教育学校，这是为有同类型残疾学生而设的学校；二是特殊教育综合计划，是在普通学校中为有特殊教育需求的学生开设的特殊班；三是包容性教育方案，是将1—5名有特殊教育需求的学生纳入主流班级。

2019年希望联盟政府上台后，教育部加大了对特殊教育的投入，出台各类政策，帮助残障学生接受教育，成果显著。马来西亚教育部从2019年1月1日起落实"零拒收政策"（Zero Reject Policy），并开设特殊教育班，确保每个学生都能有接受同等教育的机会。为支持该政策落实，财政部在其公布的2020年财政预算方案中也首次为特殊需求学生教育拨款2 300万林吉特。截至2019年6月，马来西亚共有87 545名特殊需求学生注册入学，其中中学生38 036名，小学生48 185名，其余为幼儿园学生。2019年，共75所学校为残障学生新增526个特殊教育班，总数从2018年的9 674个增加至10 200个。与此相对应，截至2019年年底，共有88 419名残障学生注册入学，与2018年相比增加了4 821人。同时还有2 636名无身份证明文件的学生，在"零拒收政策"的支持下成功入学。[1]

同时，教育部还为教师制定了特殊教育能力标准框架，作为教师自我评估是否掌握特殊教育能力并达到一定水平的指南。例如，教授视力障碍学生的教师应掌握盲文书写和盲文阅读技能。学校和教育机构也可以利用教师自我评估的结果来实施提高教师专业水平和组织发展的计划和培训。

---

[1] 苏莹莹，翟崑. 马来西亚发展报告（2020）[M]. 北京：社会科学文献出版社，2020：204.

三、推进基础教育信息化转型

马来西亚是亚洲和世界上率先实施战略性 ICT 技术教育发展计划的国家之一。早在 20 世纪 90 年代，第六个马来西亚计划就提出了第一个国家信息化发展行动，作为实现"2020 年宏愿"的基本策略之一。此后，马来西亚为将 ICT 技术全面纳入教育系统制定了一系列教育政策和计划，包括第七个马来西亚计划（1996—2000 年）中的马来西亚国家信息通信技术议程（NITC）、1996 年的"多媒体超级走廊"计划、马来西亚智能学校发展路线图（2005—2020 年）、《2006—2010 年马来西亚教育蓝图》、《教育战略计划》（2011—2015 年），以及一项关于教师和学生 ICT 技术能力标准的研究。[1] 这些政策和方案充分显示了马来西亚积极应对信息化时代挑战、推进教育现代化变革、实现知识驱动型经济增长模式转型的远大抱负和决心。

马来西亚在 1972 年就成立了教育技术司，希望通过教育媒介技术的服务，提高基础教育的质量。20 世纪 90 年代末，随着经济腾飞，马来西亚愈发认识到先进的 ICT 技术给国家发展带来的价值和作用。1996 年，"多媒体超级走廊"工程 [2] 正式实施，旨在将马来西亚从发展中国家转为先进的知识型社会国家，标志着马来西亚的信息化发展迈上一个新的历史台阶。

作为"多媒体超级走廊"工程第一阶段的 7 个应用项目之一，"智能学校工程"于 1997 年 2 月由教育部主导实施，启动了 90 所试点学校，用于培养具有信息时代特点的学生。教育部的目标是到 2010 年马来西亚所有的学

---

[1] UNESCO. Malaysia education policy review[R]. Paris: UNESCO, 2013.

[2] "多媒体超级走廊"工程是一项庞大的计划，1996 年 2 月由马来西亚时任总理马哈蒂尔启动。政府为这一工程划出了一块长 50 千米、宽 15 千米，面积共 750 平方千米的狭长地带，从吉隆坡市中心向南一直延伸到吉隆坡国际机场，以建成高科技经济特区。马来西亚两座世界首创的智能城市赛城和布城亦坐落于"多媒体超级走廊"涵盖的范围内。2006 年 12 月，巴生港加入该计划，同时为了管理并监督"多媒体超级走廊"的发展，马来西亚数码经济机构成立。"多媒体超级走廊"集数字化政府、多媒体工业研发中心、多媒体大学、数字化跨国企业和时尚生活场所为一体，制定并遵守先进的电子法律框架。该计划的愿景包括建立世界级企业群和一批与全球联网的智慧城市、成为国际电子法庭的工作平台等。

校都转变成为智能学校。智能学校在课堂中采用的学习策略见表5.6。

表 5.6 智能学校在课堂中采用的学习策略 [1]

学习策略	说明
指令性策略	训练、实习、掌握学习、直接指令
观察策略	通过观察他人执行一项活动或任务来学习
调解策略	在学生学习运用知识解决问题时给予直接帮助，说理、教练和开放式讨论相结合
生成性策略	帮助学生学会如何在特定场合行为得体以及运用各种智慧，组织大脑风暴、共同研讨、横向思考（发散性思维）、设计创新训练等活动
合作策略	帮助学生运用人际交流技能完成任务
课外学习策略	行动本位学习、实习法庭、论坛、工作坊、DIY（自己动手）
元认知学习策略	学生通过对学习过程本身的思考以及通过对自己做得怎样和怎样改进的思考，达到学习和提高的目的

自 2001 年以来，马来西亚政府还通过其 ICT 技术总体规划推出了几项关键措施，旨在促进更好的 ICT 技术整合，以提高教育和教学计划的效力。在 21 世纪的教育中，ICT 技术素养是必不可少的。ICT 技术作为一种变革性工具，能促进从以教师为中心的环境向以学习者为中心的环境转变，有助于学生获得全面均衡的发展，提高教育质量以及教师的专业发展能力。因此，教育部希望向所有学生提供 ICT 技术，缩小数字鸿沟，并优先采用技术作为学校的教学和学习工具。在《2013—2025 年马来西亚教育蓝图》提出的 11 个国家教育转变目标中，其中第七个转变明确提出要利用互联网和技术来改善教学和学习，同时弥合农村和城市学校之间的数字鸿沟。具体措施包括：向全国 10 000 所学校提供高速 4G 互联网接入服务；建立全国

---

[1] 庄兆生. 马来西亚基础教育 [M]. 广州：广东教育出版社，2004：181.

性的虚拟学习平台方便教师和学生共享数字化内容；从 2017 年起开始在小学增加计算思维课程，编程成为小学课程的正式组成部分；为教师提供计算机科学相关的教育和短期培训等。[1]

马来西亚对于 ICT 技术的重视也反映在财政投入和教育支出上。马来西亚 ICT 技术行业是世界上增长最快的行业之一，2019 年对 GDP 的贡献为 19.1%，预计 2025 年将达到 22.6%。据估计，到 2023 年，马来西亚的 ICT 技术支出将达到 252 亿美元。2004—2014 年，教育部在 ICT 技术的教育方案上就花费了 60 亿林吉特，以确保学生了解如何利用 ICT 技术，并能够有效地利用它来加强学习。[2] 新冠肺炎疫情暴发以后，在线学习成为一种常规课程模式，马来西亚政府也鼓励教师研究探索如何能够在课堂上更好地使用 ICT 技术。马来西亚教育部承诺未来将继续利用 ICT 技术来提高教育的质量、可及性和公平性。

第三节 基础教育的改革对策

马来西亚是一个多民族、多元文化的社会，族群之间、地区之间、性别之间都存在教育不均衡现象。马来西亚的基础教育也面临着难以培养出高素质人才、无法满足国家发展需求的问题。面对这些问题和挑战，马来西亚坚持以民族国家发展为中心，致力于培育具有国家认同、能够促进民族团结的面向 21 世纪的现代化人才，将挑战视为教育改革创新的契机和动力。

---

[1] Kementerian Pendidikan Malaysia. Laporan Tahunan 2021[R]. Putrajaya: Kementerian Pendidikan Malaysia, 2022.

[2] Kementerian Pendidikan Malaysia. Laporan Tahunan 2021[R]. Putrajaya: Kementerian Pendidikan Malaysia, 2022.

一、促进价值整合，注重民族团结和品德教育

马来西亚的多元文化背景注定了学校的价值教育必然与政治和意识形态问题纠缠在一起。1969 年发生的种族冲突事件，促使马来西亚开始思考学生的国家认同问题。学校教育不但要传授给学生知识和技能，还要提高他们对于文化多样性的理解和接受能力，塑造民族团结的价值观和国家公民意识。今天的青少年是未来的领导者，而现代社会中的一些不良的价值导向使他们对国家发展和社会民生漠不关心、道德沦丧。尤其学校中一些学生的问题非常严重，诸如违反纪律、打架、吸烟和逃学，甚至还涉及刑事犯罪。这些社会问题成为马来西亚人力资源发展的潜在威胁之一。

因此，马来西亚政府尤为重视培养学生的国家认同和民族团结意识，特别是在青少年价值观形成的基础教育学段。马来西亚中小学的品德教育实行双轨制，即对穆斯林学生开设伊斯兰教育课，对非穆斯林学生开设道德教育课。两种课程在制度形式和教学目标上是一致的。根据《2013—2025 年马来西亚教育蓝图》，以道德教育和伊斯兰教育为重点的课程开发，可以发展民族团结。这些课程鼓励学生明确个人的态度和责任，了解马来西亚公民的义务和权利，形成对民族国家和政府治理的认同。课程旨在提醒学生相互尊重并遵守法律，注重理解人与人之间良好关系的价值，鼓励他们在维持不同族群的和谐关系方面发挥作用。

除了学校的课程教学，马来西亚政府还开展了"学生团结融合计划"，组织来自不同类型学校的学生联合参与文化艺术活动、野营活动、社区服务、庆祝活动和聚会，以及体育赛事和游戏活动。该方案旨在通过增加不同族裔、不同社会背景、不同文化和宗教群体之间的互动和学习，在多样性中寻求一致性。[1] 这一方案提供了切实可行的举措，尽可能地避免了社会

---

[1] ADAMS D. Education in Malaysia: developments, reforms and prospects[M]. New York: Routledge, 2023: 142.

政治问题与宗教问题，在增进不同族群学生相互理解、增强社会凝聚力方面取得了良好的效果。

马来西亚政府实施的另一个促进国家统一和民族融合的方案是"愿景学校"。该方案计划在基础教育阶段建立"愿景学校"，将国民学校和国民型学校设在一个学校建筑群内。学生可以共享基础设施，包括共用食堂、运动场和多功能厅，并联合组织学校活动，如体育运动、颁奖典礼、教师节庆祝活动以及特别集会，以此促进不同族裔群体学生之间的包容、尊重和理解。马来西亚政府认为，如果从小学开始，孩子们可以在学校接触到不同的文化、语言和思维方式，他们会更容易意识到其中的差异并形成良好的态度。而"愿景学校"能为学生提供一个平台，让他们分享建立和加强民族团结基础的愿望和经验。

"愿景学校"的构想和愿望无疑是十分美好的，但对于共同价值的追求，并不能消除或掩盖不同民族、文化和宗教之间的客观差异，因此在具体实施的过程中，也遇到了许多难以克服的困难，甚至引起华人社会的激烈反抗。因此，如何在促进民族团结和尊重文化差异性之间形成真正公平有效的教育模式，马来西亚还需要持续不断地进行探索。

二、改善性别观念，推进教育性别公平

马来西亚在立法、政策、机制、结构或资源分配方面不存在性别歧视，男孩和女孩都有平等地接受教育的权利，每个儿童都作为个体而不是根据性别接受教育。他们都学习同样的课程，参加同样的公开考试。

然而，与许多国家的情况相反，马来西亚的教育性别问题更多地体现在如何在学校维持男生数量以及如何提高他们的表现上。尤其令人震惊的是，与女孩相比，男孩在参与方面处于不利地位的趋势日益明显。中学的

女性入学率高于男性，男孩比女孩更容易过早辍学的趋势也越来越明显。这表明这一层级的教育是有利于女性而不是男性，这也是马来西亚基础教育的一个独特性。如果这一趋势持续下去，将会影响马来西亚全民教育目标的达成。

其实自 20 世纪 90 年代以来，在世界范围内女性入学人数就开始超过男性，且这一趋势一年比一年明显。根据联合国教科文组织 2012 年的数据，在 146 个国家中，有 93 个国家在高等教育入学人数上女性超过男性。这一趋势也适用于基础教育，不断扩大的反向性别差距已逐渐成为研究人员和教育决策者关注的问题。这一教育性别问题在《2013—2025 年马来西亚教育蓝图》中也被专门提及，称之为"男孩走失"问题。根据经合组织的估算，在马来西亚，男孩在中学毕业前辍学的可能性是女孩的三倍，其中许多男孩来自经济困难的家庭，很早就开始赚钱养家。[1]

很多研究者认为，男孩从学校消失的一个原因是缺乏能够为男孩树立榜样并防止他们辍学的男教师。马来西亚男女教师比例失衡的原因是，有兴趣从事教师职业的男性人数相对较少。马来西亚教育部管理的教师培训机构同时招收男女学生。然而，有兴趣申请的女性人数明显多于男性，如何招募更多的男性教师仍然是教育部面临的一个挑战。

为了解决马来西亚男女教师比例失衡的问题，教育部鼓励男学生选择教师职业，以避免教师职业过于女性化。同时教育部还采取一些举措使教师职业对男性群体更具吸引力，比如对男性申请人采用特殊标准。然而，符合条件的女性申请人仍然大大超过男性。

基础教育教师性别比例失衡的状况反过来又和男女学生的职业规划问题联系在一起。导致"男孩走失"问题有很大一部分原因是有相当多的男孩选择职业技术教育与培训而不是主流高等教育。这一人群的人数是否与

---

[1] ADAMS D. Education in Malaysia: developments, reforms and prospects[M]. New York: Routledge, 2023: 19-26.

高中辍学的男孩人数相当值得研究。因为在家庭经济面临挑战的情况下，男孩受到特定性别角色的影响，更容易选择辍学以进行短期、实用性强的职业培训来缓解家庭经济压力。另外，男生的学业成绩在高中开始下降也是造成失学率高于女生的一个原因。2018 年，马来西亚高中毕业生中男生为 7 100 万，占比 33%，女生占比 67%。[1]

在过去几十年里，教育领域的性别平等努力完全集中在女孩身上。这些努力使越来越多的女孩获得了受教育的机会，使她们在基础和高等教育中的入学率超过了男孩。通常情况下，教育中的性别平等问题会被简化，并通过入学人数、学业成绩、辍学率或毕业率之类的棱镜来看待。但这个问题受到文化传统、性别观念、经济收入等多重因素的影响，实质是比较复杂的综合性社会问题。因此，为了实现真正的教育性别平等，需要依据男孩和女孩的社会性别角色以及现实中的困境提供真正平等的机会和支持。

面对这一挑战，马来西亚政府也采取了一些措施，包括优化课程设置、审核教材内容、调整学习方式等多种行动，以期变革教育观念、实现真正的两性教育平等。

在中学教育层面，在国家课程标准的框架下，马来西亚允许中学生根据自己的兴趣和潜力选择技术 / 商业科目和课程。对于生活技能科目，学生可以选择四个选修科目的其中一个：额外的操作技能、家政学、农业和商业、创业技能。但许多女孩传统上倾向于女性为导向的课程或创业技能课程，而不是技术技能课程，所以选择家政学的女生人数很多，使课程存在明显的性别分层。针对这一状况，教育部出台了一系列鼓励政策。

鼓励女生选择额外的操作技能作为选修课，如木工、电路和电子课程；鼓励女生进入技术和职业中等学校；为学习工程等领域的女生提供奖学金，确保女生在技术和职业领域的高参与率；鼓励女生树立榜样，从事非

[1] ADAMS D. Education in Malaysia: developments, reforms and prospects[M]. New York: Routledge, 2023: 27.

传统职业；鼓励女生参加运动和体育，并给予她们与男生相同的机会。同时，在普通中学开设职业课程，鼓励男生延长在校时间；鼓励学校提供就业和职业指导，打破性别歧视，鼓励学生不论性别均自由选择职业；鼓励学校发挥自己的作用，确保女生和男生都有平等的机会担任学生领导职务，等等。

在教材内容审定方面，教育部为教材作者和出版社制定了指导方针，强调必须避免与歧视妇女有关的问题，确保教科书的内容、材料的编排和图片不带有性别偏见。教材评估小组成员必须从至少有五年教学经验的教师中选出，保证所有的课程、教科书和其他教学材料都经过仔细评估。教育系统还应确保教材不会产生强化性别角色固化的作用，如女性低于男性、女性不能接受高等教育或不能在私营或公共部门担任重要职务等。女性应被描述为积极和活跃的社会角色，如医生、工程师、律师和科学家，而不是家庭主妇、教师或护士等陈规定型角色。这些措施对于培养学生的性别价值观十分重要。

三、转变教育目标，全面提升学生的综合素养与国际竞争力

尽管多年来在本国的教育评估中取得了显著进步，但马来西亚与其他国家在国际评估测试（如 TIMSS 和 PISA）中的差距却在不断拉大。马来西亚在 2012 年国际学生评估项目（PISA）中表现不佳，排名倒数，在科学、数学和阅读素养方面也低于国际平均水平，表现不如中国、越南和泰国等其他发展中国家。

在 2012 年的 PISA 测试中，马来西亚 15 岁学生在阅读方面的表现为 398 分（见表 5.7），在 65 个参与国家中排名第五十九位，而经合组织

国家的平均分为 496 分。此外，马来西亚 15 岁儿童在科学和数学方面的平均成绩分别为 420 分和 421 分，也低于经合组织 501 分和 494 分的平均成绩。[1]

表 5.7 2012 年部分东亚和东南亚国家的 PISA 成绩

国家	数学		阅读		科学	
	分数	排名	分数	排名	分数	排名
中国	613	1	570	1	580	1
新加坡	573	2	542	3	551	3
韩国	554	5	536	5	538	7
日本	536	7	538	4	547	4
越南	511	17	508	19	528	8
泰国	427	50	441	48	444	48
马来西亚	421	52	398	59	420	53
印尼	375	64	396	61	382	64

同样，马来西亚 14 岁学生在国际数学和科学研究趋势（TIMSS）中的表现也不尽如人意，2003—2011 年一直呈下降趋势。虽然这一情况在 2015 年有所改善（数学和科学平均成绩分别达到 465 分和 471 分），但仍低于 500 分的全球中心点，在 39 个国家中分别排在第二十二位和第二十四位。[2] 这些表现促使马来西亚政府下定决心全面改革其教育体系，进一步发展基础教育阶段的优质教育，以提高学生的成绩和综合素养，使其成为具有全

---

[1] WAN C D, SIRAT M, RAZAK D A. Education in Malaysia towards a developed nation[R]. Singapore: ISEAS, Yusof Ishak Institute, 2018: 4.

[2] WAN C D, SIRAT M, RAZAK D A. Education in Malaysia towards a developed nation[R]. Singapore: ISEAS, Yusof Ishak Institute, 2018: 4.

球竞争力的一流人才。

进入 21 世纪后，各国都在积极寻求改善教育体系的方法，以提高在全球教育中的竞争力。马来西亚也紧随这一国际趋势，将基础教育的发展重点从纵向的自我对照转为横向的国际比较，将优质教育的标准与参照从本土扩大到全球范围，将提升国际评估测试成绩作为学校系统质量改进与效率提升的首要目标。

2013 年出台的《2013—2025 年马来西亚教育蓝图》是一份重要的政策文件，由马来西亚政府制定，可视为对马来西亚学生在国际评估项目中表现不佳的一种回应。教育部用 11 个"转变"概述了马来西亚宏大的教育蓝图，以全面的教育系统转型来完善全球竞争时代的人才培养体系。根据蓝图，除了要掌握基本的知识，学生还被要求掌握数学和科学等核心科目，并对马来西亚、亚洲和世界有全面的了解，同时在艺术、音乐和体育等领域发展自己的知识和技能。教育部正式认可并批准了 300 多种课外活动，包括俱乐部活动、体育比赛、文艺活动、辩论比赛等，将其作为发展优质教育的关键组成部分。

马来西亚政府认识到，加强人力资本基础是马来西亚向由生产力增长和创新驱动的增值经济转型的核心条件。从基础教育系统毕业的学生应该能够进行批判性和创造性的思考，并能够选择适合自己的兴趣、知识和技能的职业道路，具备全球竞争力。因此，马来西亚政府十分重视培养学生的高阶思维技能。高阶思维技能以系统性思考为基础，包含应用、分析、评估和创建四个步骤。首先，在应用阶段，学生能够在不同的情况下运用他们的知识、技能和价值观来完成一些事情。其次，在分析阶段，学生可以将信息分解为更小的部分，以详细了解特定情况并从中得出结论。再次，在评估阶段，学生可以运用自己的知识、经验、技能和价值观做出判断和明智的决定。最后，在创建或创造阶段，也就是高阶思维技能的最高层次，学生可以创新观念、产品或问题解决方法。

作为马来西亚教学质量提升的重要表现之一，也作为教育蓝图实施的阶段性成果，马来西亚在 2018 年国际学生评估项目中的成绩有了大大提升。2012 年，马来西亚学生在此项目的成绩分别为阅读 398 分、数学 421 分、科学 420 分。2018 年，上述三个科目分数均高于 2012 年，[1] 阅读提高 17 分至 415 分，数学提高 19 分至 440 分，科学提高 18 分至 438 分。[2] 尽管优质教育的概念不能完全通过单一的基于 TIMSS 或 PISA 等国际评估测试的标准来确定，但马来西亚的教育系统为此做出的努力是值得肯定的，特别是在人才培养理念的转换、课程框架与评估体系改革方面，为实现马来西亚"2020 年宏愿"中"发展成为一个经济上强大、有弹性、有竞争力、科学创新和进步的国家"这一目标奠定了坚实的基础。

---

[1] 虽然马来西亚参加了 2015 年国际学生评估项目，但由于最初抽样的马来西亚学校的加权回应率（51%）远远低于国际学生评估项目 85% 的标准回应率，因此马来西亚的评估结果被排除在官方结果之外。

[2] 资料来源于马来西亚教育部官网。

第六章 高等教育

发展中国家现代化进程不断深入是世界现代化进程的核心内容之一。就含义而言，现代化是通过一次次变革不断发展、进步的历史性过程，其变化渗透到政治、经济、文化等多个领域。其中，教育现代化是社会现代化的一个重要部分，其发展受社会、文化等发展规律的制约，与社会、经济、政治等密切联系，同时又推动社会前进。由此可以得出，教育与社会、政治、经济等因素是相互依存、相辅相成的关系，一个国家教育的发展以及教育政策等的变化一定程度上也反映了该国的时代发展特征。在庞大的教育系统中，高等教育是其中的一个重要组成部分，其发展历程也经历了现代化阶段。长期以来，我国学术界对国外高等教育的研究，侧重点多放在发达国家上。然而，研究发展中国家的高等教育，尤其是与我国国情有许多相似之处的国家，了解其在高等教育发展过程中的经验、教训，以及当前的状况、存在的问题与改进的措施，对我国高等教育的发展和改革，也具有可资借鉴之处。[1]

马来西亚自独立以来便一直采取重教育的方针，数十年来不断吸取经验、调整政策以提高教育水平，其教育策略的核心观点就是努力运用人力资源理论，通过发展教育，达到办教兴国的目的。马来西亚的高等教育发

---

[1] 连进军. 马来西亚与菲律宾高等教育发展的比较研究 [M]. 福州：福建人民出版社，2005：4.

展历史悠久、特征鲜明，经历了从公立到私立、从精英化到大众化、从殖民统治影响到独立自主的发展阶段。[1] 与国外发达国家的高等教育发展相比，马来西亚的高等教育带有明显的发展中国家特征，既有悠久的本土教育传统和特色国情，在早期发展时又深受殖民国家教育发展模式的文化影响，是本土化和西方化融合的结果。随着国家的发展和时代的变化，为了适应本国国情、改造旧的高等教育体系，马来西亚制定了社会经济建设计划，将发展教育、培养人才作为繁荣经济的必要手段。高等教育作为青年与社会直接接触的系统与跳板之一，其发展与人力资本和知识经济密不可分。教育的目的之一就是服务社会发展和国家需求。随着时代背景和国家政策变化，马来西亚高等教育的发展也紧密贴合社会对于人力资源的需求以及知识经济发展风向的变化，而这也是马来西亚高等教育发展适应本国国情的鲜明特点之一。

马来西亚与我国有着密切的联系和交往，受中华文化的影响悠久而深远。马来西亚作为亚洲典型的发展中国家，在高等教育领域起步早且成效显著，已跻身于东南亚地区高等教育发展领先者行列。因此，通过对马来西亚高等教育的发展现状与经验教训进行研究和分析，一定程度上可为我国高等教育发展提供经验与启示。

---

[1] 王世杰. 以私立高等教育担纲高级应用技术人才培养——应用型大学发展的马来西亚道路及其启示 [J]. 现代教育科学，2021（5）: 53-59.

第一节 高等教育的发展与现状

一、近年高等教育数据 [1]

（一）2016—2021 年马来西亚高等教育机构入学人数

2020 年，马来西亚的高等教育毛入学率达到 43%。在新冠肺炎疫情大流行之前，高等学校的入学率在过去 10 年（2010—2019 年）增长了 16%，平均每年有 130 万名学生注册就读。[2] 2010—2016 年，马来西亚高等教育的入学人数总体呈上升趋势；2017—2020 年，这一趋势趋于平稳。

根据马来西亚教育部近年（2016—2021 年）数据（如图 6.1 所示），马来西亚高等教育注册学生总数自 2016 年起超过 130 万，并在 2016—2019 年

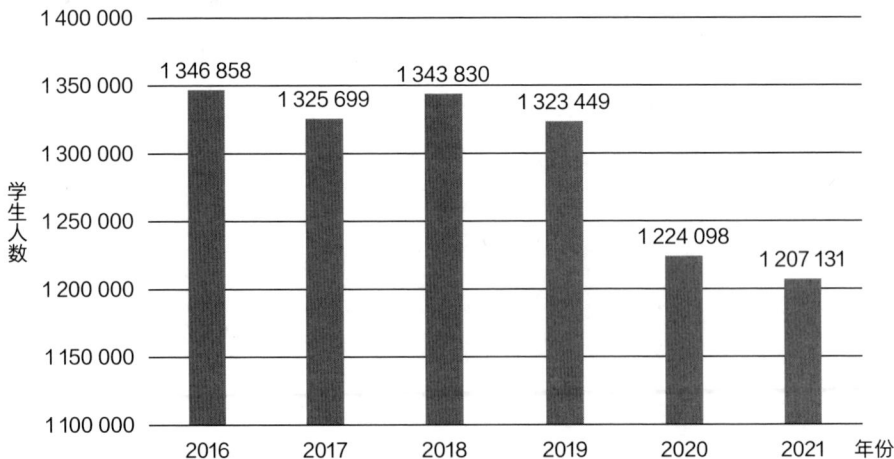

图 6.1 2016—2021 年马来西亚高等教育注册学生总数

---

[1] 本小节除特别说明，资料均来源于马来西亚教育部官网。

[2] 资料来源于世界银行网站。

之间保持稳定；2020 年由于新冠肺炎疫情的影响，学生注册人数大幅下降，2020、2021 年的招生人数平均为 120 万。2019 年，马来西亚共有 1 323 449 名学生就读于高等教育机构；2020 年有 1 224 098 名。到 2021 年，这一数字已下降至 1 207 131 人，比 2019 年下降 8.8%，比 2020 年下降 1.4%。其中，590 254 名学生就读于公立高校，私立高校 517 580 名，综合技术学院和社区学院共 99 297 名，如图 6.2 所示。

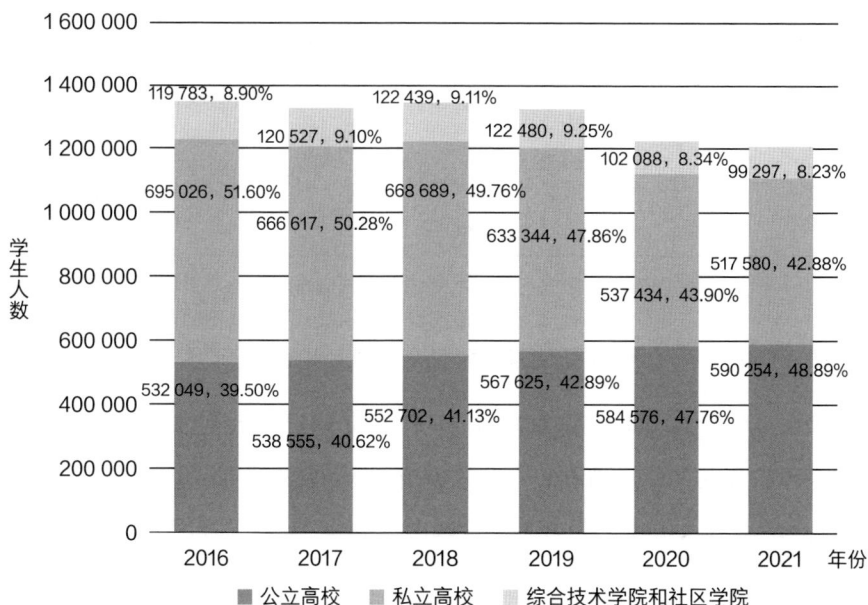

图 6.2 2016—2021 年马来西亚各类高校注册学生数量及占比

虽然私立学校的数量远多于公立学校，但由图 6.2 可知，二者每年注册的学生人数占比基本持平，其他高等教育机构注册学生数量占比在 9% 左右。2016—2021 年，公立学校注册学生数量呈持续稳定增长态势。同时期内，私立学校的入学人数呈下降趋势；与 2016 年相比，2021 年私立学校的入学人数下降了 25.5%。

（二）高等教育注册学生性别比例

2016—2021 年，马来西亚高等教育注册学生的性别比例情况始终是女性高于男性，且男女比率的差异逐渐加大，如图 6.3 所示。

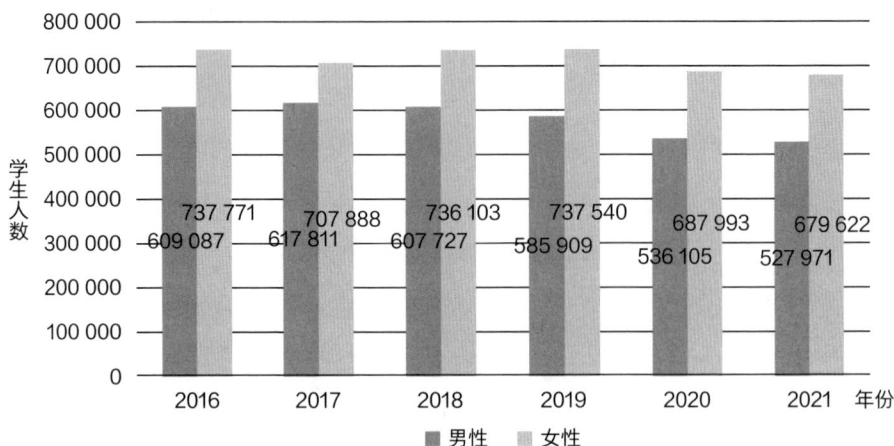

图 6.3 2016—2021 年马来西亚高等教育学生注册数量（按性别统计）[1]

2016—2021 年，性别平等指数（GPI，即男性学生人数比女性学生人数）在 2017 年达到最高值 0.87，此后成持续下降态势，如图 6.4 所示。

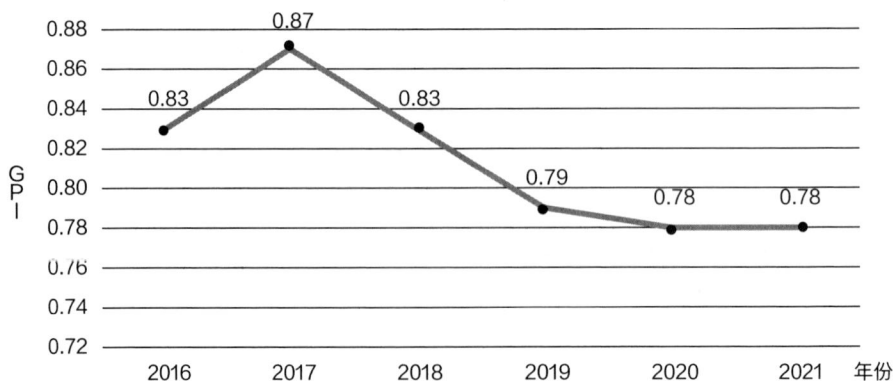

图 6.4 2016—2021 年马来西亚高等教育注册学生数量
性别平等指数（GPI）变化

---

[1] 该图数据与图 6.2 数据因统计标准不同有所差异，但均来自马来西亚教育部官方数据。

（三）高等院校毕业人数及就业率

根据马来西亚统计局的数据，马来西亚高等教育院校每年平均培养约 30 万名毕业生。2021 年马来西亚的毕业生有 320 174 名，与 2020 年的 254 688 名毕业生相比，增长了 25.7%，基本恢复到了疫情前水平，如图 6.5 所示。

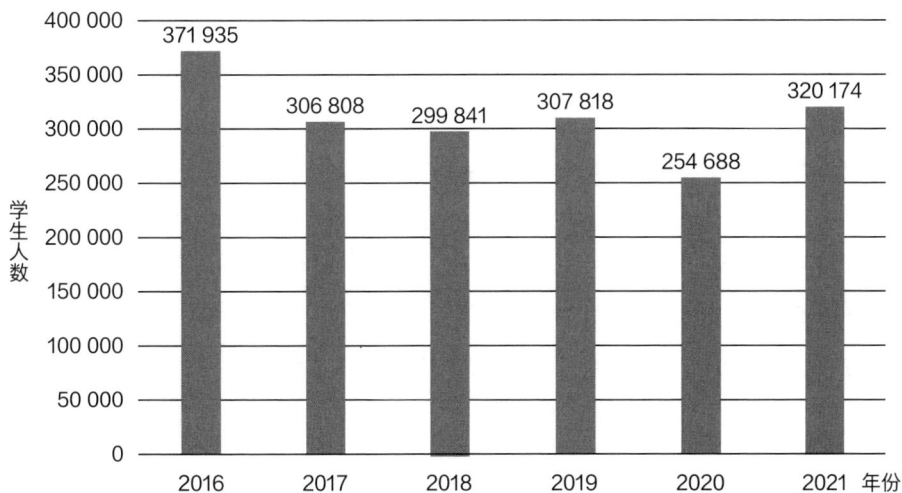

图 6.5 2016—2021 年马来西亚高等院校毕业生人数

据图 6.6 可知，2016—2019 年，马来西亚毕业生的就业率稳步上升，从 2016 年的 77.3% 上升到 2019 年的 86.2%。然而，受新冠肺炎疫情的影响，2020 年毕业生就业率下降至 84.4%；2021 年就业率有所回升，为 85.5%，总体保持平稳。也就是说，2021 年有 14.5% 的毕业生未能就业，人数较 2019 年有所增加。

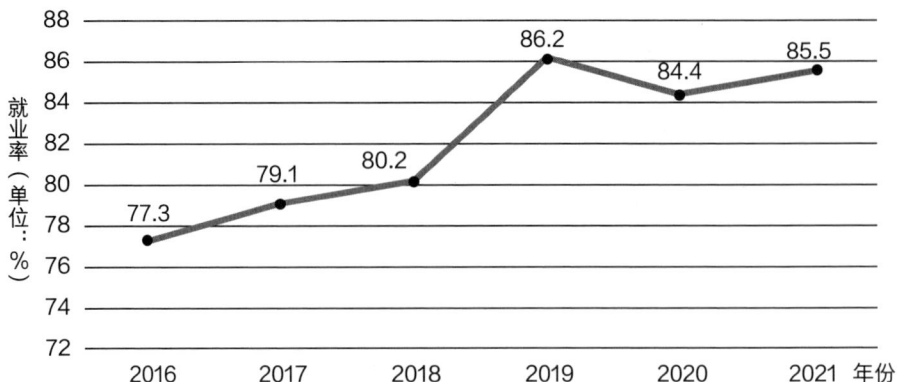

图 6.6 2016—2021 年马来西亚毕业生就业率变化

（四）高等院校学位和学科分类情况

以 2021 年相关数据为基础，从学位类型和学科分类对马来西亚高等教育的相关现状进行分析可以发现，攻读学士学位的学生数量最多，有638 133 人，占比超过一半；其次为攻读证书的学生，占比 31%；再次为攻读硕士学位的学生，占比 7%；紧接着是占比为 5% 的攻读博士学位的学生。专科学制的学生只有 1 076 人，占比不足 1%，见图 6.7。

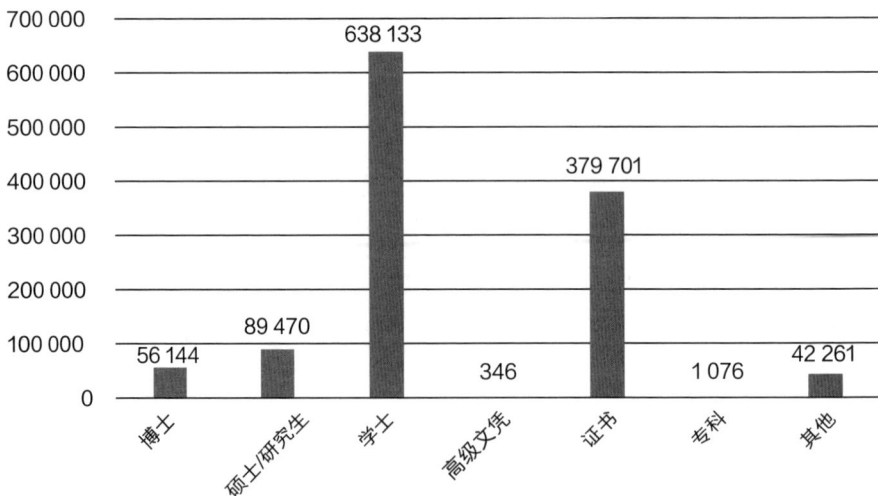

图 6.7 2021 年马来西亚不同学位类别在校生人数统计

按照学科划分可以发现，在读学生数量最多的学科大类为"社科、商业、法律"，占比超过三分之一；其次为"工程、制造、建筑"，占比 19%；紧接着是占比 12% 的"科学、数学、计算机"学科；占比 9% 的是"艺术与人文"学科；占比最低的学科是"农业、兽医"，仅有 14 328 名学生，占比 1%，见图 6.8。

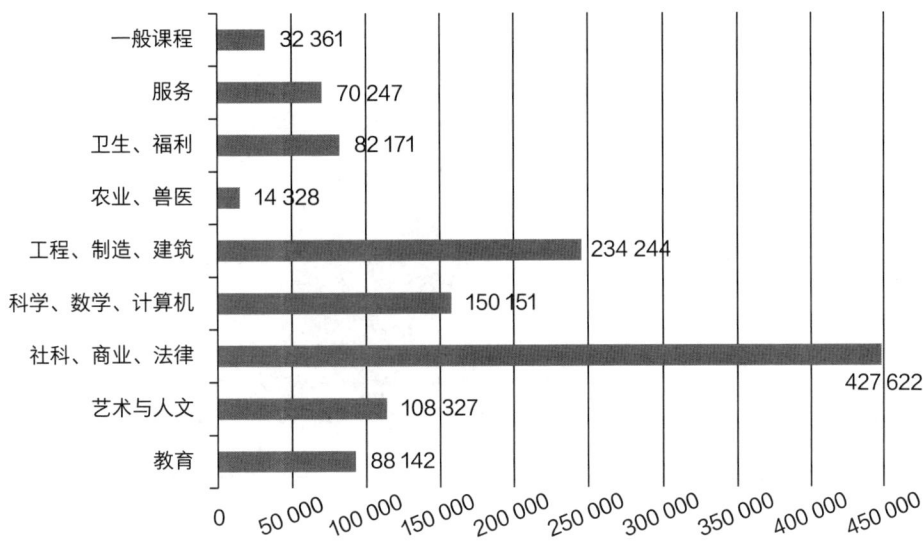

图 6.8 2021 年马来西亚不同学科在校生人数

二、高等学校数量及排名

（一）马来西亚高等学校概貌

马来西亚教育体系反映了马来西亚多族群和多元文化的社会背景，设立了至少八大类教育机构以满足民众教育需求。在马来西亚高等教育系统中，高等教育机构大致分为两类：一类为以政府资助为主的公立大学、理工学院和社区学院；另一类为私立高等教育机构，主要包括私立大学、私立学院、国外大学海外分校等。如图 6.9 所示，截至 2021 年年底，马来西亚共有大学 70 所，其中公立大学 20 所，私立大学 50 所。此外，还有 36 所理工学院，104 所社区学院，34 所私立大学学院，10 所国外大学马来西亚分校以及 331 所私立学院。[1]

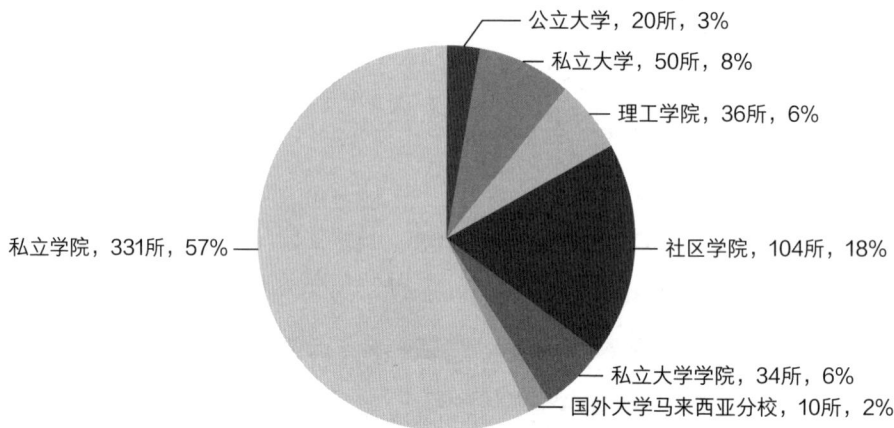

图 6.9 2021年马来西亚高等院校数量、类别及其占比

可以发现，马来西亚私立高校的数量远多于公立高校，造成这种现状主要有以下几个原因：一是马来西亚的公立大学大多为研究型大学，政府投资和重心多在学术研究领域。因此，为满足社会对高级人力资源的需求，占比较多的应用型大学多为私立高等院校。二是私立高等院校是马来西亚本土学生群体的主要选择。一方面，族群化思想以及国家政策的影响（如"固打制"）在加强族群之间认同感的同时一定程度上压缩了公立大学中非马来族群学生的生存空间，因此私立高等院校招生群体大多为本地华人；另一方面，相较于公立高校，私立高校的录取标准往往较低；私立院校以

---

[1] 资料来源于留学马来西亚网站。

英文教学为主，对马来语要求较低；其对研究的重视程度较低，更加重视学生的实践能力，即学生与社会的接轨能力。此外，相较于公立大学，在私立大学接受教育能接触到更多跨国企业资源、工作实习机会和人脉资源，有利于提高毕业率和就业率。

马来西亚是伊斯兰国家，伊斯兰教是马来西亚的国教和官方宗教。因此，在马来西亚高等教育系统中有一些涵盖宗教领域的大学，如马来西亚伊斯兰大学、马来西亚国际伊斯兰大学等。除此之外，马来西亚的许多大学都设有专门的伊斯兰学院（如马来亚大学的伊斯兰学院），并设立了专门的教育宗教基金管理部门。此外，受马来西亚伊斯兰化的影响，其高等院校也不免带有伊斯兰文化色彩。

马来西亚国际伊斯兰大学是马来西亚综合实力和国际影响力较强的院校之一，也是现代东南亚国际性的伊斯兰高等学府之一，以伊斯兰教教义、法律和学术文化为教学的基础，开设有关法律、经济和商业管理等学士和研究生学位课程，各专业课程内容重点以当代伊斯兰学术为"核心"，兼及现代科学文化知识，所有专业及课程仅限招穆斯林学生。此外，英语和阿拉伯语均为必修课程。

（二）公立高校名单及相关信息

截至 2021 年 12 月，马来西亚共有 20 所公立大学。其中包括 5 所研究型大学、11 所综合性大学和 4 所专业技术大学。[1] 马来西亚最早的公立大学是马来亚大学。据表 6.1 可知，公立大学大多成立时间较早，且多集中在雪兰莪州。

---

[1] 资料来源于马来西亚教育部官网。

表 6.1 马来西亚公立大学名单

序号	大学名称	成立年份	位置
1	马来亚大学	1962	吉隆坡
2	马来西亚理科大学	1969	槟城
3	马来西亚国民大学	1970	雪兰莪
4	马来西亚博特拉大学	1971	雪兰莪
5	马来西亚理工大学	1975	柔佛
6	马来西亚国际伊斯兰大学	1983	雪兰莪
7	马来西亚北方大学	1984	吉打
8	马来西亚沙捞越大学	1992	沙捞越
9	马来西亚沙巴大学	1994	沙巴
10	马来西亚苏丹伊德理斯教育大学	1997	霹雳
11	马来西亚伊斯兰理科大学	1998	森美兰
12	玛拉工艺大学	1999	雪兰莪
13	马来西亚登嘉楼大学	1999	登嘉楼
14	马来西亚敦胡先翁大学	2000	柔佛
15	马六甲马来西亚技术大学	2000	马六甲
16	马来西亚彭亨大学	2002	彭亨
17	马来西亚玻璃市大学	2002	玻璃市
18	苏丹再纳阿比丁大学	2006	登嘉楼
19	马来西亚吉兰丹大学	2006	吉兰丹
20	马来西亚国防大学	2006	吉隆坡

（三）私立高校名单及相关信息

据马来西亚教育部资料显示，截至 2021 年 12 月底，马来西亚共有 50 所私立大学。马来西亚最早的私立高校是 1969 年 2 月成立的东姑・阿卜杜拉・拉曼学院。[1] 马来西亚第一所成熟的私立大学是 1997 年成立的多媒体大学。虽然在马来西亚独立以后陆陆续续建立了一些私立学院和其他私立机构，但是私立大学发展的高峰期出现于 20 世纪 90 年代以后，近十年来也依然有新的私立大学成立。此外，私立大学大多位于西马，主要集中于雪兰莪州和吉隆坡，有少部分学校建立了 2—3 个校区。全部名单如表 6.2 所示。

表 6.2　马来西亚私立大学名单

序号	大学名称	成立年份	位置
1	多媒体大学	1997	赛城 / 马六甲 / 柔佛
2	国立能源大学	1999	布城 / 彭亨
3	敦阿都拉萨大学	1999	雪兰莪
4	国油科技大学	1999	雪兰莪
5	国际医科大学	1999	吉隆坡
6	雪兰莪大学	2000	雪兰莪
7	马来西亚开放大学	2000	吉隆坡
8	马来西亚科技大学	2000	雪兰莪
9	科学及科技大学	2001	吉打
10	吉隆坡大学	2001	吉隆坡
11	东姑阿都拉曼大学	2002	雪兰莪 / 霹雳

---

[1] 是 2002 年成立的东姑阿都拉曼大学的前身。

续表

序号	大学名称	成立年份	位置
12	宏愿开放大学	2006	槟城
13	阿尔布卡里国际大学	2006	吉打
14	麦地那国际大学	2006	雪兰莪
15	国际伊斯兰金融教育中心	2006	吉隆坡
16	林国荣创意科技大学	2007	布城 / 马六甲
17	管理与科学大学	2007	雪兰莪
18	亚洲电子大学	2007	吉隆坡
19	思特雅大学	2008	吉隆坡 / 登嘉楼 / 沙捞越
20	奎斯特国际大学	2009	霹雳
21	英迪国际大学	2010	森美兰
22	泰莱大学	2010	雪兰莪
23	双威大学	2011	雪兰莪
24	马尼帕尔国际大学	2011	尼莱
25	总理大学	2011	雪兰莪
26	精英大学	2011	吉隆坡
27	训研所国际大学	2011	雪兰莪
28	莱佛士大学依斯干达	2011	柔佛
29	马来西亚供应链创新研究所	2011	雪兰莪
30	汝来大学	2012	森美兰
31	世纪大学	2012	雪兰莪
32	亚太科技创新大学	2012	吉隆坡
33	二元管理与创业大学	2012	雪兰莪
34	吉隆坡基础设施大学	2012	雪兰莪
35	亚洲城市大学	2012	雪兰莪 / 柔佛

序号	大学名称	成立年份	位置
36	布特拉商学院	2012	雪兰莪
37	马尼帕尔环球大学	2012	吉隆坡
38	玛莎大学	2013	雪兰莪
39	马来亚威尔士国际大学	2013	吉隆坡
40	马来西亚计算机科学与工程大学	2013	布城
41	马来西亚伊斯兰大学，赛城	2014	雪兰莪
42	马来西亚汽车工业大学	2015	彭亨
43	亚洲商学院	2015	吉隆坡
44	城市大学	2016	雪兰莪
45	君华大学	2016	吉隆坡
46	苏丹阿兹兰沙大学	2016	霹雳
47	苏丹阿都哈林穆阿占沙国际伊斯兰大学	2018	吉打
48	赛城大学	2019	雪兰莪
49	彭亨苏丹艾哈迈德沙伊斯兰大学	2021	彭亨
50	沙捞越科技大学	2021	沙捞越

（四）马来西亚高校在世界大学排行榜的表现

世界大学排行榜一直受到全球学生、家长和各界人士的关注，是家长和学生选择大学和用人单位招聘的重要参考指标。目前较为主流的世界大学排行榜分别为泰晤士高等教育世界大学排行榜（Times Higher Education World University Rankings，简称 THE）、QS 世界大学排行榜（QS World University Rankings，简称 QS）、美国新闻与世界报道世界最佳大学排名（U.S. NEWS & World Report Best Global Universities，简称 USNBGU）、上海软科世界大学学术排名（Shanghai Ranking's Academic Ranking of World Universities，简称 ARWU）。

根据马来西亚大学在四大主流世界大学排行榜的综合表现，以下列出马来西亚排名前十的大学，以此探析这 10 所大学的新近表现。

表 6.3 马来西亚前十所大学在四大主流世界大学排行榜表现 [1]

序号	校名	四大排行榜 [2]	排名
1	马来亚大学	THE	351—400
		QS	70
		USNBGU	226
		ARWU	301
2	马来西亚博特拉大学	THE	601—800
		QS	123
		USNBGU	547
		ARWU	701
3	马来西亚国民大学	THE	601—800
		QS	129
		USNBGU	593
		ARWU	401
4	马来西亚理科大学	THE	601-800
		QS	143
		USNBGU	504
		ARWU	501
5	马来西亚工艺大学	THE	601—800
		QS	203

[1] 资料来源于 mastersportal 网站。

[2] 除 ARWU 排行榜为 2022 年外，其他均发布于 2023 年。

续表

序号	校名	四大排行榜	排名
5	马来西亚工艺大学	USNBGU	379
		ARWU	701
6	泰莱大学	THE	—[1]
		QS	284
		USNBGU	—
		ARWU	—
7	思特雅大学	THE	—
		QS	284
		USNBGU	—
		ARWU	—
8	国油科技大学	THE	401—500
		QS	361
		USNBGU	889
		ARWU	—
9	马来西亚北方大学	THE	401—500
		QS	481
		USNBGU	—
		ARWU	—
10	管理与科学大学、双威大学	THE	801—1 000
		QS	601—650
		USNBGU	—
		ARWU	—

[1] "—"表示相应榜单未列入该学校。

175

从表 6.3 可以看出，2022—2023 年马来西亚十所大学在四大主流世界大学排行榜上表现较为亮眼；马来亚大学在四大排行榜上排名较为稳定，尤其在 QS 世界大学排行榜上排名靠前。

以 QS 世界大学排名为例[1]，分析马来西亚大学的表现情况可以发现，马来西亚高校在世界大学排名中有着积极表现，列入榜单的多为公立大学。[2]

马来亚大学的 QS 排名虽然连续三年下滑，从 2021 年的第 59 位，到 2022 年的第 65 位，再到 2023 年的第 70 位，但依然是马来西亚入围大学中排名最高的大学，在国际上享有世界级的声誉，也是众多留学生的首选大学之一。马来西亚博特拉大学是马来西亚著名的研究型大学之一，在 2023 年的 QS 世界排名中表现非常出色，从 2022 年的第 143 位上升到 2023 年的第 123 位。此外，马来西亚国民大学和马来西亚理科大学的排名均有所上升：马来西亚国民大学从 2022 年的第 144 位上升 15 位至第 129 位；马来西亚理科大学则由 2022 年排名下滑 5 位之后，在 2023 年升至第 143 位。国油科技大学 2023 年的排名也有所上升，从 2022 年的第 414 位上升了 53 位。马来西亚北方大学从 2022 年的 520 名上升到 2023 年的 481 名。泰莱大学和思特雅大学都是马来西亚著名的私立大学。这两所大学都从 2022 年的前 400 名飙升至 2023 年的第 284 名。管理与科学大学和双威大学同样是马来西亚著名的私立大学，他们在 2023 年的 QS 排名提升至 601—650。马来西亚工艺大学的排名连续两年下滑，从 2021 年的第 187 位，降至 2022 年的第 191 位，再到 2023 年的第 203 位。

总体而言，马来西亚大学在世界大学排行榜中的表现越来越好，高等院校发展呈积极向上态势。

---

[1] 总体而言，QS 世界排行榜数据最全最新，囊括了这十所大学的整体表现，因此以 2021—2023 年 QS 世界大学排名对马来西亚大学的表现情况做具体分析。

[2] 资料来源于 iqiglobal 网站。

三、高等教育结构与学制

马来西亚采用"6+5+2"的学制，即在进入高等教育阶段之前，学生须经历 6 年的小学教育、5 年的中学教育以及 1—2 年的中学延修课程或大学预科。高等教育阶段主要包括证书、文凭、本科以及研究生学习，其中本科学习包括学士学习和专业资格学习，而研究生学习包括硕士学习和博士学习（见图 6.10）。根据马来西亚教育相关法律所注册的所有马来西亚高等教育机构，其颁发的资格证书均受马来西亚资格框架（MQF）管辖。2007年《马来西亚资格法》规定成立马来西亚资格认证机构（MQA），其主要职责是实施 MQF。MQA 是马来西亚高等教育部的下属机构。

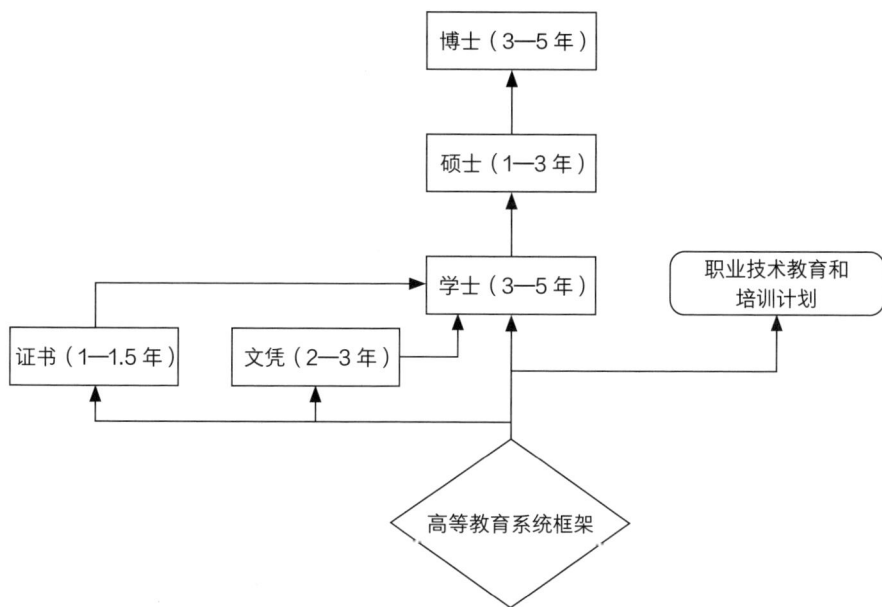

图 6.10 马来西亚高等教育结构与学制

MQF 规定，在经过认证的高等教育机构颁发学历之前，课程必须达到以下最低学分：证书 60 学分、文凭 90 学分、学士学位 120 学分、授课型硕士学位 40 学分；而研究型硕士和博士学位所需学分不定。基于 MQF 的不同级别的高等教育资格可以定义如表 6.4.

表 6.4 马来西亚高等教育资格框架 [1]

资格水平	部分		职业技术教育和培训计划
	学术		
	相应学位 / 证书	所需最低学分	
8	博士学位	—[2]	—
7	研究型硕士学位	—	—
	授课型硕士学位	40	
	研究生文凭	30	
	研究生证书	20	
6	学士学位	120	—
	毕业文凭	60	
	毕业证书	30	
5	高级文凭	40	高级技能文凭
4	文凭	90	技能文凭
3	证书	60	技能证书
2			
1			

[1] 资料来源于留学马来西亚网站。

[2] "—"表示未有规定。

除了从证书到博士学位的高等教育资格的学术途径外，马来西亚16岁及以上 SPM 的持有人或青年可以选择参加职业技术教育和培训（Technical Education and Vocational Training，简称 TEVT）计划，从而获得技能资格。TEVT课程为学生提供了获得技能资格的途径，其中包括马来西亚技能证书（1—3级）、马来西亚技能文凭（4级）以及马来西亚高级技能文凭（5级）。

四、录取与考核方式 [1]

（一）大学录取

在完成两年的高中教育后，学生将参加马来西亚教育文凭考试（SPM）。SPM 是所有中五学生（高中二年级）参加的国家考试，必修科目包括马来语、英语、伊斯兰教育（针对穆斯林学生）、道德教育（针对非穆斯林学生）、历史、数学和科学。从 2013 年起，历史与马来语成为 SPM 考试的必修科目。从 2016 年开始，英语也成为考试必修科目。未通过这些科目的学生无法获得 SPM 文凭。一般来说，高级文凭级别的高等教育适用于拥有中学文凭（如 SPM）、通常为 17 岁以上的学生；而学士学位需要大专学历，如 STPM 或 GCE A-Level 或其他同等的大学预科资格（学生通常为 19 岁以上）。这些学位课程通常需要 3—5 年的时间来完成。在获得学士学位后，学生可以继续攻读研究生。

---

[1] 除特别说明，本小节资料均来源于留学马来西亚网站。

高等教育（学术）证书、文凭、本科和研究生水平的一般入学要求如表 6.5 所示。

表 6.5 高等教育不同学历层次入学要求

学历层次	入学要求	预估年龄层
证书	具有 SPM 等中学学历	17 岁及以上
文凭	具有 SPM 等中学学历	17 岁及以上
学士学位	具有大专或大学预科资格，例如 STPM、GCE A-Level 等	19 岁及以上
硕士学位	具有学士学位	成人
博士	具有硕士学位	成人

此外，马来西亚大学预科、文凭、学位项目申请的一般入学要求也不尽相同，见表 6.6、6.7。

表 6.6 私立高等教育机构的一般入学要求

学历层次	一般入学要求
大学预科	SPM/GCSE[1] O-Level，含 5 个学分，或同等学力
证书	SPM/GCSE O-Level，含 1 个学分，或同等学力
文凭	SPM/GCSE O-Level，至少 3 个学分，或同等学力
一年级学士学位	STPM/GCE A-Level+ 英语水平或同等学力

---

[1] GCSE（General Certificate of Secondary Education），普通中等教育证书。

表 6.7 公立高等教育机构的一般入学要求

学历层次	一般入学要求
大学预科	SPM 学历，至少 5 个学分
文凭	SPM 学历，至少 5 个学分
学士学位	• 具有 STPM 资格的毕业生 • 具有 STAM 资格的毕业生 • 持有教育部预科证书或公立大学"基础项目"资格的毕业生 • 持有认可的文凭资格 [英语语言要求：至少在马来西亚大学英语测试（MUET）中达到一级]

（二）大学申请和大学评分标准

1. 大学申请

在马来西亚，申请公立高等教育机构，例如预科、文凭、全日制学士学位，学生需要通过中央招生机构、招生管理处、高等教育部等进行申请。有一个例外情况是马来西亚理科大学。该校经教育部允许可直接招收学生，因此，希望在该校攻读学士学位的大学预科学历的学生可直接向学校申请。

申请私立高等教育机构，例如大学预科、文凭和学士学位项目的学生需直接向所选机构申请。一般而言，私立高等教育机构每年会有几次招生。

2. 大学评分标准

马来西亚高等学校通常采用字母等级（A 到 F）、绩点（满绩为 4.0）或者类似变体来进行成绩评分，下面以马来西亚国际伊斯兰大学为例进行说明，见表 6.8。[1]

表 6.8　马来西亚国际伊斯兰大学评分标准

分数	字母等级	绩点
80—100	A	4.00
75—79	A−	3.67
70—74	B+	3.33
65—69	B	3.00
60—64	B−	2.67
55—59	C+	2.33
50—54	C	2.00
45—49	D	1.67
40—44	D−	1.33
35—39	E	1.00
0—34	F	0.00

3．慕课学分转换

马来西亚实行慕课学分转换制度（Credit Transfer for MOOCs，简称 CTM），即在校学生选修慕课平台上的课程并且成绩合格后，高校对其成绩进行认定，并转换为本校学分的一种制度。马来西亚是第一个出台慕课学分转换政策的国家，此前国际上还没有出现过类似的国家慕课学分转换指南。

马来西亚还从国家层面制定了相应的慕课学分转换政策。《2015—2025

---

[1] 资料来源于马来西亚国际伊斯兰大学官网。

年马来西亚高等教育蓝图》提出，马来西亚高等教育中的普通本科课程以慕课的形式开设，并且达到70%的项目使用混合式教学。从学士学位到硕士、博士学位的获得，均可进行慕课学分转换，这说明马来西亚慕课学分转换的覆盖面较全，而且各种教育（包括普通本科教育、职业教育等）也都可以进行慕课学分转换。马来西亚慕课学分转换的高度覆盖也体现了马来西亚高等教育国际化、现代化程度较高。[1]

五、国际交流与合作办学

（一）课程国际化

随着社会对高等教育的需求不断增加，国际教育规划研究所（International Institute for Educational Planning，简称IIEP）于2018年启动了"高等教育灵活学习途径的SDG 4规划"项目。为响应联合国教科文组织国际教育规划，马来西亚高等教育研究人员与国际教育规划研究所开展合作，在2021年推出了《马来西亚高等教育的灵活学习途径：平衡人力资源开发和公平政策》，针对马来西亚高等教育系统的现状提出了相应措施。

其中，为更好地实施高等教育国际化策略，方便学生"在地留学"，马来西亚高校与英美等国的著名高校进行"课程转移"合作办学，其课程大致可分为三类：双联课程、学分转移课程和远程教育课程。双联课程（于1980年开始推广）是指马来西亚私立高校与国外著名高校联合在本校实行"1+2""2+1"等合作模式，即学生分别在两所高校学习1—2年的时间。[2]学分转移课程则指马来西亚的高等院校与国外高校签订协议，承诺学生在

---

[1] 方旭，王娟. 马来西亚的高等教育慕课学分转换 [J]. 现代教育技术，2017（11）：85-91.

[2] 李小红，杨文静，经建坤. 马来西亚高等教育在地国际化的实践及启示 [J]. 高教探索，2022（5）：90-97.

学习协议中的部分课程后有资格申请国外高校并继续学业，最后成功获得国外高校的学位证书。远程教育课程主要是通过网络等信息化手段进行学习，学生在毕业之后可获得国外大学的毕业证书。来自英国、美国、澳大利亚、加拿大、法国和新西兰的各种高等教育机构通过与马来西亚私立高等教育机构的合作提供结对和"3+0"学位课程（于 1998 年开始推行）。截至 2021 年年底，皇家墨尔本理工大学、约翰斯·霍普金斯大学医学院、爱尔兰皇家外科医学院等世界一流大学已与马来西亚大学建立合作关系。此外，为了使课程设置更加国际化以方便学生交流，也为了增强对国际留学生的吸引力，马来西亚各高校大多采用英语授课来营造跨文化氛围，也为师生交流提供了语言媒介。

（二）合作办学

后疫情时代，高等教育"在地国际化"战略成为各国高等教育国际化发展的聚焦课题。为了更好地推动高等教育"在地国际化"战略实施，马来西亚高等院校扩大与国外高校的合作范围，建立友好合作关系。该战略实施的突出表现之一就是建立外国大学分校。

据马来西亚高等教育部资料显示，截至 2021 年年底，马来西亚共拥有 10 所外国大学分校，其中最早成立的是马来西亚莫纳什大学，于 1998 年成立；最年轻的外国大学分校是 2018 年建立的爱尔兰皇家外科医学院和都柏林大学马来西亚校区。全部外国大学分校名单如表 6.9 所示。

表 6.9 外国大学分校名单

序号	分校名称	成立时间	分校所在地	本校所在地
1	马来西亚莫纳什大学	1998	雪兰莪	澳大利亚
2	科廷大学马来西亚沙捞越校区	1999	沙捞越	澳大利亚
3	诺丁汉大学马来西亚校区	2000	吉隆坡 / 雪兰莪	英国
4	斯威本科技大学沙捞越校区	2004	沙捞越	澳大利亚
5	马来西亚纽卡斯尔大学医学院	2007	柔佛	英国
6	南安普敦大学马来西亚校区	2011	柔佛	英国
7	马来西亚赫瑞-瓦特大学	2012	布城	英国
8	马来西亚雷丁大学	2013	柔佛	英国
9	厦门大学马来西亚分校	2015	雪兰莪	中国
10	爱尔兰皇家外科医学院和都柏林大学马来西亚校区	2018	槟城	爱尔兰

厦门大学马来西亚分校（简称"厦大马校"）是第一所入驻马来西亚的亚洲知名大学，也是中马在高等教育领域合作的一个典型例子。厦大马校在马来西亚本地属于私立大学，采用全英文教学，学生群体主要为中国学生和马来西亚本地华人学生；马来西亚本地学生有很大一部分会因为本地公立大学竞争压力大而选择私立大学，而厦大马校也成为当地学生的重要选择之一。虽然与马来西亚的其他国际分校相比，厦大马校在教学设计、

科研能力等方面还有所欠缺，但在独有的国际化科研优势以及教学环境优良等种种因素影响下，厦大马校建校短短几年内在马来西亚的知名度和影响力不断提升，其建设发展也不断完善。此外，马来西亚也能借助厦大的声誉及在东南亚国家中的广泛教育网络，吸引更多外国学生前来深造。

（三）官方国际合作伙伴与项目

自《2007—2020 年国家高等教育战略计划》出台以来，马来西亚一直高度重视高等教育国际化的发展。在马来西亚政府的推动下，马来西亚高等教育机构与世界各国高校积极开展交流与合作，引进国外高校优质教育资源，吸取国外先进研究成果与经验等弥补国内教育资源短缺及不均衡的问题；将"走出去"与"引进来"相结合，不断优化高等教育的类型及层次结构；加强国际文化交流以提升高等教育国际化水平；致力于实现构建世界先进高等教育体系和建设亚洲高等教育枢纽的愿景。

马来西亚高等教育部通过开展各种宣传活动、参加或主办大型教育论坛，努力提高马来西亚高等教育的全球知名度；同时，通过提供高质量的课程和丰富学生的体验来提升国际学生的信任度。[1] 马来西亚高等教育机构与国外高校加强友好联系，陆续与不同高校建立国际合作伙伴关系并不断开展新的合作、研究与交流项目。最新进展之一是马来亚大学与阿联酋大学在国家优先领域签署了多项合作协议并共同资助了许多研究项目，从而建立了建设性合作的桥梁，以提高其全球声誉。2017—2022 年，阿联酋大学的教职员工和研究人员与马来亚大学的研究人员合作发表了 105 篇研究论文，主要涉及计算机科学、环境科学、医学和工程学领域。[2]

中国与马来西亚于 2009 年 11 月签署《中华人民共和国政府和马来西亚

---

[1] 王焕芝. 马来西亚对非高等教育合作策略、特点及挑战 [J]. 比较教育研究，2022（4）：88-95.

[2] 资料来源于阿联酋通讯社官网。

政府高等教育合作谅解备忘录》。两国国际交流与合作形式多样，如互设海外分校、设立马来西亚孔子学院、举办"中国–马来西亚高等教育论坛"等等，为中马高等教育交流与合作提供了诸多机遇。

长期以来，马来西亚高等教育机构也与英国高校保持良好的合作关系。以英国谢菲尔德哈勒姆大学为例，该大学与马来西亚东姑阿都拉曼大学于1999年建立了正式合作伙伴关系，为马来西亚学生提供了去英国学习的机会，获得东姑阿都拉曼大学高级文凭的学生可在英国进行一个学期的学习。

马来西亚教育部在非洲建立了若干个马来西亚教育推广中心。高等教育机构主要通过与非洲同行开展研究合作、建立国际分校和提供远程学习课程等开展合作。此外，马来西亚各高等教育机构也积极参加与非洲有关的会议和网络，加强马非高等教育互动，如亚非发展教育网络包括6个非洲国家和4个亚洲国家的21个教育文化机构，其秘书处就设在马来亚大学，旨在加强亚非大学、研究机构、卓越教育中心和非政府机构之间的文化交流与研究合作。[1]

六、高等教育管理部门及发展规划

（一）高等教育管理部门

马来西亚的高等教育管理采用类似于中央集权的体制。高等教育局负责马来西亚高等教育机构的运作，并由高等教育部管辖。高等教育部于2004年3月成立，对马来西亚在高等教育部门的发展和扩张有着象征意义。该部门曾两度取消，后又单独设立。高等教育部的成立符合马来西亚政府

[1] 王焕芝. 马来西亚对非高等教育合作策略、特点及挑战 [J]. 比较教育研究，2022（4）：88-95.

期望马来西亚成为卓越教育中心的愿景。[1]

马来西亚高等教育部包括高等教育局、理工学院与社区学院教育局、管理部门和发展部门，监督高等教育机构如公立大学和私立大学、社区学院、理工学院和其他参与高等教育活动的政府机构，如马来西亚资格认证机构、国家高等教育基金公司、东姑阿都拉曼基金会等。此外还负责确定战略方向，制定和评估政策框架。

（二）高等教育发展规划

随着马来西亚国内高等教育的发展和社会需求的变化，高等教育部也陆续推出新的政策，每项政策的侧重点不同，主要针对当下的高等教育状况以及未来发展方向。2015 年推出的《2015—2025 年马来西亚高等教育蓝图》的重点是通过再培训和提高技能提升终身学习机会，以满足不断变化的技能需求，挖掘人们除工作之外的潜力；2016 年出台的第十一个马来西亚计划的重点是将底层 40% 的家庭和其他弱势群体的高等教育学位比例从9% 提至 20%；2018 年高等教育部制定的"高等教育 4.0 计划"侧重于为第四次工业革命培养称职和熟练的劳动力；2019 年马来西亚"2030 年宏愿"则强调终身学习的现有政策。

《2007—2020 年国家高等教育战略计划》是马来西亚教育部在高等教育转型中采取的重大战略举措。该计划旨在满足国家的人力资源需求并改造高等教育，以使马来西亚成为亚洲高等教育枢纽。转型分为四个不同的阶段，分别为奠定基础阶段（2007—2010 年）、加强和提升阶段（2011—2015年）、卓越阶段（2016—2020 年）、辉煌和可持续发展阶段（2020 年之后）。该规划侧重于 7 个战略重点，即扩大入学机会、加强公平性，提高教学质

---

[1] 资料来源于留学马来西亚网站。

量，加强研究和创新，强化高等教育机构，推进国际化，宣传终身学习文化和进一步完善高等教育部的交付系统。

该计划概述了继续推动马来西亚成为国际卓越教育中心的措施和战略。其中的首要目标是确保马来西亚人将有更多机会获得可负担的优质高等教育，这将通过优化现有公立和私立高等教育机构的资源来实现。此外，理工学院和社区学院等高等教育机构将进行升级以摆脱仅提供技能课程的现状。

高等教育部还计划加强对科学技术的投资，进一步挖掘本国研究中心的潜力。马来西亚的国际化友好政策已成功促成其与许多知名外国大学建立合作关系，在马来西亚设立分校或学院。此外，高等教育部于 2011 年推出了高等教育国际化政策，以加速国际学生流入马来西亚，打造本土留学品牌。

第二节 高等教育的特点

一、教育法律体系与政策引导并重，规范教育发展

为了更好地发展高等教育，马来西亚教育部主张立法与政策引导并重。一方面，马来西亚于 20 世纪 90 年代颁布了一系列教育法令以构建高等教育法律框架，以此加强对高等院校的宏观管理与监督。马来西亚自 1996 年开始颁布了《1996 年教育法》《私立高等教育法》《国际高等教育委员会法》等一系列法律，并在高等教育发展过程中根据发展需求颁布新的法律以及对其中一些法律进行修订和完善，从而使高等教育在法律的保障下健康有序地发展。另一方面，马来西亚还制定了符合国家愿景的高等教育政策和

蓝图形式的制度框架。教育部不断完善相关政策体系并根据社会发展需求推出新的高等教育战略发展规划，以推进马来西亚建立世界先进高等教育体系的步伐。考虑到时代发展与国情的变化，马来西亚一直在推动高等教育进行系列转型以满足全球化、知识经济时代的需求和对高技能劳动力的相关需求。《2015—2025 年马来西亚高等教育蓝图》是当前马来西亚高等教育改革的核心指向，其重点是通过再培训和提高技能来提供终身学习的机会，以满足不断变化的技能需求，使马来西亚的年轻人能够在全球经济中提高竞争力。

此外，教育质量保障是高等教育发展的生命线和核心之一。马来西亚高等教育的国家质量保障机构是马来西亚资格认证机构（MQA），它是根据《马来西亚资格认证机构法》于 2007 年 11 月 1 日成立的，受高等教育部委托实施马来西亚资格认证框架，以认证高等教育课程和资格，监督和管理高等教育机构及其课程的质量和标准，建立和维护马来西亚资格认证系统并规定相关事项。[1] 实施对象涵盖公立和私立高等教育机构。该框架的实施意味着将有一个统一的系统来绑定和认证所有马来西亚教育机构授予的学位（包括马来西亚技能证书），并作为所有马来西亚国家资格认定的参考标准。

除了大学生源和人力资本培养的质量保障之外，马来西亚还引入了大学评级系统以监督和保障大学的教学质量。马来西亚的第一个评级系统——马来西亚高等教育机构评级系统（SETARA）于 2009 年实施，用以衡量马来西亚大学和大学学院的本科教学表现。评级结果采用六级分类标准，其中第六级被认定为"杰出"，第一级为"薄弱"。随后，另一个评级系统在 2011 年被引入——马来西亚私立学院质量评估系统（MyQUEST），它被用来评估马来西亚私立学院在学生、课程、毕业生、资源和管理方面的质量。评估系统将机构分为"优秀""良好""薄弱"三个等级。院校也会根据自己的成绩水

---

[1] 资料来源于留学马来西亚网站。

平得到一个评级，范围从 1 星（差）到 6 星（优秀）。这两个评级系统为学生和家长在选择高校和课程时提供了可靠的参考。[1]

二、高等教育市场化改革，实施大学自治与企业化转型

大学自治是建立现代化大学制度的前提之一。随着马来西亚高等教育体系的扩张和多样化，马来西亚政府逐步减少了对高等院校的直接干预和控制，转而加强了对高等院校的宏观调控和监督，扩大了高校的自主权，使马来西亚高等教育系统从政府主导向政府协调过渡。[2]

在 20 世纪 90 年代之前，马来西亚高等教育系统还处于国家主导的中央集权化体制下。90 年代的经济危机给马来西亚私立高等教育的蓬勃发展带来了机遇，但同时也对公立大学的发展造成了打击，导致公立大学的竞争力下降。为了改变这一局势，马来西亚从国家战略的高度对公立大学进行了自治改革，先后采取了公立大学企业化改革、建立特殊类型高等教育机构、提高大学人力资源的能力水平、推进质量保证机制建设等举措。经过自治改革，马来西亚的高等教育理念发生了转变，政府与公立大学之间的关系得以重塑，政府由管理主体变为监督和拨款主体，公立大学内部治理结构进一步优化，办学自主权扩大，公立大学的管理与运营呈现出新的气象。[3]

马来西亚大学自主权和治理效能的改进，尤以公立大学企业化改革的盛行为主要标志。自 1998 年 1 月开始，马来亚大学和另外 8 所公立大学开始进行企业化改革。公立大学企业化改革主要着眼于两方面：大学的财

---

[1] 资料来源于留学马来西亚网站。

[2] 黄建如. 马来西亚高等教育面向 21 世纪的改革与发展研究 [J]. 南洋问题研究，2009（4）：94.

[3] 王喜娟. 马来西亚公立大学自治改革及其成效 [J]. 外国教育研究. 2015（12）：57.

政和治理方式。一方面，企业化改革意味着公立大学需要通过创收来自主筹措资金（如吸引社会企业投资、向社会开放专业培训课程等），而非仅仅依靠政府拨款。另一方面，企业化改革也改变了公立大学的治理方式，使公立大学的管理层结构更加倾向于企业，这有助于提高大学内部行政与管理的效率与效能。通过企业化改革，公立大学有了更加多样化的资金支持，在一定程度上摆脱了政府的控制和影响。社会力量开始进入大学的组织权力机构，促使马来亚大学采取更加灵活的内部治理结构和招生政策，这对促进社会团结和民族平等也有所裨益。公立大学企业化反映了政府要求高等教育机构不断地获得稳定的外部资金以减少对政府依赖的趋势。

值得一提的是，马来西亚公立大学虽然进行了一定程度的企业化改革，但是这种改革是在政府严重干预的背景下进行的，导致马来西亚公立大学虽有一定的自主性，但仍然高度依赖政府资源。因此，马来西亚公立大学的发展历程受当时马来西亚政府政策、国际趋势等的综合影响，具有阶段化特点。政府对高等教育的重视和大量资金投入促进了马来西亚高等教育的迅猛发展，其发展反过来也推动了马来西亚的社会经济发展。

三、注重创业教育，构建创业教育生态系统 [1]

随着马来西亚国内外政治、经济环境等因素的变化，政府逐渐意识到创业教育对缩小需求与资源信息差、提升人力资源质量、改善就业环境和推动建设知识经济等的重要作用。为此，马来西亚政府将推进创业教育纳入国家战略中，制定了多项政策保障创业教育的实施。《2015—2025 年马

---

[1] RAHIM H L, KADIR M A B A, ABIDIN Z Z, et al. Entrepreneurship education in Malaysia: a critical review[J]. Journal of technology management and business, 2015, 2(2): 4.

来西亚高等教育蓝图》为高校实施创业教育做出了系统全面的规划：在保证学生掌握专业知识和技能的基础上，进一步促进学生的全面发展，同时更加注重培养学生的创业精神、创造力思维和解决问题的能力，激励学生勇于承担对自己、对他人、对社会、对国家的责任。在国家政策的指导下，创业教育也得到了马来西亚大多数高校的广泛认同和积极响应，并进行了卓有成效的探索和实践。

玛拉理工大学是马来西亚创业教育发展的先驱。马来西亚的创业教育始于1982年6月由玛拉理工学院[1]引入的"旅游企业家"课程，该课程主要是为了在学生中建立对创业机会的认识。1988年，玛拉理工学院又引入了一门完整的创业学科，称为"创业基础"。"旅游企业家"和"创业基础"的实施不仅标志着马来西亚创业教育的出现，也是向高等教育机构的学生规范化、系统化地传播创业知识和培养其创业技能的一个起点。

为系统化推进创业教育发展，教育部建立了专门的创业教育组织机构——马来西亚中小企业发展研究院。马来西亚各高校依托该机构积累了丰富的创业资源，并有效利用这些资源开展类型丰富的创业教育活动，探索并实践了多样化的创业教育发展途径，主要分为四大类：开设创新创业培训及相关课程，开展创业活动；设立创新创业及政策研究中心，搭建内外交流平台；重视高层次创新创业人才和创业教育师资的培养；注重创新创业与信息科学相结合，建设高校科技孵化器。从高校创业教育的各类探索与实践中可以发现，创业教育着眼于学生的全面发展，在注重学生综合素质发展的基础上，重点强调学生运用知识和转化知识的能力。[2]

此外，在不断的探索与实践过程中，创业教育生态系统在马来西亚高等教育系统中也逐渐形成。马来西亚的创业教育生态系统分为外部和内部两个主要因素，如图6.11所示。由图可见，创业教育与高校管理、知识经

---

[1] 玛拉理工大学的前身。

[2] 何妍娇. 东盟国家高校创业教育对我国的启示 [D]. 南京：东南大学，2018.

济之间联系紧密，并对国家社会发展起到关键作用。

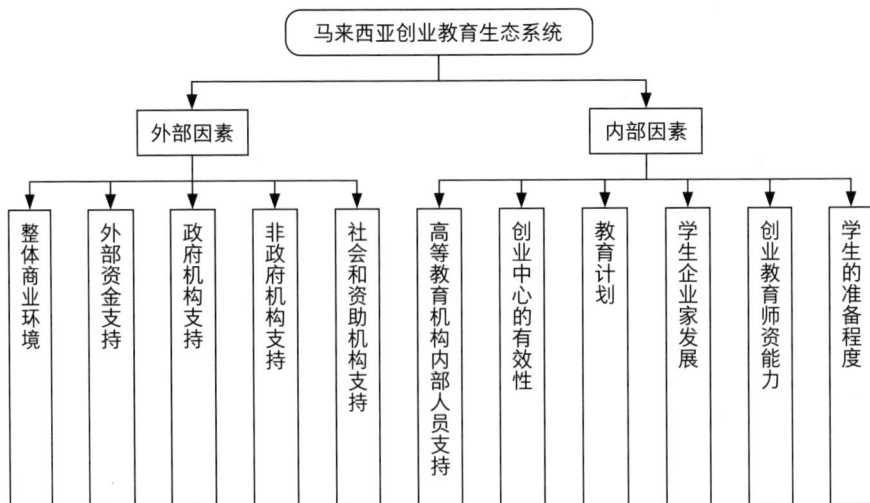

图 6.11　马来西亚创业教育生态系统

四、坚持高等教育对外开放战略，建立亚洲高等教育枢纽

自 20 世纪 90 年代以来，马来西亚长期坚持高等教育对外开放战略，通过高等教育的市场化、国际化、私有化以及公立高校企业化运作等加大对外开放和改革力度，致力于建设区域卓越高等教育枢纽。在政府的支持和引导下，对外开放助力高等教育改革的巨大能量得到体现，取得了包括提高毛入学率、吸引国际留学生、吸纳世界知名大学在境内建立分校、增强高等教育国际竞争力等系列显著成就。目前，已有来自英国、澳大利亚等国家的 10 所大学在马来西亚开设分校，它们大多分布在首都吉隆坡周边。

此外，马来西亚也一直在宣传自己地区教育中心的形象，以便许多发展中国家能够以较低的成本受益和享受优质教育，并防止本国学生外流到英国、美国、澳大利亚、新西兰、加拿大和新加坡等教育费用昂贵的地方。教育也被视为一种有竞争力的商品，对吸引外国投资并获取经济利益至关重要。随着贸易协定从跨境措施转变为国家内部对某一部门的监管措施，国内法规必须在规则和流程方面越来越符合国际最佳做法。这些规则还必须同时符合最惠国待遇和国民待遇的要求。考虑到未来贸易自由化与国内法规的相互作用，让利益攸关方参与政策制定、政策变化以及这些法规的实施或实践变得愈发重要和紧迫。[1]

在枢纽愿景中，私立高等教育被视为国家重要收入来源和吸引外国直接投资的手段。国库控股是马来西亚的国家主权财富基金，也是马来西亚政府的战略投资控股公司，其投资领域涉及广泛，马来西亚财政部对其持有 100% 股权。[2] 为此，政府利用财政激励措施，通过建立分校来吸引外国直接投资进入高等教育部门，建立亚洲高等教育枢纽成效显著。

五、高等教育中的马来语建设

语言是民族文化的载体。马来语是马来人和马来西亚的象征，是马来人文化传统的传承载体，是团结不同民族的重要纽带，是马来西亚与国际进行文化交流的重要媒介，也是马来西亚与世界联系的重要桥梁。

高等教育中马来语的建设具有阶段性的特点。在英国殖民时期，英语是马来西亚高等教育中唯一的教学媒介语。从 1970 年开始，马来西亚高等教育机构语言教育政策的基本特点是公立高等教育机构都尽量用马来语教学，以便实现马来语逐步取代英语的目标。进入 21 世纪之后，马来西亚政

---

[1] MALAKOLUNTHU S, RENGASAMY N C. Policy discourses in Malaysian education[M]. Malaysia: Routledge. 2016: 26-27.

[2] 资料来源于维基百科网站。

府多次调整高等教育机构的语言教育政策，使其具备了开放性和多元化的特点。

事实上，马来西亚高等教育中的马来语建设一定程度上是保证马来人社会地位的一种手段。因此，马来西亚政府采取了一系列措施，加强国民对马来语的掌握。例如，从 1970 年开始，申请进入大学或师范学院的学生必须达到马来语"优等"的条件；所有想去海外大学深造的学生其马来语成绩同样必须达到"优等"。这些教育措施极大地推动了马来语的学习和使用，使马来语的重要性不言而喻。马来西亚国语政策的实施彻底打垮了殖民时代"英语至上"的社会心态，牢固地树立了国语的核心地位。国语核心地位的牢固确立归根于国家坚定不移地实施国语教育政策，更归功于执政者强烈的民族语言意识。[1]

此外，马来西亚各高校也采取了多样化的手段与途径来推动高等教育中的马来语建设。第一，在校园中强化马来语的使用。比如，开展各类马来语宣传教育活动、举办各类马来语比赛、在课堂上尽量使用马来语进行教学。第二，加强马来语的模拟和数码出版，给予马来语出版物特殊认证。第三，加强马来西亚大学学者与国际学者之间的文化交流，增加学者的学术成果在国际范围被引用的数量。[2]

总而言之，高等教育中马来语建设是马来西亚语言教育政策的直接体现，而政府对马来语的重视也体现了语言在教育中的重要作用。坚持马来语在教育领域的建设是马来西亚政府一贯的信念与目标，而且政府也不希望任何其他民族的语言挑战并替代马来语的核心与权威地位。

[1] 王烈琴，李卓阳. 马来西亚语言教育政策及其对汉语国际推广的启示 [J]. 渭南师范学院学报，2019（11）：32-38.

[2] 连进军. 马来西亚与菲律宾高等教育发展的比较研究 [M]. 福州：福建人民出版社，2005：186-187.

第三节 高等教育的挑战和对策

一、高等教育面临的挑战

（一）在国家建构中采取族群化教育政策，影响准入和公平

马来西亚是一个多族群、多元文化的国家。在20世纪70年代，马来西亚政府为了消除各民族在政治、经济地位方面的差异，提高马来族群的社会地位而提出了"新经济政策"。"新经济政策"的核心思想之一就是族群化。政府将教育作为重组马来西亚社会的一种手段，特别是在高等教育层面，实施了各种平权行动政策，以减少民族间教育成就的差异。这些政策旨在通过提高大学招生中的民族配额，以及提供奖学金和贷款，为马来人创造更多机会。马来西亚支持马来人的平权行动和再分配政策被认为在20世纪八九十年代成功地创造了一个繁荣、和谐、多民族的社会，并减少了马来人的贫困。[1]

"固打制"的施行是"新经济政策"在公立大学优化马来族群的主要政策。当时马来西亚大学生族群比例失衡，华人学生过半而马来学生只占三分之一，为了保障马来族群的受教育权，平衡大学生族群比例，马来西亚政府推行了极具争议的招生政策——"固打制"，即按照族群人口比例来分配招生名额。政府还将海外非马来族群的学生也纳入招生名额中，致使公立大学中马来学生的比例普遍超过配额。此外，马来亚大学采用以马来语为主、英语为辅的双语教学，并要求学生毕业前必须通过马来语考试以证明自己具备一定的马来语沟通能力。"固打制"政策的施行压缩了公立大学

---

[1] MUKHERJEE H, SINGH J S, FERNANDEZ-CHUNG R M, et al. Access and equity issues in Malaysian higher education[J]. Policy discourses in Malaysian education, 2016: 45-46.

非马来族群学生的生存空间，造成了大量华人学生的流失，甚至引发了一股以华人为主的精英移民潮。

此外，"固打制"的施行在一定程度上也影响了大学招生的公平性，导致大学招生水平的下降；在民族配额制的影响下，许多非马来族群学生即使成绩优异，也无法获得相应的优质教育资源。这一制度的影响以及社会人力资源需求的增加推动了私立高等教育机构的蓬勃发展。私立大学的建立不仅满足了社会对于高级技术人力资源的需求，同时也提供了更多的大学名额（特别是对非马来族群学生），拓宽了大学的准入门槛，使大量学生能够获得高等教育机会。

虽然"新经济政策"于 1990 年结束，但族群化思想的影响，特别是在教育、就业和经济方面对马来人的优惠待遇，在之后的国家政策中依然存在。族群政治与新自由主义意识形态的相互作用在马来西亚的多族群社会中明显盛行。由此可以得出，马来西亚的高等教育政策是外部影响和内部力量相互作用的产物，其政策制定带有本国特色，即"民族化的新自由主义"。[1]

（二）高等教育人才培养与行业发展需求联结程度不足

高等教育的目的之一是为社会经济发展提供高质量人才。自 2016 年以来，尽管马来西亚高等教育毕业生的就业率稳步上升，但失业率也很高，出现了大学生就业难问题。究其原因，除了解决问题的能力差和缺乏职业礼仪外，关键在于大学毕业生没有充分掌握雇主所期望的技能，也就是马来西亚高等教育机构培养的人才与雇主需求存在脱节。为使大学生毕业后能够尽快适应变化多端、形势复杂、竞争激烈的社会环境，马来西亚政府

[1] LEE M N N. Malaysia's higher education policies: impact on access, quality and equity issues[M]//JOSEPH C. Policies and politics in Malaysian education. Malaysia: Routledge, 2017: 127-143.

在高等教育系统内全面推行创业教育，以塑造大学生的创业精神或企业家精神，培养创业素养，锻炼创业技能。

创业教育的发展一定程度上缓解了高等教育人才培养与行业发展人才需求失衡的情况，但现行的理论教学与实践模式与培养学生成为具有创新意识和创业技能的综合性人才的要求还存在一定差距，需要寻求有效解决的新途径。此外，部分高校的教学缺乏明确的规划和系统化建设，其中课程设置、教学资源和资金支持是制约能否实现高等教育良性发展的关键因素。因此，如何解决教育教学的有效性、课程设置的科学性、消除高等教育人才培养与行业发展需求之间的信息差问题是高等教育发展面临的重要课题。[1]

（三）高等教育在线学习发展存在数字鸿沟

在马来西亚，大学学习的概念已经扩展到通过远程教育提供文凭和学位课程。这种远程教育系统的最初目的是为那些正在工作或想增加更多知识的人挖掘发展职业生涯的潜力。远程教育和在线学习为学生提供了一个混合学习环境。

由于新冠肺炎疫情，马来西亚政府行动管制令于 2020 年 3 月中旬实施，导致高等学校全面转向在线学习，这在带来发展机遇的同时产生了一系列问题。总体而言，在线学习面临四大挑战，即网络设施落后、上网成本高、学习环境差、学习效率低；其中最突出的表现就是数字基础设施及教育资源发展不平衡所形成的数字鸿沟。

尽管马来西亚的互联网普及率超过 80%，但西马和东马之间的基础设施差距巨大。农村地区的教师还面临着确保在线培训与学习课程顺利进行的挑战。这进一步阻碍了优质教育资源的提供，特别是在沙巴和沙捞越的农

---

[1] 孟凡淇，马彬彬. 马来西亚高校创新创业教育实现途径及启示 [J]. 创新创业理论研究与实践，2020（8）：97-98.

村地区。实体和数字基础设施以及综合在线学习设施的缺乏阻碍了教育的全面发展。[1] 这也是在线学习发展最突出的问题。

二、高等教育的应对策略

（一）加强数字基础设施建设，在教育中拥抱科技 [2]

马来西亚高等教育部已经开始实施马来西亚高等教育数字化计划。该计划符合《2013—2025 年马来西亚教育蓝图》中关于高等教育部分的规定：全球化在线学习，重点是使在线学习成为高等教育和终身学习的组成部分；同时建立必要的数字基础设施，以加强学术界大规模提供在线学习的能力。

数字化计划的主要目标是以全面和综合的方式加强高等学校的数字生态系统，旨在通过创新和新技术的使用，为所有群体扩大接受数字高等教育的机会，丰富沉浸式学习体验。除此之外，数字化计划设立六个重点领域，即治理、学术卓越、数字能力、基础设施和信息结构、研究与创新、文化。

数字化计划的举措包括充分利用学习管理系统、开放教育资源和开放课件来支持在线学习。高等教育部允许高等学校同时使用同步学习和异步学习模式，以确保教学和学习的进行没有任何中断。同步模式指学生通过观看在线直播课程进行同步学习；异步模式指学生可以在空闲时间观看录

---

[1] Policy Planning and Research Division, Ministry of Higher Education Malaysia. Higher education report: Malaysia[R]. Malaysia: UNESCO National Commission in alliance with higher education institution(s) or other organisations, 2022, 4 (28): 9.

[2] Policy Planning and Research Division, Ministry of Higher Education Malaysia. Higher education report: Malaysia[R]. Malaysia: UNESCO National Commission in alliance with higher education institution(s) or other organisations, 2022, 4 (28): 11.

制课程，其次是聊天室和在线会议等较短的互动课程。在线学习促进了以学生为中心的学习和个性化的学习体验，极大提高了学生学习的自由度。

（二）多角度制定可持续的教学理论与实践模式

随着时代的发展与国情变化，马来西亚高等教育的发展也与时俱进，从多角度出发探索可持续的教学理论与实践模式。

一是积极构建和完善"产学研"一体化协同机制。积极利用和拓展校内外、国内外各级各类企业等资源来支持和拓展高等学校发展的外围，打通高等学校与行业之间的信息传输链，注重将科学研究转化为生产实践的过程，并促进学生的全面发展，提升其工作适应能力。[1]

二是重视高等教育师资队伍建设，注重国内师资培养与国外师资引进。教师是高等教育的主要实施者之一，优质的高等教育资源离不开师资质量的支持。一方面，可充分利用国际资源为国内教师提供深造机会，加强教师学术交流与研究合作；另一方面，可积极引进国外优质师资，与国外高校大量开展学术交流项目，通过远程教育等方式加强国际师资流动性，优化教育资源配置。

三是推进高等教育在地国际化，提升高等教育国际化水平。本土高校与国际高校设置多元化交换项目，打响本土高校国际知名度，打造本土留学品牌。通过国际合作建立国际网络对加强马来西亚高等教育在地国际化至关重要。马来西亚将"本土办学"与"留学本土"相结合，坚持政策体制与战略实践"两手抓"，全方面、多层次地促进高等教育在地国际化策略的实施，在引进国外优质高等教育资源的同时保障国内高等教育的质量与实力，以推动高等教育深入发展和国家实力不断增强。反之，随着马来西

---

[1] 孟凡淇，马彬彬. 马来西亚高校创新创业教育实现途径及启示 [J]. 创新创业理论研究与实践，2020（8）：97-98.

亚在高等教育领域成为更强大的参与者，有效的国际化也将为更多的国际合作和协作提供机会。

立国之本，教育为先。在马来西亚，教育在社会进步、经济发展、国家认同等方面都有着积极作用。马来西亚有着复杂的族群关系、多元的文化背景，马来西亚高等教育的发展一定程度上促进了族群团结与国家认同的建构。在发展高等教育的过程中，马来西亚政府从时代背景和国情出发，不断探索和调整教育政策以构建马来西亚特色高等教育体系。

马来西亚作为东南亚乃至亚洲地区高等教育发展的领先国家之一，其高等教育发展较快，虽然在战略实施过程中仍有不足，但总体而言积极推动了本国高等教育的改革与发展。马来西亚早期的高等教育深受西方国家影响，其国际化进程起步早、发展快。在新冠肺炎疫情的影响下，马来西亚高等教育的发展出现转折点，在线学习与国际化相结合实现了马来西亚高等教育在地国际化的发展增速。在推动在线学习大面积覆盖的过程中遇到了许多新的问题与困难，使其未来的发展也更加难以预测。如今马来西亚步入后疫情时代，众多高校已逐步恢复线下教学，但在线学习与国际化相结合仍是马来西亚高等教育发展的一大重点。

第七章 职业教育

职业技术教育和培训（下文简称"职业教育"）是马来西亚教育的重要组成部分，是一个以工作为导向的教育和培训过程，主要强调行业实践。它旨在培养某些领域的称职劳动力，其范围基于公认的职业标准，并强调实践的成分，同时包括心理运动技能和行业培训。

马来西亚引入职业教育的目的是为了满足行业需求并促进经济增长，与全球化、知识经济、技术进步和全球劳动力流动等趋势保持一致。以行业为导向的职业教育对于提供行业所需的熟练人力资本非常重要，有利于促进经济转型并实现跨越式发展，符合马来西亚 2020 年成为发达国家的愿景。

第一节 职业教育的背景、发展和现状

一、职业教育的背景

马来西亚的经济总量在过去数十年间得到了较为快速的发展，这种增长使得马来西亚从较为初级的商品生产国转变为主要的制造业中心。1993年，世界银行"东亚奇迹"将其评估为"高效的亚洲经济体"。因此，在

20世纪末，马来西亚的领导人认为马来西亚有望由中等收入国家转变为高收入国家，提出了"2020年宏愿"，即到2020年进入发达国家行列的愿景。而职业教育被视作为马来西亚经济发展提供人力资本的重要动力之一。

在马来西亚教育体制发展的初期，职业教育针对的群体是文化课能力差和学习较落后的学生，同时社会上通常认为职业教育的课程与学生最后的工作环境和职业需求并不匹配，因此职业教育的毕业生最终大多从事低级的工作，收取较低的劳动报酬，同时也没有接受高等教育的渠道和机会。走上职业教育的学生意味着他们的受教育经历也就到达了终点。[1]

为了改变职业教育既无法为学生提供终身教育发展的机会，也无法使社会获得专业素养较高的职业技术人员的状况，马来西亚政府在20世纪60—70年代末对职业教育进行了改革。改革目的是为了使劳动力供应与快速发展的经济增长相匹配。改革同时处于以下背景：中等教育和高等教育的入学率大大提高，接受职业教育的人数不足，而低成本的外籍劳工不能应对技术性的工作。职业教育为解决这一问题提供了方案。此外，马来西亚的教育系统在实践教学中仍然存在着短板，物理、数学等基础学科的绝对分数持续下降，职业教育也有望弥补这一短板。

支持职业教育的政策首先出现在1991年马哈蒂尔总理提出的第六个马来西亚计划中。计划提出将提振经济，使马来西亚在2020年进入发达国家行列。为了实现从中等收入国家向高等收入国家的迈进，以及人口技术素质和生活水平等多方面发展，马来西亚政府一方面逐渐加强职业技术教育和培训的财政投入，并在2009年成立了人力资本发展委员会，以进一步加强该领域的预算投入和管理；另一方面，政府与私营企业进行培训机构合作，以最大限度地扩大接受职业教育的人数，提高培训质量，并且更有针对性地满足自学者的愿望和需求。然而此时政府作为监管者仍然占据着绝对的主导地位，不论是私立机构或是公立教育系统中的学生还是已经工作的工人都

---

[1] 阿卜杜兰. 马来西亚的技术和职业教育 [J]. 中国职业技术教育，1993（4）：10-12.

不具备参与政策制定的发言权。因此，这是一项完全自上而下的政策措施。

与高等教育相比，政府投入在职业教育领域的资金占比较少，但是这一情况正在逐步改善。自 2009 年以来，政府推出的毕业生就业计划设立了适用于所有公立教育机构毕业生的人力资源基金，意在使毕业生获得更多的就业可能，并且扶持中小企业的发展。此外，国际组织也向马来西亚伸出援手。世界银行的《2030 年教育》对马来西亚的技术和职业技能发展给予了极大的关注，尤其是对学生能否负担得起优质的职业教育，能否成功就业，能否获得体面的工作与习得创业技术和职业技能，能否消除性别差异和确保弱势群体的受教育机会的关注，以此来促进公平、包容和可持续的经济增长，并向绿色经济和环境可持续性过渡，从而满足经济、社会和环境方面的多重需求。[1]

二、职业教育的发展

1964 年，马来西亚成立了两个公立职业教育院校为青年提供技能培训，即旧村（Dusun Tua）[2]青年和国家技能学院和吉隆坡工业培训学院。发展到现在，马来西亚有 1 000 多家公立职业教育院校提供各级各类职业技术教育和培训项目。[3]

一般来说，进入职业教育领域有两条途径：一是通过马来西亚教育文凭（SPM），二是通过中三评估（简称 PT3）。SPM 毕业生有机会继续学习，获得高级技能职业教育项目的证书或文凭。此外，针对对学业不太感兴趣的学生和教育系统之外的青少年，还有一个特殊的国家双重证书和培训系

---

[1] 资料来源于联合国教科文组织网站。

[2] 旧村原意为种植很久的果园。

[3] MUSTAPHA, R B. Skills training and vocational education in Malaysia[M]//SAMUEL M, TEE M Y, SYMACO L P. Education in Malaysia: developments and challenges. Singapore: Springer Nature Singapore PTE Ltd, 2017: 139-145.

统计划（SLDN 计划）。

SLDN 计划是在 2005 年由马来西亚人力资源部下属国家技术发展局推行，主推相关领域的私人企业参与政府对拥有专业知识、熟练技术的员工的培训计划。SLDN 计划课程的特点是兼顾课程、理论和实务，课程 70%—80% 的时间是让学员在参与计划的私人企业中实习，其余时间则在培训课程中心学习。完成课程后，学生可获得马来西亚技能证书。[1]

职业教育课程的毕业生比学术课程的毕业生能够更好地掌握知识和实践技能。这一优势有可能开辟更多的就业机会，吸引雇主为职业教育毕业生提供工作。

马来西亚的教育和培训体系分为三大部分（见表 7.1）。职业技术教育培养的是高级技术人才，而职业技能培训培养的是技术工人。这个教育体系不是彼此独立和线性的，学生可能会在这三个系统中转换学习。如图 7.1 所示，学生在完成小学教育后，可以从学术教育转入职业教育。参加职业教育的学生在三年内完成初等职业教育，他们的教育是与初等学术教育平行进行的，接受初等学术教育的学生可以在进入高中教育时，再次选择进入职业学校学习。而在高等教育阶段，学生可以在大学、学院和高等职业技术教育院校之间交流学习。在小学和初中阶段，学生可以学到简单的手工技能，对于进入初等职业教育的学生而言，他们除了学习核心课程，还进行大量职业技能训练，毕业后可以获得技能证书。而进入高中，除了语言、数学等核心学科之外，学生可以选修职业教育课程，包括工程、商业、农业等多方面的课程。对于高等职业教育的学生而言，他们拥有两条职业教育道路。一条是技术类学校，这类学校会提供更专业的技术技能培训，所培养的人才主要服务于电气工程、土木工程、机械工程、管理等领域。另一条则是职业类学校，这类学校门槛更低，学生学习基本的职业技能，并接受大量的基本职业训练。[2]

---

[1] 资料来源于升学信息中心网站。

[2] SUSEEA M, NAGAPPAN C R. Policy discourses in Malaysian education[M]. New York: Routledge, 2017: 88-93.

表 7.1 马来西亚教育和培训体系主要源流 [1]

源流	院校	工作类型
学术教育	大学及其他公立或 私立高等院校	管理类、专业类职业,包括技术性工作
职业技术教育	科技专科学校、技术学校和 社区学院	主管工作,包括技术助理和主管
职业技能培训	公立和私立技能培训机构	熟练和半熟练工作

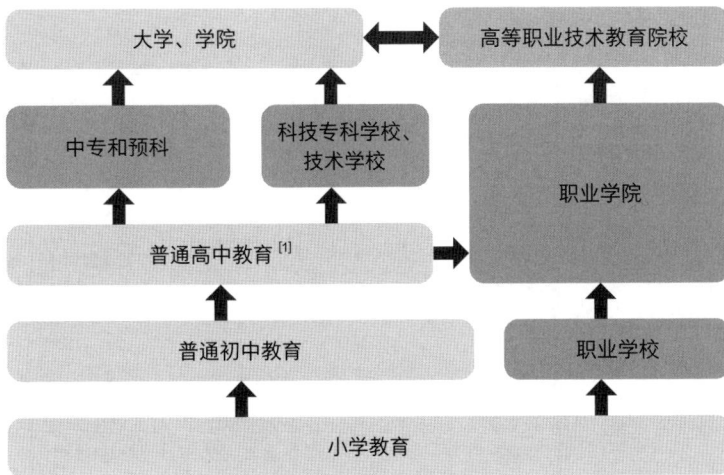

图 7.1 马来西亚教育系统路径 [2]

　　学生在毕业时会进行技术考核并颁发证书。职业教育的证书认证标准由人力资源部所领导的技能发展部门制定,称为国家职业技能标准(NOSS)。该标准在 2010 年已经覆盖 1 585 个职业的技能证书认证。职业技能证书与学术教育学历证书效力相同,可以作为教育资格认证和就业

[1] SUSEEA M, NAGAPPAN C R. Policy discourses in Malaysian education[M]. New York: Routledge, 2017: 88-93.

[2] SUSEEA M, NAGAPPAN C R. Policy discourses in Malaysian education[M]. New York: Routledge, 2017: 88.

资格认证，并且马来西亚政府近年来还强制要求工人和职员进行职业技能资格认证，否则将失去就业资格。

2000—2010 年，职业技术教育得到较大发展。2007 的《国家技能发展法》加强了职业技术教育与培训的监管框架，同时政府增加了职业教育的预算。负责职业教育证书认证的人力资源部成立了技能发展司，进一步细化对职业技术教育的管理。2005 年，政府建立了马来西亚资格框架，并在2007 年成立马来西亚资格认证机构进行监管。马来西亚职业教育监管结构见图 7.2。第十个马来西亚计划（2011—2015 年）强调政府与私营机构合作，以最大限度地扩大培训范围和提高培训质量。

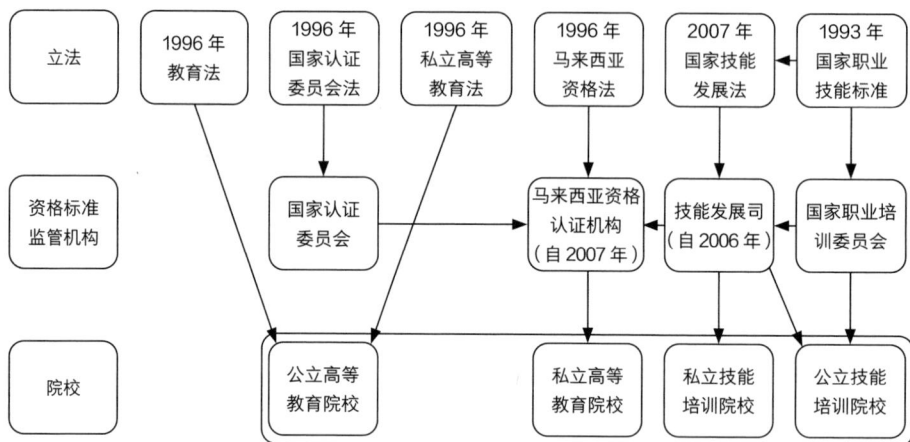

图 7.2 1989—2010 年马来西亚职业教育监管结构 [1]

马来西亚的职业教育满足了许多不同类型的行业和技术发展需求，其中包括自动化、电子电器、焊接、建筑、商业、设计等，其蓬勃发展有利于马来西亚的总体发展，尤其是工业化和制造业的发展。据统计，马来西亚的制造业销售价值继续保持两位数的增长，在 2022 年 11 月实现同比增长11.8%，达到创纪录的 1 592 亿马币。[2] 因此，职业教育也深受政府部门重视。

[1] SUSEEA M, NAGAPPAN C R. Policy discourses in Malaysian education[M]. New York: Routledge, 2017: 93-94.

[2] 资料来源于马来西亚统计局官网。

《2013—2025 年马来西亚教育蓝图》中推出的十项转变之一就是在与产业合作以保证人才供求的基础上，扩大职业技术教育与培训项目，培养高质量的职业教育毕业生。2022 年，职业教育领域从政府获得了超过 60 亿马币的资金。[1]

马来西亚也在第十一个马来西亚计划中计划培养全球 35% 的优质劳动力，相关人才将拥有相关专科以上文凭和较高级的资格证书，从而达到培养世界未来的建设者和创造者的目的。[2] 职业教育作为一个培养职业技术人才的协作系统正在迎接第四次工业革命和人工智能的浪潮，同时还须应对前所未有的科技变革。职业教育机构的目标是为"2020 年宏愿"培养 130 万名毕业生。综合以上，马来西亚政府在 2020 年预算中拨款 59 亿马币，以吸引更多学生参与职业教育课程培训。[3]

三、职业教育的现状

（一）学校数量

马来西亚职业培训机构数量众多，11 个部委监管 1 295 个院校（640 个公立、633 个私立和 22 个州政府所有）。每年，马来西亚公立职业教育院校（包括职业学院、理工学院、社区学院、工业培训机构、玛拉工艺大学和技术大学）估计有毕业生 200 000 名，但由于资质水平参差不齐导致工资都相对较低。[4]

---

[1] 资料来源于新统计时代发布网站。

[2] 资料来源于星洲日报网站。

[3] HONG C M, KEONG C, RAIHANA T, et al. Technical and vocational education and training: Malaysia's current scenario and barriers[C]. Young Research Quantitative Symposium, 2019: 20-25.

[4] MUSTAPHA R, HUSSAIN M A M. Vocational education and training in Malaysia[M]//SYMACO L P, HAYDEN M. International handbook on education in South East Asia. Singapore: Springer Nature Singapore, 2022: 1-28.

（二）职业教育政策实施路线

表 7.2 呈现的是马来西亚政府近年来有关职业教育的政策和实施，总体上看，马来西亚职业教育的战略举措较为多样和连贯，有利于实现长远发展的目标。

表 7.2 马来西亚职业教育政策实施路线 [1]

实施路线	第一阶段 （2015 年）	第二阶段 （2016—2020 年）	第三阶段 （2021—2025 年）
战略 1： 加强产业主导的课程内容	通过政府主导公司和经济走廊使机构与产业界建立合作关系	增加学生的实习和见习机会	在政府和社会资本框架下增加伙伴关系
	建立产业主导的课程和职业技术教育与培训银行	建立产业培训设施	增加产业界预先批准的职业技术教育与培训课程的数量
	在职业技术教育与培训课程中加入产业认证标准	增加产业-学术合作预算	增加在社区学院、理工学院和马来西亚技术大学网络的就业实习项目
	—	加紧招聘有经验的从业人员作为兼职人员	—
	—	加强社区-产业-学术界以及国际联系	—
战略 2： 创建综合、协调的治理结构	加强教育部职业技术教育与培训工作组的作用	将结果导向的方法制度化以优化职业技术教育与培训	落实所有理工学院的法定地位

---

[1] MOHD N M A, SYMACO L P. Education policies and practices in Malaysia[M]//SAMUEL M, TEE M Y, SYMACO L P. Education in Malaysia: developments and challenges. Singapore: Springer Nature Singapore PTE Ltd, 2017: 67-83.

实施路线	第一阶段 （2015 年）	第二阶段 （2016—2020 年）	第三阶段 （2021—2025 年）
战略 2： 创建综合、协调的治理结构	就确立马来西亚理工学院的法定地位，加强课程、行业伙伴关系，信息技术连接和基础设施制定全面的计划	为至少三所理工学院申请法定地位	将本国的职业技术教育和培训机构与区域和国际组织标准进行比较
	—	提高拥有行业经验和专业认证的理工学院讲师和培训师的比例	提高成本效益，提高教育部所有职业技术教育和培训机构的创收比例
战略 3： 简化资格认证	与其他部委和机构合作，制定单一的国家职业技术教育与培训资格框架	使职业技术教育与培训计划与最新的国家资格认证结构相一致	获得相关机构的国际认可
	制定国际认可的综合计划	加强教育部所有职业技术教育与培训机构的有效的和可行的学习途径，以优化人才潜力，提高认可度并促进各种学制和资格认证之间的衔接	制定职业技术教育与培训的无缝衔接制度
战略 4： 重塑职业技术教育与培训品牌	识别并引进高科技和高价值的方案	建立成功案例数据库	建立全国性的职业技术教育与培训数据库，包括学生、工作人员、课程、毕业生就业能力、校友、国际学生等数据
	重塑职业技术教育与培训的形象，使其成为对学生和家长而言有吸引力的选择	制定全面的计划以衔接项目、机构和不同层次的人群的协作	—

续表

实施路线	第一阶段 （2015 年）	第二阶段 （2016—2020 年）	第三阶段 （2021—2025 年）
战略 4： 重塑职业技术教育与培训品牌	提高国际声誉和品牌效应	建立资助机制，为国际合作和学生以及工作人员交流提供资金	—

（三）绿色职业教育发力

联合国教科文组织《2016—2021 年职业技术教育战略》提出了"绿色职业技术教育和培训"（Green TVET）战略 [1]，马来西亚也积极响应。马来西亚早在 2009 年 7 月就推出了国家绿色技术政策，以顺应可持续发展的总体趋势。国家绿色技术政策的战略重点三特别指出，政府需要通过增加培训和教育计划，将绿色技术课程和主题纳入学校教学大纲来加强绿色技术方面的人力资本开发（职业和技术），增加公立和私立高等教育机构中与绿色技术相关的模块和课程数量，倡议通过进一步的发展计划来提高半熟练劳动力的能力，并维护绿色技术领域合格人员的认证机制。

绿色主题的整合将在初级职业学习课程中提供关于绿色职业教育的初级知识和实践经验，培养更多绿色职业教育领域的合格劳动力，以满足国家绿色就业劳动力的需求。除了整合和开发与新兴绿色技术相关的技能课程，如太阳能电池板封装、风力涡轮机安装、水力发电技术等，政策还提倡为追求绿色技术项目的学生提供财政支持和财政激励，联系绿色技术项目的机构，使职业教育机构发挥更大的作用，以提高具有绿色技术能力的人员的就业能力。

通过根据马来西亚资格框架修订和调整课程，通用概念、技能和可持

---

[1] 资料来源于联合国教科文组织网站。

续发展理念被融入当前的课程中。修订和调整课程内容包括：在现有课程中纳入核心能力和加强绿色技术模块，例如建筑服务工程文凭、土木工程文凭、食品技术、农业技术和生物工业、旅游和酒店业。所有课程都包括绿色技术的新模块，如环境科学、水和废水工程与管理，以及环境污染与控制等。此外，大学社区教育部通过与汽车行业的战略合作，在马来西亚建立了混合动力和电动汽车技术培训中心。该中心将在2023年培养出大约1 200名在维护混合动力技术发动机方面技术精湛的汽车机械师，这不仅能推动马来西亚制定的电动汽车路线图的实施，也符合国家绿色技术政策，促进马来西亚汽车行业混合动力技术的发展。

但马来西亚职业教育机构对绿色技术和人工智能的关注仍然很少。超过90%的机构仍注重传统技能。[1] 马来西亚的职业教育需要通过绿色技术和人工智能在技术和数字方面取得进步。因此，第十二个马来西亚计划重申了几个关键点，包括利用新技术，数字高速公路应由5G、云计算、人工智能驱动和提供动力等。

在使马来西亚成为人工智能中心的过程中，职业教育与培训机构需要培养足够的绿色技术和人工智能技术人员和专业人员。崭新的职业技术教育与培训领导模式将基于数字思维和能力，在职业技术教育与培训领域培养本土人工智能人才，以符合国际标准。职业技术教育与培训机构需要与人工智能公司建立战略合作伙伴关系，除此之外，还应与各知名国际职业技术教育与培训机构和大学合作。各部委还在采取举措，增加职业技术教育与培训毕业生在本地和全球范围内学习绿色技术和人工智能的机会。

---

[1] 资料来源于新时代统计发布网。

第二节 职业教育的特点

一、政府在职业教育政策制定中占据主导地位

虽然在职业教育中，马来西亚政府采取的是公立和私立机构并行的方式，但是私立机构及其受教育者只能被动地接受政府所提供的教育体系和教育基金扶持，并且职业教育的资格认证也是由政府人力资源部门进行认证，同时所有就业者被强制要求持有职业相关证书才能就业。

这种政府主导方式有利有弊：一方面，政府认证的统一标准有助于加强职业教育的推广和权威化，进一步规范人力资源市场和加强管理；但另一方面，私立机构无法发挥自主权，削弱了市场竞争所带来的推动作用，同时受教育者也无法将自己的学习和就业诉求诉诸教育机构，使得政策与被管理者之间出现隔阂。

二、职业教育与学术教育认证平行

马来西亚政府为了改变人们对于"职业教育仅仅只能做低等重复的技能工作""接受职业教育的学生只能做蓝领"等偏见，并且提升职业教育水平，设置了学术教育和职业教育并行的教育系统。学生可以在学术教育的任何阶段转向职业教育，并且毕业时所获得的证书在就业时可以获得政策上的同等对待，见表7.3。

表 7.3 马来西亚职业教育证书文凭水平分类 [1]

水平	分类		
	技术教育	职业教育	高等教育
8 级	—		博士学位
7 级			研究生学位 / 文凭 / 证书
6 级			学士学位
			本科文凭 / 证书
5 级	高级技能文凭	高级技能文凭	高级技能文凭
4 级	技能文凭	技能文凭	技能文凭
3 级	技能证书 3 级	职业技术资格证书	资格认证
2 级	技能证书 2 级		
1 级	技能证书 1 级		—

实际上，职业教育证书的含金量仍然不及学术教育证书。职业教育的高级文凭仍然要低于学术教育的本科文凭 / 证书，并且职业教育证书的高级文凭无法体现高级技能人才技术水平的差异性。因此，为了实现职业教育和学术教育公平，马来西亚政府仍然需要进一步探索和发展。

三、职业教育系统具有连续性和层次性

职业教育系统从小学便开始向马来西亚学生灌输综合学科的理念和就

[1] 李建求，卿中全. "一带一路" 沿线国家职业技术教育概览（修订本）[M]. 北京：商务印书馆，2021：214.

业技能导向，学生在教育的不同阶段都可以转向职业教育，同时每一阶段的职业教育课程和技能培训是建立在前一阶段的成果之上的。该流程可以满足不同的学生在不同状况下的就业需求，而该系统的层次性则体现在其针对不同层次的学生有不同的教育方针。技术类职业的分类可以进一步细化人才培训，满足高技术人才和基础工人等多方面、多层次的人力资源需求。

综上所述，马来西亚的职业教育体现出政府主导、学历认证平等和连续性、层次性的特点，其宗旨都是为了满足马来西亚经济的进一步快速发展，服务于马来西亚政府建设发达国家的愿景。同时，职业教育的发展和改革也在改变社会观念、优化人力资源、提升国民生活就业水平、提升居民社会认可中发挥了作用。

四、重视提升职业教育的国际化水平

随着全球经济一体化，国际文化教育交流也越发频繁，马来西亚的职业教育与培训也积极开展国际交流：一方面，提供奖学金和学习贷款等项目鼓励各阶层留学；另一方面，通过国际合作办学来提高国际化水平。例如马来西亚与日本联合开办技术职业学院，类似项目的合作对象还有英国、法国、德国，使职业教育在国内也能走在世界前列。早在 2010 年，马来西亚政府就准许外资公司在马来西亚境内开办职业技术学校，并允许其拥有100% 的所有权。[1] 十几年来，马来西亚的职业教育通过国际交流不仅获得世界级技术，更重要的是培养了一批具备国际意识、接受多元化并懂得尊重与宽容的学员，而这些素养对他们的职业生涯将产生重大的影响。

国际化对于马来西亚各个层次的教育极为重要，参加技能竞赛便是其

---

[1] 资料来源于 thepienews 网站。

中一种有效途径。自从马来西亚在技能发展领域定下"要培养符合国际水准的职业教育与培训教师"的目标后，政府便大力支持职业教育教师参加国际性技能竞赛，如东盟技能竞赛、世界技能大赛，等等。

在这个过程中，马来西亚政府努力将本国开展的技术和职业教育体系与其他国家进行比较、复盘，旨在提升职业相关技术，使本土职业教育体系更具竞争力。通过扩大国际合作，包括学生交流、师资交流、智慧共享、结对子计划等活动，马来西亚与国外优秀学校建立合作联系，加强了现有的技术和职业教育体系。从长远来看，如果能够保持交流频率，马来西亚预计能够形成与发达国家相当的工作文化和技能水平。对国际交流的重视也在一定程度上使职业教育组织管理变得更加系统化，更加高效，使马来西亚的服务受到国际客户和企业的青睐，从而能够循环促进职业教育政策的发展以及为职业教育培训体系的毕业生提供更广泛的就业机会。

第三节 职业教育的挑战与对策

一、职业教育面临的挑战

职业教育作为一个培养职业技术人才的协作系统正迎接着第四次工业革命和人工智能的浪潮，同时还需应对前所未有的科技变革。职业教育机构的目标是为"2020 年宏愿"培养 130 万名毕业生，而本应增加到 13.4 万人的职业技能班的招生人数，目前只有 6.7 万人。[1] 由于职业教育面向多方主体、受多方影响，其发展受诸多因素阻碍，如社会地位不高和局限的发

---

[1] RIDZWAN C R, RUHIZAN M Y, Malaysia technical and vocational education and training history and transformation[J]. His arch & anthropol Sci. Malaysia, 2020, 5(5): 202-204.

展路径和前途等。多重原因叠加导致了职业教育在马来西亚教育系统中依然相对弱势并面临各种挑战。

（一）职业教育社会认可度低，质量有待提升

职业教育的发展通常会因社会的一些传统刻板印象而受阻，马来西亚社会整体上仍然对职业教育持有偏见，职业教育相比一般的学术型高等教育，其社会地位低且声誉不佳，民众普遍认为职业教育是低学历职业出路的象征。由于马来西亚的职业教育缺少良好的职业前景保证，家长普遍将职业教育视为迫不得已和走投无路的选择，同时认为只有持有学术型教育的学历证书才能保证毕业后获得地位和报酬较高的工作。在有条件选择的情况下，他们甚至根本不考虑职业教育。正是这种社会性的偏见降低了职业教育的门槛，限制了毕业生继续教育和专业发展的前景。另外，职业教育还被误认为是专门为辍学学生设置的，而非一项为就业市场培养技术工人的重要措施。

与此同时，职业教育质量不高也是导致职业教育认可度低的原因之一，这主要是因职业教育与培训机构并不强调培训内容和课程与产业需求的匹配以及政府经费不足造成的。同时，职业教育的质量监测和评估系统有待加强。即使对劳动力市场的需求做出了观察分析和预测，但当前的职业教育与培训课程仍然无法同市场中现有的就业机会相匹配，能跟上市场变化和技术更新的培训课程极少。职业教育与培训机构也很少跟踪其毕业生的就业状况、调查学员接受的培训是否符合当下的需求，更没有完善的反馈机制来提高课程和教材的质量。

此外，马来西亚资格框架是开发和分类资格认证的一个工具，它将职业教育与普通教育所能获得的证书和学历水平放在同一个资格框架中，阐明学习者已获得的学术水平、研究领域的学习成果和基于学习量的信誉系

统，这些标准被用于辨别私立及公立教育机构授予的所有资格证书。该框架由技能、职业和技术、学术3个教育部分，8个资格认证水平构成，框架中职业教育局限在中等教育，在高等教育层面的体现并不突出，这也在一定程度上间接导致职业教育认可度较低。

（二）职业教育学生兴趣待激发，发展前途受限

兴趣教育是决定职业教育质量极为重要的一环。事实上，每个学生都有自己的兴趣、才华和抱负，唯有选择适合个人的正确方向才能真正激发学生选择职业教育的兴趣，从而提高学生的信心和学习积极性。[1] 每个学生所具有的能力和兴趣都是不同的，根据学生的兴趣来识别学生适合的职业极为关键。但是，教师通常只关注那些有良好学术背景的学生，而具有较强职业天赋的学生很难被发现。因此，具有职业天赋的学生经常因没有受到关注，导致其才能、兴趣和意愿被忽视。

同时，着重于中等层次的职业教育一方面造成其质量难以提升；另一方面中等教育的局限性也削减了学生的兴趣和教师的激情以及职业教育相关方对职业教育的参与和投入程度，一定程度上也限制了职业教育的质量和发展前途。社会普遍将职业教育毕业生视为在某一方面的能力弱势也可能导致职业教育毕业生在工作上的不自信，[2] 从而无法正常发挥其教育成果，进而导致社会固化职业教育成果不佳的思维定式，并出现恶性循环。这造成了职业教育学生、学校数量少，职业教育发展前景不明朗等一系列问题。

---

[1] BAHTIAR R A, MUSTAPHA R, SHARIF A M, et al. Identification of vocational talent among students: theoretical perspectives[J]. Journal of Asian vocational education and training, 2015, 8: 45-58.

[2] ZELEKE T G. The social perception of technical and vocational education and training in Ethiopia: a critical review[J]. International journal of research publications, 2018, 3(1): 1-14.

（三）多头管理和标准不一，衍生诸多问题

除了上述情况，马来西亚职业教育还因形势复杂的多元管理和多种证书标准而面临许多问题。许多雇佣方不承认培训证书，因为有太多的部门和机构开办培训课程和颁发培训证书，且证书、标准和课程也都五花八门。教育部负责教育系统的整体管理，包括义务教育、中学教育、职业技术教育与培训、课程标准、教材、标准化考试等内容；高等教育部负责高等教育、技术专科学校、社区学院、学生贷款、认证及学生志愿者等事务；[1] 人力资源部负责劳动者的技能开发、职业安全与健康、工会、产业关系、劳资法庭、劳动力市场信息及分析，以及社会保险等事务。

单就政府机关而言，除了教育部、高等教育部和人力资源部，涉及职业培训的尚有州政府、青年与体育部、企业家发展部、农业发展部、农村及区域发展部等部门。至于私人培训中心、业界培训中心和民间团体培训机构就更是数不胜数。统一认证标准的缺乏使得学员的素质参差不齐。此外，各种培训机构各自为政，缺乏有效的协调，重复与分割的培训系统导致课程重叠、课程标准不一致等现象，也使学生和雇佣方无所适从。

二、职业教育的应对策略

针对以上挑战和国际职业教育发展趋势，马来西亚相关政府部门、职业院校和企业采取了诸多重要举措。

---

[1] 李俊，LAICS，白滨. 马来西亚职业技术教育的现状与挑战 [J]. 职教论坛，2016（36）：88-92.

（一）多举措改善职业教育形象，提高社会认可度

早在 2011 年马来西亚政府就宣布"马来西亚技术品牌重建运动"。此计划为国家经济转型计划项目，目的是让职业教育吸引更多的学生和社区。早期马来西亚教育部举办全国巡回展并在各种媒体发布相关信息，后来随着时代发展，通过一些新媒体软件来提供有关职业教育的信息，普及职业教育。马来西亚生产力机构（MPC）开发的 Telegram 也是推广职业教育计划的渠道。[1] 该计划强调拥有职业教育与培训资格的前景和优势，同时表示面对工业革命 4.0，职业教育将在就业市场受益匪浅，具有极大的潜质。在马来西亚教育部官方网站上，职业教育也是列在首页的项目，[2] 这从侧面表明了教育部对职业教育的重视，希望改善其社会性不良声誉，缓解其社会地位低下和认可度不够的情况。但是此类社会性的观念问题难以在一朝一夕解决，对职业教育的认可仍是一个缓慢但必须经历的过程。

职业教育学校也努力加强学生的升学途径指导和职业生涯规划辅导。为此，马来西亚教育部推出一系列措施，如重新培训学校的辅导教师，将相关的辅导课程纳入课表，出版关于学术型与职业型升学途径的解说手册并要求教师和学生人手一本，逐步为全国初中生建立个性化教育与职业生涯的档案，记录学生的兴趣、学术成绩与其他成就，从而帮助、引导学生升学和选择职业。

2019 年，教育、科学和技术研究部部长塞里·迈克尔·曼因在马来西亚沙捞越举办的世界技能大赛闭幕式上表示，职业教育为毕业生提供了获得技能和改善就业前景的机会。沙捞越每年培养 3.5 万—3.8 万名具有 SPM资格的毕业生，其中约 2 万—2.5 万人将继续在大专院校深造，或在职业教育院校接受技能培训；但大约 1 万—1.5 万人没有继续深造或接受培训，而

---

[1] 资料来源于 bharian.com.my 网站。

[2] 资料来源于马来西亚教育部官网。

是直接进入就业市场，通常是从事薪酬较低、晋升无望的工作。曼因表示，这种情况对个人和国家都是巨大的浪费，因为各行各业都有很多接受技能培训的机会，但真正接受培训的人却很少。由此可知，职业教育的学历仍然被社会大众划归为低等的学历，社会性的改观还需通过长期的宣传和引导来改善。

（二）优化职业教育治理结构，统筹协调提高效率

为了解决多头管理缺乏协调的问题，让职业教育的框架结构更加合理，马来西亚政府和私立机构联合建立新的治理结构。在这一新的治理结构之下，所有相关部门得以进行整体的监管与协调，以保障职业教育的课程开发、绩效管理、培训方案以及经费等多方面的事宜得到有效解决。在这样一个体系下，不同部门指导下的职业教育与继续教育的路径将被打通。[1]

马来西亚政府通过制定法令以协调部门之间的工作，改进职业教育与培训的框架，理顺垂直升学通道，打通各部门与机构的横向连接，提供多元化的课程和灵活的筹资机制。例如，马来西亚人力资源部成立了技能发展司，其主要职责包括协调和监督所有相关部门和机构，评估培训的需求，制定、修正与批准国家职业技能标准，落实国家培训认证计划，整合技能培训系统以及提供技能培训学习指南和研究计划指南。同时，还出台了《国家技能发展法》，意在确保技能发展司充分发挥其职能。法令对国家技能开发委员会的职责，培训机构的批准、权利、义务和监督，学员技能认证的通过或撤销等都做了详细说明。

《国家技能发展法》一方面使公立和私立教育机构有了统一的教育标

---

[1] LEONG P C. Key reforms in revitalising technical and vocational education and training (TVET) in Malaysia[C]// Regional conference on human resource development through TVET as a development strategy in Asia. 2011: 4-5.

准，可以制定更加协调统一的教育方针和培养方案，也使学生的毕业证书具有了统一的效力。技能发展司和企业部门可以通过该证书直接使学生与职业岗位对接，实现学生从教育到就业的连续过渡，提高了人力资源的使用效率。另一方面，该法对技能教育认证的标准有助于规范教师聘用，并稳定和提升教育质量。此外，政府相关部门、企业和私立机构可以通过国家职业培训委员会、技能开发委员会等组织实现对话，为教育者和被教育者提供反映诉求的通道，进一步加强施政者和被管理者之间的联系。

此外，由于 2020 年全球疫情的影响，很大一部分的课程转为线上网课，2023 年马来西亚推出了职业学院的线上申请通道，职业学院也将更加关注职业教育与技术培训方面，为初中毕业生提供更多继续深造的机会。政府还鼓励学校组织学生参加职业技术教育与培训，从而保证学生在学业结束后顺利就业。[1]

（三）革新学制和人才培养模式，提高职业教育现代化水平

马来西亚政府为了培养符合工业革命 4.0 的优秀成熟且符合市场需求的职业学院毕业生，实施职业教育转型以改变职业教育的格局。教育部秘书长尤思然·沙·穆罕默德·尤瑟夫在 2021 年 9 月表示，职业教育转型的实施是为了让职业教育成为中流砥柱，社会的各个需求方最大限度地利用职业教育计划的延伸，同时也能够进一步提高人们关于职业教育对国家经济增长重要性的认识。[2] 政府期望职业教育转型能够降低学校系统的辍学率，增加成熟的人力资本，以助力整个国家的发展。国家教育政策一方面可以满足现在和未来的人力资源需求，同时也符合马来西亚转型成为发达工业化国家的愿望。因此，重要的是提供符合政府和私营部门在生产、旅游、

---

[1] 资料来源于 2023 年职业学院和 SMT（表面贴装技术）技术培训学校在线申请指导宣传网。

[2] 资料来源于 bharian.com.my 网站。

服务等特定领域需求的教育。因此，这项政策不仅能在数量上满足人力需求，更能在质量上满足人力需求。

在《2013—2025年马来西亚教育蓝图》初步报告中，马来西亚教育部提出了"职业转型计划"。该计划包含两大内容：一是增加开设基础职业教育院校，二是将职业高中改成职业学院。

在年级划分上，同原来的学制相比提前一年引入基于技能的课程。由此，学生可以根据自己的能力选择感兴趣的领域，尽早接触更适合自己能力的领域。此种分流方式也是对技能感兴趣的学生的替代性选择，这样他们就不会因为盲目或匆忙地选择了不太感兴趣的领域而辍学，也使得更高层次、更深入的教育更适合每一个人的发展方向。

曾经的职业高中学制为2年，就读学生须与学术型的学生一样考取马来西亚教育证书。职业中学改成职业学院后，学制变成4年，学生不必参加马来西亚教育证书考试，而是参加人力资源部技能发展司的国家技能认证考试，毕业时可获得马来西亚技能文凭（4级）。此外，职业学院的课程内容改为30%的学术核心课程与70%的职业技能培训，还包括7个月的实习期；同时引进了学徒制教学。[1] 教育部在2021年还根据各个州的优势特色行业开设了特色职业学校项目，促进相关龙头企业与职业学院结成合作伙伴关系。[2] 职业学院负责输送优秀学生进行实践学习，企业提供相关实践实习岗位，同时将获得聘用毕业生的优先权和最为直接的招聘渠道，而政府则为合作企业提供减税优惠。

此外，职业教育还需要注重培养高等教育乃至终身教育文化。教育会对个人的一生产生深远的影响，不应仅限于学校层面的学习。在马来西亚的教育部和政府官网，职业教育虽然总体上被划归为二等教育，但职业教

---

[1] Ministry of Education Malaysia. Malaysia education blueprint 2013—2025[R]. Putrajaya: MOE, 2012.

[2] 资料来源于马来西亚教育部官网。

育的深入研习在教育部的考量下同学术型教育一样重要。[1] 高等职业技术教育主要涉及科学和技术专科教育，学生完成职业学院两年的学习后可获得三级以上的技能证书，四年可获得学位，技术专科的项目为期三年，之后还能够选择研修，进入科技大学获得学士、硕士和博士学位。[2]

现代教育不仅仅是为学生提供基础课程，还旨在与时俱进，尤其是在技术层面，需要不断学习精进，同时社会需要为每个有兴趣丰富自身知识和提高自身技能的人提供机会。因此，需要创建继续教育计划，以便为任何想要提高知识和技能的个人提供额外的培训。额外的技能对于现代人适应当前的技术发展是必要的，这样人们的眼界知识才不会落伍。马来西亚社会不能单纯满足于简单的中等和技术教育，需要了解高等教育课程的重要性，以国外高等教育项目的成功经验为指导，打造本土高等职业教育项目。

（四）根据市场变化调整职业教育体系，改善师资，加强合作

马来西亚教育专家把职业市场分为"初级劳动力市场"和"次级劳动力市场"。前者需要劳动者经过长时间的培训，掌握较高的专业知识技能，后者仅需要劳动者具有有限的资格或接受短期培训、掌握重复性操作。技术职业型学校的培养重点放在次级的简单重复的劳动力市场。即使在过去很长一段时间，职业教育系统仅被视为未获得马来西亚初级教育文凭的学生的唯一出路，但现在由于培养优质工人的压力，其功能不得不发生变化。

马来西亚的职业教育需要根据马来西亚对人力资源技能水平的需求与时俱进，但直到现在还没有一个单一的体系可以作为解决问题的最佳方案。市场的需求总是随着最新的技术发展而变化，这导致职业教育系统需要一

---

[1] 资料来源于马来西亚政府官网。

[2] 李建求，卿中全. "一带一路"沿线国家职业技术教育概览（修订本）[M]. 北京：商务印书馆，2021：212.

种更加动态的解决方法。"2020 年宏愿"旨在使马来西亚成为一个现代化的发达国家，一个兼具公平、道德、理性并具有特色的工业社会。但在发达国家的形成过程中，职业教育体系需要能够培养出在身体素质、情感精神、智力能力等方面都做好准备的学生，职业教育体系也需要随之不断地改善和提高。

同样，随着初中评估考试的实施，职业教育系统中的教师评估标准也需要进行一定的更改。为了培养更优质的学生，教育工作者需要首先提高自身素质并优化教育方式，注重实践和理论平衡教学，但又要有所侧重。职业教育系统的教学和学习过程中所采用的要求和考核方式也需根据马来西亚市场和社会企业的需求进行改良。

尽管自疫情以来马来西亚面临由于旅游业受挫导致的经济下滑和政治动荡，但教师仍发挥着不可或缺的作用。事实上，面对全球化的快速发展，教师的工作变得更加重要和具有挑战性。尽管马来西亚正面临关键的经济时刻，但创造劳动力的任务必须继续进行。为了加强技术和职业教师的教育体系，有必要为职业教师创建一门课程。马来西亚正效仿德国，通过综合成效来分析教师课程教学方式，以使教学方法变得更加高效。例如，提高职业教师的报酬并进行长期而全面的培训，从而让有能力和受过高等教育的候选人加入职业技术教学行业。

在认证方面，马来西亚政府成立了国家技能发展咨询委员会和技术咨询委员会，颁布了国家职业技能标准。国家职业技能标准共分为三种证书（五个等级）：马来西亚技能证书（1—3 级），马来西亚技能文凭（4 级），马来西亚高级技能文凭（5 级）。在职业教育师资方面，政府规定职业院校的教师必须要有在企业实践的经历，以防止形式化的教学；同时政府鼓励生产学习相结合，鼓励企业的高级技师参与职业院校兼职任教，担任职业学院学生的导师。

此外，为了更好地促进与私营部门的合作，政府与私营部门签署协议提供技能培训。在政府的经济转型计划下，若干项合作倡议得到了执行，其中就包括加强职业教育与产业界的合作，如产业领导者被要求指导相应产业部门的职业技术教育发展，产业界有经验的工作人员快速转岗成为职业教育培训师，技能开发基金被用来支持高质量的私营培训机构等。

第八章 成人教育

　　随着全球化进程不断深化和科技变革的加速，在经济社会发展方面，各国愈加注重经济与知识的紧密结合，纷纷加大对人力资本和培训的投资，成人教育便是其中的一个典型领域。作为当今世界重要的发展中国家之一，马来西亚日渐认识到成人教育对长久地促进经济发展和培育所需的技术性人才起到至关重要的作用。马来西亚数十年来所取得的社会经济进步是全世界有目共睹的，其发展经验也值得其他发展中国家学习与借鉴。本章从马来西亚成人教育的发展与现状、特点与经验、挑战与对策几个方面着手，探析马来西亚成人教育的发展状况。

　　描述成人参与的学习教育活动有多种术语。例如，成人教育，联合国教科文组织较早对其进行界定，在1976年举办的成人教育会议中提出："代表具有全部有组织的教育历程，而无论其内容、水准及方法如何，无论是正式还是非正式，无论是学校教育的代替还是学校教育的延长，其目的都在于帮助成人发展潜能、充实新知、改进技术与提升专业资格，导引其新的发展或使其在态度或行为上产生改变。"[1] 除"成人教育"一词外，还有"终身教育""继续教育""终身学习"等术语。成人教育与终身学习之间的联系在联合国教科文组织的《贝伦行动框架》中有所体现，其中规定：成

---

[1] 资料来源于联合国教科文组织网站。

人学习和教育是包括正规、非正规和非正式学习在内的终身学习过程的一个组成部分。[1]

马来西亚关于促进终身学习发展的专门政策文件《本位化——2011—2020年马来西亚终身学习战略蓝图》对终身学习做了如下界定：除职业化学生以外的15岁及以上的个人所经历的学习。而职业化学生是指在学校、学院、培训机构和大学，目标在于学习后首次进入职场的全日制学生。该蓝图所划分的成人的学习和教育的类型与《贝伦行动框架》相一致。本章使用"成人教育""终身教育""终身学习"等泛指成人参与的学习与接受的教育的总体内容，不对其进行严格区分。

第一节 成人教育的发展和现状

马来西亚成人教育的发展与其历史和经济发展存在高度联系。本节从马来西亚成人教育的历史着手，厘清其成人教育如何与国家发展历史同频共振。

一、1900—1956年：成人教育萌芽期 [2]

马来西亚最早的成人教育始于14世纪以来伊斯兰教的广泛传播。宗教与文化传播相互交织，而其实现的主要场所便是当地的清真寺和祈祷室。

---

[1] 资料来源于联合国教科文组织终身学习研究所网站。

[2] AZMAN N, AHMAD A R. History, trends, and significant development of adult education in Malaysia[J]. Journal of historical studies, 2006, 7(2): 66-82.

同时当地人也可以在一种叫"庞多克"的学校接受更为系统的全日制宗教教育。"庞多克"学校由著名的宗教学者授课，可用的教学设施非常有限，同时也没有固定的教学大纲，学生围坐在教师身边聆听教导。除了宗教教育之外，其他成人教育形式也包括马来西亚传统"武术"和手工艺的培训。马扎纳·穆罕默德通过研究发现，马来西亚的传统格斗术大师将格斗术技巧传授给当地人；而在马来半岛的东海岸各州，传授黄金、白银和铜饰制作工艺也非常常见。同时，织花布和蜡染制作工艺也代代相传。

推广成人教育是振兴经济的重要手段。在此时期，成人教育的主要关注领域是农业，并随着 1905 年马来西亚农业部的成立而出现。[1] 这时的成人教育重点关注种植业，包括教授农民新的作物种植技术等。在第二次世界大战后，当地政府出台一系列政策振兴农业，促进出口原材料和当地人的消费品生产，此时农业部持续向农民提供教育机会。与此同时，技术培训也得到发展。1906 年，马来联邦工程部下属的一所学校成立，为铁路和公共工程部门培训人才。1933 年，该校被纳入教育部管理，并向公众开放其课程。

殖民者的到来改变了当地的成人教育目标，这一点可以从英国和日本占领期间马来西亚的教育制度中窥见一斑。1940 年，英国殖民者在马来西亚的主要城镇中推广一种叫作"夜校"的成人教育班。[2] 然而，当马来西亚在 1941 年落入日本侵略者掌控后，日本士兵在城镇和大型村庄为成年人开设了日语课程，这是该国第一次大规模举办成人教育班。由此可见，此时的成人教育是殖民者在马来西亚寻求政治经济利益的有力工具。

---

[1] ASMUNI A. A study on development strategy of agricultural extension: Japan and Malaysia as case studies[D]. Matsuyama: Ehime University, 1993.

[2] AZMAN N, AHMAD A R. History, trends, and significant development of adult education in Malaysia[J]. Journal of historical studies, 2006, 7(2): 66-82.

二、1957—1980 年：成人教育初创期 [1]

1957 年独立后，马来西亚的主要目标是建设和发展国家。政府认为应该用一种更积极的手段处理殖民时期的遗留产物，开始着手制定马来西亚计划。1965 年，马来西亚启动了第一个马来西亚计划（1966—1970 年），其中教育和培训是此计划的主要内容之一。在此期间，马来西亚政府提出了教育的基本目标，以促进国家建设、普及教育、扫盲和经济发展。这一时期的目标如下：巩固国家教育体系，促进社会、文化和政治团结；提供教育设施，特别是中学教育设施，以满足不断增长的学龄人口的需要；推动教学设施多样化，特别是在农业和工业科学技术领域。通过制定"新经济政策"，政府将农业列为优先发展事项，努力通过提高收入水平、创造更多就业机会以纠正民族间的经济不平衡，为消除农村贫困做出贡献。这一时期，马来西亚政府成立了许多新的机构，如马来西亚农业研究与发展研究所（1969 年）、农民组织管理局（1971 年）、国家畜牧业发展管理局（1972 年）和渔业发展管理局（1971 年）。此时成人教育发展方案的主旨是通过推广方案和培训提高农民的生产力和收入，同时向农民传授农业技术。由于担心当地土著群体缺乏参与的热情，政府还设立了会计、商业、统计和速记等实用的专业课程。

成人扫盲方案于 1961 年由马来西亚国家和农村发展部成人教育司制定。该方案旨在消除公民中的文盲现象，主要目标有以下几点：培养国家观念和国家意识，促进国家团结，推广忠诚和爱国主义精神，促进民主，消除贫困和落后。在成人扫盲方案的推动下，当地开设了两类课程：非马来人的马来语课程和马来人的罗马文字书写课程。成人扫盲方案被认为是马来西亚在非正式成人教育方面的第一次重大尝试。迄今为止，方案中成人教育与扫盲相关观念在马来西亚人中仍有很大影响。

---

[1] AZMAN N, AHMAD A R. History, trends, and significant development of adult education in Malaysia[J]. Journal of historical studies, 2006, 7(2): 66-82.

在成功实施成人扫盲方案后，成人教育司更名为社区发展司。根据社区发展司的安排，《基本扫盲方案》于 1970 年被《功能性扫盲方案》取代，后者有三个基本组成部分，基本交际技能，即读、写、算；生活和职业技能；经济、公民和政治意识。课程内容包括家庭生活、经济和收入、健康和公民意识。根据农村转型政策，社区发展司的目标是开发人力资源潜力，以创建一个发达的、有吸引力的和自足的农村社区。具体而言，社区发展司是政府主要的成人教育提供部门之一，通过在家庭生活、营养、健康、创业、宗教、功能识字和职业培训等领域的推广工作和培训向公众提供成人教育。

第二个马来西亚计划（1971—1975 年）和第三个马来西亚计划（1976—1980 年）为 20 世纪 70 年代的马来西亚发展制定了路线。在此期间，政府出台了为期 20 年的"新经济政策"。"新经济政策"有两个主要目标：消除贫困和调整社会结构。在教育和培训部门，"新经济政策"以及第二和第三个马来西亚计划的主要目标是：储备强大的人力资源；促进国家完整和统一；将教育作为促进国家发展的有效手段；创建一个基于民族意识形态的原则。

20 世纪 70 年代的成人教育十分注重促进国家的团结。1971 年民族团结部成立，该部通过"民族团结课"的形式向公众提供成人教育。这种课程着重强调公民意识、社会责任、共同价值观等道德要素，同时还通过手工艺、家务、汽车修理等课外活动来丰富其形式；[1] 政府还将语言视为促进民族融合和团结的重要工具。1963 年《国家语言法》出台，推动了政府行政机构和教育系统内部由英语向马来语的转变。与之相应，70 年代的成人教育也强调帮助马来西亚公民熟练掌握本国语言。

除了推动民族团结之外，此时的成人教育同样注重高质量劳动力的培养，力图建设一个更加现代化的、进步的社会。各政府部门为工作人员提

---

[1] AZMAN N, AHMAD A R. History, trends, and significant development of adult education in Malaysia[J]. Journal of historical studies, 2006, 7(2): 66-82.

供各种能力培训，以满足他们的专业需求。培训机构包括劳动和教育部、铁路管理局、电信部门、排水和灌溉部门、马来西亚广播部门、兽医部门和海关部门。[1]

1972年成立的国家公共行政学院是马来西亚在成人教育领域所做努力的又一里程碑。该学院是当时领先的成人教育提供机构，根据国家培训政策在企业职工的培训和发展中发挥了作用。国家公共行政学院的使命是通过提供高质量和专业的学习机会，发展世界一流的公共部门。国家公共行政学院提供四类课程，普通课程、必修课程、定制课程和国际课程，内容包括财务管理、质量管理、政策制定和实施、计算机和信息技术、高级管理等。

工业部门的工人和辍学者同样也可以接受成人教育与培训。1970年，中央学徒委员会成立，负责全国各培训中心的技术培训。工人和辍学者可以从这些机构中接受培训而掌握特定技能。同时期成立的国家少年先锋队为没有接受高等教育或没有正规培训资格的青年提供各项成人教育培训。

为了保障职业技术院校的课程质量，国家工业贸易认证委员会于1971年成立。该委员会制定了适用于23个工业行业的标准，并改进了职业院校的教学大纲和课程结构。1972年，国家咨询委员会成立。该委员会由公共和私营部门代表，负责协调全国的整体职业培训。此外，成人教育培训师由1984年成立的教师和技能培训进步中心负责培训。在马来西亚广播电视部的领导下，教育节目占据了当地电视和马来西亚广播电台各25%的播出时间。教育方案涵盖了与民族语言、文化、农业、卫生、书法、家政和伊斯兰教相关的领域。为了促进阅读习惯的培养，城镇公共图书馆提供书籍，农村地区则提供流动图书馆服务。

在此期间，一些非政府组织成立。这些非政府组织可分为两大类：第一类侧重于健康、政治、家庭、环境、司法和社会问题等领域；第二类则关注

---

[1] MUHAMAD M, OMAR O. Education in transition: scenario of a developing nation[P]. 1998 Comparative and International Education Society (CIES) Conference, Vancouver, Canada, 1998.

青年、妇女、儿童和消费者等群体的利益。这些非政府组织得到了政府部门、私营部门和独立机构的支持和赞助。马来西亚第一个非政府组织是 1973 年成立的马来西亚消费者协会。它是一个自愿的、非政治的公民组织，旨在为公众提供正确的消费观念和消费知识等。由于资源有限，马来西亚消费者协会开展的大多数成人学习项目都是通过与其他组织，特别是政府部门合作来实现的。

1957—1980 年马来西亚成人教育发展的主要政策和行动见表8.1。

表 8.1 1957—1980 年马来西亚成人教育发展主要政策 / 行动梳理

年份	政策 / 行动	主要意图	教育形式
1965	第一个马来西亚计划	促进国家建设、扫盲	—
1971	新经济政策	纠正民族间的经济不平衡，消除农村贫困	将农业列为优先发展事项
1971	成立民族团结部	促进民族团结	民族团结课
1972	成立国家公共行政学院	为企业培养高质量劳动力	普通课程、必修课程、定制课程、国际课程
1973	成立马来西亚消费者协会	为公众提供正确的消费观念和消费知识	与其他组织，尤其是政府部门合作

三、1981—2000 年：成人教育成长期 [1]

20 世纪 80 年代，第四个马来西亚计划（1981—1985 年）和第五个马来西亚计划（1986—1990 年）实行。其中，第四个马来西亚计划对教育

[1] AZMAN N, AHMAD A R. History, trends, and significant development of adult education in Malaysia[J]. Journal of historical studies, 2006, 7(2): 66-82.

提出了如下目标：进一步提高教育和培训效率，以满足人力资源需求，实现马来西亚政府 1981 年制定的经济政策。第五个马来西亚计划旨在实现以下教育目标：促进民族团结；促进科学技术、管理和相关技能的创新和培训，以促进未来国家发展；强调职业和技术教育，以满足人力资源需求以及道德和宗教教育；开展对低收入群体的教育培训，以促进社会流动。

在这十年之中，马来西亚已经从一个以农业为基础的国家发展成为一个以制造业为基础的国家。某些特定的重工业，譬如汽车制造业和钢铁产业已经建立。工业化转型也要求成人教育提供更多的专业知识人才，以满足国家经济发展所需。

成人教育在这一时期的变化也较为显著。首先，政府继续投资扩大和建立主要培训机构，以满足培养熟练劳动力的需求。在职业培训方面，马来西亚国家工业贸易认证委员会制定了涵盖 53 个基本和高级行业的课程和考试标准，这是国家职业技能标准的前身。其次，私营部门开始参与培训。在此期间，超过 250 家私营培训机构成立，提供各种商业、农业和贸易课程的培训。这是私营部门参与成人教育的转折点，标志着马来西亚成人教育产业化及商业化的开端。

与此同时，农业相关的培训仍旧在成人教育中占据一席之地。20 世纪 80 年代初，在世界银行项目的资助下，马来西亚在四个地区建立了四个新的农业推广培训机构，这些机构被称为区域农业推广培训和发展中心。此外，马来西亚各州还建立了 28 个推广分中心，以鼓励农民每两周参加一次培训课程。农业部还成立了 6 个农业研究所用于培训技术人员。1981—1985 年，共有 1 769 人在农业研究所接受了培训，同时约有 2 700 名推广人员在推广中心接受了推广、人类发展和农场管理方面的培训。[1]

---

[1]　ASMUNI A. A study on development strategy of agricultural extension: Japan and Malaysia as case studies[D]. Matsuyama: Ehime University, 1993.

20 世纪 90 年代，第六个马来西亚计划（1991—1995 年）和第七个马来西亚计划（1996—2000 年）实行。90 年代初的教育和培训目标如下：为个人提供适当的知识和技能，培养具有强烈道德感和伦理价值观的、负责任的公民；打造一支技术能力强的劳动力队伍，增强马来西亚经济的竞争力；为消除贫困和社会结构调整做出贡献；以正确的生活和工作态度塑造个人，使其成为更好的马来西亚人，并使其具备到 2020 年使马来西亚成为发达国家所需的知识和技能。

在第七个马来西亚计划期间，教育和培训的目标是培养一支知识渊博、技能娴熟、懂计算机、积极性强的劳动力队伍。这支队伍不仅道德水平要高，并且要认同一套对保持生产力和技术水平至关重要的工业价值观。为实现上述目标而采取的措施见表 8.2。

表 8.2 第七个马来西亚计划期间教育主要措施

序号	措施
1	提高现有机构建立新机构的能力，特别是在科学、工程和技术领域
2	在配送系统中扩大现代技术和计算机的使用
3	通过扩大设施和远程学习计划，改善无障碍环境，增加各级参与
4	改善高等教育设施，培养更多专业人才，并通过公司化和其他方式改善高等院校的财务管理和运营
5	加强高等院校内部的研究与开发，并与当地和外国研发机构合作
6	增加科技人力，特别是研发人力
7	推广积极的价值观和正确的态度，提高学生的创新、沟通和分析能力
8	加强马来语在所有学校的使用，同时培养具备英语能力的劳动力
9	鼓励私营部门对教育和培训进行更多投资，以补充公共部门的缺口

在这一时期，马来西亚进入了工业经济时代，技术在提高经济竞争力方面变得至关重要。成人教育在此时期被讨论最多的一部分是将其课程内容扩展到新的工业领域。在商业部门，会计、商业和金融等应用课程很受欢迎。而就工业部门而言，所需的关键培训领域是自动化制造，高端材料，电子、生物技术和信息技术等。

1991年1月，马来西亚政府公布了"2020年宏愿"。为了实现"2020年宏愿"，政府还制定了以下九项战略：建立一个具有共同命运感的国家；建立一个心灵上得到解放、安全和发达的马来西亚；促进社会民主；建立一个有完善道德和伦理准则的社会；建立一个成熟、自由、宽容的社会；建立一个科学、进步的社会；营造充满关爱的社会和文化氛围；确保建立一个经济公平的社会；建设一个繁荣发展的社会。

教育一向被视为促进民族团结、社会平等和经济发展的重要手段，也是促进和加强民族融合的工具，通过在不同民族之间凝聚"命运共同体"意识，来消除种族偏见，并推广马来语的使用。此外，教育也被视为促进社会流动的一种重要手段，在为经济增长提供人力资源方面发挥着重要作用。除了正式教育外，非正式教育也有助于实现上述目标。

随着各种国家和行业计划的制定，在马来西亚，成人学习的重要性得到了进一步强调。基本上，成人教育由政府提供，接受成人教育的主体为农村居民。因此，政府为发展成人教育划拨了大量预算。为了实现生产力驱动型经济的愿景，政府也鼓励私营企业更多地参与到成人教育领域中来。国家职业培训委员会成立于1995年，引入了新的贸易技能标准，称为国家职业标准，以确保成人教育按照行业要求培养熟练劳动力，并确保培训机构的毕业生在相关领域能够具备相应的能力。

1996年成立的人力资源发展委员会规定，私营公司必须为员工的职业发展培训拨付出一定的资金，保障企业员工享有职业发展的机会。

这一时期，马来西亚政府采取了多种措施，例如在1992年颁布《人力资源开发法》以及于次年设立人力资源开发基金，使私营公司有机会获得该基金拨款，用以资助其员工培训。根据《人力资源开发法》，制造业和服务业中有 50 名以上工人的雇主有义务缴纳人力资源开发税。这一规定间接导致私立培训中心的数量迅速增加。据估计，1997 年，全国约有 9 000 个私立培训中心和私立高等教育机构。在该基金的支持下，私营公司得以为其员工制定有效和系统的培训方案。许多私营公司开展了基于工业和生产力的培训。自人力资源开发基金设立至 1995 年，该基金共计 1.397 亿林吉特用于培训 63.91 万名工业工人。[1] 大多数主要的私人培训中心都与大型企业组织有关联，如电力或公共设施公司、教育公司、商业银行、航空公司和石油公司。

大型公司一般都建立了设施完备的培训机构，尤其是在马来西亚，许多银行都有自己的培训中心，如马来西亚土著银行培训中心和马来西亚银行业培训中心。成立于 1992 年的马来西亚国家石油公司管理培训中心是马来西亚领先的私人继续教育机构之一。该机构旨在为马来西亚国家石油公司的员工提供培训和职业发展规划。此外，它还向其他外部组织提供培训咨询服务和培训计划，与国际教育机构合作提供国际管理课程。

另一个值得一提的例子是马来西亚航空学院。该学院隶属马来西亚航空系统，经马来西亚人力资源发展委员会和旅游部批准。马来西亚航空学院为马来西亚航空系统员工以及当地航空公司和其他国际公司的官员提供航空及相关科目的培训。总之，由于市场需求较高，私人培训机构提供的课程通常是个人和组织发展所需的课程，因此课程通常是定制的，培训机构和客户双方可以讨论和决定教学主题、教学时间、教学大纲、教学方法、授课费用等内容。

在此时期，政府继续制定特定的成人教育计划，发展和培训专业技术

---

[1] AZMAN N, AHMAD A R. History, trends, and significant development of adult education in Malaysia[J]. Journal of historical studies, 2006, 7(2): 66-82.

人员，为商业和工业部门培养人才。一个名为马来西亚土著商业和工业团体的特别项目成为"新经济政策"的代表性案例，项目重点是通过各种土著商业和工业团体的支持计划，帮助马来西亚土著企业家创办企业，以及发展有竞争力的中小企业家群体。项目通过培训提高企业家的技术知识水平和管理能力，并在企业家发展部等政府机构的支持下，深化其对商业合作重要性的认知。1992 年启动的《国家农业政策》（1992—2010 年）特别关注农民企业家的发展。农业部还在第七个马来西亚计划期间设立了面向工商人士的项目，旨在培训和发展农民企业家。

20 世纪 90 年代末，马来西亚遭遇亚洲金融危机。然而，由于政府实施了有效的货币和财政政策，经济状况较快好转。2000 年，马来西亚经济恢复到正常增长水平，物价相对稳定，失业率较低。同时贫困水平显著降低，人民生活质量显著提高。这与成人教育质量的提升也有一定关系。

1981—2000 年马来西亚成人教育发展的主要政策和措施见表 8.3。

表 8.3 1981—2000 年马来西亚成人教育发展的主要政策和措施

时间	政策和措施	主要意图	教育形式
20 世纪 80 年代初	成立区域农业推广培训和发展中心	帮助消除农村贫困	农民每两周参加一次培训课程
1992—1993 年	出台《人力资源开发法》，成立人力资源开发基金	促进私营公司培训劳动力	私营公司为其员工制定有效和系统的培训方案
1995 年	成立国家职业培训委员会	确保成人教育按照行业要求培养熟练劳动力	引入国家职业标准
20 世纪 90 年代	建立马来西亚土著商业和工业团体	帮助马来西亚土著企业家创办企业，以及发展有竞争力的中小企业家群体	各类企业家培训课程

四、2001—2010 年：成人教育成熟期

在此期间，政府继续制定国家发展规划支持成人教育发展，并进行了多次部署，开展实际行动。第八个马来西亚计划（2001—2005 年）着重强调了加强人力资源开发以提高技术和技能水平，推动中小企业的创业发展，促进互联网的使用推广。因此，政府将职业教育和技能培训作为高度优先事项，以培养足够熟练、高效和知识丰富的劳动力，支持国家现代化、信息化的发展需求。这项工作由教育部、人力资源开发部、青年与体育部和企业家发展部四个部负责并获得拨款 40 亿林吉特。教育部计划在5 年内建立 193 所社区学院。到 2002 年，已建立起 10 所社区学院，以帮助那些在正规学校表现不佳的学生。社区学院提供短期课程和文凭课程，为年轻人提供在行业工作所需的技能和培训。例如，如果一社区学院是在一个以捕鱼业为主的区域设立的，那么其提供的课程则与新兴捕鱼技术相关。[1]

企业家发展部在马来西亚偏远地区开办了 12 个技能培训机构和 140 个初级技能培训中心。人力资源开发部根据马来西亚的计划，设立了四个高级技术中心、日本-马来西亚技术学院、教学技能培训中心和 14 个工业培训机构，培养高水平技术工人，为迎接全球化做准备。值得一提的是，教学技能培训中心主要负责培训教师，为负责提供成人教育和职业教育的其他三个部门的教师岗位输送更多人才。青年与体育部也开始参与成人教育，以迎合对学术兴趣不大的青年，特别是农村地区的青年。

在第九个马来西亚计划（2006—2010 年）中，马来西亚政府继续致力于发展成人教育并提供了 506 亿林吉特的拨款，以面对不断增长的人口所产生的更多需要，特别是在识字、公民意识、健康、环境和计算机使用等领

---

[1] AZMAN N, AHMAD A R. History, trends, and significant development of adult education in Malaysia[J]. Journal of historical studies, 2006, 7(2): 66-82.

域。政府持续在提高识字率上发力，培养公民的阅读习惯，利用信息技术扩展公民视野，提升其获取全球信息的能力。

2007 年 8 月马来西亚高等教育部颁发的《2007—2020 年国家高等教育战略计划》的第六个重点是：培养终身学习习惯。该计划重视终身学习使个人能够重新学习和提高技能，同时在该过程中促进社会经济效益提升的作用。计划在促进社会终身学习方面设计了走向卓越的四个阶段：2007—2010 年是第一阶段，奠定基础；2011—2015 年是第二阶段，加强和提升；2016—2020 是第三阶段，实现卓越；2020 年以后是第四阶段：辉煌与可持续。

五、2011 年至今：成人教育完善期

马来西亚在努力实现 2020 年成为发达国家的过程中非常重要的一点是，该国拥有丰富的受过教育的高素质劳动力。这一定程度上要归功于制定了专门化、系统化的成人教育、终身学习政策文件，即《本位化——2011—2020 年马来西亚终身学习战略蓝图》。

该战略蓝图是通过各部委实施的，并且在终身学习的本位化战略蓝图中，社区学院被赋予重任："作为终身学习的中心枢纽，社区学院将提供与当地社区需求相关的课程，帮助社会最贫困阶层、弱势群体、残疾人和老年公民提高沟通和计算机技能。"

在马来西亚高等教育部的管理下，社区学院成为专门为培养终身学习文化而设立的机构。截至 2009 年 6 月，已有 56 056 名学员在社区学院学习短期课程。《马来西亚前锋报》的报告显示，超过 130 万马来西亚人从 90 所社区学院提供的终身学习课程中受益，受益的群体包括老年人、警察、妇

女和残疾人。[1]

近年来，马来西亚面对突如其来的新冠肺炎疫情、教育机构治理薄弱、失业率升高等问题，通过制定第十二个马来西亚计划（2021—2025年）加以应对。该计划指出，将通过调整劳动力市场、教育和培训，重点培养未来人才；强调将利用虚拟现实（VR）、增强现实（AR）和人工智能（AI）等新兴技术作为现有教学实践的重要补充，为教育领域注入更多活力。随着社区学院的发展和现代技术的应用，以及教育治理水平的提升，马来西亚成人教育正在逐步走向完善。

第二节 成人教育的特点

马来西亚的成人教育经过较长时间的发展，已经形成了较为稳定的机制。近年来，在政府的大力支持之下，成人教育已然成为为当地输送优质人力资源的重要渠道，有效地促进了经济社会发展。本节对马来西亚成人教育的特点进行总结。

一、通过政策支持引导成人教育发展

政策支持是马来西亚成人教育得以不断发展完善的主要因素之一。马来西亚政府在每一个五年计划中，都有专门的章节论及未来五年成人教育的发展方向与战略规划。2010年3月，马来西亚政府提出"新经济模式"，在"新经济模式"的八项改革举措中，第二项举措是"发展高素质劳

---

[1] TING S H. Lifelong learning for personal and professional development in Malaysia[J]. Human behavior, development and society, 2015, 12(2): 6-23.

动力"，将终身学习与成人教育作为帮助国家夯实人才队伍基础的重要举措。而"新经济模式"的重要组成部分，即第十个马来西亚计划（2011—2015 年），也特别强调了技能培训的相关内容，以确保马来西亚拥有必需的人力资本以满足行业需求，并推动生产力的发展。同时根据上述要求，马来西亚高等教育部制定了《2007—2020 年国家高等教育战略计划》，其中特别强调了终身学习的文化濡化，以确保终身学习成为马来西亚人的一种生活方式，为他们提供终身的知识和技能，以便适应当前全球化的步伐。

在"新经济模式"和第十个马来西亚计划的指导下，成人教育迅速发展。马来西亚在成人教育的发展中，遵循着以下原则。[1]

一是包容性原则。要使成人教育得到充分发展，就必须将其置于与高等教育、基础教育同等的地位。为了培养出有知识、有责任感的个人，为了为国家经济做出贡献，所有人都有权利得到学习的机会。

二是最大影响力与互补性原则。鉴于在有限时间内实现社会经济目标的紧迫性，终身学习活动和方案必须对目标受众产生最大影响。此外，这些活动和方案必须相互补充，并与"新经济模式"的目标保持一致。

三是成本效益原则。为了最大限度地利用宝贵资源，有效地开展学习教育活动至关重要。在这方面，必须建立有效的协调和整合机制，以确保资源分配不会重叠和低效。因此，每个部门和机构都必须开发自己的"利基领域"，并确保向其受众提供优质有效的服务。

四是问责制原则。大多数的战略因执行不力和缺乏问责制而失败。为了确保终身学习活动和方案的成功，必须制定绩效和问责指标，以便对这些活动和方案进行监测。执行的组织也必须适当地承担责任。

五是科技性原则。必须认识到 ICT 技术是终身学习和成人教育的推动

---

[1] Ministry of Higher Education Malaysia. Blueprint on enculturation of lifelong learning for Malaysia 2011—2020[R]. Malaysia: Univision Press, 2011: 34-35.

力，教学活动和方案必须利用 ICT 技术。成人教育的发展将通过灵活和有效的在线学习模式，弥合数字鸿沟，扩大大众终身学习的机会。

六是开放性原则。在制定终身学习活动和方案时，需要借鉴其他国家的有效做法。

在以上政策和原则的科学指导下，马来西亚确定了成人教育未来的发展方向，保证了终身教育建设方案的贯彻落实。

二、政府部门、高等学校推动成人教育发展

在马来西亚，政府和高校作为两大办学主体优势互补，能够最大限度地实现教育资源的合理配置，为成人教育提供了多种方案。

人力资源部下属的人力资源发展理事会是推进非正规成人教育的一个重要组织。该理事会负责管理人力资源发展基金。总的来说，人力资源发展理事会侧重于协助各个行业的中小企业为员工提供持续的技能培训。理事会规定，只要企业在人力资源发展理事会注册，该企业的各级员工都有机会进一步提高其专业技能。

在马来西亚，正规成人教育一般指在正规教育机构开展的活动，这些活动会向学生提供某种形式的认证或资格。[1] 经过多年发展，正规成人教育体系已然非常成熟，具有明确的学习目标，以获得知识、技能或某种能力为目的，在理工学院、社区学院和普通大学之中广泛开展。

马来西亚高等教育部设立了理工学院，以提高学生的技术和创业技能。理工学院在工程、商业、酒店和食品技术等多个领域开设课程。这些课程

---

[1] LDRIS K. Diverse settings and providers of lifelong learning in Malaysia[M]//SINGH M. Institutionalising lifelong learning: creating conducive environments for adult learning in the Asian context. Hamburg: UNESCO Institute for Education, 2004: 186-191.

通常分为证书课程和文凭课程两类。证书课程通常需要 4 个学期（或 2 年）才能完成，而文凭课程通常在 6 个学期（或者 3 年）内完成。理工学院由教育部指定的部门管理。

以马来西亚理工学院为例。马来西亚理工学院成立于 1969 年，为成人学习者提供多领域、个性化、灵活的成人教育课程，同时支持周末课程、在线课程等多种形式。此外，该校与各大企业合作，为成人学习者提供丰富的实践学习机会，帮助他们更快地掌握所学技能，适应工作环境。[1] 目前，马来西亚全国共有数十所理工学院，在全国范围内招生，向社会输送了数以十万计的优秀劳动力，是马来西亚成人教育的重要组成力量。

马来西亚的社区学院于 2001 年首次成立，为中学毕业生提供了另一种接受教育的途径。社区学院在成人教育方面起着至关重要的作用，被视为国家的终身学习中心。2007 年，马来西亚政府通过一系列举措加强了这一职能，其中包括鼓励社区学院与相关公司合作，提供多种技术和职业领域的证书和文凭课程。根据马来西亚高等教育部印发的报告，马来西亚社区学院能提供多种证书，一种为社区学院的证书。若要获取该项证书，学生要完成为期三个学期的课程。还有一种为社区学院向残障人士提供的特殊技能证书，课程专为残障人士的需求设计，旨在增强他们的劳动能力，使他们可以自食其力，同时增加家庭收入，提升生活水平。除了全日制课程，社区学院还为有需求的学习者提供短期课程，从而激发他们的兴趣，鼓励他们参与终身学习来提升生活质量。截至 2022 年 4 月，马来西亚全国共有 105 所社区学院。近年来，在社区学院接受教育的人数不断增长，其影响力也不断扩大。[2]

---

[1] ABDULLAH S, YUNUS M M. Adult learners' satisfaction with teaching and learning in Malaysian polytechnics[J]. Journal of technical education and training, 2017, 9(2): 28-36.

[2] 资料来源于维基百科网站。

马来西亚的高校也积极投身于成人教育领域。数所大学已经制定了自己的成人教育方案，向公众提供非全日制的课程和继续教育课程。其中一些大学还尝试开设远程教育课程。值得一提的是，马来西亚作为一个多民族、多元文化的国家，引入开放和远程学习（Open and Distance Learning，简称ODL）模式能够有效地解决文化差异、地理分散以及多样化的需求等多项难题。相较于传统的面对面教学，ODL 模式无疑为成人教育学习者提供了更加灵活、更加自主、更加个性化的学习方案，能够更好地适应其职业需求。[1] 此外，ODL 模式也能促使教育机构更好地满足学习者的需求，在扩大课程影响范围的同时降低机构的教育成本，减少教学设施的需求，提升教育资源的利用率，帮助教育机构建立品牌效应，提高社会知名度。

尽管在 1971 年马来西亚就已经正式引入第一个远程教育方案，但第一所真正的开放和远程学习大学——马来西亚开放大学于 2000 年才成立。马来西亚开放大学是该国第七所私立大学，完全通过 ODL 模式运营。作为第一所采用 ODL 模式教学的大学，马来西亚开放大学面向大众提供非全日制课程，为更多成年人提供了继续深造的机会。课程采用混合教学法，将自主学习和面对面辅导与在线学习相结合。这种高度灵活的授课模式得到了在职学生的热烈欢迎。现在，马来西亚开放大学是全国领先的 ODL 机构，拥有数万名学员。截至 2010 年，另有五所高等院校也被授予开展 ODL 教学模式的资质。远程学习作为依托互联网技术而得以发展的新型教育模式，其潜力在马来西亚的成人教育领域不断显现。

---

[1] YUNUS M M, EMBI M A. Open distance learning (ODL) and adult learners: the case of Malaysia[J]. Journal of open and distance learning research, 2019, 5(1), 54-66.

三、非政府组织参与成人教育服务

关于马来西亚非政府组织对于成人教育的贡献并没有十分详细的官方统一记录，但无可否认，它是马来西亚成人教育的一支重要力量。这类组织的成人教育活动通常是伴随着社会活动发起的，一般在学习成果方面没有特定要求，目的大多是为了提高人们的生活质量。这些教育活动面向所有年龄段，在社会的各个层面都有传播，通常由个人根据兴趣选择参与。总体而言，这类非正式的成人教育学习是以社区为基础，旨在解决各种社会问题，满足社会大众的普遍需求，如职业培训、技能提升、环境关注、基础教育和扫盲、公共政策或社区利益。[1]

在这个领域，涌现出了如马华公会、马来西亚学习网格等政党和组织。马华公会是马来西亚政坛上一个由马来西亚华人组成的单一民族政党，于2004年开始推进终身学习运动，在全国各地举办各种讲座、演讲和培训班，向社会大众提供信息技术、护理技术等多方面知识。马来西亚学习网格是一个致力于提供有质量保证的在线学习内容的一站式服务中心，在其平台上，该组织将全马来西亚各个领域的优质教育资源整合起来，任何人都可以通过互联网获取所需的教育内容。这些非政府组织作为政府以外提供教育资源的重要补充，成为马来西亚成人教育不可或缺的一部分。

第三节 成人教育的挑战和对策

马来西亚始终将发展成人教育作为一项促进经济发展和激发社会活力

---

[1] Ministry of Higher Education Malaysia. Blueprint on enculturation of lifelong learning for Malaysia 2011—2020[R]. Univision Press Sdn. Bhd, 2011: 15-25.

的重要举措。然而在发展过程之中，尚存在着一些不容忽视的挑战。

一、成人教育面临的挑战

《本位化——2011—2020 年马来西亚终身学习战略蓝图》将马来西亚成人教育面临的挑战归结为以下几个主要方面。[1]

一是尚未建立成熟体系。尽管马来西亚通用的国家资格框架认证体系承认职业教育和培训，但它并不完全承认非正式教育。因此，在很长一段时间内，成人教育并没有得到像正规教育那样的广泛认可，这限制了学生继续深造的机会。此外，为了促进终身学习理念的推广和成人教育的发展，应建立更加成熟平等的教育体系，出台更加具体细化的政策，帮助学习者自由地选择适合自己的教育形式，从而促进其发展与进步，为劳动力市场注入更多活力。

二是缺乏有效监管。在马来西亚，许多机构都在开展成人教育活动。然而，在很长一段时间内，缺乏协调、监测、监督和评估这些活动的官方机构。因此，需要专门的机构来全面有效地履行上述职责，并为全国的成人教育制定统一的评估标准。

三是公众缺乏参与意识。社会大众仍需提高终身学习的意识，学会如何利用现有的资源与机会发展自己的潜力，提高竞争力。虽然马来西亚政府已出台多项相关政策鼓励成人教育的发展，但大众普遍认为成人教育的重要性和地位低于普通高等教育，而普通高等教育机构的入学要求较为严格，无法完全满足大众的需求，这使得成人教育长期处于被忽视的地位。此外，公众如何寻找相关资源以及如何有效利用现有资源的能力也亟须

---

[1] Ministry of Higher Education Malaysia. Blueprint on enculturation of lifelong learning for Malaysia 2011—2020[R]. Univision Press Sdn. Bhd, 2011: 25-27.

提升。

四是缺乏财政支持。目前，对个人接受成人教育的财政支持有限。奖学金、学习贷款等财政预算大多用于正规学历教育领域，这在一定程度上削减了许多成人追求终身教育的机会。此外，目前为鼓励马来西亚人终身学习而提供的税收激励措施较少。

五是基础设施建设不足。终身学习对每个人都适用，不分性别、年龄、地点、民族和信仰。然而当前成人教育的基础设施尚未完全到位，无法为所有人提供平等的机会。某些特殊群体（如土著和农村居民）参与成人教育的人数和收效并不突出证明了这一点。尽管政府为解决数字鸿沟做出了各种努力，但鸿沟仍然普遍存在，特别是在农村和偏远地区。如果这个关键环节无法打通，现如今做出的许多尝试便成为徒劳。

六是重叠和冗余现象。目前，若干部委、政府机构和非政府组织都在开展各种类型的成人教育和终身学习活动，导致活动重叠，工作和资源重复，这在一定程度上导致了公共资金使用效率低下。

二、成人教育的应对策略

面对以上问题，近年来，马来西亚政府也做出了不少尝试和努力。

一是推广 ODL 学习模式，减少教育获取难度。在互联网迅猛发展的技术背景下，马来西亚政府自 2010 年开始致力于推动成人教育，尤为重视远程教育的易获取性和公平性。政府为讲师提供线上授课培训，同时促使成人教育的提供者，如社区学院等形成战略联盟，共享发展经验与优质教育资源；同时推动国家资格框架认证体系更新，认可 ODL 在线学习模式，致力于解决认证难这一隐忧。

二是加大宣传力度，提升公众参与意识。为了加深和提高公众对于终身学习重要性的认识和认可度，马来西亚政府鼓励公务员、警察等职业人员参与终身学习并将之作为在职培训的一部分，使其具备基础的职业相关知识，为他们失业或退休后的再就业做好准备。除此之外，马来西亚政府还发出了一系列倡议，例如"终身学习为大家"计划和"终身学习无处不在"运动，在网络上征集有关的口号、标语，在各公共场所和大众传媒上提高宣传力度，打响终身学习知名度。其中，"跳上终身学习的列车"运动在全国范围内敦促有关机构提升教学质量，提供更多相关培训，取得了一定的成效。[1]

三是健全现有体系，促进成人教育的完善发展。为了确保成人教育的连续性和满意度，马来西亚政府拟引入"学分银行系统"（Credit Bank System，简称CBS），敦促各机构推出更多模块化课程，并承认学生通过这类课程所获得的累计学分；同时推动全国成人教育资源的进一步整合，促进线上课程统一标准、各个机构统一标准、非正规课程统一标准，从而有效解决这一难题，为更多人参与成人教育扫清障碍，提升成人教育的公众满意度。[2]成人教育专门的监督机构也在设立中，旨在为马来西亚成人教育的提质增效保驾护航。

四是推出更多激励政策，支持成人教育健康可持续发展。马来西亚专门为中小企业制定了有关计划，以确定中小企业关于成人教育方面的需求，同时借鉴其他国家的优秀模式，例如英国的"Train-to-Gain"计划，进一步确保中小企业员工对于成人教育日益增长的需求能够得到满足。再如，为成人教育和终身学习提供资金支持。[3]在2010年代初，马来西亚关于教育的

---

[1] Ministry of Higher Education Malaysia. Blueprint on enculturation of lifelong learning for Malaysia 2011—2020[R]. Univision Press Sdn. Bhd., 2011: 40-42.

[2] Ministry of Higher Education Malaysia. Blueprint on enculturation of lifelong learning for Malaysia 2011—2020[R]. Univision Press Sdn. Bhd., 2011: 40-42.

[3] Ministry of Higher Education Malaysia. Blueprint on enculturation of lifelong learning for Malaysia 2011—2020[R]. Univision Press Sdn. Bhd., 2011: 46.

税收优惠仅适用于正规教育，而如今优惠政策正在向追求终身教育的个人、提供成人教育的私人企业、为成人教育机构进行资金支持的投资机构以及着力于向员工提供教育培训的中小企业倾斜。同时各级政府着力于设立终身学习基金会和贷款计划。这些举措将涵盖成人教育的众多领域，使成人教育缺少资金支持和政策激励的情况得到进一步改善。

第九章 教师教育

马来西亚作为新兴的发展中国家，其教育体系对于师资数量和质量的要求也在不断随着社会的迅猛发展而提高。高质量的人才培养需要一流的教师队伍，教师教育是国家发展和社会转型不可或缺的重要环节。马来西亚紧跟国际教育发展趋势，为教师提供种类丰富的培训内容，全面涵盖职前教育、入职教育和职业培训三个层次，通过促进教师专业化发展提高国民教育的整体水平，以期在 21 世纪的全球竞争中立于不败之地。

第一节 教师教育的发展和现状

一、教师教育的发展历程

马来西亚的教师教育可以追溯到 20 世纪初英国殖民统治时期。1900 年，第一家马来师范学院在马六甲建成，该学院为马来语学校的优秀毕业生提供为期三年的培训课程，学费和住宿费都是免费的，目的是为英属马来亚的马来语学校提供马来师资。[1] 在英国殖民统治时期，马来西亚的教师教育没有固定模式。1956 年以前，马来小学的全日制教师培训是在丹绒马林的苏丹伊德里斯师范学院和马六甲的马来女子师范学院进行的。此外，各语言源流的小学和中学教师通过周末的日常培训课程或教师预备班接受在职培训。一些教师还在英国的两所教师培训学院接受培训，少数英语学校高中班的教师在新加坡的莱佛士学院接受培训。

独立后，马来西亚的教师教育发展可划分为三个阶段：体系建立阶段（1956—1981 年）、规范成熟阶段（1982—2008 年）以及变革创新阶段（2009 年至今）。

（一）教师教育体系的建立（1956—1981 年）

真正将教师教育纳入正轨是从 1956 年的《拉扎克报告》开始的。这一报告不仅对统一国民教育体系提出了具体的构想，还建议成立各种不同类型的学校来培训中小学教师。为此，教育部制定了教师培训计划并建立了培训初中教师的马来西亚师范学院。1957 年，马来亚联邦独立后，政府大力改造殖民时期的教育体系，民族国家教育得到迅速扩张，使得马来西亚进入师资严重紧缺的时期。20 世纪 60—70 年代，为满足大量新建学校和新增班级对教师的需求，许多初中毕业生（相当于 9 年普通教育）、未经培训的人也被招募为教师，并接受由教师培训学院利用周末或假期进行的培训。[2] 20 世纪 60 年代末期，教师数量不足的问题被师资质量问题所取代，因此从 1967 年起，政府提高了招收师范生的起点学历，并对师资培训计划做出了调整，逐步建立包括教师培训学院、师资培训中心和大学教育学院在内的教师教育体系，提供各种职前和在职教师培养方案，使马来西亚教

---

[1] 范若兰，李婉珺，廖朝骥. 马来西亚史纲 [M]. 广州：世界图书出版公司，2018：119.

[2] 庄兆声. 马来西亚基础教育 [M]. 广州：广东教育出版社，2004：121.

师队伍的规模和质量逐渐得到发展和完善。

这一时期的教师教育受《拉扎克报告》的影响，显示出向国民教育政策靠拢的特点。原本在小学教师培训机构中，学生可以接受培训，成为马来语、英语、华语、泰米尔语中任意一种教学媒介语的教师；自 1970 年开始，小学教师培训机构的所有学生都要接受马来语授课，英语成为必修的第二语言。中学教师培训机构则是根据具体的学习领域来组织的，如数学、科学、语言和艺术、职业技术、农业和家政学等科目。教育部还成立了一个联邦在职培训委员会，由教师培训主任担任主席，负责整合和监督国内各种类型的在职课程。委员会每年召开一次会议，审查当年的课程，并决定下一年的课程。教师教育司组织的在职培训课程主要有两种类型：一是岗前假期课程，适用于未经培训的临时教师或低于学校职业标准的教师；二是为受过培训的教师提供进修课程，使他们了解新的教学方法和技术。假期课程每年提供三次，分别在 4 月（约 10 天）、8 月（约 10 天）和 12 月（4—5 周）。整个课程在 3 年内完成，占用 9 个假期。课程主要针对未经培训的马来语和泰米尔语教师、宗教学校教师和私人管理的社区学校教师。此外，联邦学校监察局也组织了一些培训课程，主要是为了改善科学、数学、英语、艺术等科目的教学，还有一些是为教授盲人和聋哑人的特殊教育教师开设的。[1] 但这些培训课程并未形成成熟的体系，课程设置也因学生的基本素质而异，有些是全日制课程，有些是周末或假期课程以及函授课程等，更多的是针对某一层级的学校教学或某些科目的教师所进行的应急性培训。

这一时期的教师教育可以分为两个层次：一是学历水平教育，通过国内五所大学培养具有学位的教师；二是非学历水平教育，由教育部通过教师培训司，在 25 所师范学校（马来半岛 19 所、沙巴 3 所、沙捞越 3 所）培

---

[1] UNESCO Regional Office for Education in Asia. The educational statistics system of Malaysia, 1972[R]. Bangkok: UNESCO Regional Office for Education in Asia, 1973.

训非学历教师，开设为期两年的教师预备课程。[1] 受过培训的教师按其任教学校的级别分为三类：A 类为一至六年级小学教师，B 类为一至三年级初中教师，C 类为四至六年级的高中教师。其中 C 类教师必须为具有学历学位的教师。教师预备课程于 1973 年启动，以综合方法为基础，每年完成一项内容。第一年学生学习核心课程。第二年学生被分为 A 组和 B 组，A 组专门教授小学课程，包括学前班的附加内容，需要接受小学所有科目的课程教学培训；B 组专门负责初一至初三年级的教学，可以选择专攻一门到两门特殊科目。此外，每一位受训教师还要参与学校开展的课外活动培训如网球或曲棍球的实地比赛或童子军、红十字会一类的志愿团体。教师培训学院的工作人员包括有三年以上学校教学经验的大学毕业生和从国内中小学选拔出的具有丰富经验的教师，后者还应参加过特殊科目如体育、家庭科学或视听教育的文凭课程或取得证书。

（二）教师教育的规范成熟（1982—2008 年）

20 世纪 80 年代以后，随着国民教育体系的逐步完善和教师队伍的充盈，马来西亚开始全面提高教师素养，并以"新经济政策"为指导思想，强调教师对民族国家统一和社会发展做出贡献。1982 年制定的《教师教育哲学》为马来西亚的教师教育确立了基本原则。该文件阐述了新时期教师应具备的特征：高尚而富有同情心，知识渊博，技能娴熟，富有创造力和创新精神，适应力强，能胜任本职工作，具有科学的价值观，致力于维护国家理想，为本国文化传统而自豪，为个人发展和维护社会的团结、进步、法纪严明做出贡献。

---

[1] 25 所学院中有三所也开设为期三年或一年的课程，分别是：吉隆坡的技术教师培训学院，开设为期三年的贸易科目课程和为期一年的商业研究课程；吉隆坡的专业教师培训学院，为合格教师开设为期一年的补充课程，讲授大学通常不开设的各种科目，例如图书馆学；沙巴的肯特教师培训学院，为只有较低学历证书的教师开设为期三年的课程。

马来西亚教育部为教师提供基本的职前教育及在职培训，以满足学校的发展需要。教师教育学院和公立大学都承担有教师教育和培训项目，教育部通过教师教育司直接参与规划和协调，为包括职前类与在职类、文凭层次和证书层次的所有培训项目制定课程及评估方针，以满足学校的即时需求。此外，为提高培训质量，教育部还负责对本土及海外职员的培训方案以及所有部级和大学一级的教师教育项目进行规划、协调和监督，以确保实施的有效性；同时负责与部门内所有单位及其他相关教育机构协调合作，以确保培训和教育体系的连贯性。

教师培训学院和公立大学为教师提供职前培训课程。其中，大学提供两种课程：一年制的研究生教育文凭课程和四年制的综合本科文凭课程。与此相应，教师培训学院为希望进入教育领域的大学毕业生提供三年制（六个学期）的教学文凭和一年制（两个学期）的研究生教学文凭。一年制的研究生教学文凭于1983年推出，以满足数学、科学、马来语、英语、伊斯兰研究和技术类等科目的教师需求，1996年扩展到22个专业科目和21个选修科目。三年制的教学文凭能够为学员提供高质量的教育内容，包括教学方面的专业技能与ICT技术方面的知识。培训方案关注综合能力，教导学员使用各种媒体，培养教学反思意识，在课堂教学和理论实践之间架起桥梁。马来西亚教育部为提升教师的素质，从1996年开始把教师培训学院课程延长至3年，新课程取名为"马来西亚师范文凭课程"，学院为成功通过这项课程的学生颁发"马来西亚教师文凭"。教育部在2005年将教师培训学院升格为教师教育学院，提供教学学士学位课程。

教师在职教育方面，未在自己教授科目受过系统培训的教师可以选择一年制的在职教学文凭，可选择的科目专业有20个，包括数学、科学、马来语、马来文学、伊斯兰研究、阿拉伯语、生活技能、特殊教育、体育和健康教育、资源管理、工程技术、商业、会计、家政、音乐、艺术教育等。该文凭由当地大学认证，成绩优秀的学员可以将学分转移到当地大学同一科目领域的特定学位项目。[1] 教育部还为中小学教师开设了为期 14 周的职业发展定制课程，教师可以从项目提供的 20 种专业课程中进行选择，在短期内提升专业技能并补充专业知识。

随着马来西亚越来越强调优质教育，教育部要求教师队伍能够应对从技术性知识学习到综合性、创新性教学知识、技能和态度的转型。为提高教师教育的总体质量，教师教育司制定了如下策略。

一是提升教师和教育工作者的准入资格，鼓励具有本科学位并满足年龄标准的教师申请国内外硕士和博士学位。教师教育司也与国内外大学合作开设双联课程，不断提升教师的素质和学历。

二是鼓励研究与开发。鼓励学院、大学和中小学教职员工从教学法、教学管理和评估的学术视角进行教学研究。

三是实施课程支持计划。教师在课程教学中需要有效利用各种资源，并掌握各种教学策略。鉴于对科学、数学和英语课程的重视，马来西亚实施了这几个科目的课程支持计划，帮助教师进行教学反思并改进课程实施方案，使其能够按照培训大纲编写教学和学习材料。

四是开设管理课程。教育部通过为行政人员和校长开设相关课程，提升他们的领导和管理技能。同时制定"优秀学校和优秀校长"评比制度，激发其创造性与卓越表现。

五是宣传教师的成就。马来西亚所有全国性报纸都设有专栏，专门报道学校或教育机构的成就和举措。这项措施有助于宣传学校和教师的优秀表现，鼓励教师提升专业技能和实现自我价值，扩大教师职业的影响力和吸引力。

这一时期，马来西亚的教师教育发展目标是形成比肩国际水平的教育培训体系和制度，打造一支不断优化、为实现国家教育目标而不懈努力的

[1] 中国-东盟中心. 东盟国家教育体制及现状 [M]. 北京：教育科学出版社，2014：139.

教师队伍：一方面，通过增强高素质教师的培养力度满足基础教育对教师数量的需求；另一方面，通过不断提升与完善在职教师的专业知识、技能和态度满足国家经济转型所需人力资源对于教师质量的需求。同时，马来西亚大力发展师范院校，使其成为教师教育的专业发展中心，到 20 世纪 90 年代末，共有 31 所教师培训学院负责对非本科毕业教师进行培训和开设文凭课程。[1]

（三）教师教育的变革创新（2009 年至今）

为应对激烈的市场竞争，完善工业化体系以及培养具备全球竞争力的人才，马来西亚调整教师教育策略，为职前和在职教师提供融合国际化和本土化特色的课程，使他们有能力应对全球化带来的"教与学"的新变化和新需求。

2009 年 12 月，马来西亚政府推出全新的马来西亚教师标准，旨在为教师职业发展建立统一标准，保障教师的地位和质量。这是东南亚地区第一个以教师胜任力为基础的教师标准，希望通过教师职业价值观、知识和理解以及教师需要具备的教与学的能力这三项标准，打造高质量的专业教师队伍。随后，马来西亚集中出台了一系列国家转型计划，包括两个重要的政策文件——2010 年颁布的《马来西亚经济转型计划》（METP）和 2012 年发布的《2013—2025 年马来西亚教育蓝图》，以及 2011 年实施的注重培养高阶思维技能的小学标准课程，分别从国家经济建设、教育系统规划以及高质量人才培养三个层面对教师教育提出了新的要求。

2010 年的经济转型计划被视为金融危机后马来西亚跳出"中等收入陷阱"、成为高收入发达国家的奋力一搏，要求大力发展知识经济，重点发展

---

[1] 王胤丹. 马来西亚教育概况及其教育特色研究 [J]. 广西青年干部学院学报，2016（2）：22-29.

高科技、知识和资金密集型产业。依据这一计划导向，教师不仅要在课堂上胜任本职工作，还面临创新和高效能的压力。"提高教育系统的教师素质成为 METP 计划的重中之重"。[1] 基于同样的发展目标，《2013—2025 年马来西亚教育蓝图》概述了国家教育系统整体转型的战略和举措，也对教师教育系统进行了反思，对教师专业能力和教师教育的前景进行了详细规划。蓝图在三个阶段的发展规划中，对教师教育提出了循序渐进的目标：第一阶段（2013—2015 年）将突出提高现有教师的质量。第二阶段（2016—2020 年）将引入新修订的学校课程，特别是与 21 世纪发展需求相一致的课程。第三阶段（2021—2025 年）将重点放在改善校本管理模式和发展优秀教师文化上。蓝图还提出要通过若干行动计划重塑教师职业。第一，提高教师的入职门槛，将教师转变为一种精英职业。第二，审查目前的教师培训课程，在 2020 年之前将教师教育学院打造成世界一流教师培训机构。第三，提高现有职前和在职专业发展方案的价值和作用。第四，强调教师在学校的主要职责是教学而非行政杂务。第五，提高教师的技能和能力，实行以业绩为基础的职业发展。第六，优化教师担任领导（如系主任和学科专家）的路径。第七，到 2025 年实现同行主导的卓越文化和认证过程。[2]

这一阶段，人们的跨境流动增加了课堂的文化多样性，教育全球化和国际化也对教师素养和教师质量提出了更高的要求，使得教师教育必须为此进行改革，重塑教师职业发展路径。马来西亚对于教师教育的认识也发生了重大转变，不再仅仅是为了确保培养高质量的劳动力以满足工业化的需求，而是真正为了培养高质量的教师和具有全球竞争力的学生以实现国家教育系统的目标。[3] 与此相对应，对于教师教育的研究也重新聚焦于教师绩效指标、教师教育实践、教师专业发展和教师教育政策改革等方面。

[1] GOH B. Teacher preparation in Malaysia: needed changes[J]. Teaching in higher education, 2015, 20(5): 469-480.

[2] ADAMS D. Education in Malaysia: developments, reforms and prospects[M]. New York: Routledge, 2023: 195-202.

[3] ADAMS D. Education in Malaysia: developments, reforms and prospects[M]. New York: Routledge, 2023: 195-202.

二、教师教育的发展现状

（一）教师职业概况

据统计，马来西亚的教师男女比例为 7∶3。在参与 2013 年教师教学国际调查研究的 34 个国家中，马来西亚是教师（以初中教师作为样本）平均年龄第三年轻的国家，为 38.9 岁，高达 60% 的教师预计可以在教育系统中再干 20 年。[1] 2004 年，马来西亚只有不到一半的小学教师和 94% 的中学教师具有本科学历。因此，自 2007 年以来，马来西亚政府规定所有级别的新教师都必须拥有至少一个学士学位。教育部也出台了一些方案，帮助数以万计的在职非本科教师获得学位。[2]

在马来西亚，教师的工资和社会地位都处于中上等。马来西亚的公立学前班、小学和中学教师的薪资标准基本是一样的，差异主要源于资历和学历因素，工作年份越久或学历越高的教师薪水越高。师范生在完成大学教师专业培训课程并通过教育服务委员会的面试后可以正式成为教师，并拥有 DG41 的公务员资格。所有教师都分等级，教师薪级范围为 DG29—DG54，平均起薪（包括津贴）为每月 2 750 林吉特。起薪虽然不高，但随着工作年限的增长可以达到相当可观的数目，这也是马来西亚为保障教师系统稳定而采取的激励措施。马来西亚的教师等级是根据服务年份来计算的，比如一位教师要申请升级到 DG44，其中一项条件就是在 DG41/DG42 服务至少满 8 年以上。而最高教师等级是 DG54，薪水最高可以达到 13 144 马币。[3] 虽然教师职业发展较为稳定，但教师的社会地位总体上仍不能与会

---

[1] 资料来源于经合组织。

[2] SAMEUL M, TEE M Y, SYMACO L P. Education in Malaysia: developments and challenges[M]. Singapore: Springer Nature Singapore PTE Ltd, 2017: 87.

[3] 在马来西亚当老师好吗？（小学老师和中学老师）薪水真相，有的老师月薪竟然高达 RM13 000! [EB/OL].（2022-05-29）[2022-10-30]. https://www.zb-2.com/11709.html.

计师、工程师、律师或医生等其他专业人员相提并论。近年来，马来西亚政府也出台各种政策，努力使教师成为最具吸引力的职业之一。

根据马来西亚教育部 2013 年的统计数据，马来西亚教师每周授课约25 节，每节课约 40 分钟。这样算下来，每周大约 17 个教学小时。根据2014 年教师教学国际调查研究，教师平均还花费 6 个小时用于教学计划和备课，7 小时阅卷，4 小时与校内同事对话，3 小时辅导学生，2 小时与家长沟通，6 小时一般行政工作，5 小时学校管理，5 小时课外活动，另外 4 小时与教学无关的任务，平均每周工作时间可达 57 小时。[1] 从这一数据可以得知，马来西亚教师每周平均有 15 个小时的工作时间被消耗在与教学无关的任务上，尤其是花费在行政工作和学校管理上的时间远高于经合组织的平均水平。对此，教育部正采取措施减少教师不必要的行政工作，例如，在每所学校指定专门的行政人员，使教师能够更专注于教学工作，提升自身专业水平。

在 2004 年 3 月高等教育部成立之前，马来西亚的教师教育规划归教育部管辖。此后，中学和小学教师培训分开，分别由高等教育部和教育部提供。高等教育部通过政府资助的大学培训中学教师，教育部通过教师教育学院培训小学教师，确保中小学教师都能够获得专业发展。这实质上形成了双轨制的教师教育体制，即培养非本科程度的教师教育培训学院和培养本科程度的大学教育学院。

在马来西亚，想要成为公立学校的教师至少要具备马来西亚高等教育文凭或以上的学历，而且马来语和历史课都必须达到 C 等。如果想成为独中的教师，则必须获取高中统考文凭。立志成为小学教师的毕业生需要在完成中五学业后申请教师教育学院。为提高教师准入门槛，马来西亚规定只有学习成绩前 30% 的学生或在全国中学毕业考试中获得至少 5 个"优异"

---

[1] SAMEUL M, TEE M Y, SYMACO L P. Education in Malaysia: developments and challenges[M]. Singapore: Springer Nature Singapore PTE Ltd, 2017: 88.

成绩的学生才有资格报名申请。被选中后，他们可以选择马来西亚 14 个州的 27 所教师教育学院中的其中一所入学。这些预备教师将接受 1 年的大学预科基础学习，然后在 4 年的本科学习后获得教师学位，毕业后几乎都能进入公立小学。2014 年，27 所教师教育学院共招收了 37 864 名学生。立志进入中学的教师则需要进入公立大学，作为预备教师成功获得大学预科资格后，需要完成 1—1.5 年的相关课程，然后用 4 年时间获得教育学学位。公立中学会选拔合适的毕业生到本校任教。2014 年，有 50 408 名学生在马来西亚的 20 所公立大学就读教育学学位课程。[1] 另外，在马来西亚，还有两种方式可以成为教师：一是非学历教育水平的考生通过完成规定的教学文凭课程进入教师队伍。二是参加"为马来西亚而教"项目 2 年，然后继续在公立学校任教。但大多数教师仍然是通过教师教育学院和公立大学的途径进入公立学校系统的。

（二）教师教育标准框架与发展策略

进入 21 世纪以来，马来西亚教育部致力于培养高素质的教师，通过建立和完善国家教师标准推动教师的专业化发展，打造高质量的教师队伍。马来西亚于 2009 年推出马来西亚教师标准 [2] 和教育行政官员综合评估标准，对教师应具备的专业工作能力以及教师培训机构应达到的标准做出规定，为整合马来西亚各个层次的教师培训课程、协调从基层到决策层的多部门和机构合作以及提升教师整体质量奠定了重要基础。[3]

2009 年的马来西亚教师标准引入了三个教学标准：职业价值观、知识

---

[1] SAMEUL M, TEE M Y, SYMACO L P. Education in Malaysia: developments and challenges[M]. Singapore: Springer Nature Singapore PTE Ltd, 2017: 86.

[2] 为区别 2019 年出台的马来西亚教师标准 2.0，此标准也被称为马来西亚教师标准 1.0。

[3] PATAH S A, BOON Y. Issues and trends of teacher professionalism for Malaysian education[J]. International journal of academic research in business and social science, 2021, 11(4): 248-254.

和理解，以及教与学的技能，要求所有马来西亚教师都必须遵守。每个标准都包含特定的领域，以培养能够胜任职责的教师。

职业价值观标准包括自我、专业和社会三个领域。自我领域包括信任、真诚、知识、爱心、耐心、礼貌、公平、体贴、韧性、活力、人际和自我技能、自愿精神和效率；专业领域包括对专业的热情、技能、诚信、代表性、团队合作实践、积极主动性、创造力和创新意识；社会领域包括和谐、社会技能、社会精神、爱国主义以及对自然环境的热爱。知识和理解标准包括国家教育理念和教育目标、教学需求、学习成果、学科知识和教育学知识、ICT 技术、有益的学习策略、行动研究和评估方法以及对学生发展潜力的认知。教与学的技能标准包括制定教学和学习计划的技能、实施教学和学习方案的技能、对教学技能和学习成效的监控和评估，以及课堂管理技能。[1] 马来西亚教师标准框架见图 9.1。

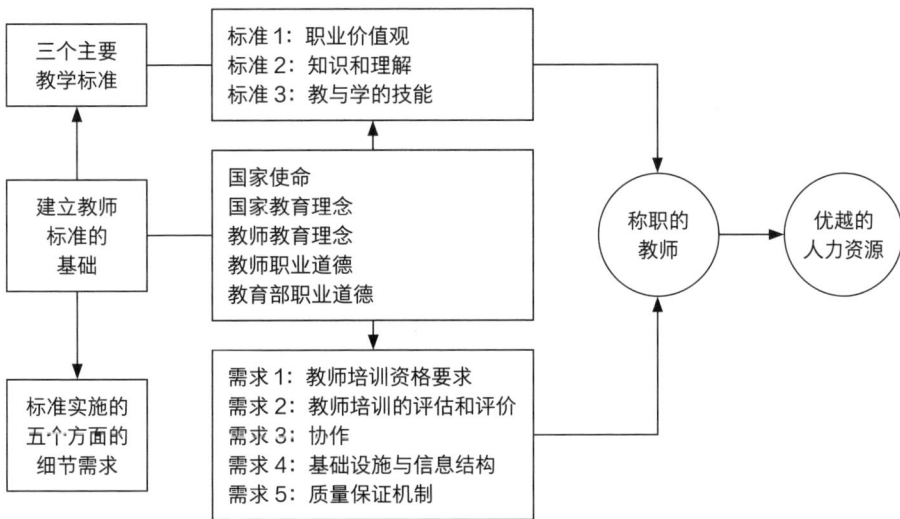

图 9.1 马来西亚教师标准框架 [2]

[1] SAID A, OMAR M, OMAR N, et al. Malaysian teacher standards and the professionalism development of Islamic education teachers[J]. International journal of health sciences, 2022, 6(S2), 11975-11983.

[2] 刘娟娟，马路平，王后雄. 马来西亚 MTS 教师标准及启示 [J]. 教育理论与实践，2013（11）：26-29.

在此基础上，2019年教师专业化部门出台马来西亚教师标准2.0，引入了四个教师胜任力领域，即知识导向领域、教学领域、社区参与领域及个人素质领域。知识导向领域包括：深化和扩展教与学的知识；了解最新的教育理念、政策和课程；逐步增加对最新教育趋势和教育发展的了解。教学领域包括：关注学生潜力的开发；设计和实施教学知识扩展方案以及对学习进行评估。社区参与领域包括：与父母或监护人以及外部社区建立关系和网络，以支持学生学习；让社区参与进来，帮助学生学习；鼓励社区的多样性。个人素质领域包括：实行自我完善和反思；活跃教学实践；采用温和的教育者领导风格；接受文化多样性。此标准框架包含了教学伦理的四个核心，即对专业的责任、对学生的责任、对父母或监护人的责任以及对社会和国家的责任。这种教学伦理是马来西亚教师的一种道德原则和价值观，使教师职业被视为一种专业和崇高的职业而受到社会的尊重。教师职业发展中以能力为基础的方法有助于教师引导学生在学习、认知和情感发展方面取得更高的成就。[1]

教师标准1.0到教师标准2.0的升级反映了10年间马来西亚对提升教师专业发展水平与提高教学质量的教育需求的转变。其实，无论是教师教育标准的完善和升级，还是《2013—2025年马来西亚教育蓝图》对教师发展提出的转型目标，都反映出马来西亚近二十年来对教师教育的认识在逐步深化。国家对教师教育的重视与同一时期政府经济改革计划所强调的教育促进生产力发展、社会进步需要具有竞争力的人力资源的论断实质上是相互呼应的，体现了马来西亚为应对全球化时代挑战而进行全面教育改革的决心。

---

[1] SAID A, OMAR M, OMAR N, et al. Malaysian teacher standards and the professionalism development of Islamic education teachers[J]. International journal of health sciences, 2022, 6(S2), 11975-11983.

三、华文教育师资培养

马来西亚的华文师资培养可以追溯到 1906 年的槟榔屿中华师范传习所，至今已有百余年历史。二战前的华校师资主要来源于中国师范院校的毕业生，二战后进入到师资本土化的转型过程。1955 年，东南亚第一所华文大学——南洋大学成立，创校第一年即开办教育学系，成为东南亚地区华文师资培养的摇篮。马来西亚独立后，由于实行单元化教育政策，华文教育的规模与规格都受到了极大影响。自 20 世纪 60 年代开始，华文小学被改制为国民型小学，华文中学也被迫进行改制，被排除于国家教育体制外成为自筹经费的独立中学，导致华文教师和教师教育体系遭受了巨大打击。自此，华社尤其是董教总展开了坚持不懈的抗争，为华文教育博得了基本的生存与发展空间，使华校教师队伍日渐壮大。下面以华文独中为例，分析马来西亚华文教育的师资培训情况。

马来西亚华文独中是海外华文教育的典范，其成功离不开华文独中教师的辛劳付出和奉献精神。早期华文独中的师资主要来自新加坡南洋大学和本地先修班或大学毕业生，后来南洋大学改制之后，则以马来西亚本地与中国台湾大专院校为主。[1] 因为长期受到马来西亚政府的忽视甚至压制，华文独中一直存在师资严重短缺的问题，因此一般华文独中聘用教师只要求学历达到大学毕业的基本资格即可。2005 年，马来西亚全国华文独中工作委员会公布了《马来西亚华文独立中学教育改革纲领》，作为华文独中开展各项行动计划的重要依据。在教师发展上，该纲领提出建立本土完善的师资培训体系、改革教师教育课程内容与形式、提倡教师自主学习和开展教学研究四个目标。[2] 纲领指出，"华文独中教育品质能否与时并进有赖于师资专业化的程度"，因此近十几年来董总一直致力于提升华文独中教师

---

[1] 林敏萍. 体制外生存：马来西亚华文独立中学研究 [D]. 南京：南京师范大学，2019：121-122.

[2] 李志鹏. 建构马来西亚华文独立中学教师专业化的培训机制探析 [D]. 武汉：华中师范大学，2007：9.

教育专业资格人数与百分比。根据 2022 年马来西亚华文独中教师调查分析报告，全国共有华文独中教职员工 6 412 人，其中教学人员 4 803 人，占比 74.91%。教学人员中，女性 3 155 人，男性 1 648 人，本科及以上学历人数占 88.15%（本科 3 307 人，硕士 890 人，博士 37 人），具有教育专业资历的已增加到 2 935 人，占比 61.11%。[1] 因为国家政策原因，华文独中教师的薪资福利不高，导致师资流动性较大，再加上相当多的华文独中近年来扩大招生人数，师资需求突增，华文独中教师有年轻化的现象。根据《2016 年华文独中调查报告》，35 岁及以下的华文独中教师占 53.6%。教师年轻化的好处是这些年轻教师肯做，且勇于尝试新教学法，但他们因缺乏经验，再加上教育专业与本科专业知识不足的情况，其身心和情绪容易产生困扰，需要校方多加关注与关怀。[2]

目前华文独中师资队伍面临的最大挑战是教师的学历、技能、素质参差不齐，教师专业化发展程度低，教师培训工作没有形成体系化和规范化。由于马来西亚政府不允许民间机构培养中学师资，华文独中的师资也无法获得政府的职前教育及在职培训，因此每所华文独中只能制定各自的教师聘用办法与制度，并由董教总华文独中工作委员会统一负责教师的在职培训等事务。华文独中教师培训经历了从早期的结合华文独中课程教材的开发与使用而展开的学科教学法培训，结合华文独中统考实施而进行的教学评量培训，到结合华文独中行政和辅导体系构建而引进的教育行政管理学、教育心理学、教育社会学理论知识培训；再到近年来积极开拓国内外升学渠道，储备教师资源，完善教师职前培养机制，以及为提升华文独中教师教育专业学历而组织开办教师教育专业课程等等。为了适应教育整体发展趋势和教师专业发展要求，华文独中工作委员会不断对华文独中教师培训

[1] 资料来源于马来西亚华文独中教改资讯平台。

[2] 林敏萍. 体制外生存：马来西亚华文独立中学研究 [D]. 南京：南京师范大学，2019：125.

做出调整，其最终目的就是要造就一支高素质、专业化的教师队伍。[1]

为贯彻董总于 2018 年 6 月发布的《华文独中教育蓝图》，华文独中工作委员会强调教师要加强课程教学专业技能，以适应新课纲的变化，并以"素养导向"和"跨领域学习"为指导思想规划了 2021—2023 年教师培训的主要内容和方式。[2]项目包括华文独中新手教师培训、新课纲种子教师培训、跨领域素养导向课程设计研习班、国外研习班、行政人员培养–校长交流会、校长领导力研习班以及不定期的专题演讲。同时，为促进华文独中教师的专业成长，持续开办硕士境外专班和华文独中校长教育管理专业能力与领导力研习课程，并调动资源支援小型华文独中的线上教学、师资培训和教育交流活动。在委员会的支持下，各华文独中还开展了丰富多样的校本培训课程，通过主题学习、小组讨论、户外考察、团队协作等特色培训方式营造教师交流互助、积极进步的良好氛围。

此外，马来西亚的华文大专院校也积极参与、完善华文教师教育。1990年，华人自办的南方学院成立，除了为华人子弟提供高等教育机会外，一个很重要的目的是为华文独中提供师资培训。1998 年，董教总创办了新纪元学院，特别强调要培养大批能从事华文教育工作的华裔子弟。其中一个重要目的就是促进华文独中的发展，包括招收华文独中毕业生、培训华文独中教师等。2006 年，新纪元学院成立了教育系，通过建立完善的管理制度、使用适合的教材、提供教育专业文凭课程，将培育具备教育专业素养的华文独中教师作为崇高使命，为华文教师教育开拓出更为广阔的天地，标志着华文教育向建立本土完善的华文独中师资培育体系目标再迈进一步。

---

[1] 王焕芝. 抗争与坚守 [D]. 福州：福建师范大学，2013：194-195.

[2] 资料来源于马来西亚华文独中教改资讯平台。

第二节 教师教育的特点

马来西亚自独立以来，不断提升教师队伍的规模和质量，通过职前教育、入职教育和职业培训三种主要方式，逐步建立起全面、综合、稳定的教师教育体系，塑造了国家本位的师资教育模式。为实现"成为区域优质教育中心""建立世界水平教育体系"的发展目标，马来西亚教师教育不断调整和完善师资培训的内容、方法和实施路径，顺应全球教育发展和变革的趋势，努力满足国内多元文化社会的特殊教育诉求。近年来，为打造世界一流的教师队伍，马来西亚实施多项措施鼓励和支持教师持续专业发展，促进教师自身成长、实现其内在价值。

一、政府主导、高度集中化管理

教师教育是学校和教育系统实现高质量内涵式发展的关键要素。然而在很多情况下，教师教育往往受到政策法规和国家决策的影响，如遵守绩效和目标、增加问责制、减少教师自主权、增加教师工作量以及服从自上而下的教育规划，使教师教育成为具有高度复杂性的教育环节。马来西亚中央集权的教育管理体制决定了其教师教育也围绕着经济建设和国家发展服务，带有明显的计划性和政策性。很多师资发展计划与教师教育方针都是国家发展计划的直接组成部分，与国家阶段性的战略需求和发展目标保持了高度的一致性。[1]

根据世界银行 2013 年的报告，马来西亚教师的工作环境是世界上最集中化的教育系统之一。教师教育一直与人力资源开发挂钩，被视为政府部

---

[1] ADAMS D. Education in Malaysia: developments, reforms and prospects[M]. New York: Routledge, 2023: 195-202.

门和教育部工作的重点。教育部教师教育司是主管教师发展的主要职能机构，包括教师培训政策和方针制定、课程类型、培养方案、师范生选拔标准、教师学院的人事管理等都要通过这一机构进行规划、统筹和监督。值得注意的是，在马来西亚教育部的支持下，全国的教师教育学院都由位于行政首都布城的中央领导层直接负责管理，显示出马来西亚政府和教育部在教师教育及教师队伍建设中的主导性和权威性作用。这种自上而下的集中化管理模式能够确保教师在专业领域的发展始终符合国家发展的阶段性目标。例如，20世纪70年代马来西亚确定马来语为唯一教学媒介语，教育部出台多项政策培养马来语教师并加强其他源流学校教师的马来语教学培训。20世纪80年代以后，随着工业化进程加速和国家对科学技术的重视，教师教育的重点也转向数学、科学、英语科目的教师培养。同时，为满足工业化早期对高质量人力资本日益增长的需求，马来西亚致力于发展职业技术教育与培训。20世纪90年代以后，马来西亚大力推行维护民族国家统一的价值教育和以学生为中心、促进全面发展的教育改革，导致学校辅导员成为教师教育和培训的重点对象。2000年以后，随着提升教师素养成为教师职业发展的工作重点，大批教师选择继续学习深造以满足国家对教师质量的需求。由此可见，马来西亚的教师教育在发展目标、导向、需求、执行等各个方面都需要接受国家战略决策和供需情况的统筹规划。

究其原因，马来西亚的教师作为公务员，必须忠于国家，支持和执行联邦政府的决策。2009年教师教学国际调查报告指出，马来西亚的学校、校长和教师在选择教科书、评估政策和招生政策方面的发言权非常有限，教师的选拔、职位安排以及教师的工资和加薪几乎都是在国家层面进行的。几乎所有马来西亚教师都有永久合同，他们通常会在教育系统中度过整个职业生涯。马来西亚通过退休奖励、增长工资和工作晋升鼓励教师长期任教，大多数教师对自己的工作也很满意。[1] 然而这种工作保障机制也制约了马来西亚教师队伍的整体质量，因为即使是持续表现不佳的教师，也可以按照自己的意愿一直留在工作岗位上，学校基本无法解雇他们。虽然教育部建议将表现不佳的教师调到行政部门，但是由于学校的许多行政部门担负着领导职责，不容失误，因此这也不是解决问题的根本方法。教育部门需要推行更加长远、深入的改革，如将薪酬、职业晋升机会、任期、绩效与教学专业能力更直接地挂钩。

二、提升教师资历，促进教师专业化发展

教师的专业素养和教学质量是马来西亚实现优质教育目标的决定性因素。为此，马来西亚政府从提升教师资历和促进教师专业化发展两个方面入手，着力建设世界一流的教师队伍。

（一）提升教师资历

教师的资质和素养不仅影响教学质量，而且影响学生的表现。提高教师的选聘标准，有助于吸引成绩优异的毕业生加入教师队伍。近二十年来，马来西亚开始逐步提升师范生选拔标准和教师的职业准入门槛。

过去，教师培训学院对于中学毕业生的选拔主要基于以下成绩：中等教育毕业会考成绩、笔试成绩、马来西亚教师选拔考试或教师个性化考试成绩，以及面试成绩。符合高中毕业考试要求的候选人要先参加教师选拔考试，通过后才可以参加面试。不过，当地公立大学教师培训项目的录取

---

[1] SAMEUL M, TEE M Y, SYMACO L P. Education in Malaysia: developments and challenges[M]. Singapore: Springer Nature Singapore PTE Ltd. 2017: 87.

标准只取决于高中毕业考试的成绩。从 2007 年开始，高等教育部对原教育部下属教师培训学院采用的涉及以上三项标准的所有程序进行了整合，旨在促进教师选拔的标准化。申请人必须参加教师候选人资格测试，其中包括教师个性量表、自我跟踪指数和体能测试；体育、音乐教育、伊斯兰教育和阿拉伯语课程的申请人必须参加额外的实践测试，以确保只有那些符合要求并且有兴趣和志向成为教师的人才能被选中参加教师培训项目。近年来，马来西亚为确保新教师的质量，在职前教育阶段实施了一系列举措，包括严格执行入学标准，确保只有前 30% 的学生才能成为未来的教师；提升教师教育课程质量，培养优秀教师；严格实行毕业标准，确保优秀学员毕业后进入学校工作。

在教师选聘环节，能否被聘为长期教师取决于考生在培训课程中的学习成绩以及他们在面试中的表现。过去只要通过教师培训项目的几乎所有毕业生都能够被聘为教师，影响了教师队伍的整体质量。从 2007 年开始教育部提高标准，规定只有那些受教育部资助并且累积性学分绩点高于或等于 2.75 的学生才能够在毕业时被聘用。绩点低于 2.75 的学生须参加另一种资格考试——教师个性化考试，然后参加面试，都通过后才能被安排上岗。

此外，为了确保教师有能力胜任全球化时代的教学管理工作、培养具有国际竞争力的学生、促进教师队伍的高质量发展，马来西亚教育部一直鼓励教师持续深造、不断提升自身的学历和素养。从 2004 年开始，教育部启动了一项通过在小学引入研究生教师来提高初等教育质量的方案。同时，教育部的专业持续发展方案鼓励小学教师通过远程教育方式和国内外大学的在职课程提高自身专业水平。目前马来西亚开设的资质提升课程主要包括为没有学位的教师开设的特殊学士学位课程和为本科毕业生开设的硕士和博士学位课程。教师可以选择参加本地大学举办的非全日制研究生学位课程，以便能够在参加讲座或在线学习的同时继续教学。教育部为其提供带薪休假的奖学金，让教师可以安心地继续深造。

（二）促进教师专业化发展

教师的专业发展被认为是提升教师职业素养的重要手段。早在 1995 年，马来西亚教育部就成立了一个特别委员会[1]，研究教师的专业化发展问题。该委员会提出的建议包括：鼓励教师参加在职课程；鼓励教师继续深造；为教师提供机会到海外考察、研究教育的最新发展；为进入新岗位和承担新职责的教师提供入职培训；为那些被提升为校长的教师提供管理相关课程；教员室应以学科为单位，教师发展中心应建立在核心位置，配备现代技术设备，有充分的资金和足够的人员，以促进教师的专业发展。在此基础上，教育部发布的《2006—2010 年马来西亚教育蓝图》再次明确了高质量教师队伍的重要性，并制定了五个方面的实施方案：提升教师录取门槛，确保每位教师符合最低标准；加强教师培训，将教师培训学院提升成为提供教育学士文凭课程的教师教育学院；加强教师职业的稳定性；改善教师的工作环境及福利；加强人力资源的规划和管理。

为此，马来西亚教育部进行了系统规划并制定了指导原则，即通过在职培训提高教师的专业能力，其最终目标是让每位教师在任教五年后能够接受再培训，掌握最新的知识和教学技巧以满足新的时代发展要求。同时，教育部还为学校教师举办各种关于新课程的研讨会、工作坊和内部培训项目。在马来西亚，超过 90% 的教师每年能够有 10 天左右的时间从事教师专业发展活动，这超过了教育部要求的 7 天标准，而且几乎一半的教师无须为他们所接受的专业发展课程付费。[2]

2014 年，马来西亚教育部教师教育司还发布了《持续专业发展计划》，

---

[1] 该委员会成立于 1995 年，由马来西亚前教育总监领导，专门研究教师职业发展中的问题和难题，提出了许多改善马来西亚教师职业发展的建议。

[2] SAMEUL M, TEE M Y, SYMACO L P. Education in Malaysia: developments and challenges[M]. Singapore: Springer Nature Singapore PTE Ltd, 2017: 88.

其中提出建立"专业学习社区"，并将其纳入提高教师质量和学校绩效的计划当中。作为一个聚焦教师专业交流、对话的发展平台，"专业学习社区"将经验丰富的教师和新手教师聚在一起，就如何改进和提高教学实践进行分享和合作，为广大教师提供了一个积极、有益的学习环境。

三、重视智能化教育和 ICT 培训

全球化时代对教师提出了更高的要求，信息素养成为教师专业发展的关键要素之一。从 20 世纪 90 年代至今，马来西亚的教师培训课程一直将 ICT 技术列为一项核心内容。1996 年的"多媒体超级走廊"计划、1997 年的马来西亚"智能学校"计划及后续的智能学校路线图（2005—2020 年）都为学校引入智能化和 ICT 教育奠定了基础，对教师的信息化素养、技能和职责提出了更高的要求，包括对所有教师进行 ICT 培训，加强教师将技术融入课堂教学，以及加强思维教育和创造性教育的能力。

马来西亚开设教师教育的高校在课程设置方面也很重视学生 ICT 基础知识和 ICT 教学融合能力的培养。例如，马来亚大学教育学院下属课程与教育技术系开设教育技术专业本科、硕士和博士教育与课程，旨在帮助学生了解课程与教育技术的整合内涵，掌握现代信息技术教学手段，能够设计、开发信息化教学工具及指导使用信息化教学工具为学科教学服务。该系为教育学院的各师范专业开设教学信息技术基础和学科教学与信息技术整合两门课程，帮助学生掌握智慧化教学所需的信息技术基础知识以及学科教学与信息技术手段融合的理论与实践知识。[1]

新冠肺炎疫情期间，马来西亚政府在全国范围内实施了行动管制，大

---

[1] 刘聪，纳兹里. 马来西亚智慧学校项目及其对我国教师教育的启示 [J]. 世界教育信息，2022（2）：53-59.

量学校的关闭使得教师教育也不得不改为远程和线上形式，由教育学院通过提供虚拟化教学和学习来满足师生的需求。一方面，由于教师的 ICT 素养水平不同，学院为其提供了支持系统以满足不同的教师需求。例如，成立了一个由 ICT 领域教师组成的服务团队以提供培训和技术支持，并在实行管制后的两周对教师进行了及时的培训。培训内容分三部分进行：一是同步和异步的在线学习平台，二是数字内容开发工具，三是在线评估工具应用（包括开卷考试和在线测试等）。通过这种方式，政府希望每位教职员工至少具备进行在线教学的基本技能。[1]另一方面，行动管制造成的学校关闭使实习教师无法进行原本为期两个月的教学实习活动，也无法接受学校主管或指导教师的评估，这对他们的教学技能和适应学校环境造成了很大影响，很可能会造成他们在入职后面临教学策略和课堂纪律管理方面的问题。对此，马来西亚政府采用整合技术的学科教学知识（TPACK[2]）模型，帮助指导在线学习和评估的设计，并在教师教育中强调"教学规划与发展""教与学中的创新与技术""心理学与学生多样性"等若干核心教学课程的重要性，增强实习教师对于教育公平性的认识。

第三节　教师教育的挑战和对策

世界各国的教育制度一直在经历各种变革和改革，教师教育是其中最为重要的"变量"之一，因为教师承担着教育变革的主体和客体的双重角

---

[1] NURFARADILLA M N, HAZRATI H, DIYANA M S N, et al. Mitigating the COVID-19 pandemic: a snapshot from Malaysia into the coping strategies for pre-service teachers' education[J]. Journal of education for teaching, 2020(4): 546-553.

[2] TPACK 是 Technological Pedagogical Content Knowledge 的缩写，即整合技术的学科教学知识，是未来教师必备的能力。TPACK 框架包含三个核心要素，即学科内容知识、教学法知识和技术知识；四个复合要素，即学科教学知识、整合技术的学科内容知识、整合技术的教学法知识、整合技术的学科教学知识。

色，是连接教育系统和学生的重要媒介。教师的创造力、创新意识和奉献精神能够使整个教育系统受益。随着全球化进程的加速，马来西亚社会对教师的需求和期望越来越高，教师不仅被视为知识的传授者，更肩负着塑造公民价值观和维护学校文化多元性的重任，从而更使教师专业发展领域充满挑战。当前，马来西亚教师教育面临的最大挑战是使教师通过职业教育掌握必要的技能和能力，充分应对知识经济社会与本土多元文化教育的发展诉求。

一、教师教育面临的挑战

（一）教师教育缺乏连贯性与实效性

随着马来西亚的快速发展，社会和公众对于教学质量和学生成就的期望不断提高，教师的职前教育以及在职学习与培训变得越来越重要。一些曾在师范学院被评为"优秀"的马来西亚教师，在学校中的表现并不出色，体现为缺乏有效的教学方法和沟通技巧等关键能力。这说明马来西亚的教师教育存在职前教育、入职培训和在职学习不连贯，教师教育与实际课堂脱节的大问题。研究表明，近三分之一的西方国家新教师在第一年的教学期间有辞职或倦怠的趋向，研究人员将此归因于新手教师缺乏系统性的入职培训导致其需求无法得到倾听和支持。[1] 马来西亚的教师教育也面临着此类衔接困境。真正有效的教师教育不仅需要有能力的教育专家、有利的学习环境或最新的技术和设施，更重要的是，从师范课程开始就对未来教师的专业发展有一个明确的规划。教师教育的课程不仅在内容上要全面，在

---

[1] KRAUSS S E, GUAT K A. An exploration of factors influencing workplace learning among novice teachers in Malaysia[J]. Human resource development international, 2008, 11(4): 417-426.

结构上也要相互关联并与教学实践经验紧密结合。这样的课程才能让教师将在校园里学到的理论概念与就职学校的实践经验联系起来，产生连贯性和一致性，这是培养高质量教师的必要路径。

（二）教师课堂表现欠佳

与很多发展中国家一样，马来西亚教师教育面临的最大问题是教师课堂效率较低和表现欠佳。尽管大多数教师符合国家资质要求，但马来西亚高等教育部下属的高等教育领导学院在 2011 年进行的一项小型研究发现，学校课程并不能充分地吸引学生，他们只是被动地关注教师所传授的内容。世界银行 2013 年的一份报告也指出，马来西亚教师教育的发展速度较慢，无法满足学生不断变化的学习需求和国家发展的需求。[1]

原因有以下两个方面。第一，教师的教学动机更多的是为了达到总结性评估的目标，对教学内容只求表面性教授，而不是培养学生的高阶思维能力。例如，考试内容更关注学生死记硬背的能力（占被考查课程的 70%），而不是数据分析能力（占 18%）或信息综合能力（占 15%）。这也是导致马来西亚学生在国际评估项目中表现不佳的原因之一。这一统计数据为马来西亚敲响了警钟。第二，马来西亚教师队伍具有年轻化的特征，2015 年 50% 的教师年龄在 40 岁以下，另有 30% 的教师年龄在 40—49 岁，这意味着 80% 以上的教师不到 50 岁。据教育蓝图估算，60% 的教师在 20 年后仍将从事教学工作，这些教师的表现将在很长一段时期内对马来西亚的人才素质产生巨大影响。因此，提高教师质量成为教育系统 11 项迫切转型目标之一。但马来西亚实质上面临着一个难题，即教师认为他们的工作是称职的，但学生的表现却没有达到国家和社会的期望。教育部下一步工作的重

---

[1] GOH B. Teacher preparation in Malaysia: needed changes[J]. Teaching in higher education, 2015(5): 469-480.

点应放在研究这二者之间差距形成的原因以及出台具有可操作性的解决方案上。

（三）教育培训模式与本土经验脱节

马来西亚的教师教育，特别是职前教育过于强调理论，而缺乏对日益复杂的教师从业知识和专长的培训，缺乏理论与实践的互动。独立后的马来西亚承袭和仿照了西方教师教育体系，一些教育经验和评估方法承袭了西方思维模式，现有的教师教育框架缺乏适合马来西亚国情和多民族文化语境的"本土化教学法"，导致教师空有教学理论而无落实能力。

马来西亚的教师教育改革需要将西方理论与本土实践相结合，制定符合多元文化需求、建立在语言差异性和环境真实性基础上的教师教育框架，包容和鼓励学习者的多样性，以应对课堂上可能出现的学生多样性。例如，在东马的两个州——沙巴和沙捞越，当地拥有最多的土著儿童。在为其提供普及化教育的同时，政府也要关注教师在职前教育中是否接受了足够的文化敏感性训练。因为面对这些儿童，教师需要将教学大纲和学习内容穿插在土著方言、仪式、舞蹈和民俗中，采用符合土著文化价值观的教育方式进行教学。因此，在为土著学校培养师资的教育体系中，符合当地价值观和文化特性的教学法应优先于西方教育理论和教学法。[1]

二、教师教育的应对策略

马来西亚对于教育的重视和资金投入有目共睹，所取得的教育成就在

---

[1] GOH B. Teacher preparation in Malaysia: needed changes[J]. Teaching in higher education, 2015(5): 469-480.

东南亚地区也较为突出。但是进入 21 世纪后，马来西亚的教育发展呈现明显的放缓趋势。与亚洲其他国家和地区相比，马来西亚的教育体系在提供与全球接轨的优质教育和提升教师素养方面显得力不从心。一些公众质疑马来西亚的教师教育体系是否有足够的能力培养出为不断变化的全球格局和 21 世纪的挑战做好准备的学生。为此，马来西亚教育部决心实施诸多提高课堂教学质量的计划和举措，并且为学习者提供参与具有挑战性的有意义的学习体验机会。

（一）为教师提供定制化的培训内容

对在职教师进行的培训和讲座常常不能满足来自不同学校和专业的参与者的个性化需求，原因是培训人员和课程开发人员不了解一些教育部门职员或学校教师所面临的独特挑战。因此，这些带有普适性的培训内容很可能因为和受训教师的教学理念相冲突而影响培训效果。另外，马来西亚的一些高校在教师培训中使用"赤字模式 / 缺陷模式"来看待教师发展，即通过向大学教师提供他们认为缺乏的技能和知识来解决教学中的"问题"。这种模式的重点是传授教学知识和培训技能，而非为教师提供教学观察和教学反思的平台，结果反而会抑制教师对教学的深入思考和探讨，将其限定在以技能为导向的学术官僚话语中。接受这种培训模式的教师可能会满足于现有的教学技能，很难发现自身教学中存在的弱点，进而将教学效果不佳的原因归结于学生、评估方法等外部因素。为此，马来西亚的一些学校正在转变师资培训理念，加强协作性学习社区的建构，使教师有机会进行集体对话和教学反思。例如，马来西亚双威大学成立了一个实践社区，以改善教职员工的教学实践。通过参与社区活动，教师对教与学过程的复杂性有了新的认识，一些教师甚至改变了对自身角色和教学的看法，实现了以学生为中心的教学理念的转变。这种社区平台还能促进学术人员的社交和情感对话，使他们能够"同情彼此的困境，提供建议并相互支持"[1]。

（二）强化教师教育的实用性与过渡性

学界普遍认为，教师质量会对学生成绩和学校成功产生极大影响。教师的行动、有效的教学、教师所具备的知识和创造力是教学的基础，并且在不断地扩展和变化。然而，新教师往往会面临一个挑战，如何将自身的知识转化为有效的教学，二者之间往往缺乏有效路径。教师教育为教师提供所需的文凭和认证，但如果课程缺乏对职前教师的知识、技能、问题解决能力以及复杂需求的培养和规划，那么这种职前教育是无效的。新手教师的职前培训应当包括：为解决学生的文化、个性和学术需求做好准备，对特定年级儿童的发展特点有所认知，熟悉学校的工作流程和课堂管理，能够与学生家长进行有效沟通，具有独立承担工作的能力等。[2] 为此，马来西亚在 2007 年推出新的教师教育体系，强调培训质量以及培训内容与教学的相关性。在职前培训期间，每位学员都要接受两个科目领域的培训。课程方案包括 80% 的专业知识和 20% 的教育学相关内容，再加上实习。英语作为培训计划的核心内容是每个学员的必修科目，民族关系、伊斯兰文明和亚洲文明、语言和数学知识等基础课程与技能也是所有学科专业的必修课。该体系还特别强调将创新意识和批判性思维融入以上内容，以提升教师的职业发展水平。

此外，为加强理论与教学实践的结合，马来西亚还对师范生的实习和岗前培训做出统一要求，以实现师范生向专任教师的平稳过渡。马来西亚师范生实习手册中规定，所有师范生毕业前须完成总计 25 周的教学实习，

---

[1] DENI A R M, ZAINAL Z I, MALAKOLUNTHU S. Improving teaching in higher education in Malaysia: issues and challenges[J]. Journal of further and higher education, 2014(5): 656-673.

[2] KRAUSS S E, GUAT K A. An exploration of factors influencing workplace learning among novice teachers in Malaysia[J]. Human resource development international, 2008(4): 417-426.

其中 10—15 周的实习与在校学习交替进行，10 周以上的连续性实习须在毕业学年完成。实习采用双导师制，其中培养责任配比为实习学校导师 30%、就读高校导师 70%。实习结束后统一提交实习日志，两位导师协作完成对师范生的实习评价和实习日志的反馈。[1] 除教育部的统一要求外，马来西亚各州教育部门还会在每年 7—8 月为准备入职的师范毕业生进行岗前培训，提供包括 ICT 教学在内的有针对性的实用培训内容。

（三）增强教师效能和教师职业吸引力

首先，为教师提供多样化的个人发展空间。马来西亚的教师素质和水平参差不齐，专业化程度较低，一方面是教师对专业化的概念、国家教育理念和教育改革目标缺乏有效理解，导致对自身角色、职责和专业能力的认识不够深入；另一方面则是由于基层教师普遍缺少教学自主权和晋升途径。为此，马来西亚除了构建完备的职前和在职培训体系，还通过为教师提供灵活多样的职业发展路径，如晋升领导岗位或成为学科专家，激发其个人发展的动力。教师可以根据自己的兴趣、表现、潜力选择适合自身专业发展的岗位。例如，他们有机会在学校、地区、州或联邦一级担任领导角色，也可以选择成为专注于课程开发的学科专家，为教育系统提供评估和培训方案，还可以选择在学校里担任特级教师。

其次，提高教师的参与度与效能。马来西亚高度集中化的、自上而下的教师发展策略在一定程度上缺乏灵活性，教育培训目标往往也是由教育部、地区或学校领导人制定的，导致学校和教师的意愿被忽视或无视。这些状况可能会损害教师的积极性，导致无法达成有效的教育培训目标。为此，马来西亚教育部尝试创设"虚拟实践社区"增强教师在教育政策中的参

[1] 刘聪，纳兹里. 马来西亚智慧学校项目及其对我国教师教育的启示 [J]. 世界教育信息，2022（2）：53-59.

与度，如为教师创设网络平台供其分享、讨论教学内容和教育政策；为每位教师设置一名导师，共同分析教育问题，改变由领导层垄断教育决策的局面；实施"教师在线可持续专业发展计划"构建教师与领导人之间的合作关系，强制要求教师参与到决策制定中，进行专业指导或提供可行性意见。[1]

同时，根据教育蓝图的规划，从 2013 年起，马来西亚通过减轻教师的行政负担使教师更专注于教学的核心职能，包括精简教师现有的数据采集任务和管理程序，以及将部分行政职能转移至中央服务中心或学校一级的专职行政教师等措施。并于 2016 年起实施基于能力和绩效的教师职业发展评估，由校长每年对教师进行评估，同行可以提供参考意见。这项评估侧重于教师是否具备在课堂内外提供有效教学的能力。高绩效的教师将获得更快的职业发展，其中最优秀的教师可以在更短的时间内从 DG41 晋升到 DG54（目前的平均晋升时间为 25 年）；不能达到最低质量标准的教师需要参加额外的培训和辅导以重新达标；如果仍然表现欠佳，这些教师将会被调岗。马来西亚教育部打算通过提高教师的效能和生产力逐步减少教师的总人数。

最后，提升教师的职业吸引力。教育部为解决教师人才流失问题做出了大量努力，包括提高教师待遇、改善教师工作条件、提供更具吸引力的激励方案以奖励表现出色的教师，并通过"让教师成为首选职业"的方针吸引新人才成为教师。例如，教育部已设立多种奖项和荣誉称号如"优秀教师奖""优秀校长"，以激励和支持优秀人才脱颖而出。同时，教育部会在特定阶段为特定领域教师提供补助，使该领域教师发展得到优先关注。例如，为强化对国家经济建设急需人才的培养，教育部针对英语、科学、数学和技术科目的教师发放关键科目津贴以及为偏远地区的教师提供困难津贴等。这些举措已显现了一定的成效，将教师职业视为次要或备选的就业观念已经逐步得到改善。

---

[1] 徐蕊玥，周琴. 马来西亚智慧学校改革的成效、挑战与趋势（1977—2020）[J]. 数字教育，2020（3）：87-92.

第十章 教育政策

自 1957 年独立以来,马来西亚集中大量精力发展和改善国家教育系统,其教育制度与教育政策经历了一系列重大变革,涵盖了教学语言、课程标准、学校类型、教育理念与教师培训等诸多重要教育因素,建立起与本国多民族文化和经济建设相适应的国民教育体系。本章重点介绍马来西亚的教育政策发展,选取重要政策、报告进行分析解读,总结其经验与变革趋势,便于读者建立对马来西亚教育政策发展的整体认识和把握。

第一节 政策与规划

教育政策对国家发展、经济建设以及增强民族文化凝聚力的作用是至关重要的。一个国家的教育政策在很大程度上受到本国社会经济发展与世界教育变革趋势的影响和制约。马来西亚在这方面表现得尤为明显,其教育政策的制定与实施是紧密围绕着每个发展阶段的经济政策、国家战略和社会需求"量体裁衣"定制的,以实现特定历史时期的教育发展目标,具有高度的政治性和集中性,形成了自己的特色和经验。

一、教育政策发展历程

根据教育政策规划重点的不同，马来西亚的教育政策发展可以分为四个阶段。

（一）重建教育系统（20世纪50—60年代）

独立后的马来西亚百废待兴，改造殖民时代的教育体系、建立符合新国情的国民教育制度，成为这一时期马来西亚教育事业发展的主要任务。1956年的《拉扎克报告》和1960年的《达立报告书》都主张建立国家学校制度。该制度于1961年纳入《1961年教育法》。《1961年教育法》是一项关键立法，是马来西亚教育制度的核心法律框架。1962年，马来西亚成立了高等教育规划委员会，以预测未来20年的人力资源需求，并规划教育设施。1965年，为适应工业化的迅速发展，马来西亚开始实施综合教育制度。在完成小学基础教育后，初中教育阶段除一般必修课外设置农、工、商、家政等职业课程，使学生经过初级综合教育后获得一般的职业训练，高中阶段实行文理工分科，设置多元课程，以加强学生学术性或职业性的综合教育训练。[1] 但在这一阶段，受政治经济发展水平的制约，马来西亚政府对于人才培养和教育政策制定的深层次问题尚未形成清晰的认识和成熟的框架。

（二）教育改革与转型（20世纪70—80年代）

1971—1990年，马来西亚的社会和经济发展极大地影响了教育的规划和政策制定。努力促进民族团结和保障社会政治经济公平是当时马来西亚

---

[1] 庄兆声. 马来西亚基础教育 [M]. 广州：广东教育出版社，2004：49.

维持发展、稳定和进步的关键。为了使马来西亚同世界上其他国家一样顺利
走向现代化，马来西亚政府在 1970—1990 年实行了"新经济政策"。"新经济
政策"是一项社会工程政策，旨在弥补马来人与非马来人，特别是马来人与
华人之间的社会经济差距，实现减贫和社会重组的双重大规模再分配目标。

作为"新经济政策"和国家发展计划的一部分，教育系统被用作经济
结构调整的关键工具。马来西亚政府开始实施有利于马来人的教育优惠政
策，提出"反向教育歧视"的政策。政府认为，由于历史原因，马来人的
教育状况远不如华人和印度人，只有加以补偿，才能避免产生差距和民族
裂痕，因此制定了很多有利于马来人的教育政策。[1] 例如，1970 年从一年级
开始到 1983 年完全关闭英语教学学校，有效地使马来语成为所有国民学校
的教学语言和所有公立大学的教学语言。同时，在高等教育中实行保护马
来族和土著族群的教育"固打制"，即政府在大学新生录取名额上采取配额
制，按照马来族和土著人 60%、华人 30%、印度人和其他少数民族 10% 的
比例录取，优先提高马来族和土著民族的教育水平。

20 世纪 80 年代，在基础教育达到基本普及的基础上，马来西亚根据社
会对人才素质要求的变化，推行旨在提高教育质量的"新小学课程"（一体
化小学课程）和"一体化初中课程"改革，并规定国家教育体制内的所有
学校和所有学生学习统一的核心课程。[2]

（三）迈向现代化（20 世纪 90 年代至 2010 年）

这一时期，马来西亚认识到教育和科学技术是实现国家工业化目标的
关键所在。为此，马来西亚政府将教育和培训作为第七个马来西亚计划最
重要的领域之一，规划了 101 亿林吉特的财政拨款，其中 45.6% 用于建新的

---

[1] 蔡昌卓. 东盟基础教育 [M]. 桂林：广西师范大学出版社，2014：93.

[2] 庄兆声. 马来西亚基础教育 [M]. 广州：广东教育出版社，2004：49.

学校以及为中小学建新的课堂，同时加强学校的数学、科学和英语科目课程以及这方面的师资培训和教学方法改革。2003 年，时任总理马哈蒂尔推动了一项重大转变，重新将英语作为科学和数学科目的教学语言。虽然几年后该政策因被认为削弱了马来语的地位和马来人的民族意识而停止执行，但在一定程度上反映出马来西亚与世界接轨以及促进教育现代化转型的决心和抱负。

基础教育方面，为保证所有儿童都能获得完整的免费义务教育，马来西亚政府颁布了《1996 年教育法》，实行普及小学和中学教育的 11 年义务教育制，采取以国家教育为主、允许私人办学、政府学校和私立学校并存的教育政策。这一时期马来西亚教育部的优先事项是帮助未入学或学业落后的边缘化儿童，实施的战略包括为社会经济地位低下的儿童提供财政资助、为残疾学生和土著儿童建立特殊教育学校和制定特殊教育方案等。因此在这一阶段，马来西亚儿童的受教育机会和教育质量呈指数级增长。2011年，小学入学率为 94%，初中入学率为 87%，在小学一级实现了接近普及的教育，而在中学一级实现了从精英教育到大众教育的转变。[1] 此外，这一时期的教育政策制定也相当注重 ICT 技术在教育中的应用，加强了计算机教育，注重教学中多媒体技术和网络的应用，并实施了雄心勃勃的"智能学校"计划。

高等教育方面，为了跟上全球化时代世界高等教育体系变革的脚步，马来西亚的大学也开始进行现代化转型，将经济动力纳入其中，减少高等教育对国家的依赖。例如，五所公立大学于 20 世纪 90 年代中期实行了公司化管理。1996 年《私立高等教育机构法》的出台扩大了私营部门在高等教育中的作用，进一步增强了马来西亚高等教育的活力与吸引力。马来西亚政府还于 1996 年成立了国家高等教育委员会，其职能包括：规划、制定国

---

[1] SAMUEL M, TEE M, SYMACO L. Education in Malaysia: developments and challenges[M]. Singapore: Springer Nature Singapore PTE Ltd, 2017: 9.

家高等教育发展政策和战略，确定高等教育机构的拨款政策和标准。在多种政策和措施的推动下，马来西亚于 2004 年成立与教育部并行的高等教育部，2007 年启动《2007—2020 年国家高等教育战略计划》，显示了马来西亚政府对高等教育的重视，将其作为实现 2020 年达到发达国家水平这一国家目标的重要路径之一。

（四）加速国际化和数字化转型（2011 年至今）

这一阶段马来西亚教育政策的重心是进一步推进教育全球化、加强改革与创新精神，使本土教育达到国际一流水平并加速形成"区域优质教育中心"。

然而随着教育投入的增加和教育计划的不断推进，马来西亚的教育质量并没有达到预期的效果。2009 年，马来西亚学生首次参加国际学生评估项目（PISA），其成绩远低于经合组织成员平均水平。这使国民对本国教育产生了怀疑，也使马来西亚政府不得不重新审视教育改革中存在的问题，并尽快商定出科学的教育决策以提高国家教育质量，提升学生的国际竞争力。2011 年，马来西亚教育部对马来西亚的教育系统进行了全面审查，并相继制定了《2013—2025 年马来西亚教育蓝图》《2015—2025 年马来西亚高等教育蓝图》，概述了改善本国教育系统的基本战略和举措。两份蓝图均强调教育反思，将转变理念、提高全民素质、增强国际竞争力等作为马来西亚教育发展的重点，取得了不俗的成效。2018 年 6 月，马来西亚内阁会议决定让教育部组建国家教育政策研究委员会，拟重新审查国家教育政策，促进马来西亚教育体制的完善，希望通过积极开展民意调查、收集信息和建议助力马来西亚教育改革。

在高等教育方面，马来西亚已经实现成为"区域优质教育中心"的目标，正在朝着更加国际化和数字化的纵深方向发展。2018 年，马来西亚高等教育部制定的"高等教育 4.0 计划"聚焦于为第四次工业革命培养有能力和技能的劳动力。2021 年，为响应联合国教科文组织国际教育规划所提出的"高等教育灵活学习途径的 SDG4 规划"项目，马来西亚推出了《马来西亚高等教育的灵活学习途径：平衡人力资源开发和公平政策》，针对马来西亚高等教育系统发展现状提出相应措施，以数字化的形式提供了更多举措来支持灵活学习途径的实施。[1] 2022 年，马来西亚还制定了"数字经济蓝图计划"，利用 5G、云计算、大数据分析和人工智能培养高水平数字人才，为数字经济发展奠定基础。

二、重要政策与规划

（一）《2013—2025 年马来西亚教育蓝图》

1. 制定背景

进入 21 世纪以来，马来西亚政府先后出台了多个教育发展计划，包括"十年教育计划"（2001—2010 年）、《2006—2010 年马来西亚教育发展蓝图》、《2011—2020 年教育部中期策略蓝图》等。与此同时，马来西亚政府的教育投入也不断增加，仅 2012 年的教育总投入就占到了 GDP 的 16%，远超新加坡、日本、韩国，在东南亚地区仅次于泰国。[2]

尽管在接受教育的总体机会和教育发展方面有了巨大的改善，但马来西亚的教育质量仍然存在严重问题，主要反映在学生的国际评估成绩上，如 PISA 和 TIMSS 成绩。2009 年是马来西亚参加 PISA 的第一年，在 74 个

---

[1] 张梦莉. 马来西亚教育数字化战略行动做法 [EB/OL]. （2022-11-03）[2022-12-10]. http://untec.shnu.edu.cn/c7/07/c26039a771847/page.htm.

[2] 杨正刚，洪明. 马来西亚基础教育改革新政——《2013—2025 年教育蓝图》实施背景、内容与特点 [J]. 比较教育研究，2018（1）：37-44.

参与成员中排名垫底，低于国际和经合组织的平均水平，也低于新加坡和泰国等东南亚邻国。数据显示，在参加测试的 15 岁青少年中，60% 的学生未能达到数学的最低学业水平，44% 的学生没有达到最低阅读水平，43% 的学生没有达到科学最低水平。[1] 在 PISA 测试中，38 分的差距相当于一年的学校教育。通过与亚洲其他国家的横向比较显示，新加坡、韩国、中国的 15 岁学生比马来西亚的 15 岁学生表现得像是多接受过 3 年或更长时间的学校教育。

同样，TIMSS 评估也记录了令人沮丧的结果。TIMSS 是衡量学生在四年级（相当于马来西亚的小学四年级）和八年级（相当于马来西亚的中学二年级）的数学和科学成绩的指标。教育蓝图提到，马来西亚在 1999 年首次参加 TIMSS 时，其学生的平均分数高于国际平均水平，但在 2007 年已下滑至国际平均水平以下，排名也相应下降。

由此产生了一个关于教育质量的悖论：尽管以国际教育评估作为衡量标准的学生成绩多年来呈逐步下降趋势，但参与国家考试的学生的成绩多年来却呈逐渐提高趋势。国际评估分数和国家考试成绩分数之间的这种看似相反的关系，引出了一个重要问题：高中到底考什么？到底应该采用什么样的评估方式？[2] 由此引发了更深一层的思考：进入 21 世纪以后基础教育的培养目标是什么，是否需要变革？学生应该具备什么样的素质才能适应全球化时代社会发展的需求？

马来西亚对此进行了深刻的反思：马来西亚在 PISA 和 TIMSS 测试中表现不佳的很大一部分原因是这两项测试更多的是针对高阶思维能力、创造力和创新能力的测试，而马来西亚的教育缺乏对这些能力的培养。例如 PISA 测试重点不是课程内容，而是学生在现实环境中应用知识的能力。因

---

[1] Ministry of Education Malaysia. Malaysia education blueprint 2013—2025: executive summary[R]. Putrajaya: Ministry of Education Malaysia, 2012.

[2] SAMEUL M, TEE M Y, SYMACO L P. Education in Malaysia: developments and challenges[M]. Singapore: Springer Nature Singapore PTE Ltd, 2017: 10.

此，马来西亚政府意识到，要实现"2020年宏愿"，教育系统需要进行根本性变革，以培养更有技术、知识和思想的劳动力。

另一方面，马来西亚的公共教育支出高于区域平均水平。若以教育支出占GDP的百分比计算，马来西亚为5.8%，高于韩国（4.8%）、日本（3.8%）、澳大利亚（5.1%）。[1] 但马来西亚学生的成绩与泰国大致相当，而泰国的公共教育支出占GDP的比例较低。可见，马来西亚的高教育支出未能转化为高水平的学生成绩，投入与回报不成比例。

这些问题制约了马来西亚的教育发展进程，因此，2011年10月，教育部启动了对马来西亚教育体系的全面审查，以制定全面的、符合时代发展的国家未来教育蓝图。马来西亚是一个具有民族和文化多样性的国家，包容性很强，在做出重要教育决策之前通常会通盘考虑多方意见。因此，在15个月的时间里，教育部广泛征求各界意见，从联合国教科文组织、世界银行、经合组织和六所当地大学的教育专家，到全国各地的校长、教师、家长、学生和民众。在充分考虑了各利益攸关方的声音后，马来西亚教育部于2012年12月向全社会正式颁布《2013—2025年马来西亚教育蓝图》。教育蓝图提出了马来西亚教育体系的未来发展愿景，以及实现这一愿景所需的战略和转型计划，妥善平衡各民族教育需求，立足于本国教育背景，面向国际教育标准，涵盖了学前至中学后教育，是基础教育领域一次里程碑式的改革。

教育蓝图旨在将马来西亚学生水平提高至国际一流水平，并提高公众和家长对国家教育政策的期望，为未来培养更具有国际竞争力的人才。正如时任马来西亚副总理兼教育部部长慕尤丁所言："政府将致力于在该蓝图计划的13年里引领教育系统发生根本性变革，而当前的首要目标就是要促使学生实现全面发展，使他们能够应对21世纪的机遇和挑战。"

---

[1] UNESCO. Malaysia education policy review[R]. Paris: UNESCO, 2013.

教育蓝图的制定有三个具体目标：第一，了解马来西亚教育系统目前的表现和面临的挑战，重点是改善受教育的机会，提高标准（教育质量），缩小成绩差距（教育公平），促进学生之间的团结，最大限度地提高系统效率；第二，为学生个人和整个教育系统确立未来 13 年的明确规划和转型目标；第三，概述该系统的全面改革方案，包括对教育部进行重大改革，使其能够满足新的社会需求和不断提高的公众期望，启动并支持公务员制度的全面改革。

2. 蓝图内容

教育蓝图是马来西亚教育部门发展的总体规划，是 2011 年对教育系统进行全面审查的结果。该蓝图肯定了教育在将马来西亚转变为知识经济社会、在日益激烈的全球化竞争中脱颖而出的关键作用。

教育蓝图所含内容十分广泛，共涉及八个领域的问题：（1）蓝图要实现的发展目标和制定过程中使用的方法；（2）教育系统的发展规划和对每个学生的发展期望；（3）全国教育系统的当前性能和对学生当前学习状况的分析；（4）学生在当前教育体制下学习遇到的问题及解决方案；（5）如何为学校教师和管理者提供更有实效性的支持；（6）多部门协作推进教育蓝图落实的具体策略；（7）评估检查制度；（8）整体规划概述。[1] 蓝图涵盖了马来西亚教育系统的方方面面，可视为此后教育政策与教育规划的指南。

教育蓝图为马来西亚的整个教育系统提出了五个目标：机会、质量、公平、团结和效率（见表 10.1）。在改革具体实施过程中，须保证这五个方面的行动齐头并进，任何一方面薄弱都会影响其他方面的发展。

---

[1] 杨正刚，洪明. 马来西亚基础教育改革新政——《2013—2025 年教育蓝图》实施背景、内容与特点 [J]. 比较教育研究，2018（1）：37-44.

表 10.1《2013—2025 年马来西亚教育蓝图》对教育系统提出的五个目标 [1]

目标	具体内容
机会	马来西亚的每个儿童都享有平等受教育的机会，从而能够发挥自己的潜能。具体目标是到 2020 年使学前至高中适龄儿童的入学率达到 100%。
质量	所有儿童都将有机会获得马来西亚独有的可与最好的国际教育体系相媲美的优质教育。具体目标是 15 年内在 TIMSS 和 PISA 两项国际评估中使马来西亚学生的成绩排名进入前三分之一行列。
公平	一流的学校应为每个孩子提供公平的优质教育体系，使他们不论地域、性别或社会经济背景都能接受最好的教育。具体目标是到 2020 年实现城乡、经济、性别成就差距减半的目标。
团结	构建以经验分享和共同愿景为基础的多元文化教育体系，使不同源流和宗教信仰的学生学会理解、接受和包容彼此的差异，形成马来西亚未来团结的基石。
效率	政府将继续保持现有的教育资金投入水平，更关注学生的学习成绩，使教育系统在当前预算范围内最大限度地提高学生成就。

教育是儿童智力、精神、情感和身体全面发展的载体。除了提升整个教育系统的努力以外，个体全面发展需要的技能和品质也是马来西亚国家教育理念重点强调的内容。在学生个体发展层面，教育蓝图提出的目标分别涉及知识、思维技能、领导能力、语言能力、道德和精神、国家认同六个领域，见表 10.2。

---

[1] Ministry of Education Malaysia. Malaysia education blueprint 2013—2025: executive summary[R]. Putrajaya: Ministry of Education Malaysia, 2012.

表10.2《2013—2025年马来西亚教育蓝图》对学生个体发展提出的六个目标[1]

目标	具体内容
知识	通过教育使每个学生首先具备识字和算术技能，其次掌握数学和科学核心科目，还要全面了解马来西亚、亚洲乃至世界的历史和地理。同时鼓励学生在艺术、音乐和体育等领域发展知识和技能。
思维技能	保持每个学生的求知欲和对终身学习的热爱，重视创新意识，培养学生的推理、认知能力以及创造性思维和批判性思维。
领导能力	教育系统将通过创造正式和非正式的机会培养学生的团队领导力，从企业家精神、适应力、情商和强大的沟通能力这四个维度出发帮助每个学生充分发挥其潜力。
语言能力	每个学生应熟练掌握作为官方语言的马来语，同时能够使用英语作为国际交流和沟通的工具。教育部还鼓励所有学生学习第三门语言。
道德和精神	教育系统将促进每个学生培养良好的道德观和价值观，使他们在面对困难和挑战时做好准备。同时注重培养有爱心的个体，为改善社区和国家做出有益的贡献。
国家认同	使不同民族、宗教信仰和社会经济地位的学生建立国家民族认同感和培养爱国主义情怀，引导学生熟悉国家历史，学会理解和接受多样性。

从以上六个目标的具体内容看，马来西亚对学生发展的要求也是全方位的。其中，有关学生知识、思维、道德与精神方面的要求是对学生发展的一般要求；有关领导能力的要求体现了对21世纪学生成为未来社会领导者的要求；有关语言沟通技能的要求体现了作为开放国家参与国际合作和国际竞争的需求；有关国家认同，对马来西亚这样的多民族国家来说，更体现了其国家政治的需要。当然，这六个方面相互之间也是密切关联、不可分割的，它们的整体发展才构成学生的健康成长。[2]

[1] Ministry of Education Malaysia. Malaysia education blueprint 2013—2025: executive summary[R]. Putrajaya: Ministry of Education Malaysia, 2012.

[2] 杨正刚，洪明. 马来西亚基础教育改革新政——《2013—2025年教育蓝图》实施背景、内容与特点 [J]. 比较教育研究，2018（1）：37-44.

　　在教育部为起草教育蓝图征求广泛意见的过程中，各个利益相关方提出了一些共识，如提高教师素质、保障语言教育等。马来西亚教育部将这些建议整合为教育蓝图的四项指导原则。第一，所有行动都应同时利于实现教育系统和学生的共同发展，不能以牺牲一方为代价，摒弃可能会影响单方利益的方案。第二，将国际评估数据作为考察指标，优先考虑那些对教育系统和学生产生最大影响的因素。第三，所有改革方案应与国家教育理念相一致、在教育部能力范围之内并且具有可操作性。第四，确保方案的实施运行能够带来更大的回报，实现更高的效能。

　　在四项指导原则的基础上，马来西亚教育部提出了 11 项教育转型计划（见表 10.3），以实现马来西亚人所设想的教育成就。每项转型计划都涉及机会、质量、公平、团结和效率这五项系统成就中的至少一项，而质量则是所有转型的共同焦点，因为它是当前阶段最需要迫切关注的问题。其中一些计划代表了教育战略和方向的改变，另一些计划则代表了教育部和学校在执行现有政策方面的业务变化，包括教育机会、语言能力、国家认同、行政效能、教育支出、校长与教师、家庭与社会机构、信息技术、学习成效、管理问责等多个领域。

表 10.3《2013—2025 年马来西亚教育蓝图》的 11 项教育转型计划及其举措 [1]

转型计划	举措
提供平等获得国际标准优质教育的机会	——语言、科学和数学的学习标准与国际接轨 ——2017 年推出新的中学课程（KSSM）和修订过的小学标准课程（KSSR） ——改进考试和评估制度，在 2016 年前增加对高阶思维能力的关注 ——提高学前教育质量，到 2020 年实现 100% 的入学率 ——6 年义务教育延长为 11 年义务教育 ——增加对有特殊需要的学生的体育和教学资源的投资

---

[1] Ministry of Education Malaysia. Malaysia education blueprint 2013—2025: executive summary[R]. Putrajaya: Ministry of Education Malaysia, 2012.

续表

转型计划	举措
确保每个学生都精通马来语和英语，并鼓励他们学习其他语言	——为国民学校推出小学标准课程的马来语课程，并为有需要的学生提供强化补习支持 ——扩大莱纳斯（LINUS）计划[1]，将英语扫盲纳入其中 ——提高英语教师技能；使英语成为一门必修课，并扩大接触该语言的机会 ——鼓励每个孩子多学一门语言
培育具有马来西亚价值观和民族认同的全球公民	——强化公民教育元素，将社区服务作为毕业的先决条件 ——加强伊斯兰教育和道德教育，使各族学生间形成牢固的团结纽带 ——加强运动、俱乐部或团体活动，让学生有机会接触课外知识，发展其潜能和兴趣 ——从 2016 年起扩大 RIMUP 计划[2]，促进各源流学校学生的交融
将教学转变为一种职业选择	——从 2013 年起，提高公立学校教师的入职门槛，只从排名前 30% 的毕业生中选拔 ——从 2013 年起，提升教师专业发展与个人能力，更加重视校本培训 ——从 2013 年起，将教师的工作重点放在教学的核心职能上，减少行政负担 ——到 2016 年，实施基于能力和业绩的职业发展计划 ——到 2016 年，拓宽教师进入领导层、教学骨干和学科专家的晋升途径 ——到 2025 年，形成由同行主导的卓越教育认证机制
确保每所学校都有高绩效的学校领导	——从 2013 年起，加强校长遴选标准，规范校长的连任程序 ——分阶段推出新的校长职业方案，为提高学生成绩提供更大的支持，建立更严格的问责机制

---

[1] LINUS 计划，识字与精算计划，是配合马来西亚 2010 年提出的政府转型计划"国家关键成效领域"而实行的一项教育辅助计划。计划要求每年开展三次基本读、写、算水平测试，以鉴定学生的掌握程度。阅读、书写及计算有障碍的学生，可参与"LINUS 特别课业辅导班"或特殊教育课程。

[2] RIMUP 计划，学生交融团结计划，是马来西亚教育部以促进民族融合为目标开展的专项计划，主要通过课外活动加强校际学生交流，让各族学生一同学习交流，促进团结。

转型计划	举措
授权州教育厅、区教育办公室和学校，准许制定符合自身需求的解决方案	——到 2014 年，通过在所有州推出系统的、地区主导的方案，加快学校的改革 ——允许更大的校本管理和自主权，优先给予表现最佳和进步最大的学校在预算分配和课程实施等方面更大的灵活性 ——从沙巴和沙捞越两个州开始，确保到 2015 年 100% 的学校达到基础设施的基本要求
利用 ICT 技术扩大优质教育	——通过 1Bestarinet 为 10 000 所学校提供 4G 高速网络和虚拟学习环境 ——增加视频库在线内容以分享最佳实践，由顶尖的教师讲授科学、数学、马来语和英语课程 ——最大限度地利用 ICT 技术进行远程和个性化学习，扩大学生获得高质量教学服务的机会
提升教育部门的行政交付能力	——赋予各州和地区教育部门更多权力，包括教育财政预算、人事任免，强化问责制度 ——到 2014 年，从教育部向各州所属学校再安排至少 2 500 名人员，以支持学校建设 ——从 2013 年起，加强 150—200 个关键岗位人员的领导能力 ——到 2016 年，形成新的教育系统，使核心职能得以强化、组织结构日趋合理
深化与家长、社区和私营部门的合作关系	——家长通过互联网了解学生在校学习状况 ——从 2016 年起，家长-教师协会为所有教师和课程提供支持 ——到 2025 年，将校友会等非政府组织作为潜在赞助商，将信托学校扩大至 500 所
最大限度地提高学生的学习成效	——将每个方案与明确的学习成果联系起来，定期评估并调整低效的教育方案，与政府的整体改革举措保持一致 ——对实施效率进行测评，对关键领域（如教师教学技能培训）在资金上给予重点扶持
增加公共问责，提高教育透明度	——从 2013 年开始，每年发布一份关于教育蓝图目标和举措进展情况的公开报告 ——在 2015 年、2020 年和 2025 年对蓝图实施状况进行全面审查

教育蓝图还为上述改革制定了"三步走"计划时间表（详见表 10.4）。

第一阶段（2013—2015 年），为启动改革策略阶段，将为教师和校长提供更多的专业支持，使教师专注于核心技能，提升校长的管理水平，提升学生马来语、英语、数学及科学等学科的能力，并以此改进教育系统。

第二阶段（2016—2020 年），为加速改革进程阶段，具体改革事项包括为 4 万名教师和 1 万名校长重新规划职业发展，调整各州及地方教育行政系统，修订小学课程标准和制定新的中学课程标准。

第三阶段（2021—2025 年），为迈向卓越教育阶段，重在提高新教育系统的专业性和灵活性，建成一个可以自我完善、持续创新且高效的教育系统。

表 10.4《2013—2025 年马来西亚教育蓝图》实施的具体措施及阶段目标 [1]

阶段	具体措施	阶段目标
第一阶段	——为教师提供专业指导，使核心课程（马来语、英语、数学、科学）的教师达到较高教学水平 ——提高新教师入职标准 ——加强校长遴选标准，规范校长连任程序，提高学校管理质量 ——实行基于高层次思维技巧的考试 ——通过培训提高教师的英语水平，支持 LINUS 计划对英语学科的扩展，加强 STEM 教育质量，实现混合式学习 ——实施 1BestariNet 项目，实现信息技术与课程整合 ——对学生成绩表现不佳以及有特殊需求的学校，重点给予改革指导与支持 ——开展招生宣传，鼓励家长参与学校招生，提高入学率 ——加强与私营部门的合作，强化实习 ——将教育管理精英安排在关键部门，提高教育系统的整体效能	——所有学生在完成小学 3 年学习后马来语和数学成绩达到标准，英语能力达到基本的读写目标 ——学前教育入学率达到 92%，小学入学率达到 98%，中学第一阶段入学率达到 90%，中学第二阶段入学率达到 85% ——城市和乡村教育差距减少 25%

[1] 杨正刚，洪明. 马来西亚基础教育改革新政——《2013—2025 年教育蓝图》实施背景、内容与特点 [J]. 比较教育研究，2018（1）：37-44.

续表

阶段	具体措施	阶段目标
第二阶段	——加强对教师的指导和支持，以改善课程所有学术和非学术方面的知识、技能和价值观的传递 ——积极开展岗前培训和在职进修，以能力和绩效为指标，提升教师教学水平 ——参照国际标准制定并实施新的中学课程标准，修订小学课程标准 ——尝试在个别学校增加学生课外接触英语的机会，以提高外语能力 ——加强 ICT 技术创新，使之更好地服务于远程教学和自主学习 ——为有特殊需要的学生（尤其是土著和少数族群）制定特别扶持计划 ——通过与私营部门签订协议，开展职业教育 ——强化教育部核心职能，重组各级教育行政机构，进一步提升服务效能	——在国际评估（TIMSS 和 PISA）中达到平均水平 ——学龄前至初中入学率实现 100%，高中入学率达到 90% ——城市和乡村教育差距减少 50%，使不同社会经济地位与性别间教育水平差距减少 25%
第三阶段	——加强校本管理，在课程实施、预算方面选择性地给予部分学校更大的自主权 ——教师和学校管理者分工协作，以形成追求卓越的专业发展氛围 ——提高学生的马来语和英语能力，为学生学习其他语言提供更多选择 ——在全国推广信息技术创新教学方案，提升有特殊需要学生的学习水平 ——强化教育部职能，完善官员任免和晋升制度 ——对学校进行评估，为进一步优化寻求途径和制定方案	——在国际评估（TIMSS 和 PISA）中排名进入前三分之一行列 ——继续保持高入学率 ——继续缩小城乡教育差距，使不同社会经济地位与性别间教育水平差距减少 50%

（二）《2015 年全民教育国家审查报告：马来西亚（终期审查）》

1．编制背景

2000 年 4 月，世界教育论坛在塞内加尔达喀尔举行，会议通过了《达喀尔行动框架》《全民教育：履行我们的集体承诺》，并商定到 2015 年要实现的六项广泛的教育目标。与会者一致认为全球教育需要定期和严格的监测，以跟踪实现六项目标的进展情况，确定有所作为的战略。

《2015 年全民教育国家审查报告：马来西亚（终期审查）》（以下简称《审查报告》）是马来西亚应联合国教科文组织对其成员的邀请，对照《达喀尔行动框架》，评估 15 年来本国在实现全民教育方面取得的进展。报告于 2015 年 5 月韩国仁川世界教育论坛会议期间发布，旨在为即将在论坛上讨论并通过的《仁川宣言》提供参考数据和指导建议。

2．报告内容

《审查报告》分为四个部分。

第一部分结合马来西亚的社会经济发展背景，对目前已形成的国家教育制度进行概述，从国家战略层面梳理已有的教育规划和政策措施（见表 10.5），既肯定了马来西亚 15 年来教育发展取得的成就以及实现全民教育目标对马来西亚的意义，也提出了教育中出现的主要问题和面临的挑战。

表 10.5《审查报告》梳理的教育规划和政策措施 [1]

类型	名称
教育政策	《2001—2010 年教育发展总体规划》 《2006—2010 年马来西亚教育蓝图》 《2013—2025 年马来西亚教育蓝图》

---

[1] UNESCO. Education for all 2015 national review: Malaysia[R]. [S.l: s.n.], 2015.

类型	名称
主要法令	1954 年《原住民法》 《1996 年教育法》（第 550 号法） 1997 年《特殊教育法》 2001 年《儿童法》（第 611 号法） 国家残疾儿童政策（《儿童权利公约》第 23 条） 国家土著儿童政策（《儿童权利公约》第 30 条） 2008 年《残疾人法》（第 685 号法）
其他重要政策	1961 年消除文盲政策 《2011—2020 年马来西亚终身学习蓝图》 《2007—2020 年国家高等教育战略计划》 2007 年国家残疾人政策 2009 年国家儿童保护政策 国家妇女政策（1985 年）（2009 年修订） 2011 年国家老年公民政策

达喀尔论坛所制定的教育普及框架主要是针对世界上一些落后国家和经济欠发达地区的教育问题，马来西亚属于中上等收入国家，教育政策及教育投入都得到了政府的大力保障。在《审查报告》涉及的开端年份（2000年），全民教育目标当中的大部分已经实现。因此，马来西亚面临的最大问题是打破教育发展瓶颈，即如何在现有基础上进一步提升以实现完整的全民教育目标。

《审查报告》认为，马来西亚在诸多教育层面取得了巨大进展，例如增加了从学前教育到基础教育再到高等教育的受教育机会，在为解决教育系统中的不公平现象而采取针对土著人口、贫困学生的特殊方案以及通过改善教育设施和配备更多合格教师来缩小城乡之间的教育差距等方面都已经取得了良好的成效。

然而，在全国考试中，各州之间以及各州内部的表现仍有很大差异，表明在平等获得优质教育方面尚存在一些问题，这对马来西亚教育部门提出了五大要求。第一，将帮扶重点聚焦于因各种原因未完成基础教育或从未入学的少数儿童，并根据家庭贫困儿童、移民儿童或土著儿童的身份性质提供针对性解决方案。第二，通过设立程序，及早发现有特殊教育需要的儿童并进行早期干预，确保他们能够有同样的机会获得成功。第三，提高 2015 年以后的教育质量以应对新出现的挑战，重新调整课程与评估体系，培养学生的高阶思维技能。第四，马来西亚教育系统的大量教育投入扩大了本国的受教育机会，显著提升了学生的入学率，但投入与回报相差较大，教育质量仍需进一步改善。第五，城乡、区域和性别方面的教育公平仍存在较大的问题，需要进一步提供公平优质的教育。

为了应对这些挑战，马来西亚政府在第十个马来西亚计划、政府转型计划和经济转型计划中启动了一系列创新举措，以促进教育的创新发展。

第二部分分别围绕幼儿保育与教育、普及初等教育、青年人和成年人的生活学习技能、成人扫盲、两性平等、教育质量六个教育目标的实施进度和成果做出了系统审查。其中每个目标都从内容分析、问题与挑战、结论与未来规划三个层面进行了详细的阐述。

目标 1：全面扩大和改善幼儿保育和教育，特别是针对处境不利的儿童。

目标 2：确保到 2015 年，所有儿童，特别是女童、处境困难的儿童以及少数民族儿童，都能接受并完成高质量的免费义务初等教育。

目标 3：确保通过公平获得适当的学习和生活技能培养，满足所有青年人和成年人的学习需求。

目标 4：到 2015 年使成人，尤其是妇女的识字率提高 50%，所有成人都有机会平等接受基础教育和继续教育。

目标 5：到 2005 年消除初等和中等教育领域的两性差距，到 2015 年实现教育两性平等，重点是确保女童充分、平等地接受和完成优质基础教育。

目标 6：提高教育质量的各个方面，确保人人优秀，使所有人都能取得公认和可衡量的学习成果，特别是在识字、算术和基本生活技能方面。

第三部分回顾并评估了马来西亚为实现全民教育目标而采取的包括制定政策和法律、完善部门管理职能、提升教学质量等方面的战略和举措，列出了有利因素和制约因素。

影响马来西亚教育发展的有利因素包括：（1）马来西亚长期的政治社会稳定；（2）国家对教育的高度重视，所有国家政策和方案都能体现这一点；（3）健全有效的政策，合理的资源分配，政府予以承诺并大力执行。

影响马来西亚教育发展的制约因素包括：（1）多部门之间缺乏协调，特别是在目标1、3、4方面需要各方统筹合作；（2）政策制定与执行之间不够通畅，信息只能从高层向基层单方向传递，导致课堂教学效果不佳，教师仍然采用死记硬背和以教师为中心的教学法，同时会因为肩负其他行政工作而不能履行教学职责；（3）因没有足够预算，教育部缺乏对偏远地区学校的监测；（4）马来西亚学校教育质量标准能够为学校提供质量保证和授权，但并非所有学校都能够采用该标准；（5）基层抵制变革。一些学校对改革的认识不够深入，在教学一线还没有完全接受新举措。

通过对马来西亚各个地区和各级教育系统的监测和审核，报告梳理出马来西亚教育发展的三个经验教训和三个有效实践。

经验教训包括：（1）让教师在更大程度上参与政策制定，鼓励来自不同地区、不同年龄的教师和校长更多地参与决策过程，而不仅仅关注那些表现好的学校；（2）由于难以从政府管辖范围之外的宗教学校、未注册学校等获取有效数据，教育监测进展与评估受到影响；（3）全民教育框架涉及不同教育领域，提供支持的相关机构之间缺乏协调，因此方案执行的优先次序很难确定，只有那些已确保有效的方案才能得到实施。

有效实践包括：（1）针对边缘化群体如原住民、街头流浪儿童、需要特殊教育的儿童等设计并执行的教育方案有效提升了受教育机会与教育质量；（2）LINUS计划在减少小学低年级学生的学习缺陷方面已显示出巨大作用，应得到进一步加强；（3）职业教育转型方案提出的职业技术教育与培训模式效果良好，通过开展行业相关课程、与战略伙伴进行合作等方式确保毕业生的就业能力，以及利用评估工具使该方案得到认证。

第四部分首先从移民模式、技术变革、国家统一三个方面分析了马来西亚面临的新挑战。例如，马来西亚作为东南亚劳工的热门目的地，难民子女、移民子女和无证件儿童的受教育机会难以得到保障；马来西亚缺乏能够使其步入高收入国家行列、促进经济转型的熟练劳动力；ICT技术的密集使用可能会加剧城乡之间的数字鸿沟；如何在加强民族凝聚力和保持族群特性之间进行平衡，建立一个具有包容性的充满活力的社会。马来西亚教育部认为这些既是挑战也是机遇，能够促使马来西亚的教育系统转变为一个具有包容性、高绩效、可持续发展的系统。

最后，报告也提出了2015年以后的教育新愿景。通过分析《2013—2025年马来西亚教育蓝图》已经取得的成效（"三步走"计划的第一阶段已经完成），为第二阶段和第三阶段发展树立新的愿景和前瞻性的教育议程，包括提高教育质量和有效性；将责任和决策权从中央政府转移到学校和地区教育办公室，增加地方教育的自主权和灵活性；加强问责制，增加信息透明度和改进家长参与机制等。

第二节 实施与经验

在马来西亚，国家意志是主导教育发展的根本因素，学校教育体制以及教育改革与发展的政策都是"强政府"行为的结果。由此造成的中央高度集权的教育体制，既是马来西亚教育迅速发展的原因，也是教育中出现各种问题和弊病的根源。[1] 针对这一矛盾，近年来马来西亚政府也在不断进行反思和调整，从教育政策和教育规划上推进马来西亚教育体制完成现代化转型，为马来西亚成为发达国家奠定坚实基础。

一、政策实施的问题与挑战

在过去的几十年中，马来西亚的教育围绕着促进教育公平、提高教学质量、增强教育实效性、推进教育民主化、建立世界水平的教育体系取得了一系列成就，也遇到了不少困难。如同《审查报告》和《2013—2025 年马来西亚教育蓝图》中总结的那样，这些问题与挑战阻碍了马来西亚教育机会、教育公平和教育质量的进一步改善。马来西亚教育政策实施面临的挑战可以归纳为以下三个方面。

第一是目标失衡。根据前文所述，制定马来西亚教育蓝图的直接原因是学生在国际评估测试中的成绩不理想，政府的大量教育支出没有收到应有的预期效果，不仅引发了民众不满，也使马来西亚开始反思本国的教育理念与政策是否能够培养出适应国家现代化转型的人才。如果追问是什么在推动政策的制定和执行，就会发现马来西亚政府仍在强调考试导向和精英主义教育。根据学生的成绩将他们分到不同班级的做法仍然很普遍，即最好的学生被分到一个班，最弱的学生被分到另一个班。道德问题比比皆是，贫困学生也被边缘化了。[2]

尽管马来西亚的国家教育理念具有整体性，提出要培养具有综合素质、全面发展的学生，但过于强调以考试成绩作为关键绩效指标。例如，教育

[1] 庄兆声. 马来西亚基础教育 [M]. 广州：广东教育出版社，2004：36.

[2] SAMEUL M, TEE M Y, SYMACO L P. Education in Malaysia: developments and challenges[M]. Singapore: Springer Nature Singapore PTE Ltd, 2017: 170-171.

蓝图中的六个"学生个体发展愿景"是值得称赞的整体发展目标，但对教育质量的衡量标准却是狭隘的——在参加国际评估的国家中，使马来西亚从倒数前进到前三分之一行列。教育目标与教育测量标准的背离显示出马来西亚教育政策制定与教育理念的不协调。

第二是权力过于集中。虽然集权化管理在大多数国家的教育系统中很常见，但对五个政策领域的分析表明，马来西亚教育部的集权化管理对部门效能有特别强烈的影响。[1] 与其他国家相比，马来西亚中央教育行政部门的规模较大，享有教育发展的绝对主导权和管理权。这种中央集权式管理体系是必要的，特别是在马来西亚独立初期，因为要在多民族、多语种、多文化的异质基础上建立统一的教育体系并达到一定的教育水平，需要最大限度地调动一切有利资源，也离不开教育部门的集中发力。然而，随着马来西亚寻求发展知识型的经济社会，这种简单化、机械化、一刀切的集权制度可能会对教育创新与经济转型产生阻碍作用。

第三是效率低下。参与教育政策制定与执行的各部门之间以及公共和私营部门之间的协作关系存在一定问题，影响了政策设计和执行的完整性和有效性。多个职能部门与机构同时开展工作，却没有高效、健全的协商机制，导致了制定政策时易产生不一致和重复现象。以马来西亚的教育数据管理系统为例，不同的数据是由不同的机构和部门按照自己设立的标准收集的，缺乏同步机制和统一的教育信息管理系统，这不仅容易导致教育数据重复和混乱，还给一线教学人员带来了极大的负担，使他们必须将一部分精力从课堂教学转移至数据统计工作，也造成了潜在的效率低下。《审查报告》还发现，政策规划与执行之间存在较大差距，尽管有明确的计划，但各级政府部门和机构执行能力不足，加之行政管理过程不协调，这些都会影响马来西亚教育目标的实现。审查小组表示需要加强教育部以外

---

[1] UNESCO. Malaysia education policy review[R]. Paris: UNESCO, 2013.

的机构和学校的政策研究能力，提高政策成功实施的机会，需要为教育人员（教师、校长和行政人员）制定一个鼓励创新和提高领导力的全面评价框架，使他们能够为教育政策的实施贡献积极力量。

一言以蔽之，目前马来西亚教育政策发展面临的最大问题是如何提高政策实施的效力和效率。

二、政策实施的经验与启示

（一）以民族国家团结发展为中心的指导方针

教育在任何国家追求经济增长和发展的过程中都发挥着核心作用。在今天的全球经济中，一个国家能否成功从根本上取决于其人民的知识、技能和能力。教育水平较高的国家往往享有更大的经济繁荣。因此，历届马来西亚政府都非常重视教育发展，这反映在对教育的大量财政投入、全面的教育计划以及频繁的教育改革上，以满足不断变化的国家战略需求与全球化时代的社会变革。从这方面来讲，马来西亚的教育体系可以被视为支持国家建设和经济增长的典范。[1]

1. 通过语言与价值教育维护国家统一

马来西亚早期"各自为政"的教育模式导致了教育体系的"分离主义"，每种类型的学校都制定了自己的教育目标，使用自己的教学语言，使民族和语言问题成为统一教育系统、增强国民凝聚力的最大挑战。

---

[1] UNESCO. Malaysia education policy review[R]. Paris: UNESCO, 2013.

教育是铸造共同文化和促进民族团结的重要手段。因此，教育蓝图的最大特点，就是秉承了马来西亚的国家意识形态与国家教育理念，即建立一个"马来西亚民族国家"。为此，在教育蓝图提出的教育目标和 11 个转型计划中，均涉及促进民族国家团结统一的内容。针对教育系统的目标 4（团结）和针对学生个体发展的目标 5（道德和精神）、目标 6（国家认同）都从价值观、包容性和多元文化等方面对马来西亚的人才培养提出了要求。转型计划中的计划 2（确保每个学生都精通马来语和英语，并鼓励他们学习其他语言）和计划 3（培育具有马来西亚价值观和民族认同的全球公民）则分别给出了语言教育和价值教育的具体措施。这些要求和措施的根本目的是树立马来语作为国家语言的核心地位，培养不同民族学生对于马来西亚的国家认同，在他们之间形成牢固的纽带，打造多元共生、和谐发展的教育系统。

马来西亚的国民教育政策为我们提供了宝贵的启示：不同文化间的碰撞和交融能够成为创新的源泉。克服民族主义的狭隘眼界，保持和促进文化多元性，将有利于调动各民族的积极性，使国家发展的潜能得到最大程度的发掘。[1]

2. 缩小城乡差距，促进教育公平

另一方面，为促进国家和谐稳定发展，就要避免教育不公平现象可能导致的社会矛盾激化。除了注重缩小不同民族学生之间教育机会的差距外，马来西亚政府还强调解决城乡之间、不同区域之间在受教育机会和教育质量方面的差异。

从自然地理状况来看，马来西亚的国土被海洋分割为东西两半，西马

由亚洲大陆向南突出的马来半岛组成，政治和经济更为发达，城市化水平更高，学校数量也更多，拥有完备的设施和最好的教职员工队伍。东马偏远和贫困的农村较多，经济建设和文化发展长期处于相对落后的状态，教育事业的发展水平和质量也受到较大制约。因此，马来西亚教育面临的一个棘手问题是，如何将东西两部分融合成一个具有凝聚力的教育整体，促进全民教育的均衡发展，为不同区域的居民提供平等的受教育机会和高质量教育。为此，教育支出应继续优先考虑农村地区的基础设施建设和升级，特别是在东马的沙巴和沙捞越地区。由于城乡收入差距，教育资助资源也向农村儿童倾斜。在沙巴和沙捞越，超过40%的学生获得了贫困学生信托基金的资助，而全国的平均比例约为28%。

此外，基础设施和通信技术方面的教育政策和财政投入加大也大大减少了城乡在教育基础设施方面的差异，并缩小了这些地区之间存在的数字鸿沟。2006—2010年，大约80%的基础设施投资计划和70%的ICT技术投资计划专门用于农村地区，以继续消除差距。为确保农村和偏远地区学校能够跟上ICT技术发展，教育部与能源、水利和通信部等部门合作，为其建立了互联网宽带和硬件设施，同时对教师和学校管理人员进行培训，以提高他们将ICT技术融入教学和管理的能力。

（二）将教育作为推动经济与人力资源发展的首要动力

马来西亚的教育承担着为国家经济发展服务、为社会提供人力资源的功能和任务，因此有关教育改革和发展的政策也被提升到战略地位，作为国家发展规划的重要组成部分。早在《1961年教育法》中就阐明，必须建立满足国家需要的教育制度，促进文化、社会经济和政治的发展。

马来西亚的政策发展进程有一个三层级的框架：长期、中期和短期规划。短期规划主要体现在年度预算上，中期规划主要体现在五年计划和五年中期审查上，长期规划体现在"2020 年宏愿"、"马来西亚概念"、国家转型政策、国家远景规划纲要等方面。

对培养人力资源的重视，使马来西亚的教育发展与经济发展直接挂钩。马来西亚的许多教育改革和发展计划本身就是国家经济发展计划的一部分，甚至就是在国家五年计划中被直接提出来的。二者都是国家行为。马来西亚每年的政府预算、制定的每一个五年计划，都会将教育改革和发展作为重要内容加以阐述。[1] 教育部门的政策，包括全民教育的规划，如《2001—2010 年教育发展总体规划》《2006—2010 年马来西亚教育蓝图》《2013—2025 年马来西亚教育蓝图》，都是在马来西亚五年计划、政府的增长转型计划、教育发展计划转型方案中实施，与国家发展目标和战略直接挂钩。

马来西亚将人力资本投资作为促进经济和社会发展的主要动力之一。随着教育参与度达到一定水平，仅靠扩大教育系统将不再可能改善人力资本。人力资本发展将更加依赖于对政策的评估、完善和修改，以使其更加有效。

根据不同时期经济发展的状况和需要，政府会确定教育发展的优先领域，这是马来西亚教育政策制定的一个重要特征。国家的经济发展计划直接成为教育目标的制定依据，并形成相应的政策和规划，构成了政策上的互动关系。例如，当农村的贫困威胁国家经济发展时，政府就注重农村教育；当熟练劳动力短缺被确定为马来西亚经济转型的主要障碍时，教育部就通过制定《职业教育改革计划》、进行课程改革、加强对职业技术教育毕业生的培训来解决这一问题；当经济以进出口贸易为导向时，政府就强调英语作为教学语言的重要性；当马来西亚要实现进入高收入发达国家行列的目标时，政府就提倡教育要与世界接轨，制定面向未来的教育蓝图，并将发展目标和评价标准更换为国际统一标准。

---

[1] 庄兆声. 马来西亚基础教育 [M]. 广州：广东教育出版社，2004：49.

进入 21 世纪之后，通信技术与网络的迅猛发展加速了全球化时代的到来，教育也随之发生了巨大的变化。马来西亚政府认识到，实施知识密集型政策是维持国家经济增长的关键驱动因素，这也是《2013—2025 年马来西亚教育蓝图》制定的一个重要背景。为此，根据 11 项转型计划中的第七项（利用 ICT 技术扩大优质教育），马来西亚政府在利用 ICT 技术支持课程方面进行了大量投资，以扩大学生的视野，促使其提高使用电子媒介收集、分析信息的技能。

（三）注重课程改革，强调评估标准多样化与国际化

马来西亚政府已采取多重举措，通过制定教育政策和推进教育改革提高各地的教育质量，包括改善基础设施和学习环境、培养更多的合格教师、减少区域性差异等。

为进一步扩大优质基础教育的机会，马来西亚自 2011 年起分段实施小学标准课程。新课程框架旨在确保学生获得具体的知识和能力，具备马来西亚公民所必需的高道德标准和价值观，从而能够从容应对新的挑战。2017 年修订的国家中学课程称为中学标准课程。中学标准课程与 2011 年制定的小学标准课程保持一致，是小学标准课程的延续，旨在为学习者提供一套全面的面向 21 世纪的技能和能力培养方案。这些课程修订结合基于内容和基于结果的课程设计方法，侧重于引进新的科目和以学生为中心的、基于学习成果的教学改革，以及在现有的科目中添加新的内容，还促进了 ICT 技术在小学和中学的应用。除此以外，转型后的整体课程体系更加符合学习者的需求和最新的国家发展目标。

同时，教育部实施一套基于新课程标准的评估方案，注重过程性评价和校本评价。2021 年小学评估考试（六年级）被废除，2022 年马来西亚中三评估考试也被废除了，只剩下基于 2017 年新课标的马来西亚教育文凭考

试。为师生减负也是教育部倡导的"让爱回归教育"的重要内容。从 2019 年开始，教育部宣布取消小学一至三年级期中及期末考试，以更加主观多样的标准对学生进行综合评价。此举不仅是为学生减负，同时也是为教师减负。取消考试不仅可以让教师更加专注于教学工作，同时也可避免学生过早承受太多压力。[1]

此外，教育蓝图的制定，扩展了马来西亚教育系统转型的国际化视野，坚定了向世界一流教育看齐的决心。蓝图提出的对学生的六项期望，包括发展多语言技能、强化高阶思维技能、提升 STEM 教育质量、开展混合学习等无不体现出这一特点。尤其是将学生在国际评估中的排名提升作为马来西亚教育发展的重要评价标准，与马来西亚迈入世界先进国家行列、建立世界水平的教育体系的国家战略目标是密不可分的，也体现了马来西亚教育的开放性。

（四）增强部门间和政策间的协调性

近年来，马来西亚人一直担心高度集中的教育系统——无论是在学校层面还是在制度层面——无法应对经济快速扩张带来的新挑战，简单化、一刀切的政策制定会对教育发展产生不利影响。教育质量是否提高取决于一系列因素，其中最根本也是最容易被忽视的问题是教育系统中各利益攸关方在政策、机构程序和共同目标方面的协调程度。只有政策创新和资源投入是不够的，[2] 如果教育系统内部不同部门或不同的教育政策同时向多个相背离的方向发展，教育发展只能事倍功半。

例如，《审查报告》显示，根据教育评估，职业技术教育与培训政策的

---

[1] 苏莹莹，翟崑. 马来西亚发展报告（2020）[M]. 北京：社会科学文献出版社，2020：206.

[2] SAMEUL M, TEE M Y, SYMACO L P. Education in Malaysia: developments and challenges[M]. Singapore: Springer Nature Singapore PTE Ltd, 2017: 162.

某些方面正在阻碍而不是促进教育的机会公平。在最初的马来西亚资格框架中并没有实行双轨制。6级以上的课程和资格仅限于学术课程，因此对于那些身处职业教育轨道上的学生来说，他们的教育旅程要么在职业技术教育5级结束，要么转入学术轨道。这与马来西亚全民教育目标对职业教育的重视和政府增强教育公平性的努力是相悖的。因此，第十一个马来西亚计划特别提议将马来西亚的资格框架变成双轨制，承认并同等重视学术教育和职业教育。对那些无法进入学术领域的学生来说，这一认识对于摆脱将职业教育作为第二选择的观念至关重要。[1]

教育蓝图等教育政策和规划的愿景能否实现，除了决策者的改革决心和多部门的有机协作，还取决于基层教育系统的有效执行。为此，马来西亚采取一系列措施，通过加强以学校为基础的管理和家长对学校活动的参与，继续并加快向具有更多地方自主权和灵活性的分权制度迈进。第一，向表现好的学校提供更大经费使用权和课程教学自主权，注重提升校长的领导和管理能力，吸引更多家长参与到学校建设和活动中来。第二，减弱国家考试制度的分量，鼓励学校尝试并探索校本评估。例如取消小学和中三的集中考试改为校本评估，标准由教育部制定，但评估任务和具体方案放权给学校一级。第三，为鼓励地方更多地参与决策，创新学校模式，设置集群学校和信托学校方案，给予学校课程设置和管理方面更大的自主权。第四，高等教育部门通过增加私立大学和公立大学公司化运营得到部分自主权。

马来西亚的集权式教育管理体制在教育发展过程中发挥了积极的作用，改变了马来西亚教育办学条件差、质量不高的落后面貌，也加快了教育现代化的发展进程，但却不利于调动地方和民间的积极性。因此，马来西亚近年来在制定教育政策时特别注重吸取广泛的意见。例如，《2013—2025年

---

[1] WAN C D, SIRAT M, RAZAK D A. Education in Malaysia towards a developed nation[R]. Singapore: ISEAS, Yusof Ishak Institute, 2018.

马来西亚教育蓝图》的制定历时 15 个月，全面听取了教育部门与其他行政部门、地区办公室与学校、国内外学者、国际组织的意见，并成立了专门的"教育检讨独立评鉴委员会"和"国家教育对话委员会"，力图动员更多的社会力量，投入到教育决策的过程当中，充分显示了马来西亚政府探索教育决策民主化、科学化的决心。

第十一章 教育行政

    教育行政是政府的职能，是国家行政体制的重要组成部分，也是国家对教育公共事务的决策、组织、调控和管理活动。按照教育行政权力，可将教育行政划分为中央集权制、地方分权制以及合作制三种类型。马来西亚的教育管理体制采取的是高度中央集权的方式，将教育视为国家的责任，为维护并完善全国统一的教育制度、促进国家经济建设与社会发展、建立统一的马来西亚公民价值观和国家认同提供体制保障。

    由于特殊的历史、政治和民族文化背景，高度集中的教育管理体制成为马来西亚的一种必然选择。这种体制具有鲜明的制度优势，可以集中一切社会力量和资源保障教育事业的繁荣发展，但同时也面临着管控过度、体制僵化、脱离实际、无法调动基层积极性的问题。马来西亚在几十年的教育实践中，也在不断思考和探索教育行政管理模式的创新，力图在集权管理与决策民主化之间取得平衡。

第一节 中央集权的教育行政

    中央集权的教育行政是指由中央政府实施直接领导的教育行政制度，教育行政权力集中在教育部 [1]，执行全国统一的教育目标、教育计划、课程框架与评价标准。马来西亚教育部作为全国教育事业的最高管理机构，负责贯彻执行国家的战略方针，制定教育工作的具体政策、行政法规和学制等，以及制定教育事业的年度计划和长远规划，并负责督促、检查和组织实施。

一、层级清晰的教育行政框架

马来西亚教育行政体系是以 1956 年的《拉扎克报告》为基础，依据国家行政管理结构而形成的，这种联邦制管理体制意味着联邦政府拥有最大的立法权和行政权，从而使政策制定过程单一化，如图 11.1 所示。州政府的权力有限，主要是在管理国家土地、伊斯兰宗教和国家习惯法方面。有关教育、国防、国际贸易、民法等方面的事务属于联邦管辖范围。

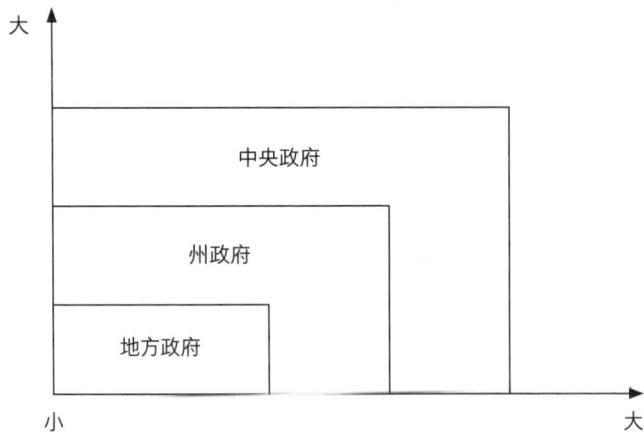

图 11.1 马来西亚制定和执行政策的权力机构 [2]

---

[1] 因马来西亚政治原因，高等教育部与教育部关系模糊，时常兼容，在很长历史时期内不能视为完全的并列机构，下文有对高等教育部的介绍。

[2] SAMEUL M, TEE M Y, SYMACO L P. Education in Malaysia: developments and challenges[M]. Singapore: Springer Nature Singapore Pte Ltd, 2017: 69.

马来西亚的教育行政体制也是基于这个结构框架，教育管理系统自上而下分为四个不同的层次：联邦、州、地区和学校。其中教育区划与行政区划并不对应，因为它们是基于教育需求而不是行政需求划分的。

（一）第一层级：联邦政府教育部

在联邦一级，教育部根据国家的教育愿景和长期规划将国家发展方针转化为具体的教育计划、政策和项目，还为教育计划的实施和管理提供指导意见，课程设计、教学大纲以及国家公开考试也在这一级进行决策。除了履行其决策和规划职能外，教育部还负责协调和监测教育政策和计划的进展和成效。教育部管理权限涉及初等教育、中等教育、高等教育、成人教育、职业教育、教师教育、伊斯兰教育、学校督导、公共考试、语言与扫盲、海外留学生福利等。

教育部部长由政府内阁成员担任。根据教育法，教育部部长拥有非常广泛的权限，主要负责执行国家教育政策和国会通过的教育法令，同时监督和确保一切既定的教育计划可以按时推行和落实政府制定的教育目标。教育部配有两名副部长，负责协助领导教育部工作。部级的教育行政管理分为行政和教育两个下属部门执行：行政服务是由秘书长领导，主要职能是处理行政事务、主持教育部日常工作，由两名副手协助。教育事务由总干事领导，由四名副手协助，负责管理教育部18个单位组织和各州教育局，依据国家教育政策和教育法令的精神推行各级教育计划，同时在一切业务问题上向教育部部长和秘书长提供咨询。秘书长和总干事都直接对教育部部长负责。

教育部在其服务宪章中为自己订立了以下服务宗旨：维护最好的教育制度以满足个人、社会和国家团结的需要；确保教育产品体现《国家教育哲学》的基本价值观和特点；不论背景、宗教信仰和民族，给予所有儿童接受良好教育的均等机会；建立称职、高效、干练、富有活力和善于应变的教育管理体制和机构；高效、快速和明智地处理事务；培养具有奉献精神、忠诚、有素养、守纪律、负责任和卓有成效的员工队伍；提供标准化、舒适、完善的教育设施，体现爱心社会的准则；确保始终关注和满足其"客户"——学生、教师、社会和国家——的需要和愿望；提高教育职业的荣誉和声望以吸引优秀人才加入。[1]

（二）第二层级：州教育局

马来西亚的州一级教育局主要负责实施教育部制定的教育政策和规划、上级部门的决议，管理本州各级各类学校，同时也负责协调和监测国家教育计划、项目和活动在州一级的执行情况，还负责在师资、财政和设施方面组织、协调州内部的学校管理以及定期向教育部提供反馈信息。州一级的教育管理由州教育局局长负责，各州教育局均设有州教育总干事，主要任务是推行教育部的指示，包括处理学生的注册、考试、津贴和奖学金事宜，以及教职员的委任、学校和董事会的注册、教职员工的在职培训和分配等行政事务，同时为州内所有学校做出入学人数、人事部署、基础建设、教学设备等方面的特殊安排。[2]

（三）第三层级：地区教育办公室

在马来西亚，除了首都吉隆坡和两个较小的州（玻璃市州和马六甲州），其他州均设有地区教育办公室。地区教育办公室是州教育行政体系的辅助机构，被当作州教育局的延伸以及联系州教育局和学校之间的纽带，其主要任务是协助州教育局在学校一级实施教育计划，帮助教育部监督该地区的学校教育

---

[1] 蔡昌卓. 东盟基础教育 [M]. 桂林：广西师范大学出版社，2014：95.

[2] 蔡昌卓. 东盟基础教育 [M]. 桂林：广西师范大学出版社，2014：95.

计划、项目和活动的实施情况。在沙巴州和沙捞越州还有另外的行政单位，沙巴州是"居住地教育办公室"，沙捞越州是"分部教育办公室"。

（四）第四层级：学校

中小学学校层面的教育管理均由校长负责，校长既是学校的行政领导者，也是教学领导者。校长由一名高级助理和一名学生事务主管协助。高级助理协助行政工作，如管理学校资金、账目和资源，规划教师的时间表和工作计划。学生事务主管协助处理与学生福利有关的事务，如纪律、学生健康和营养。除此之外，校长还负责处理投诉，并就与学生福祉有关的事项与家长和社区联络。为有效协调学校不同科目的教学，会任命一名资深教师作为不同科目的主任。每所政府资助的中小学都会成立一个管理委员会，有些学校还设有督导员，负责协助校长监督学校的行政和教学活动。此外，所有学校都设有家长-教师协会。学校董事会和家长-教师协会可以在学校管理方面提供支持，并帮助促进学校和社区之间的合作。

大学层面的教育管理实行自主办学和董事会制度。自1995年马来西亚实行《大学与大学学院法（修正案）》《国家高等教育委员会法》等法令以来，政府由管理主体转变为监督主体，公立大学由之前的国家行政组织的一部分转变为企业法人机构，实行企业化机制运作。在内部管理体系构成上，大学董事会取代大学委员会成为大学的最高决策机构，组成人员包括主席、副校长、当地社区代表、政府人员及私营部门代表。通过法人化改革，马来西亚大学拥有自主决定教职员聘任、入学招生、课程、考试等管理学术事务的权力，增强了办学灵活性与独立性。[1]

---

[1] 万娟. 马来西亚人才培养模式变革的历史与逻辑分析 [J]. 煤炭高等教育，2019（1）：74-78.

二、权责分明的教育行政管理

（一）教育协调机制

马来西亚国家层面的教育决策是通过教育规划委员会来进行的。该委员会是教育部的最高决策机构，负责制定、协调和执行国家教育政策和指导方针。委员会由教育部部长担任主席，由教育规划和研究司担任书记处，教育规划和研究司司长担任秘书，其他成员包括教育部副部长、教育部首席秘书、教育总干事、教育副总干事等。委员会负责教育规划、研究、评估、政策分析和协调有关教育政策及其实施事宜。教育部也鼓励其他机构通过教育规划和研究司提交建议，并会就这些建议进行筛选和分析，然后将其作为提案提交给委员会审议。教育规划委员会设立的目的是便于各司局之间和部门内部决策。在做出最终决定之前，委员会会将政策报告提交给内阁，教育政策与方案的最终决定权在议会。

教育规划委员会由 17 个部门的成员组成，包括教育部、总理府经济计划署、财政部、国防部、信息部、高等教育部、人力资源部、企业家发展部、民族团结部、农村发展部、青年与体育部、卫生部、妇女家庭和社区发展部、注册部、统计局、社会福利司，以及私营机构。此外，亦设有六个督导委员会，如中央课程事务委员会、发展事务委员会、财务事务委员会、员工发展及培训事务委员会，各委员会分别有其职责范围。[1]

全民教育指导委员会负责对全民教育的进展情况和全民教育十年中期评估进行总体监督，该委员会由与全民教育六项目标有关的职能部委的代表组成，由秘书长和教育总干事担任共同主席。来自相关部委、联合国儿童基金会马来西亚办事处、联合国教科文组织雅加达办事处和非政府组织

---

[1] Ministry of Education. Education for all mid-decade assessment report 2000—2007. Reaching the unreached[R]. Kuala Lumpur: Ministry of Education Malaysia, 2008: 46-51.

的高级官员也是该委员会的成员。全民教育指导委员会就全民教育的方向做出决定，并为技术工作组提供咨询。[1]全民教育和全民教育十年中期评估是通过六个技术工作组实施的，这六个技术工作组由执行与全民教育六项目标相对应的方案的部委和机构以及负责管理全民教育指标的技术工作组组成。技术工作组在其职责范围内监测全民教育的进展情况，并向全民教育指导委员会报告。

全民教育指导委员会秘书处还是负责管理教育管理信息系统的主要机构，负责数据汇编、分析以及教育信息和统计数据的传播。教育部关于教育统计方面的政策及实践反映了马来西亚对高质量数据的重视。因为教育统计在提供关键的教育指标方面至关重要，这些指标能使政策问题在教育投入和结果之间产生更明确的联系，便于政府制定有益和明智的决策。因此，指导委员会秘书处在履行其统计职能时，会遵循所收集和传播信息的质量、客观性、实用性和完整性标准，并在可能的情况下使用联合国教科文组织统计研究所等国际机构建议的国际标准统计方法，从而向数据用户保证统计数据和信息的准确性、及时性、相关性和可获得性。此外，对于国际教育统计框架的遵守也使马来西亚能够毫无困难地参与世界教育指标等国际比较研究。

（二）教育部主要部门职能分工

马来西亚教育部的组织结构如图11.2所示。

---

[1] Ministry of Education. Education for all mid-decade assessment report 2000—2007. Reaching the unreached[R]. Kuala Lumpur: Ministry of Education Malaysia, 2008: 46-51.

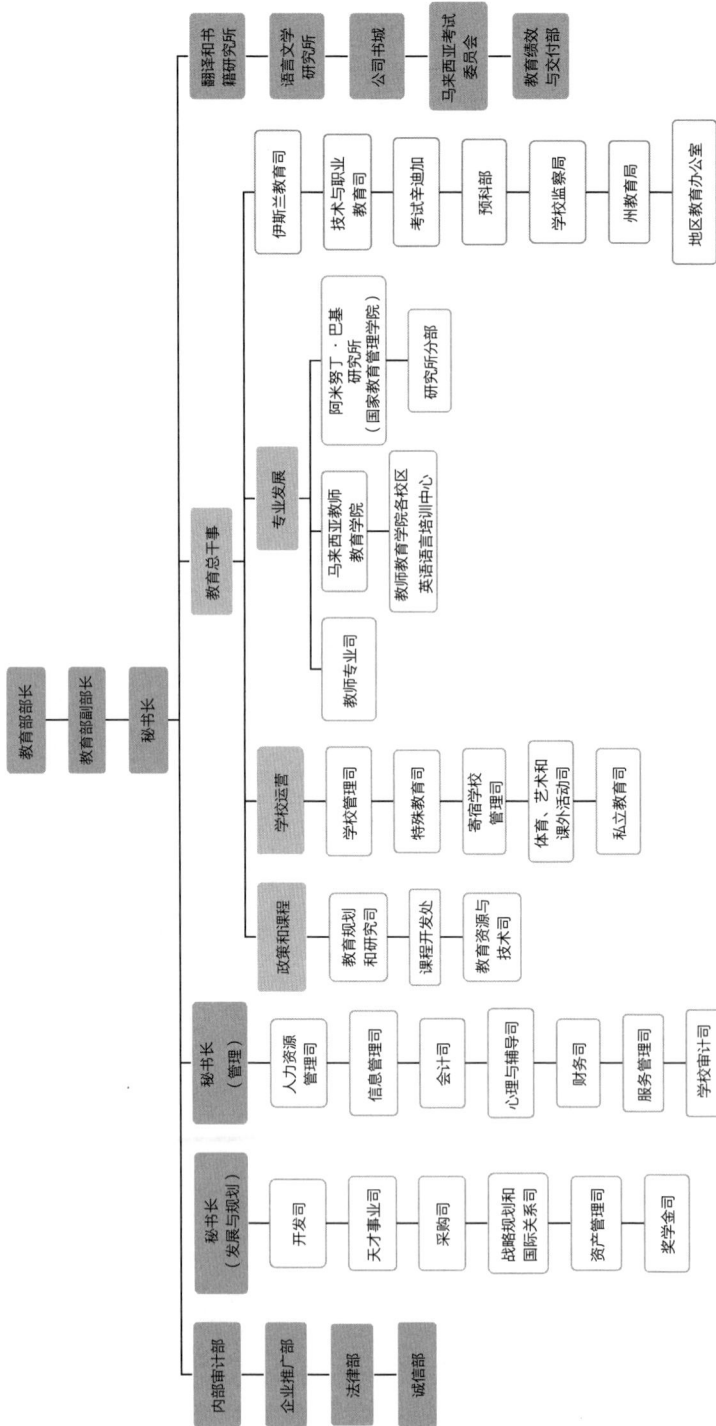

图 11.2 马来西亚教育部组织结构 [1]

教育部部长
教育部副部长
秘书长

翻译和书籍研究所
语言文学研究所
公司书城
马来西亚考试委员会
教育绩效与交付部

伊斯兰教育司
技术与职业教育司
考试辛迪加
预科部
学校监察局
州教育局
地区教育办公室

阿米努丁·巴基研究所（国家教育管理学院）
研究所分部

马来西亚教师教育学院
教师教育学院各校区
英语语言培训中心

专业发展

教师专业司

教育总干事

学校运营

学校管理司
特殊教育司
寄宿学校管理司
体育、艺术和课外活动司
私立教育司

政策和课程

教育规划和研究司
课程开发处
教育资源与技术司

秘书长（管理）

人力资源管理司
信息管理司
会计司
心理与辅导司
财务司
服务管理司
学校审计司

秘书长（发展与规划）

开发司
天才事业司
采购司
战略规划和国际关系司
资产管理司
奖学金司

内部审计部
企业推广部
法律部
诚信部

320

[1] 资料来源于马来西亚教育部官网。

马来西亚联邦教育部内部根据行政职能可划分为两个部门类型：行政管理部门和专业部门。前者包括财政与会计、发展与供应、学业成绩与训练、建设与服务、行政机关、高等教育和外事工作等部门，后者包括教育规划与研究、普通教育、职业技术教育、教师教育、伊斯兰宗教教育、学校课程发展中心、联邦学校视导等部门。

马来西亚非常重视学校教育质量，尤其是在学校课程教学与考试评价改革方面，专门设立了相关的机构负责政策的制定、执行和监管。

1．考试委员会

马来西亚考试委员会是教育部于 1980 年 2 月根据《考试委员会法》第 225 条成立的法定机构。考试委员会负责举办马来西亚大学英语水平鉴定考试、马来西亚高等学校证书考试（学生完成十三年级或中学六年级毕业时参加）、外国公民马来语能力证书考试以及其他技能水平测试。小学、初中和高中教育结束时的考试则由教育部考试辛迪加负责管理。

2．考试辛迪加

考试辛迪加负责组织管理和举办全国小学至高中除 STPM 外的所有公开考试，包括小学第一阶段考试、小学成绩测验、初中评估考试、马来西亚教育证书考试（SPM）和马来西亚职业教育证书考试（SPMV）。该部门还协助和监管由外国考试局主办的考试。

3．学校监察局

学校监察局是教育部的一个机构，负责监督课程的执行情况，确保教学质量。学校监察局对学校和教育机构进行定期、详细、细致和专业的监察，以确保教学质量和高水平的教育。

4. 课程开发处

课程发展中心成立于 1973 年，是当时马来西亚教育部教育政策研究司规划处教育发展科的一个单位。2008 年 6 月教育部重组后，课程发展中心更名为课程开发处，隶属教育部三大司之一教育规划与研究司，由教育副总干事领导。[1] 课程开发处的主要职能是：制定和开发国家教育课程，使课程向国际化方向发展；规划、制定和实施课程的推广传播；规划和监督课程的实施；制定教学与学习模块，并根据不同层次的国家教育课程编写教师指南；规划和实施与课程有关的研究和建设；提供关于课程实施和教育部各部门编制教学材料需要的建议和专门知识；协调和组织高级别会议，审批政策，并在联邦、州和地区各级实施课程。[2]

与课程有关的所有事项都需要得到中央课程委员会的批准，该委员会由部级主要机构的负责人组成。课程方案由马来西亚州一级的教育负责人和教育部各机构代表组成的课程执行委员进行讨论。课程开发过程以循环模式为基础，从需求分析开始，依次是规划、发展、试点、传播、实施、评估，最后重新确定需求。从计划到实施通常需要 30 个月，以便有足够的时间编写教科书和准备考试方案。

5. 高等教育部

高等教育部最初成立于 2004 年。在此之前，高等教育属于教育部的职

---

[1] 中国-东盟中心. 东盟国家教育体制及现状 [M]. 北京：教育科学出版社，2014: 114.

[2] UNESCO. World data on education: Malaysia[R]. Geneva: UNESCO-IBE, 2010.

权范围。2004 年后，从学前教育到中等教育以及教师教育归教育部管辖，而高等教育则归高等教育部管辖。2013 年 5 月，高等教育部和教育部合并为单一的教育部。随后，在 2015 年 7 月的内阁改组中，重新设立了高等教育部。2018 年大选后，该部再次成为教育部下属的高等教育司。2020 年 3 月慕尤丁内阁建立，高等教育部再次从教育部分离出来，由新的联邦部长领导。高等教育部的核心任务如下：制定高等教育发展战略和系统计划；加强国内高等教育的管理；提高高等教育的办学能力、入学率和参与程度；提高高等教育质量，使之达到国际标准；促进马来西亚高等教育国际化。

马来西亚高等教育部下属的马来西亚资格认证机构负责管理马来西亚资格框架，旨在为全国所有教育和培训机构提供统一的资格制度。这些机构包括公共和私营部门的学院、大学、职业机构、专业组织和其他高等教育机构等。

6. 其他部门

在马来西亚，除教育部行使教育职能以外，政府其他部门和机构也提供相关的教育和培训，以满足国家发展和人力资源方面的需求，对教育部的工作形成了补充。例如，2004 年 4 月，马来西亚妇女、家庭和社区发展部受托负责社区发展与福利事务。该部监督管理四个机构：妇女发展司、社会福利司、国家人口和家庭发展委员会以及马来西亚社会研究所。社会福利司是发放儿童保育中心和护理中心注册证书的最高机构。证书在发放之前，需要获得地方当局以及消防和救援部门、卫生部门等技术部门的审批。除了教育部之外，农村和地区发展部以及国家统一部也负责开办幼儿园。

各部委和政府机构还为青年和成年人提供正规和非正规的培训，以帮助他们获得特定的职业技能。例如，人力资源部开办工业培训机构，提供初级、中级和高级技能培训方案，其中包括学徒方案（机械、电气、建筑和印刷行业）以及提高技能和培训教员的方案。青年与体育部提供技术和商业培训计划以及在职青年培训。国家电力委员会提供电气和机械工程方面的培训课程。此外，在企业家和合作发展部下设土著信托理事会，为原住民提供职业培训机会，同时还在一些地区尤其是农村地区开办了青少年科学学院（中学层次）。

三、充沛的教育财政投入

独立后至今，马来西亚的教育事业发展得到了国家大量财政投入和资源的支持。教育投入一直是马来西亚务实性发展政策的一大支柱，在其社会经济建设、人力资源管理以及融入全球化进程的过程中发挥着巨大作用，对实现为所有马来西亚人创造新的、更好的教育机会来加强民族凝聚力、迈入先进国家行列的目标至关重要。

进入 21 世纪以来，马来西亚政府将教育视为实现国家经济腾飞与"2020 年宏愿"的奠基石，持续不断地加大教育投入。2000—2005 年，马来西亚的年均教育支出总额比 20 世纪 90 年代中期（1995 年）高出约 100%。1995 年，每名学生的平均支出为 847 美元，而 2002—2004 年，每名学生的平均支出约为 1 180 美元，近 10 年间每名学生的等值美元支出增加了近 40%。2005 年，马来西亚教育支出总额达到 1.825 亿美元。[1] 2008 年，在全世界 102 个国家中，马来西亚在政府教育支出方面排名第十六位。[2] 马来西亚公共教育投入的重要组成部分还包括为学生及其家庭提供全面的物质支

---

[1] Ministry of Education. Education for all mid-decade assessment report 2000—2007. Reaching the unreached[R]. Kuala Lumpur: Ministry of Education Malaysia, 2008.

[2] Ministry of Education Malaysia. Malaysia education blueprint 2013—2025[R]. Putrajaya: Ministry of Education Malaysia, 2012.

持系统，保证即使是最贫穷的学生也能接受教育，使地理位置和经济状况不再成为充分普及优质教育的障碍。

马来西亚的教育经费主要由联邦政府提供、地方教育税补充。在马来西亚，对教育的投入远远高于国防经费，政府对教育的重视从分配给教育部门的大量资金可见一斑。2015年，马来西亚的教育支出约占联邦总预算的21%，这一水平完全达到了国际标准。2019年，希望联盟政府上台后更加重视发展教育，继续加大对教育领域的投入。教育部连续两年成为马来西亚年度财政预算的最大赢家，2019年获602亿林吉特财政拨款，占财政预算总额的19.1%，成为获批预算最多的部门；2020年再次成为获批财政预算最多的部门，教育经费预算总额达641亿林吉特，与2019年相比增加39亿。[1]

联邦的教育支出也占到GDP相当大的比例。以基础教育为例，早在1980年，马来西亚的中小学教育支出占GDP的百分比就达到了东亚最高水平。2011年，马来西亚基础教育的支出占GDP的3.8%，高于经合组织3.4%的平均水平。[2]马来西亚的基础教育支出，从学前教育到中等教育，包括教育部下属的部门在内，持续占到GDP的大约4%。与东盟国家相比，马来西亚的基础教育（小学和中学）支出是东盟国家的两倍以上，比新加坡、日本、韩国、印尼、菲律宾和泰国等国家高出60%以上。[3]在教育投入与GDP的比例方面，马来西亚的教育支出水平甚至高于一些高收入国家。

目前，马来西亚教育财政支出存在的主要问题有两个。一是与其他教育支出相对较少的国家相比，马来西亚的教育成果与联邦政府的教育支出不相匹配。正如PISA分数所反映出的情况，马来西亚的教育质量和学生的综合素质并不能与东盟地区或亚洲其他一些国家相比。二是马来西亚庞大

---

[1] 苏莹莹，翟崑. 马来西亚发展报告（2020）[M]. 北京：社会科学文献出版社，2020：197-221.

[2] Ministry of Education Malaysia. Malaysia education blueprint 2013—2025[R]. Putrajaya: Ministry of Education Malaysia, 2012.

[3] UNESCO. Education for all 2015 national review: Malaysia[R]. [S.l.: s.n.], 2015.

的中央教育系统和高昂的行政费用占据了很大一部分经费预算，高教育支出虽然有效地扩大了教育的覆盖率，使初等教育和中等教育的入学率显著增加，彰显了政府对于教育的坚定承诺，但是也因此没有太多余地进一步增加教育预算。[1] 如果马来西亚想在现有的高入学率基础上进一步提高教育质量，仅靠再追加教育预算显然是不可行也是不科学的。

对高教育支出的一个可能性的解释是，在马来西亚教育系统中，不同层级（联邦、州和地区）的行政管理机构拥有大量性质相同的工作人员，造成了机构和人员的冗杂。因此，如何在教育部门内部更有效地分配资源来确保教育支出的高效益成为马来西亚教育部需要面对的新挑战。目前马来西亚的财务分析和报告系统倾向于为规划和问责制提供预测，但通常不用于政策导向的分析和评估。这就要求教育投入要有针对性，使教育计划和政策的成本分析成为马来西亚教育政策研究和评估的一个组成部分。同时，公共实体机构要以高效、透明的机制对教育投资进行管理，作为进一步促进教育问责制和绩效衡量的一种手段。

四、有待健全的教育评估体系

通过几十年的发展，马来西亚已经实现了基础教育的高入学率和性别均等，但在实现全民 100% 接受教育的成就方面还存在一定困难。这就需要明确新的教育测量和教育评估方向，形成更为有效的评价体系和框架，从而为国家和地方各级政府的教育决策者提供必要信息，满足差异性的特殊需求。

---

[1] UNESCO. Education for all 2015 national review: Malaysia[R]. [S.l.: s.n.], 2015.

（一）学校评估

马来西亚自 2000 年以来，一直实行"开放认证考试"。开放式认证允许根据个别科目的表现而不是所有科目的表现来评估学生，鼓励学生选择感兴趣的科目，马来西亚高等教育机构在录取时会将这些具体科目的表现纳入考评范围。除了正式的考试测评外，教育部还开发了学校一级的评估工具。这些以学校为基础的评估能使学校在正式考试结果出来之前更密切地跟踪学生的表现。普通中学教授的职业科目也在学校一级进行评估，在每个教学模块或每组教学模块结束时对学生进行能力评估。马来西亚教育部会对中小学的多个科目进行校本评估，并定期报告成果和质量指标，包括总入学率、续读率、生师比等。

教育部下属的独立实体——学校监察局在 2000 年制定了《马来西亚学校优质教育评价标准》，以评估教育部管辖范围内的学校和其他教育机构的全面质量管理和绩效标准。优质教育评价标准从四个层面评估学校：领导方向、组织管理、教育计划和学生成绩。学校和教育机构也会使用这一标准进行自我效能评估。2006 年，9 641 所学校中有 6 091 所向教育部提供了自我评估结果，其中约 21% 的学校评估结果为"优秀"或"杰出"，46% 为"有前途"，33% 为"平庸"或"薄弱"。[1]

除了对学校和学生能力的评估，马来西亚政府还十分重视培养和提升学校一级的教育管理能力，以发挥教育行政系统的整体效能。教育部的教育领导和管理培训学院为各级教育领导和管理人员提供培训。2000—2005 年，有 3 256 名校长参加了学院的培训方案。[2] 教育部还通过对学校和教师的奖励制度促进学校发展及其服务积极性，如根据优质教育评价标准颁发"优质学校

---

[1] Ministry of Education. Education for all mid-decade assessment report 2000—2007. Reaching the unreached[R]. Kuala Lumpur: Ministry of Education Malaysia, 2008.

[2] Ministry of Education. Education for all mid-decade assessment report 2000—2007. Reaching the unreached[R]. Kuala Lumpur: Ministry of Education Malaysia, 2008.

奖"和"大师级教师"奖,"大师级教师"获得者可以为其他教师提供支持,使他们在职业道路上取得更快的进步。教育部还资助马来西亚中小学教师开展行动研究以促进教师的专业精神,鼓励他们进行教学方法创新,从而提高学校的成绩。同时,基于私立学校对公共教育的补充作用及其对推进马来西亚形成区域教育中心的巨大作用,教育部在教学质量和学校标准方面也对私立学校一视同仁,2006 年推出了《私立教育机构质量标准》,用作评估和监督工具。教育部私立教育司每两年对私立学校进行一次评估。

(二)教育监测与数据采集

马来西亚制定全民教育指标的目的之一是可以定期进行评估,便于对被测量的要素及其背景做出趋势分析。另一个重要目的是,在描述教育资源(学校、教材、学校支持和教师)以及学校和课堂的各种结构(集中、分散)和社会(城市、农村、土著、特殊)特征时,可以对关键指标进行跨部门和跨国家的比较研究。关键指标数据可以对学校教育成果以及影响这些成果的投入和过程之间的关系进行更为彻底的分析,通过这些分析,教育部可以进一步了解需要优先实施哪些干预措施。马来西亚的教育数据来源渠道和采集模式如图 11.3 所示。

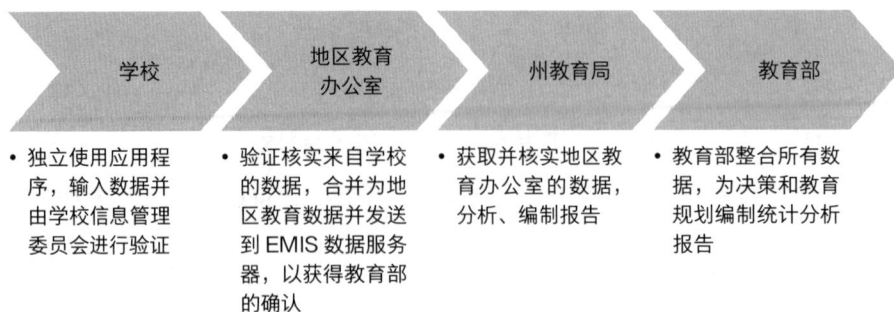

学校	地区教育办公室	州教育局	教育部
• 独立使用应用程序,输入数据并由学校信息管理委员会进行验证	• 验证核实来自学校的数据,合并为地区教育数据并发送到 EMIS 数据服务器,以获得教育部的确认	• 获取并核实地区教育办公室的数据,分析、编制报告	• 教育部整合所有数据,为决策和教育规划编制统计分析报告

图 11.3 马来西亚教育数据采集流程

虽然马来西亚的教育系统通过大幅增加学位、教师和对学生的支持取得了成功，但要最终实现为每个儿童提供优质基础教育的目标，需要对教育支出类型及其目标做出更精细和明智的决策。世界银行对其在世界各地的基础教育支持项目的评估结果也支持这一观点：如果政府不能大力加强教育管理，对入学机会的投资将不会转化为学业成就的提升。这些观点也对教育系统的能力升级提出了新的要求，即与增加教育支出的针对性和有效性相对应，教育评估也应当生成对学业成就的评估和分析而不仅仅是教育投入的数据，以便教育部能够更好地确定教育支出导向，充分实现国家的优先事项和愿景。

因此，马来西亚教育部面临的下一个挑战是如何收集高质量的数据，为其教育绩效提供强有力的指标；以及如何对多年来收集的数据进行严谨的分析，得出更有意义的结论。因为随着教育部将发展的重点从强调入学率与教育公平转向提升教育质量，必须制定新的学校发展策略并确保不同情况下多种政策叠加的有效性。

教育部还采取了不同的措施来更好地监测教育发展计划的执行情况。一方面，制定了一份用于定期评估教育计划执行情况的"报告卡"，每年两次，用于衡量计划进展情况。另一方面，将本国评估标准与国际接轨，以国际评估项目为基准监测教育计划和方案的执行效果。这些项目包括TIMSS、PISA、世界教育指标（WEI）、教师教学国际调查，旨在建立以研究为基础的优质教学和学校领导实践指标。

第二节 特点与探索

一、高度集权的教育管理体制

马来西亚教育最为显著的特征就是教育行政管理的高度集中化。从历史上看，从《拉扎克报告》和《1961年教育法》建议建立一个全国性的学校体系开始，到20世纪80年代通过教育系统建设国家和促进民族团结的努力，都是通过教育部门的中央集权控制、监测和评估举措完成的。在马来西亚，教育是联邦政府的责任，甚至州或地区教育办公室也属于联邦政府的直接管辖范围。课程和评估由教育部的专门机构监督：国家课程的设计归属教育部课程开发处；学校一级的统考归属考试辛迪加管理；马来西亚考试委员会负责管理马来西亚高等学校证书考试以及马来西亚大学英语水平鉴定考试；教科书局负责协调全国学校系统的教科书编写。可以发现，马来西亚的国家课程、国家考试和教科书都指向高度集中的教育管理体系。

政府行政中的联邦制概念意味着联邦政府拥有最多的立法和行政权力，因此垄断了政策制定过程。与教育、国防、国际贸易、民法等相关的事务都由联邦政府管辖，州政府主要在国有土地管理、伊斯兰教事务和州习俗法规方面拥有有限的权力。在马来西亚，各州可以有自己的法律，但不能有自己的教育制度和教育政策，从重大教育决策到具体教育计划的实施，联邦教育部拥有绝对的权力。州和地区的教育部门实际上是联邦教育部的执行机构，基本上没有规划和决策的权力。学校一级的自主权也较少，能够自主安排的校本课程极其有限。

在这个高度集中的教育系统中，非常强调中央一级的权威和"自上而下"的流程，政策和决定往往是以教育部通知的方式通过各州和地区传达给学校。从教育管理的层级框架可以看出，马来西亚的教育规划权力高度

集中于教育部（见图 11.4）。马来西亚每一个政策目标和转型计划背后都是
联邦政府的强力干预。从入学到学校课程，再到高级职位的任命和教师的
任命，政府认为有必要在教育的各个方面进行控制和发挥领导作用，即使
公立学校以外的私立学校和教育机构也受到教育部监管。

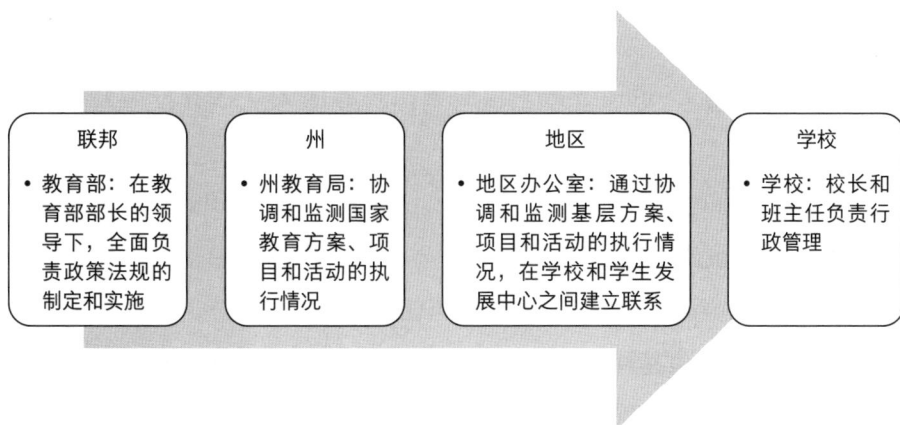

联邦	州	地区	学校
• 教育部：在教育部部长的领导下，全面负责政策法规的制定和实施	• 州教育局：协调和监测国家教育方案、项目和活动的执行情况	• 地区办公室：通过协调和监测基层方案、项目和活动的执行情况，在学校和学生发展中心之间建立联系	• 学校：校长和班主任负责行政管理

图 11.4 马来西亚教育管理的四个层次

《2013—2025 年马来西亚教育蓝图》是马来西亚近年来最主要的教育政
策改革文件。它提出了一个雄心勃勃的目标，即改革教育体系，使马来西
亚在 PISA 和 TIMSS 等国际教育评估项目中的排名从 2012 年的倒数提高到
2025 年的前三分之一行列。教育蓝图强调提高评估标准与国际接轨（尤其
是偏重于思维技能和理科素养的 PISA 和 TIMSS）以改善学生的成绩甚至达
到世界排名前列，要实现这一愿望，强有力的行政管理、高效的政策执行
和政策理念的宣传都是必不可少的。

一些研究人员认为，马来西亚现有教育行政管理的等级制度是妨碍政
策有效执行的一个主要因素。尽管政府已经制定了较为健全的政策，并对
如何实现教育目标有明确的规划，但在规划和成就之间始终存在差距。教
育改革举措很可能会因为地区和学校层面的执行缺陷而导致失败。从目前

的政策执行情况可以发现，教育管理体制中存在几个主要问题。

第一，政策执行按照自上而下的行政流程，形成了"命令传达"的模式以及"不能质疑高层官员"的态度，缺乏就政策改革的实际影响、向政策制定者提供建议和意见的"反馈回复"的行政流程。

第二，很多证据表明，马来西亚的这种层级管理流程存在局限性，也缺乏管理制度的统一性，会导致一些信息在行政层级之间传递中的"丢失"或"被过滤"，进而导致基层政策执行者的无助感或对决策者缺乏信任。

第三，教育改革政策与规划的总体方向和意愿总是美好的，但是往往由于基础配套设施的限制以及基层教师和行政管理者缺乏积极性和配合（有时甚至是冷漠或抗拒）而导致政策与现实产生"脱节"。[1]

第四，全国性的教育政策的制定和实施往往需要多个部门、机构或上下级联动完成，需要极强的协调性和高效能。而马来西亚教育各部门之间缺乏协调，造成某些领域的规划或重叠或完全空白。例如，财务与运营数据没有关联，仍然分散在多个平台上。

马来西亚是将教师聘为公务员的国家之一。因此，教师也是行政系统的一部分，这也在一定程度上解释了为什么校长和班主任负责的教育管理和政策执行被视为主要是行政性质的，他们几乎不可能公开反对或抗拒自上而下的政策举措。这种纵向传达的等级制度有助于加强各层级之间的联系和问责，但是政策执行的力度和效果往往会大打折扣。很多人认为，教育愿景和方案是由国家政治家和官员设定的，是自上而下强加给学校和教师的，而不是他们自发自愿进行的。在州、地区和学校层面的选择性"过滤"会导致教师所接收和理解的信息可能与高级决策者所期望的不同。教师拥有学科专业知识，在教学时会拥有比较大的专业决定权，这与他们作

---

[1] BUSH T, NG A, TOO W K, et al. Educational policy in Malaysia: implementation challenges and policy proposals[J]. The HEAD foundation, 2019(7): 1-7.

为行政人员服从等级制度的职能属性存在内在冲突。因此马来西亚政策制定者需要考虑如何通过赋予教师和校长解释和参与调整政策的权力，而不仅仅是实现它。而且，这种层级制度在贯彻落实重大教育改革时并不能发挥良好作用。比如，对教育蓝图执行效果的研究显示，很多教师没有读过这份文件，需要依赖地区官员和校长的解释，而后者可能也没有仔细阅读过。马来西亚的政策制定者已经认识到了这一问题，并开发了多样化的沟通方式，如路演和社交媒体推广，但目前尚不清楚这些方法在吸引学校教学人员方面是否更为成功。

二、探索与改革

一个国家教育行政管理体制的建立与完善不可能在很短的时间内完成，需要经历一个较为曲折的过程。马来西亚在教育管理体制改革方面做了很多有益的尝试，也取得了一些成果。

（一）探索适度放权

从 1982 年起，马来西亚政府就意识到教育权力过于集中的问题，引入了地区教育办公室，在联邦、州和学校三级教育结构中又增加了一层，以监测和监督地区一级的学校管理，从而使教育系统和政策制定能够更符合当地的实际需求，但这还远远不够。地区教育办公室的作用和职能基本上是监督、收集和管理学校的数据，并将这些信息传递给国家教育办公室，以供国家一级决策使用。在某些情况下，地方可以与国家部门合作进行决策。地区教育办公室还在地方层面参与传播国家政策，并就决策过程提供反馈，但其没有权力对国家课程、教师的雇佣和解聘以及交付机制做出决定。

　　教育系统的权力集中不仅体现在决策方式上，还体现在如何组织协商和为较低管理层提供创新教育的机会上，特别是在制定政策时，需要为包括少数群体、弱势群体、非官方群体和个人在内的所有利益相关方提供更多的参与空间，增强政策的包容性，并审查现有的激励机制，以反映弱势学校和学生的需求。同时需要调整教育政策的导向，使其不再只注重学生的成绩，而是促进所有儿童享有从高质量教育中受益的权利，这将有助于实现更广泛的社会和经济目标，从而带来远远超出个人教育收益的好处。[1]

　　针对这一问题，马来西亚近年来已制定若干措施，鼓励地方更多地参与决策与实施。其中集群学校和信托学校可视为"集中制分权"的典型形式。

　　集群学校是成绩优异的学校，它们在管理上拥有更大的自主权，能够获得额外的财政拨款，以发展校本小众课程，如体育、机器人或语言课程。学校可以自主决定它们的优势领域和科目，并设计规划课程和教学方案以促进学生的发展。信托学校在开设课程和财务管理方面享有一定程度的自主权。虽然教育部要求学校遵循规定的全国课程，但也鼓励他们创新教学模式和设计辅助课程，以培养学生的协作性、求知欲和高阶思维技能。同样，在学校行政管理和财务规划方面，校长拥有更大自主权，以达到预设的工作目标。

　　教育部适度放权的尝试受到了各层级教育工作者的欢迎，因人们普遍认识到，不同的学校和社区环境需要定制的而不是标准化的应对措施。同时，马来西亚政府在适度放权的同时还加强了问责机制，强调发挥家长、社会的监督作用，倡导公立学校与私人机构形成稳固的合作关系，形成权责分明、管控有力的教育体系，以培养出符合未来发展要求的马来西亚公民。[2]

---

[1] UNESCO. Malaysia education policy review[R]. Paris: UNESCO, 2013.

[2] 杨正刚，洪明. 马来西亚基础教育改革新政——《2013—2025 年教育蓝图》实施背景、内容与特点 [J]. 比较教育研究，2018（1）：37-44.

（二）精简部门，增强效能

2012 年联合国教科文组织曾在评论中指出，就负责的学校数量而言，马来西亚教育部可称得上是世界上最大的中央行政机构之一。因此，如何通过精简人员、优化结构、提升工作效率来改善机构的运行能力，成为马来西亚教育部门的重点任务。《2013—2025 年马来西亚教育蓝图》也给出了建议：缩减教育部的规模，使其重点发挥战略决策作用。同时缩小国家各级教育部门的规模，使其成为教育政策的推动者和贯彻者。强调地区教育办公室的重要作用，即指导和帮助学校实现卓越发展，克服学校中的各种教育差异。可以由部长和高级官员解释说明预期的政策目标，但由各州、地区和学校来决定实现这些目标的最适当的执行方式。

为了更好地实施教育蓝图，马来西亚教育部于 2013 年设立了教育绩效与交付部门（PADU）。PADU 的工作受到了国家官员和一些州一级参与者的赞扬。其主要作用是通过教育蓝图促进、支持和实现马来西亚教育体系转型的愿景。PADU 还制定了补救行动计划，以确保马来西亚教育结构与质量不断完善。该部门旨在有效地提供战略、监督、实施和管理，引入新方法，以推动马来西亚成为具有全球教育竞争力的国家。

2015 年前后，马来西亚教育部开始对其行政系统进行重组。为了使其服务更具成本效益和效能，马来西亚设想建立一个精简的中央行政部门，将大量人员从中央和州一级部署到各地区，力求改善其服务交付系统。

第十二章 中马教育交流

中国和马来西亚传统友好，两国于1974年5月31日正式建立外交关系。建交后，两国关系一直保持着良好发展势头。1999年，两国签署关于未来双边合作框架的联合声明。2004年，两国领导人就发展中马战略性合作达成共识。2013年，两国建立全面战略伙伴关系。中马两国在外交、经贸、文化、教育、科技、司法、旅游等领域频繁开展交流与合作，增进了两国人民的相互了解和友谊。

第一节 源远流长的中马文化教育交流

中国与马来西亚的交往源远流长，可以追溯到古代海上丝绸之路时期的通商通航。早在公元前2世纪到公元前1世纪，就有中国人到达马来半岛南部和婆罗洲北部（今东马地区），并将瓷器、刻有汉字的钱币、铁刀、铁钩等器物带到了这些地区。到了唐朝时期，随着中国与马来半岛和婆罗洲的海上贸易往来日益频繁，更多的商人乘船到马来西亚进行贸易活动。到马六甲王朝时期，已有不少华人在当地定居并同马来人通婚。1405年，马六甲王朝第一任国王受到中国皇帝明成祖的正式承认和赐封，此后马六甲王朝一直同中国明朝政府保持着密切的往来。其中最具历史意义的是郑和七次下西洋，其中有五次到达了马六甲。当地人为表达对郑和的尊重和纪念，以他的别名三宝命名了他驻扎过的小山（三宝山）、使用过的水井（三宝井），并专门修建了供奉郑和的三宝庙。如今，这些已经成为马六甲古城吸引游人的名胜古迹。

18 世纪后期，英国殖民者入侵马来半岛后，从中国南部沿海地区贩运了大量"契约华工"到这里从事开矿、种植等劳作。据统计，从 1786 年英国强占槟榔屿到 1957 年马来亚联合邦独立的约 170 年间，大约有 800 万—900 万华工被贩运到马来西亚，成为开发马来西亚的主要力量。[1]

一、文化交流

中马两国交往历史悠久，华人又是马来西亚的三大民族之一，所以马来西亚人对中国文化并不陌生，中马两国的文化交流具有得天独厚的优势。

20 世纪 90 年代后，中马两国加快了文化交流合作的步伐。1999 年，两国政府在吉隆坡签订《文化合作协定》，为 21 世纪两国在文化艺术、新闻出版、体育、旅游、社会科学等领域的交流与合作提供了具体架构。此后，中马两国的文化交流更趋频繁，形式更加多样，内容也日益丰富。

2014 年是中马建交 40 周年，也是中国-东盟文化交流年，中马两国开展了一系列形式多样、意义重大的交流活动。2014 年 5 月 30—31 日，全国对外友好协会、北京外国语大学、马来西亚中国友好协会以及马来西亚驻华使馆等机构在北京举行了系列纪念活动。在华访问的马来西亚总理纳吉布出席了全部活动。5 月 30 日，"马来研究"国际研讨会在北京外国语大学举行，共有 200 多名来自中国、马来西亚、印尼以及新加坡等国的学者参

---

[1] 李家禄，严琪玉. 马来西亚 [M]. 重庆：重庆出版社，2004：15-16，31-32.

与。纳吉布 [1] 总理在致辞中表示："40 年来的马中友谊跨越了两代人，希望它一代一代传递下去，希望双方关系像郑和下西洋那样，乘风破浪，阔步向前。"[2] 同月，为庆祝中马建交 40 周年，旅马中国大熊猫"兴兴"和"靓靓"作为中国人民的友好使者去往美丽的马来西亚定居，租借期为 10 年。2016 年，它们诞下第一只熊猫幼崽"暖暖"，2018 年初诞下第二只幼崽，创造了大熊猫在国外的繁育记录。2019 年 8 月该幼崽被正式命名为"谊谊"，取自中文"友谊"的第二个字，代表中马友谊万古长青。2014 年 10 月，由中国–东盟中心组派的中国东方演艺集团访马首场演出在马来西亚吉隆坡国际会展中心演出大厅隆重举行，受到热烈好评。

2015 年 11 月，中国政府和马来西亚政府在马来西亚布城签订《在马来西亚设立中国文化中心的谅解备忘录》。2020 年 1 月，吉隆坡中国文化中心在吉隆坡正式揭牌运营，标志着中马两国在人文领域的交流迈入新阶段。吉隆坡中国文化中心为当地民众提供艺术培训、文化展示等一站式的中国文化体验，通过国情宣介、文化活动、人文对话、产业推广、旅游推介、教学培训、信息服务等为传播中国文化提供新平台，致力成为马来西亚民众了解中国、认识中国的平台和纽带。

2018 年，新华社、中新社在吉隆坡设立分社，中央电视台在马设立记者站，中央电视台 4 套和 9 套节目在马落地，《人民日报》海外版在马出版发行；马新社在北京设立分社，《星报》设立在华办事处。双方签署《旅游合作谅解备忘录》。2019 年，中马双边往来人数达 379.58 万，其中中国公民访马 241.23 万人次，马方来华 138.35 万人次。中国已连续 7 年成为马来西

---

[1] 这是纳吉布第五次到访北京外国语大学。2009 年，纳吉布被北外授予名誉博士学位。他的儿子也曾在北外学习汉语。此次来北外，纳吉布出席了"2014 北京马来研究国际研讨会"开幕式，并向多国学者和青年学生发表了演讲。

[2] 新华网. 马来西亚总理纳吉布五访北外：愿马中友谊代代传递 [EB/OL].（2014-05-30）[2022-12-30]. http://my.xinhuanet.com/2014-05/30/c_1110943163.htm.

亚在东盟国家外最大游客来源国。2020 年为"中马文化旅游年"。[1]

2022 年 9 月，由中国电影资料馆、吉隆坡中国文化中心、马来西亚中文影视协会共同主办的首届"中国电影节"在吉隆坡柏威年广场大地影院开幕，旨在拓展两国人民对彼此社会与文化的认知视野，增进两国在文化领域的交流与合作。

2023 年 1 月，时值"一带一路"倡议十周年之际，东南亚社科研究中心与马来西亚拉曼理工大学联合出版关于"一带一路"倡议的三语种评论文章合集《一步一脚印，非凡十年路》。其中收录了来自马来西亚 11 所高校 30 余名学者的 104 篇文章，包括 52 篇英文、27 篇中文和 25 篇马来文文章。文章围绕"一带一路"倡议，分析了中马两国在经贸、文旅、科技、金融、脱贫等诸多领域的合作模式与成效。[2]

除了政府间的合作与交流，中国各地也根据地区特色和经贸需求与马来西亚展开了大量文化交流。根据中国友好城市联合会的统计数据，目前，中国与马来西亚共建立友好城市 15 对。另外，还开展了马来西亚娘惹美食节、中马文化旅游年、"一带一路"美术教育国际研讨会、海丝之路文化和旅游博览会等丰富多彩的文化活动。

二、教育交流

教育是中马人文交流的重要领域。马来西亚是世界上除中国以外华文教育水平最高且拥有从小学、中学到大专院校的较完整的华文教育体系的国家。中马建交 49 年来，两国的教育交流合作越来越密切。两国在校际交

---

[1] 中华人民共和国外交部. 中国同马来西亚的关系 [EB/OL].（2023-01）[2023-03-20]. https://www.mfa.gov.cn/web/gjhdq_676201/gj_676203/yz_676205/1206_676716/sbgx_676720/.

[2] 中华人民共和国外交部. 驻马来西亚大使欧阳玉靖出席"一带一路"学者评论合集推介仪式 [EB/OL].（2023-01-10）[2023-01-13]. https://www.mfa.gov.cn/zwbd_673032/gzhd_673042/202301/t20230111_11005611.shtml.

流、合作办学、留学生教育等领域成果丰硕。中马两国政府也相继签订教育合作谅解备忘录、高等教育学位学历互认等协议，为双方教育交流合作提供了重要保障。

1990 年 10 月，中国国家教委副主任滕藤与马来西亚教育部部长安瓦尔就两国开展文化交流问题交换了意见，双方同意互换大学师资，以及开展科学工艺等学术交流计划，标志着两国在教育领域合作的开始。1997 年 6 月，中马两国签署《教育交流谅解备忘录》，为两国有计划、有系统地进行教育交流提供了机制，成为中马教育合作的里程碑，马来西亚的教育逐渐被中国教育机构认可。此后，两国在教育领域的合作全面展开，如大学互换师资、大学之间进行学分转移等。2003 年 9 月，中国教育部对部分优秀的马来西亚私立院校进行认证，打消了很多学生和家长的顾虑，选择到马来西亚求学的留学生不断增多。[1]

2000 年 7—10 月，中马两国首次实现互派留学生，当时马方来华留学生仅有 3 人；中国教育部的统计数据显示，到 2001 年，马来西亚在华留学生已增至 632 人；2003—2006 年，马来西亚赴华留学生人数分别为 841 人、1 241人、1 589 人和 1 743 人。[2] 为进一步扩大两国教育合作的规模及留学教育市场，2009 年，两国政府签署《高等教育合作谅解备忘录》，探讨相互承认学历和学位的可能性。在此基础上，两国签署了《关于高等教育学历学位互认协议》，扫清了中马留学教育合作的最大障碍，确保两国更多人员从高等教育中受益。

作为中国文化"走出去"战略的重要组成部分，孔子学院是增进国际理解、促进中马交流的重要教育机构。2009 年 7 月，由北京外国语大学与马来亚大学共同建设的马来亚大学孔子学院成立，于 2010 年 3 月正式运营。由于马来亚大学孔子学院设立后广受好评，马来西亚高等教育部决定在北

---

[1] 胡春艳. "一带一路"下的马来西亚华人与中马文化交流 [J]. 暨南学报（哲学社会科学版），2016（4）：27-32.

[2] 复旦大学中国与周边国家关系研究中心. 中国周边外交学刊：第 1 辑 [M]. 北京：世界知识出版社，2018：148-158.

马、南马、东海岸、沙巴和沙捞越分别再设立马来亚大学孔子汉语学院、
世纪大学孔子学院、沙巴大学孔子学院、彭亨大学孔子学院和马六甲培风
中学孔子课堂。

第二节 中马教育交流的现状与模式

马来西亚是"一带一路"沿线上的节点国家，也是最早支持"一带一
路"倡议的国家之一，与中国在政策沟通、设施联通、贸易畅通、资金融
通、民心相通等方面取得了丰硕成果。

一、区域交流与合作机制：中国−东盟

马来西亚是东盟最早的主要成员，也是第一个与中国建交的东盟国家，
在促进中国与东盟的教育交流与合作中发挥着重要作用。随着全球化趋势
的深入发展，东南亚地区面临着前所未有的发展机遇，通过搭建中国与东
盟之间的区域交流与合作平台，为扩大中国教育的国际影响力和促进"一
带一路"国家教育合作关系的稳定性和持续性提供了机制性保障。

进入 21 世纪后，中国与东盟在教育领域的交流与合作蓬勃发展，成效
明显。2008 年以来，"中国−东盟教育交流周"在中国贵州连续举办十多届，
成为双方之间一种常态化交流机制。作为东盟的重要成员国，马来西亚积极
参与交流周活动，通过"大学校长论坛"、教育行政官员研讨会、展览和青少
年夏令营等活动，推动双方的教育合作向全方位、多领域、高层次发展。

2010 年 3 月，第三届"东盟−中国大学校长论坛"由马来亚大学承办。
本次论坛的主题是"东盟−中国：联通思维，分享智慧"。来自东盟国家的

22 所大学和中国 17 所大学的近 80 名校长齐聚一堂。论坛着眼于促进和深化合作，提升区域内的学生流动和创建高等教育框架以支持区域合作。8 月，首届中国-东盟教育部长圆桌会议通过了《中国-东盟教育部长圆桌会议贵阳声明》，双方一致同意继续创新中国-东盟人文交流合作机制，建立高层磋商机制，积极落实 2020 年东盟来华留学生和中国到东盟留学生均达到 10 万人的"双十万计划"。中国-东盟教育部长圆桌会议是近年来中国与东盟在教育领域举办的最高级别国际会议，标志着中国-东盟教育合作进入了一个新阶段。[1]

2011 年，中国-东盟中心正式成立，成为促进双方经贸、教育、旅游、文化等领域交流合作的重要平台。2016 年，第二届中国-东盟教育部长圆桌会议与第九届"中国-东盟教育交流周"同期举行，会上通过了《关于中国-东盟教育合作行动计划支持东盟教育工作计划（2016—2020）开展的联合公报》，进一步加强了东盟与中国在教育领域的合作。例如，厦大马校在 2016 年初建时就设立了中国-东盟海洋学院，集教学、科研、培训和政策咨询等功能为一体，是首批启动的中国-东盟海上合作基金支持的建设项目之一，旨在为中国和东盟各国培养、输送高层次海洋人才。

二、多样化的教育合作方式

当今时代，全球一体化进程不断加快，高等教育的国际化和高质量的人才培养成为各国综合竞争的焦点所在。基于中国教育"走出去"战略的发展需求和马来西亚打造高水平国际教育中心的愿景，双方在教育领域展开了多种形式、多个层次的交流合作。

---

[1] 张成霞. 构建中国-东盟人文交流新格局——新世纪中国-东盟人文交流回顾与展望 [J]. 东南亚纵横，2012（11）：21-26.

（一）合作办学

在《2013—2025 年马来西亚教育蓝图》中，马来西亚高校希望成为国际学生留学的首选国家，大量引入国际教育资源，与海外多所大学进行合作办学。中国和马来西亚的合作办学模式呈现出多样化的特点，既包括中国境内开展的合作办学，也包含中国高校境外办学。根据办学主体又可分为两类：一类是中外合作办学机构，另一类是中外合作办学项目。目前，中马两国的合作办学呈现以本科及专科层次为主、以合作办学项目为主的特点。根据中国教育部中外合作办学监管工作信息平台的数据，截至 2023 年 5 月，经过教育部审批的中马本科教育合作办学机构与项目有 6 个（见表 12.1）；高等专科类合作办学机构与项目有 29 个，涉及会计、医药、护理、酒店管理、新闻传播、电气自动化、物流、工程等专业，涵盖了马来西亚英迪国际大学、马来西亚城市大学、马来西亚林登大学等多所高等院校。另外，厦大马校作为第一所中国高校全资设立的海外分校也成为中马合作办学的典范。

表 12.1 中国教育部审批的本科教育中外合作办学机构与项目名单（马来西亚）[1]

地区	类型	名称
重庆	合作办学项目	长江师范学院与马来西亚理科大学合作举办土木工程专业本科教育项目
河南	合作办学机构	河南中医药人学管理科大联合学院
	合作办学项目	周口师范学院与马来西亚博特拉大学合作举办环境设计专业本科教育项目

[1] 中国教育部教育涉外监管信息网. 中外合作办学机构与项目（含内地与港台地区合作办学机构与项目）名单 [EB/OL]. [2023-01-15]. https://www.crs.jsj.edu.cn/sort/1006.

续表

地区	类型	名称
湖南	合作办学项目	长沙理工大学与马来亚大学合作举办机械设计制造及自动化专业本科教育项目
广西	合作办学项目	桂林理工大学与马来西亚多媒体大学合作举办机械设计制造及自动化专业本科教育项目
宁夏	合作办学项目	宁夏大学与马来西亚彭亨大学合作举办机械工程专业本科教育项目

（二）留学生培养

随着中国经济社会的持续发展和教育投入的不断增长，中国的高等教育和国际化水平在大幅提升。中国优质的高等教育资源、优惠的留学政策和广阔的就业前景，吸引越来越多的马来西亚学子到中国留学、创业。同时，马来西亚高等教育国际化程度全球领先，马来西亚的多元文化、完整的华文教育体系和国际化的教育衔接也吸引了大量中国学子赴马留学。新冠肺炎疫情前，两国互派留学生人数持续增长，2019 年赴马留学的中国学生超过 13 000 人，马来西亚在中国大陆留学生近 9 500 人。即便在新冠肺炎疫情期间，中马两国的教育交流合作也未中止，改为更多地借助线上教育方式进行。[1]

1. 中国留学生赴马

马来西亚接收外国留学生的主要是私立大学，因其设有双联课程，如 2+1、3+0 等模式，即学生可以在第三年转去澳大利亚、英国的著名院校，获得英澳大学的毕业证，使马来西亚的高等院校成为具有巨大优势的跳板。

---

[1] 驻槟城总领馆. 驻槟城总领事鲁世巍在第三届中国−马来西亚翻译、语言和文化研讨会上的致辞 [EB/OL].（2021-10-26）[2022-12-30]. https://www.mfa.gov.cn/web/dszlsjt_673036/202110/t20211026_10069816.shtml.

另外，马来西亚的华人较多，保留了自身的语言、文化与饮食传统，加上留学费用较低，签证通过率几乎 100%，因此吸引了越来越多的中国留学生赴马求学深造。

受新冠肺炎疫情影响，2021 年中国留学生更偏向于距离中国近、环境比较好、相对比较安全、外交中立的国家。马来西亚满足以上所有条件，所以 2021 年有近 3 万名中国学生选择去马来西亚留学，其中绝大多数为自费。马来西亚高等教育部部长诺莱妮指出，2021 年在马来西亚高等教育学府深造的中国学生为 28 816 人，占马来西亚外国留学生总数的 29.6%。[1] 这种状态还在持续，根据马来西亚教育全球服务公布的数据，仅 2022 年第二季度就有近 4 000 名中国学生选择赴马留学，比 2021 年同期增加近 5 成。[2]

为进一步扩大在中国的影响力、鼓励中国学生到马来西亚留学，马来西亚政府推出了一系列针对中国留学生的优惠政策。第一，放宽中国留学生在马来西亚留学期间的打工政策，将留学生在校外打工的时间规定为每周 20 小时，以方便中国留学生通过勤工俭学的方式来减轻自己的经济负担。第二，鼓励企业、院校设置针对中国留学生的专项奖学金。马来西亚英迪国际大学、林国荣创意科技大学、英国诺丁汉大学马来西亚校区等都设立了专项奖学金。第三，推出"马来西亚是我第二个家"的新移民政策，放宽了外国留学生移民马来西亚的标准，让更多的留学生有机会在毕业后留在马来西亚工作、生活。

2．马来西亚留学生赴华

马来西亚是东南亚地区重要的留学市场，2015 年，留学生人数达到 6.5

---

[1] 资料来源于 malaysiachinainsight 网站。

[2] 寰兴留学. 22 年第二季度马来西亚留学生人数增幅 49%！中国学生是生源主力！[EB/OL]．（2022-08-30）[2023-01-30]. https://m.163.com/dy/article/HG1FQ9VA0518P442.html.

万名，他们大多选择英国、美国、澳大利亚、加拿大等发达国家。[1]近10年来，随着对"一带一路"倡议认识的不断深化以及中国高等教育质量的飞速提升，越来越多的马来西亚留学生将眼光投向了中国。

一方面，2013年"一带一路"倡议提出以后，中国大力发展与沿线国家的教育合作。从中国政府奖学金到省市级和校级的各类奖学金，都在向"一带一路"国家大幅倾斜。包括马来西亚在内的"一带一路"国家获得各类奖学金资助的名额不断攀升，来华留学人数快速增长。

另一方面，地缘文化上的密切关系，留学费用可承受，在医学、工程、商业管理、法律等专业学科中引入英语教学课程等特点和优势，使中国逐渐成为马来西亚留学生选择深造的热门国家。2011年马来西亚与中国签署的《高等教育学历学位互认协议》进一步增加了赴华留学的马来西亚学生数量，未来这一趋势还将不断加深。据马来西亚《诗华日报》报道，2018年马来西亚约有8 000名学生前往中国留学，2019年1—8月，马来西亚赴华留学的学生总数已达到9 500名左右，同比增长18.75%。[2]

（三）短期交流、培训与活动

除了官方的联合培养、互派交换生、合作办学以外，民间层次的交流与合作也成为两国教育交往的补充力量和重要纽带，使两国教育交流合作的范围与方式得到了极大扩展。

2011年11月，由中国海外交流协会主办、马来西亚留华同学会承办的"走出去"华文师资培训班在吉隆坡、霹雳州、新山三个地方授课。同月，北京师范大学文学院派团赴马来西亚，对当地独立中学、国民中学的

---

[1] 刘进，闫晓敏，李兰香，等. "一带一路"沿线国家的高等教育现状与发展趋势研究（三）——基于对马来西亚教育工作者的访谈 [J]. 世界教育信息，2018（7）：42-44+54.

[2] 中国侨网. 中国高等教育受认可 马来西亚赴华留学人数暴增 [EB/OL].（2019-08-26）[2022-12-10]. https://baijiahao.baidu.com/s?id=1642912641410246545&wfr=spider&for=pc.

200 多名华文教师进行培训，以提高华文教育的师资水平，增进华人对中华文化的认知。2014 年 5 月，中马两国学者交流会在北京外国语大学举行，会议由曾荣获马政府颁发的"国际马来文斗士奖"的北京外国语大学马来文–中文研究中心主任吴宗玉教授主持，马来西亚总理纳吉布应邀赴会。2016 年，北京大学与马来亚大学签订"博雅海外人才培养计划"，旨在选拔马来西亚综合素质全面、品学兼优、拥有远大志向和发展潜能的优秀学生进入北京大学学习，促进中马之间教育交流。与中国高校的积极态度相对应，马来西亚的高校也在探索更多的教育交流与合作方式。例如，马来西亚理科大学同北京大学、西安交通大学等多所中国高校签订了学生交换协议，并先后同广东外语外贸大学、云南民族大学成功联办了第一、第二届中马翻译、语言和文化研讨会；2020 年，还同清华大学联办"全球南方文化浸润系列"马来西亚项目。

中马两国还特别注重两国青年之间的交流与理解。中国–马来西亚青少年交流计划是中国与马来西亚不定期进行的青少年交流项目，2022 年开展了"走进马来人家"活动。来自马来西亚多所大学的中国留学生和本地学生在霹雳州参与此项交流活动，走入原住民村庄，寄宿在当地家庭，开展体检、医疗和社区活动，以增进对马来西亚社会和彼此文化背景的了解。此外，2018 年中国驻马来西亚大使馆与马来西亚中国友好协会签署合作协议，共同成立中马–马中友好青年交流基金。根据协议，中国驻马来西亚大使馆将向该基金提供 100 万元人民币，用于两国青年双向的实习培训、学术研讨、互访交流等活动。

随着中国经济的快速崛起和中马两国关系的不断深化，中文教学受到马来西亚社会各界欢迎，2021 年，马来西亚成功举办首届"汉语桥"世界小学生中文秀，成为全球首次举办该项活动的国家之一，充分展示了马来西亚近年来开展中文教育的成果。"中马大学生汉语辩论赛"系由中国驻马来西亚大使馆支持举办的跨国中文辩论赛事，自 2021 年成功举办首届活动以来，受到中马各高校的热烈欢迎与支持。2022 年度"中马大学生汉语辩论赛"共有 26 所高校参赛，中马院校各 13 所，较首届活动新增 16 所。[1]

2023 年 5 月，中国作为主宾国参加第 40 届马来西亚吉隆坡国际书展。这是中马两国出版业首次共同举办大型国际出版交流盛会，也是中国首次在东盟国家和地区举办主宾国活动，对中马出版文化交流具有里程碑意义。作为中国展团的一员，外语教学与研究出版社依托在马来西亚设立的汉语中心，与青城文化等多家马来西亚出版机构开展图书版权贸易，并在书展现场举行《这就是中国》《中国历史文化掠影》（马来语版）新书发布会暨《中国人的生活故事（第二辑）》（马来语版）签约仪式，同时与文语控股集团举办词典合作签约仪式，通过推进国际中文教材与读物、中国文化类图书在马来西亚的出版和传播，促进了中马两国人文交流和民心相通。

第三节 中马教育合作典范——厦大马校

厦大马校是厦门大学马来西亚分校的简称，是第一所中国高校全资设立、自主办学的海外分校，在建设和发展过程中得到了两国政府的大力支持，是两国教育领域合作的标志性项目，为"一带一路"人文交流树立了良好典范。

2013 年 1 月，在马来西亚总理纳吉布见证下，高等教育部部长卡立·诺丁向来访的中国厦门大学校长朱崇实递交了邀请书，正式邀请厦门大学到马来西亚开设分校。2013 年 10 月，中国国家开发银行、马来西亚新阳光集团和厦门大学共同签署协议，支持建设厦大马校。

---

[1] 中华人民共和国外交部. 驻马来西亚大使欧阳玉靖出席 2022 年"中马大学生汉语辩论赛"开幕式 [EB/OL].（2022-12-16）[2023-01-30]. https://www.mfa.gov.cn/web/zwbd_673032/gzhd_673042/202212/t20221216_10991302.shtml.

厦门大学是著名爱国华侨领袖陈嘉庚（1874—1961）于 1921 年创办的，目前已发展成具有百年历史的世界知名综合性大学。陈嘉庚的祖籍是厦门，1921 年从旅居地马来西亚回到厦门创办了厦门大学，从此厦门大学和东南亚、马来西亚结下了深厚的缘分。新中国刚刚成立不久，厦门大学就设立了中国高校第一个面向海外的函授教育，为包括马来西亚在内的海外华人提供远程教育。2003 年，厦门大学又与马来西亚最高学府马来亚大学结成姊妹学校，互相设立了马来西亚研究所和中国研究所。

一、学校概况

厦大马校于 2016 年 2 月开始招生，是中国首个在海外拥有独立校园、高校全资设立及自主办学的海外分校，是一所教学与科研并重、涵盖本、硕、博教育的综合性、研究型大学，致力于培养跨文化、国际型人才。分校面向马来西亚、其他东盟国家和中国招生，吸引了来自 35 个国家和地区的学生在校就读，其中包括中国、马来西亚、缅甸、埃及、孟加拉国等 22 个 "一带一路" 国家和地区的学生。

分校位于马来西亚雪兰莪州，总建筑面积约 47 万平方米，全部建成后可容纳 1 万名学生，总投资约 13 亿林吉特。距离马来西亚吉隆坡国际机场约 15 千米，距离马来西亚国家行政中心布城约 20 千米，距离吉隆坡市中心（双子塔）约 45 千米。根据马来西亚高等教育相关法律，分校在当地注册为私立大学。2016 年 2 月，分校首批招生，迎来了 203 名新生，主要是来自马来西亚华文独中的统考生。截至 2022 年，在校学生 6 300 余名，其中预科生约 600 人，本科生 5 500 余人，硕士及博士生近 150 人，中国学籍学生约 2 300 名，已培养四届共 3 348 名优秀毕业生。[1] 预计最终学生规模将达到 12 000—13 000 人。

二、人才培养

厦大马校由中国教育部批准建设，分校校徽、校歌及校训与本部完全一致，同属于国家"双一流""985 工程""211 工程"院校，是中国"一带一路"倡议落地的旗舰项目。按中国教育部规定，境外办学人才培养质量应达到我国本科教学质量国家标准。分校毕业生将获颁厦门大学学位证书和毕业证书，与厦门大学本部完全一致，受马来西亚教育部门和中国教育部门的双重认证，毕业生拥有在两国就业或升学的机会。

（一）专业与学制

2016 年，厦大马校首批设立信息科学与技术、海洋与环境、经济与管理、中国语言与文化和医学 5 个学院。2020 年发展为文、商、医、理、工学科领域的 19 个本科专业，除汉语言文学与中医学专业为中英文双语教学外，其余专业均为全英文教学。2021 年，分校还增设了 3 个本科项目（网络安全、数据科学、电子商务）、1 个硕士项目（传播与文化）和 1 个博士项目（中文），完善了本、硕、博多层次人才培养体系。截至 2022 年 1 月，厦大马校共有 2 个预科项目、22 个本科项目（见表 12.2）、9 个硕士项目和 5 个博士项目（见表 12.3），涵盖文、理、工、商、医等多个学科领域。

---

[1] 厦门大学. "不走寻常路"的马来西亚分校 [EB/OL]. （2022-10-13）[2022-12-20]. https://weibo.com/ttarticle/p/show?id=2309404824203152196400.

表 12.2 厦大马校所设学院及本科专业

学院	专业
经济与管理学院	金融学、国际商务、会计学、电子商务
人文与传播学院	汉语言文学、英语、新闻学、广告学
能源与化学工程学院	新能源科学与工程、化学工程与工艺
电子与计算机工程学院	计算机科学与技术、软件工程、人工智能、电子信息工程、网络空间安全、数字媒体技术、数据科学与大数据技术
数学与物理学院	数学与应用数学、物理学
中国−东盟海洋学院	海洋技术、海洋科学
中医学院	中医学

表 12.3 厦大马校研究生课程项目

硕士学位	博士学位
化学工程硕士和博士（混合模式）	
化学工程硕士和博士（研究模式）	
新能源科学与工程硕士	新能源科学与工程博士
数学与应用数学理学硕士	数学哲学博士
文化与传播硕士	哲学（中国研究）博士
海洋生物科技理学硕士	—
电机及电子工程理学硕士	—
工商管理硕士	—
汉学文学硕士	—

其中既包括厦门大学的优势学科，如会计、海洋、经济、金融，也有一些具有中国特色的学科，如汉语言文学、中医学，更有一些适应马来西

亚教育市场的需求、服务于"一带一路"倡议的专业，如新能源科学与工程、数字媒体技术、计算机科学与技术、海洋科学等。[1]

厦大马校招收的中国学生除中医学专业学制为 5 年外，其他专业学制均为 4 年。高考录取后，于当年 9 月份开始修读学位课程并在正常年限内完成学业的学生，根据厦大马校的学期安排，将于毕业年份的 8 月中旬毕业。中医学专业的学生将在最后一学年前往厦门大学的各个附属医院、教学医院实习。[2] 对于本地学生和国际学生，根据专业性质的不同分为 3 年或 4 年学制，中文、广告、新闻、会计、金融等文科、商科专业为 3 年，理工科专业为 4 年。

（二）招生录取

为了响应"一带一路"倡议，厦大马校将招收更多的国际学生，招生比例将按照"三三制"分配，即中国国内生源、马来西亚本地生源及其他国家（地区）国际生源各占三分之一。马来西亚的学生要符合马政府要求的大学入学标准；来自中国的学生要符合中马两国政府要求的大学入学标准；来自其他国家（地区）的学生要符合中马两国政府要求的留学生入学标准。

分校的中国学生由厦门大学统一录取，并纳入厦门大学年度招生计划。各专业仅限招高考外语语种为英语的考生，且英语单科成绩须达到 120 分及以上（英语单科满分非 150 分的省份，按照满分 150 分进行四舍五入折算）方可录取。同时，根据马来西亚高等教育部针对国际学生英语水平要求规定，非马来西亚籍学生须在一学年内获得相应录取专业要求的雅思、

---

[1] 詹心丽. "一带一路"与中国高等教育的对外发展——以厦门大学马来西亚分校建设为例 [J]. 大学（研究版），2018（5）：55-56.

[2] 厦门大学招生办公室. 2022 厦门大学马来西亚分校招收中国本科学生简章 [Z]. 厦门：厦门大学，2022.

托福、PTE、MUET 或剑桥英语资格考试成绩，并且只有获得达标英语成绩后才能正式开始本科学位课程学习（包括公共课、专业必修课、专业选修课）。

分校的马来西亚学生则有多种入学途径可供选择，分校制定了与马来西亚中级教育课程接轨的学位课程和学期安排。例如，申请汉语言文学学士学位课程的学生需要在马来西亚统考中达到五门科目至少 B 级的水平；或者 GCE A-Level 达到及格、任意两个科目至少获得 D 级；或者马来西亚高等教育文凭考试及格，在任意两门科目中至少获得 C 级（GP 2.0）等多种方案。每个专业根据专业特点和要求有 5—8 种入学标准可供学生选择。

（三）交流合作

2021 年，厦大马校与伯明翰大学、伦敦大学玛丽女王学院签署协议，就硕士升学、本科生海外学习方面达成合作。完成本科学业后，厦大马校本科生在达到院系入学要求的前提下，可申请前往合作院校就读硕士课程，也可申请以访问学生身份前往交流学习一个学期或一年，以开拓视野，获取海外经验。迄今为止，厦大马校已与美国、英国、澳大利亚、新西兰等国的 17 所全球顶尖高校建立了学术伙伴关系，为师生打造了一个更加国际化的学术交流平台。这一平台可为学生提供研究生深造通道及本科期间交流渠道，毕业生可以选择进入分校的合作大学之一进行研究生学习，并享受作为分校毕业生的特权，如简化申请、奖学金、学费折扣、专属名额或免除英语要求等。

（四）毕业去向

厦大马校第一届中国毕业生中，超过 70% 前往美国、英国、澳大利亚、新加坡等国家的高校读研，就读院校包括宾夕法尼亚大学、纽约大学、伦敦大学学院、爱丁堡大学、澳大利亚国立大学、南洋理工大学等；约10%通过研究生推免程序进入中国知名大学继续深造；还有部分毕业生选择直接就业，主要就业单位包括星洲媒体、中国电信、中国工商银行等。[1] 截至2022年10月，分校已培养出四届共3348名毕业生，[2] 多数已选择继续深造或进入知名企业就职，为推进"一带一路"建设与发展注入更多力量。

（五）师资队伍

2022年，厦大马校有专任教师251人，兼职教师50人。这是一支高水平的师资队伍，其中三分之一是厦门大学选派的优秀教师，另外三分之二是来自马来西亚当地以及面向全球招聘的优秀教师，拥有博士学位的教师比例达80%以上。[3] 2021年，在美国斯坦福大学研究团队发表的"全球前2%顶尖科学家"榜单中，厦大马校共有7名学者入选，标志着分校已经开始在科学研究的世界版图上占有一席之地。

随着招生人数的增加和文化的愈发多元化，教师招聘也面临一些挑战。例如，跨文化环境对英语水平和互动性教学方式的要求，限制了从中国高校招聘合适教师。来自其他国家和地区的高校教师也可能因马来西亚的相关认证要求而在应聘时受到阻碍，这些阻碍包括不同的文化观念、不同的教学模式，以及马来西亚入境签证和居留条件等。为此，分

---

[1] 厦门大学新闻网. 厦门日报：厦大再传喜讯 大马分校首届本科生毕业啦！毕业典礼昨举行，共371名毕业生，就业情况喜人 [EB/OL].（2019-09-30）[2023-01-30]. https://news.xmu.edu.cn/info/1023/31435.htm.

[2] 厦门大学. "不走寻常路"的马来西亚分校 [EB/OL].（2022-10-13）[2022-12-20]. https://weibo.com/ttarticle/p/show?id=2309404824203152196400.

[3] 厦门大学招生网. 厦门大学马来西亚分校2021年招收中国本科学生简章 [EB/OL].（2021-06-13）[2023-01-30]. https://zs.xmu.edu.cn/info/1042/2685.htm.

校采取应对措施，一方面鼓励在职教师不断提升自我，并提供经济奖励鼓励教师承担为时 4 个月的马来西亚教学服务；另一方面大力吸引具有跨文化能力、精通英语的专业人才及海外教师赴分校任教。鼓励教师使用形成性和总结性的评估方式来监督和评估学生成绩，不断提升教学质量。[1]

三、办学特点与成果

厦大马校是独立法人，在马来西亚登记注册，同时又是厦门大学的一个组成部分，管理模式实行董事会领导下的校长负责制。由于国外政治制度、法律法规、文化和风俗习惯的差异，厦大马校实际是分校校长负责制，分校校长在行政事务和日常管理上享有较高的自主权。分校将自身定位为非营利性的机构。厦门大学曾庄严承诺，分校将秉承陈嘉庚先生崇尚教育、无私奉献的精神，不以营利为目的，不带走一分钱，办学过程中若有结余，将全部用于分校的学术研究和学生奖学金。[2]

分校在治理模式上兼顾了中国高等教育体制和马来西亚私立院校的高度自治化特点。一方面，厦门大学作为厦大马校的母校，具有清晰的办学目标定位，采取了具有高度整合性的跨国战略，将分校的管理与运营纳入学校统一的发展轨道，同时为其输送包括师资在内的大量教育资源，使分校与母校保持着一脉相承的关系。另一方面，分校在办学定位、招生录取、专业设置、教学语言、就业去向甚至校园建筑风格方面都充分考虑了中马两国的教育传统和文化特点，尽量使用折中或融合方案使双方能够达成共

[1] 刘进, 闫晓敏, 李兰香, 等. "一带一路" 沿线国家的高等教育现状与发展趋势研究（三）——基于对马来西亚教育工作者的访谈 [J]. 世界教育信息, 2018（7）: 42-45+54.

[2] 李一平. 21 世纪海上丝绸之路与中马文教合作 [J]. 中国周边外交学刊（第 1 辑）, 2018: 148-158.

识。在课程设置上也充分考虑东道主国的教育需求，开设了多门具有中国特色的课程，同时还利用厦门大学的优势，开设了一些尖端及特色课程，以适应马来西亚对分校的需求。

分校成立以来，显示了惊人的发展速度并取得了优异的办学成果，受到了社会各界的广泛好评。分校校长王瑞芳表示，马来西亚现有 600 多万华侨华人，其中近半数来自中国福建，家乡情结深厚，对厦大满怀感情。厦门大学的前沿研究，如东南亚研究、海洋科学、工科、商科等都是中西兼容，深受学生欢迎。[1] 在人才培养方面，分校坚持以学生为中心，致力于提高学生专业素质、综合能力，培养其科研创新精神。自办学以来，分校学生已在国际高影响力期刊上参与发表论文 134 篇，作为第一作者发表 78 篇。2017—2021 年，分校学生在中国国际"互联网 +"大学生创新创业大赛中，共获得 1 金 6 银 22 铜；2019 和 2021 年，在"中国–马来西亚青年创新创业大赛"中，共获得 10 金 12 银 13 铜。8 位教师入选 2020 年和 2021 年美国斯坦福大学发布的"全球前 2% 顶尖科学家"榜单。在学科建设方面，共有 2 个预科专业、14 个本科专业和 2 个硕士专业在各专业首批学生毕业之前获得马来西亚资格认证机构的全面验收和认证，会计学、金融学专业通过了英美知名的国际资格认证。2021 年，临床医学学科更是进入 ESI（基本科学指标数据库）全球前 1%。在国际合作方面，分校坚持国际化办学的思路，与伦敦大学玛丽女王学院等 17 所国际知名高校签署了校际合作协议。[2] 这些令人瞩目的成绩充分显示出分校致力于实践"成为一所具有独特全球视野的大学，拥有一流的教学和研究，并拥抱文化多样性"的办学目标。

在取得优异成绩的背后，分校在办学过程中也遇到了一些问题和挑战，如两国法律法规不同、文化习俗不同，要求教师在教学中调整策略，课

---

[1] 新华社. 厦大百年 与大海一起见证中国教育走向开放 [EB/OL].（2021-04-06）[2023-01-10]. http://www.gov.cn/xinwen/2021-04/06/content_5597996.htm.

[2] 厦门大学. "不走寻常路"的马来西亚分校 [EB/OL].（2022-10-13）[2022-12-20]. https://weibo.com/ttarticle/p/show?id=2309404824203152196400.

程设置要考虑到马来西亚的民族宗教信仰因素和高等教育特色，不同民族、不同国籍学生和教师之间存在语言交流障碍，以及资金审批、资金流动等方面存在风险。未来分校应针对这些问题做出进一步调整和探索，以缓解跨文化冲突，促进文明交流和互学互鉴。

结　语

　　马来西亚的历史文化兼具对外开放性和对内包容性，在同外部世界的长期交往中形成了西方工业文明与东方道德精神的和谐交融。这种特征的形成一方面源于马来西亚世界海上贸易交通枢纽的区位优势，另一方面则源于马来西亚对于变革环境的极强适应能力以及积极寻求一切力量促进民族国家发展的壮志雄心。马来西亚独立至今，已经形成了一个多民族、多语言、多信仰的多元化社会，逐步建立了与本国国情相适应的国民教育制度，取得了令世人瞩目的教育成就。教育为国家的经济建设和现代化发展提供了充足的人力资源，是马来西亚成为"亚洲四小虎"和世界新兴市场经济体的重要推动力，优质的教育服务已经成为马来西亚对外开放的一张重要名片。在"一带一路"倡议的视野下，了解马来西亚的文化教育历史、国民教育体制、教育政策走向等问题，能够为进一步加强两国间文化教育的交流合作创造更充分的条件。

一、坚持以民族国家为中心的教育指导思想

　　族群和谐与国民团结是一个国家发展的根本基础。马来西亚的三大族群——马、华、印各族都有自己独特的文化传统和宗教信仰。从 1957 年马来西亚独立至今的 60 多年里，其教育指导思想一直围绕着铸就统一的"马

来西亚民族"这一国家发展目标。马来西亚的《国家教育哲学》强调培养全面、均衡、协调发展的公民，使他们有知识、有技能、有责任感、有坚定的信仰、有较高的伦理道德和获取个人幸福的能力，能够为家庭、社会和国家的发展做出贡献，成为马来西亚所有教育活动的基本原则和指导思想。其核心实质上也是个体发展目标与国家发展目标的统一。

教育在形成国家意识与民族认同中的作用是至关重要的，马来西亚一直把教育作为社会整合和塑造统一民族国家的重要工具。具体策略包括：在语言教育方面，将马来语作为国家统一教学媒介语，同时满足华语和泰米尔语的民族语言教育发展诉求，强化英语作为国际交流和现代科技语言的地位，维护马来西亚多语言文化的和谐共生；在价值引领方面，塑造以马来文化为核心的国家文化，在建立国家意识形态与保持各民族团结统一之间保持平衡，提出 16 项对各民族普遍适用的"共同价值"作为"马来西亚精神"的核心理念；在课程教学方面，修订《道德教育大纲》，设立伊斯兰教育和道德教育两门科目作为价值塑造的重要媒介，培养不同民族学生对于马来西亚的国家认同，鼓励教师在所有课程中渗透价值教育，提高学生解决道德问题的实践能力。通过这些措施，马来西亚在接纳西方文明的同时维护了自身的民族性和宗教性，也实现了"不因母语教育而影响爱国"的创新教育形态，集中力量进行经济建设，实现了国家的高速发展。

二、构建多元统一、高效集中、灵活开放的教育体系

作为在殖民地基础上发展起来的战后新兴工业化国家，马来西亚面临着殖民传统的历史遗留以及多民族、多语言、多文化的独特国情，教育发展承担着维护国家统一、促进经济建设、开发人力资源的重要任务，造就了以政府为主导、教育优先发展、多源流并存、与国际接轨的教育体系与实践模式。

其一，构建多元统一、和谐包容的教育体系。马来西亚的各源流学校并存已有 200 余年历史。马来西亚独立后面临的首要问题就是改造殖民时代的"分而治之"的教育体系，通过树立价值整合的教育目标克服狭隘的民族主义，塑造和谐、统一的马来西亚民族。因此，"团结中的统一"成为教育发展的指导原则。无论是以马来语为主导的国民学校，还是以华语和泰米尔语为主导的国民型学校，都使用统一的课程标准和考试制度，由教育部统筹管理。

其二，马来西亚将教育视为国家责任，其高度集中的教育管理体制具有鲜明的制度优势，可以集中一切社会力量和资源保障教育事业的繁荣发展，被视为支持国家建设和经济增长的典范。根据不同时期的经济状况和国家战略需求，马来西亚政府会确定教育发展的优先领域，使其与经济发展直接挂钩并形成政策上的互动关系。马来西亚教育部连续多年成为获得财政预算最多的部门，其基础教育支出甚至达到其他东盟国家的两倍以上，体现了政府对国民教育的重视。同时，针对高度集中化带来的体制僵化和管控过度等问题，马来西亚政府近年来通过多种措施探索逐步放权，在集权管理与决策民主化之间取得平衡。

其三，建设灵活开放的教育体系。教育灵活性体现在为弱势群体和特殊学生提供差异化的培养方案，为教师提供多样化和定制化的教育与培训课程，根据不同时期的国家发展规划制定具有针对性的课程改革方案，优化各学段的毕业考试证书制度和评价体系等方面。教育开放性则体现在设置与国际高等教育接轨的双联课程，大力发展私立教育与合作办学，强调评估标准的多样化与国际化，全面提升 ICT 技术在教育中的应用水平，注重培养学生的多语言技能和面向 21 世纪的全球竞争力等。这些政策与举措一方面提高了马来西亚的教育软实力和竞争力，另一方面也提高了马来西亚教师与学生的整体素养，使其能够更好地适应全球化时代的发展与竞争。

三、大力推进教育改革，向世界一流水平看齐

自 1957 年独立以来，马来西亚的教育水平和教育质量得到飞速提升。能够在 20 世纪 90 年代创造举世瞩目的亚洲奇迹，成为"区域优质教育中心"，与马来西亚政府对于教育发展和教育改革的重视是分不开的。为适应国家工业化转型，马来西亚在 20 世纪 70—80 年代进行了全面深入的教育改革，先后推出全国性的新小学课程和中学一体化课程改革满足国家的人力资源需求。20 世纪 90 年代以后，为确保马来西亚能够应对"2020 年宏愿"中的所有九项挑战、进一步扩大受教育机会、提高国民的教育素质，马来西亚教育部开始在教育系统中开展促进学校现代化转型的诸多行动，实行公立大学企业化改革和创建私立高等教育，以培养更多具有高阶思维的国际化高质量人才，使其具有面向 21 世纪的国际竞争力。尤其是《2013—2025年马来西亚教育蓝图》的发布，从国家战略层面对马来西亚的教育发展委以重任，突出体现了马来西亚人才培养的国际视野和达到世界一流水平的雄心。

通过一系列行之有效的教育改革和发展规划，马来西亚逐渐摸索出了一条外来教育观念与本国国情相结合的教育现代化发展之路，得到了本国国民和国际社会的普遍认可，已被联合国教科文组织列入全球最佳教育选择排名第十一位。下一步，马来西亚政府将致力于打造高水平国际教育中心，吸引更多的优秀人才服务和建设马来西亚，实现成为高收入发达国家的历史宏愿。

在不断的探索与实践中，马来西亚也发现本国教育存在的一些问题，如注重国家功利倾向带来的应试文化，中央集权的教育体制对于行政和教学灵活性的束缚，国家教育支出与教育回报不成正比，教育评价体系未能与国际接轨，城乡、性别、民族教育发展不均衡等。因此，近 20 年来，马来西亚政府通过制定全面的教育改革方针和中长期教育发展规划，努力提

升全民教育质量和能效，朝着建设世界水平的教育体系迈进。具体举措包括，注重培养人才的创新性与高阶思维技能，转向以学生为中心的智能教育模式，改革考试评价方式并增加校本评估，提升教师准入门槛与专业发展水平，完善行政管理机制并探索适度放权，加强弱势群体的政策倾斜以及实行各种教育资助方案等。这些举措都取得了良好的效果。

中国与马来西亚友好交往的历史源远流长，最早可以追溯到汉代，唐宋时期已有密切的商贸活动与文化往来。长期的交流使两国理念相近、利益相融、人文相通，华人也成为马来西亚的第二大族群，是中国文化海外传播的典范。马来西亚是世界上除中国外唯一建立起完整华文教育系统的国家，华文教育也成为马来西亚华人群体传承文化血脉、获得身份认同的重要渠道。

近年来，随着中国与马来西亚及东盟建立"全面战略伙伴关系"，中马两国关系越来越稳固，越来越扎实，合作前景也越来越美好，在贸易、旅游、科技、文化、教育等各个领域均取得极大发展，中国连续13年蝉联马来西亚最大贸易伙伴，两国人民的交流也日益密切。2023年是中马友好建交第四十九周年，是"一带一路"倡议提出十周年，也是中国与马来西亚建立全面战略伙伴关系十周年，中马文化教育往来必将迎来新的发展机遇。相信未来两国将继续高质量共建"一带一路"，为教育交流合作开辟更广阔的前景，努力向着构建中马命运共同体的大方向携手前进。

参考文献

一、中文文献

芭芭拉·沃森·安达娅，伦纳德·安达娅. 马来西亚史 [M]. 黄秋迪，译. 北京：中国大百科全书出版社，2010.

北京师范大学中国教育与社会发展研究院"一带一路"国家教育发展研究课题组."一带一路"国家教育发展研究 [M]. 北京：北京师范大学出版社，2017.

蔡昌卓. 东盟基础教育 [M]. 桂林：广西师范大学出版社，2014.

曹淑瑶. 国家建构与民族认同：马来西亚华文大专院校之探讨（1965—2005）[M]. 厦门：厦门大学出版社，2010.

范若兰，李婉珺，廖朝骥. 马来西亚史纲 [M]. 广州：世界图书出版公司，2018.

冯增俊，陈时见，项贤明. 当代比较教育学 [M]. 2版. 北京：人民教育出版社，2015.

复旦大学中国与周边国家关系研究中心，中国周边外交学刊：第1辑 [M]. 北京：世界知识出版社，2018.

葛红亮. 马来西亚 [M]. 大连：大连海事大学出版社，2019.

龚晓辉，蒋丽勇，刘勇，等. 马来西亚概论 [M]. 广州：世界图书出版公司，2012.

顾明远. 顾明远教育演讲录 [M]. 北京：人民教育出版社，2014.

贺国庆，朱文富，等. 外国职业教育通史 [M]. 北京：人民教育出版社，2014.

黄雅婷. 塔吉克斯坦文化教育研究 [M]. 北京：外语教学与研究出版社，2021.

久毛措. 尼泊尔文化教育研究 [M]. 北京：外语教学与研究出版社，2022.

李家禄，严琪玉. 马来西亚 [M]. 重庆：重庆出版社，2004.

李建求，卿中全. "一带一路"沿线国家职业技术教育概览（修订本）[M]. 北京：商务印书馆，2021.

连进军. 马来西亚与菲律宾高等教育发展的比较研究 [M]. 福州：福建人民出版社，2005.

刘辰，孟炳君. 阿联酋文化教育研究 [M]. 北京：外语教学与研究出版社，2021.

刘迪南，黄莹. 蒙古国文化教育研究 [M]. 北京：外语教学与研究出版社，2021.

刘捷，罗琴. 越南文化教育研究 [M]. 北京：外语教学与研究出版社，2023.

刘捷. 教育的追问与求索 [M]. 北京：人民出版社，2021.

刘捷. 专业化：挑战 21 世纪的教师 [M]. 北京：教育科学出版社，2002.

刘进，张志强，孔繁盛. "一带一路"高等教育研究（2019）：国际化展望 [M]. 北京：北京理工大学出版社，2020.

刘欣路，董琦. 约旦文化教育研究 [M]. 北京：外语教学与研究出版社，2021.

卢晓中. 比较教育学 [M]. 北京：人民教育出版社，2020.

陆有铨. 教育的哲思与审视 [M]. 北京：人民教育出版社，2016.

骆永昆，马燕冰，张学刚. 马来西亚 [M]. 北京：社会科学文献出版社，

2017.

莫海文，冯春波，郑志军. 东盟国家语言教育政策研究 [M]. 长沙：中南大学出版社，2019.

莫海文，李晓峰，赵金钟. 东盟国家教育政策发展研究 [M]. 广州：华南理工大学出版社，2020.

秦惠民，王名扬. 高等教育与家庭流动 [M]. 北京：科学出版社，2019.

秦惠民. 教育法治与大学治理 [M]. 北京：人民出版社，2021.

任钟印. 东西方教育的覃思 [M]. 北京：人民教育出版社，2017.

石筠弢，等. 泰国文化教育研究 [M]. 北京：外语教学与研究出版社，2023.

苏莹莹，翟崑. 马来西亚发展报告（2020）[M]. 北京：社会科学文献出版社，2020.

檀慧玲，等. 新加坡文化教育研究 [M]. 北京：外语教学与研究出版社，2022.

唐慧，龚晓辉. 马来西亚文化概论 [M]. 广州：世界图书出版公司，2015.

滕大春. 教育史研究与教育规律探索 [M]. 北京：人民教育出版社，2019.

田山俊，齐方萍. 印度文化教育研究 [M]. 北京：外语教学与研究出版社，2022.

万作芳，等. 韩国文化教育研究 [M]. 北京：外语教学与研究出版社，2023.

王承绪，顾明远. 比较教育 [M]. 5 版. 北京：人民教育出版社，2015.

王定华，杨丹. 人类命运的回响——中国共产党外语教育 100 年 [M]. 北京：外语教学与研究出版社，2021.

王定华. 教育路上行与思 [M]. 北京：人民出版社，2020.

王定华. 美国高等教育：观察与研究 [M]. 2 版. 北京：人民教育出版社，2021.

王定华. 美国基础教育：观察与研究 [M]. 2 版. 北京：人民教育出版社，2021.

王定华. 新时代高品质学校建设方略 [M]. 长春：东北师范大学出版社，

2019.

王定华. 中国基础教育：观察与研究 [M]. 北京：人民教育出版社，2021.

王定华. 中国教师教育：观察与研究 [M]. 北京：人民教育出版社，2020.

王名扬. 美国公立研究型大学内部质量改进的实证研究 [M]. 北京：中国社会科学出版社，2020.

吴式颖，李明德. 外国教育史教程 [M]. 3 版. 北京：人民教育出版社，2015.

习近平. 论坚持推动构建人类命运共同体 [M]. 北京：中央文献出版社，2018.

习近平. 习近平谈"一带一路"[M]. 北京：中央文献出版社，2018.

谢维和. 我的教育觉悟 [M]. 北京：人民教育出版社，2016.

徐辉，楚琳. 伊朗文化教育研究 [M]. 北京：外语教学与研究出版社，2022.

徐墨，高雅茹. 巴基斯坦文化教育研究 [M]. 北京：外语教学与研究出版社，2022.

杨汉清. 比较教育学 [M]. 3 版. 北京：人民教育出版社，2015.

苑大勇. 国际高等教育协同创新与人才培养比较研究 [M]. 北京：知识产权出版社，2020.

中国−东盟中心. 东盟国家教育体制及现状 [M]. 北京：教育科学出版社，2014.

钟继军，唐元平. 马来西亚经济社会地理 [M]. 广州：世界图书出版公司，2015.

庄兆声. 马来西亚基础教育 [M]. 广州：广东教育出版社，2004.

二、外文文献

ADAMS D. Education in Malaysia: developments, reforms and prospects[M]. New York: Routledge, 2023.

JOSEPH C. Policies and politics in Malaysian education[M]. Malaysia: Routledge, 2017.

MALAKOLUNTHU S, RENGASAMY N C. Policy discourses in Malaysian education[M]. Malaysia: Routledge, 2016.

POSTLETHWAITE T N, THOMAS R M. Schooling in the ASEAN region[M]. Oxford: Pergamon Press, 1980.

SAMUEL M, TEE M Y, SYMACO L P. Education in Malaysia: developments and challenges[M]. Singapore: Springer Nature Singapore PTE Ltd, 2017.

SINGH M. Institutionalising lifelong learning: creating conducive environments for adult learning in the Asian context[M]. Hamburg: UNESCO Institute for Education, 2004.

SUSEEA M, NAGAPPAN C R. Policy discourses in Malaysian education[M]. New York: Routledge, 2017.

SYMACO L P, HAYDEN M. International handbook on education in South East Asia[M]. Singapore: Springer Nature Singapore, 2022.